KB201403

데모스테네스 7

나남
nanam

한국연구재단 학술명저번역총서
서양편 459

데모스테네스 7

2025년 2월 25일 발행
2025년 2월 25일 1쇄

지은이   데모스테네스
옮긴이   최자영
발행자   趙相浩
발행처   (주) 나남
주소   10881 경기도 파주시 회동길 193
전화   (031) 955-4601 (代)
FAX   (031) 955-4555
등록   제 1-71호 (1979. 5. 12)
홈페이지   http://www.nanam.net
전자우편   post@nanam.net

ISBN 978-89-300-4191-1
ISBN 978-89-300-8215-0 (세트)

이 책은 2019년 대한민국 교육부와 한국연구재단이 우리 시대 기초학문의 부흥을
위해 펼치는 학술명저번역사업의 지원을 받은 책입니다(2019S1A5A7069146).

한국연구재단
학술명저번역총서
459

데모스테네스 7

데모스테네스 지음

최자영 옮김

Demosthenes

데모스테네스 ⑦

차 례

데모스테네스 ①

데모스테네스 ②

데모스테네스 ③   데모스테네스 ④

데모스테네스 ⑤

데모스테네스 ⑥

일러두기

1. 이 책은 그리스어 원문과 영문판, 프랑스어판, 일본어판을 함께 참고하여 번역
했다. 미국 Loeb 총서의 *Demosthenes*〔C. A. Vince 외 편집 및 번역, 1962~
1978〕를 기본으로, 그 외에 그리스어 Kaktos 판본, *Demosthenes*(1994), 프
랑스 Belles Lettres 판본, *Démosthène plaidoyers politiques*(O. Navarre &
P. Orsini 편집 및 번역, 1954), 일본 京都大學學術出版會의 西洋古典叢書
《デモステネス 弁論集 1》(2006) 등을 참고했다.
2. 'demos(데모스)'는 민중, 민회(*ekklesia*), 행정구역으로서의 촌락 등 여러 가지
의미로 쓰인다. 행정구역을 지칭하는 경우, 구(區)로 번역했다.
3. 인명·지명 표기에 있어 외래어표기법보다 그리스어 발음을 우선시했다.
(예: 아테네→아테나이, 테베→테바이, 다리우스→다레이오스)
4. 본문 중에 표기된 숫자는 고전 원문의 쪽수(절)이다.
5. 참고문헌 표기에 있어, 고대 문헌의 장과 절은 '12. 34.'와 같이 표기했는데
'12장 34절'을 뜻한다.
6. 고대 아테나이 화폐단위는 1탈란톤 = 60므나, 1므나 = 100드라크메, 1드라크메
= 6오볼로스이다. 탈란톤과 므나는 주조 화폐가 아니라 무게(*money*)로 측량
하며, 드라크메와 오볼로스는 주조 화폐(*coin*)이다. 탈란톤은 소 한 마리 가격
에 해당하며, 소의 팔과 다리를 사방으로 늘여 편 상태의 모양(머리는 제거)으
로 만든다. 금속의 가치에 따라 1탈란톤의 은은 더 가볍고, 동은 더 무겁다.

9

변론 서설[*]

해제

여기에 소개된 총 56편의 글은 대부분 변론의 서두에 놓이는 서설[1]이다.[2] 서설
은 작품을 소개하기 위한 글이다. 사전편집자 수다[3]에 따르면, 변론가 안티폰,
트라시마코스, 케팔로스 등도 서설 모음집을 가지고 있었다고 전한다. 키케로[4]
는 서설의 기능을 두 가지로 정의한다. 첫째, 청중의 호의를 사려는 것, 둘째,
변론에 대한 접근성을 높이고 주의를 환기하려는 것이다. 서설은 변론뿐만 아
니라 시나 음악에도 쓰인다. 서설은 내용의 요지를 적은 것으로서, '서두'라는
뜻이다. 이 서설의 일부는 데모스테네스의 다른 작품의 서두에 나오는 내용과
같다.

　각 서설의 연대는 확정하기 어렵다. 몇 가지 연대 추정이 가능한 사례를 들
자면, 〈서설 13〉은 비교적 초기의 것이나 기원전 355~354년 칼리스트라토스

---

[*] 　*Prooimia Demegorika.* (*Exordia*)
[1] 　서설(序說)은 그리스어로 *prooimia*, 라틴어로는 *exordia*이다.
[2] 　그중 6편(30, 39, 51, 52, 53, 55)은 앞뒤 문맥 없이 시작한다.
[3] 　Suda 혹은 Suidas. 10세기경 그리스어로 작성된 백과사전 이름 또는 그 편집자의
　　이름이다.
[4] 　Cicero, *De Oratione*, 2. 80.

수석장관 이후의 것으로, 이 변론으로부터 데모스테네스의 일련의 공적 사안 관련 변론이 시작된다고 본다. 〈서설 7〉과 〈서설 50〉은 기원전 354년에 발표된 〈납세분담조합에 대하여〉[5]와 연관시킬 수 있고, 〈서설 43〉은 〈필리포스를 비난하여 1〉 끝부분(§50), "만일 지금 거기서 싸우지 않으려 한다면, 부득이 이곳 우리의 땅에서 싸울 수밖에 없습니다" 등 조언과 비교할 수 있다.

서설 중에 언급되는 사건을 통해 각 서설의 연대 추정이 가능한 경우도 있다. 〈서설 21〉에 언급되는 필리포스의 헬레스폰토스 공격은 기원전 452년에 있었고, 〈필리포스를 비난하여 1〉에 언급된다. 또 아테나이 제 2차 해상동맹에서 동맹국이 탈퇴함으로써 아테나이가 봉착하게 되는 질곡을 언급한 서설들도 있다. 〈서설 37〉은 미틸레네 사건과 카리아의 페르시아 총독 마우솔로스가 도시의 민주파들에게 야기한 문제를 거론한다. 〈서설 27〉은 〈로도스인의 자유를 위하여〉[6]의 서두와 유사하고, 〈서설 24〉는 같은 섬의 주민들이 겪는 질곡을 생생하게 묘사한다. 〈서설 4〉, 〈서설 15〉, 〈서설 23〉은 기원전 349/348년 필리포스가 포위 공성했던 올린토스 사건을 언급하고 있다. 당시 올린토스인은 거듭 아테나이의 원조를 요청했으나, 아테나이는 에우보이아 사태에 매달려 군사력을 그쪽으로 돌리고 있었다.

이 서설들이 데모스테네스가 아니라 데모스테네스의 문체에 정통한 다른 이에 의해 쓰인 것이라고 보는 이도 있다. 그러나 서설의 글이 데모스테네스의 변론에 중복되는 부분이 있고, 또 사전편집자 하르포크라티온도 두 개[7] 항목에서 '데모스테네스 변론의 서설'에 대해 언급하는 것으로 보아, 데모스테네스 자신이 작성한 것으로 보는 것이 타당하다고 하겠다.

5　Demosthenes, 14.
6　Demosthenes, 15.
7　Harpokration, s. v. arche; orrodein.

서설 1[8]

1. 새로운 어떤 사안에 대해 논의가 전개되었다면, 아테나이인 여러분, 통상 대부분 다른 사람들이 자신의 의견을 개진할 때까지 제가 기다렸을 거예요. 그래서 무언가 흡족한 것이 있으면 제가 가만히 있었을 것이고, 그렇지 않다면 그제야 제 견해를 밝히려고 했을 겁니다. 그러나 지금 여러분이 심리하는 것은 다른 사람들이 이전에도 여러 번 언급한 사안이므로, 제가 제일 먼저 일어나서 발언한다 해도, 당연히 다른 사람들보다 후순위로 발언하는 것이 되는 거예요.[9] 2. 실로 상황이 순조로웠다면, 토의가 필요 없겠지요. 그러나, 모두가 보시듯이, 난관에 봉착해 있으므로, 이 같은 상황에서 저는 최선의 방안을 여러분에게 조언하려 합니다. 첫째, 전쟁 상태에서 여러분이 추구하던 정책은 앞으로 아무것도 원용하면 안 되고, 오히려 정반대로 해야 한다는 점을 여러분이 각인해야 하겠습니다.[10] 그때 추진한 정책이 만사를 그르쳤다면, 당연히 그 반대로 해야 나아질 테니까요.[11] 그다음에 다소간 여러분에게 전혀 혹은 거의 부담을 주지 않는 사람이라고 해서 올바른 말만 하는 것이 아니라는 점을 여러분은 아셔야 합니다. 보시듯이, 그들이 불어넣은 기대와 그들이 한 말 때문에 지금 온통 질곡에 처

---

8 Demosthenes, 아래 §1의 내용은 4, 〈필리포스를 비난하여 1〉, §1의 내용과 유사하며 약간 차이가 있다.

9 참조, Demosthenes, 1. 1.

10 참고, 유사한 조언이 Demosthenes, 8. 38에 있다.

11 참조, Aristophanes, *Batrachoi*, 1446~1450.

하게 된 것이죠. 12 오히려 여러분 기분에 영합하지 않고 해야 할 일을 말하고, 어떻게 해야 우리가 모욕당하거나 피해 보지 않을 수 있는지를 말하는 이가 올바른 겁니다. 실로, 어떤 이가 여러분의 기분을 상하지 않게 하려고 말 안 하고 넘어갈 때, 현실에서도 그렇게 넘어가 준다면야, 여러분이 흡족하도록 말하는 것이 도리이겠습니다. 그러나 부적절한 아첨의 말은 현실적으로 해를 끼치게 되고, 13 또 스스로를 기만하게 하고, 진즉 자발적으로 행했어야 하는 일을 극도의 강요된 상황에 처하여 비로소 해야 하는 것은 수치입니다.

서설 2 14

1. 아테나이인 여러분, 한편으로, 여러분이 규정하는바 정치체제의 명칭을 듣고, 또 다른 한편으로 여러분 가운데 일부가 그 정치체제를 옹호하여 발언하는 방식을 보면, 서로 정합적이라는 느낌이 제게는 들지 않습니다. 여러분이 모두 아시듯이, 민주정치 체제라고 여러분이 말지만, 일부는 그에 반하는 발언을 듣는 것을 더 즐기는 것을 제가 보기 때문이지요. 2. 제가 궁금한 것은 그 대의(大義)가 무엇이냐는 겁니다. 혹여 그들이 그런 발언을 공연히 하는 것이라 여러분은

---

12 참조, Demosthenes, 3. 3. 같은 표현이 나온다.
13 참고, Demosthenes, 4. 38.
14 Demosthenes, 3, 〈올린토스 변 3〉, §1 이하의 내용과 같지는 않으나 대체의 맥락에서 유사한 데가 있다.

여기십니까? 그들이 동조하여 발언하고 있는 과두파의 우두머리들이 그들에게 더 많은 대가를 몰래 지급할 수도 있지요. 여러분은 그들의 의견이 다른 사람들의 것보다 더 낫다고 보십니까? 그렇다면, 실로 과두정치가 민주정치보다 더 나은 것으로 여러분이 보는 것이지요. 혹 여러분은 그들이 더 나은 사람들이라고 여기십니까? 그러나 기존 정치체제에 반하여 공적으로 발언한다면, 여러분 가운데 누가 그런 사람을 덕 있는 사람으로 간주하겠습니까? 그러니, 그런 견해를 가지신다면, 여러분은 오류를 범하는 겁니다. 그런 데 동조하지 않도록 주의하셔서, 아테나이인 여러분, 여러분을 음해하는 이들에게 언젠가 빌미를 잡힐 단초를 만들지 마시고, 여러분에게 아무런 득이 되지 않을 때가 되어서야 여러분이 실수한 사실을 깨닫는 일이 없도록 하십시오.

3. 우리 자신이나 동맹국들에서도 마찬가지로 상황이 여의치 않은 것은 어쩌면 전혀 이상할 것이 없어요. 15 운의 변전(變轉)은 여러 고비가 있고, 인간으로서 우리들이 원하는 대로 전개되지 않는 많은 경우의 수가 있지요. 그러나 민중이 정치적 의제에 전혀 동참하지 못하거나, 반대자들이 지배하는 것은, 제 판단으로는, 상식을 벗어난 것이고, 아테나이인 여러분, 올바르게 판단하는 이에게는 용납할 수 없는 것이에요. 그래서, 바로 이 점이 제 전체 변론의 취지가 될 것입니다.

---

15 만일 이곳에 언급된 동맹국이 지난날의 로도스나 레스보스라면, 이 서설과 서설 24, 37이 Demosthenes, 15, 〈로도스인의 자유를 위하여〉와 연관이 있는 것이라 할 수 있고, 그렇다면 민주정체와 과두정체의 비교가 쉽게 이해될 것이다.

서설 3 [16]

1. 많은 돈보다는, 아테나이인 여러분, 오히려 지금 검토 중인 사안과 관련하여 미래에 이득이 될 제안을 여러분이 선택하실 것으로 저는 생각합니다. [17] 실로 그렇게 하려면, 여러분은 조언하려는 사람의 말을 기꺼이 경청해야 하는 겁니다. 유용한 안을 마련해서 온 사람이 있어 그 말을 듣고 채택하는 것은 물론이지만, 당장에 일부 사람에게 필요 이상으로 많은 착상이 떠올라 발언한다 해도, 그 모든 것들로부터 득이 되는 것을 쉽게 골라낼 수 있다면 그것도 여러분의 행운이라고 저는 생각합니다.

서설 4

1. 아테나이인 여러분, 발언된 내용 가운데서 원하는 대로 여러분이 선택할 수 있으므로, 모든 이의 말을 경청하시는 것이 도리가 되겠습니다. 같은 사람이 이런 사안에 대해 바르게 말하지 못하면서도, 저런 사안에 대해서는 바로 말하는 경우가 자주 있어요. 그런데 기분 나쁘다고 해서 소란을 피우면, 여러분 스스로가 아주 유용한 것들을 놓치게 될 거예요. 그러나, 침착하고 조용하게 들으시고, 바르다고

---

16 Demosthenes, 1, 〈올린토스 변 1〉, §1의 내용과 거의 일치한다.
17 참조, Loukianos, *Zeus Tragodos*, 15.

생각하는 것을 행하시면 되는 것이고, 또 누가 터무니없는 소리를 한다고 여기시면, 무시하시면 되는 겁니다. 저로서는 장황하게 발언하는 편도 아니고, 또 과거에 그런 적이 있었다 해도, 지금 이 자리에서는 그런 식으로 하지 않을 것인바, 그저 여러분에게 보탬이 된다고 생각하는 것을 가능하면 간단하게 여러분에게 말씀드리겠습니다.

서설 5

1. 제가 보기에, 아테나이인 여러분, 여러분이 어떤 말을 즐겨 듣고, 어떤 말을 듣기 싫어하는지 명백합니다. 그러나, 누구라도 여러분이 기분 좋아할 것이라고 생각하는 것을 말하는 것은 여러분을 기만하려는 이의 특징이지만, 이와 달리 이득이 된다고 믿는 것을 위해서라면, 여러분의 야유, 혹은 여러분이 하려는 어떤 다른 행위 앞에서도 굴하지 않는 자세는 헌신적이고 올바른 시민의 특징이라고 저는 봅니다. 2. 다른 이유가 아니라 해도, 제가 여러분에게 쌍방의 주장을 경청해 주십사 청하는바, 어떤 이가 여러분이 생각했던 것보다 더 좋은 안을 제시하는 것으로 드러난다면, 여러분이 그것을 채용하면 될 것이고, 만일 그가 변변치 못하여 배울 것이 없다면, 그것은 그 사람 자신의 탓이지, 여러분이 듣지 않으려 했기 때문이 아니거든요. 더구나, 여러분이 어떤 사람이 허황한 말을 많이 하는 것을 듣고 있는 것이, 또 다른 사람이 불가피한 어떤 것을 말하려 할 때 여러분이 그것을 못 하게 중단시키는 것만큼 여러분에게 미치는 해악이 크지는

않거든요. 아무튼, 올바른 판단을 위한 첫 번째 원칙은, 배우기도 전에 안다고 생각해서는 안 된다는 것, 특히 여러분의 경우가 그러하듯이, 지금까지 많은 사람들이 (화자의 발언을 청취한 다음) 종종 마음을 고쳐먹곤 했다는 사실을 새겨야 하는 겁니다. 그래서, 여러분이 이런 사실을 수긍하신다면, 저로서는 반론의 취지로 간단히 말씀드리는 것이 용납될 것이고, 또 여러분에게 최선을 말씀드리는 것으로 비치게 될 것으로 봅니다.

서설 6

1. 조언하는 이들 모두에 의해 많은 발언이 이루어졌지만, 아테나이인 여러분, 여러분이 민회[18]에 출석하기 전보다 더 적합한 해결방안을 찾은 것같이 제게는 보이지 않습니다. 제가 보기에, 그 이유는 전반적으로 열악한 상황의 원인과 같은 뿌리에 있는 것 같습니다. 발언하는 이들이 당면한 상황과 관련하여 여러분에게 조언하지 않고, 서로 비방하고 욕만 하는 겁니다. 그래서, 제가 판단하기로, 심리에 임하기 전에, 여러분으로 하여금, 이들이 모든 악의 근원이라는 사실을 듣는 데 이력이 나도록 하여, 어느 날 이들이 소송에 임하면, 여러분은 새로운 것이 없고, 이미 들은 바 있어 화가 났던 사안이라는 생각에서, 그들의 비행에 대해 더욱 관대한 재판관[19]과 심판자[20]가 되

---

18 *ekklesia*.

도록 하는 것이에요. 2. 이들이 이 같은 행위를 하는 이유를 정확하게 찾으려는 것은 현재로서는 아마도 쓸데없는 일이 되겠지만, 이 같은 것이 여러분에게 이로운 것이 아니므로, 그래서 제가 그들을 비난하는 겁니다. 저로서는 오늘 사적으로 아무도 비난하지 않을 것이고, 또 당장에 여러분 앞에 증거를 제출하지 않을 어떤 사안과 관련하여 기약하는 일도 없을 것이며, 이들이 한 것과 유사한 어떤 짓거리도 하지 않을 거예요. 오히려 현 상황에 대해 최선의 방안과 조언을 구하는 여러분에게 이득이 되는 것에 대해, 가능하면 짧게, 말씀드리고 내려가겠습니다.

서설 7 [21]

1. 우리 선조를 찬양하는 이라면, 아테나이인 여러분, 여러분들의 마음에 드는 발언을 할 것으로 저는 생각합니다. 그러나, 적어도 그들이 찬양하는 이들에게 이득이 되지는 못할 것 같습니다. 연사들이, 아무도 말로는 필적할 수 없는 업적에 대해 언급할 때, 스스로 달변가로서의 명성을 얻지만, 청중들에게는 선조들의 덕성이 달변보다 낮게 평가되는 효과를 보게 되거든요. 그렇지만 저는 선조들의 업적

---

19   *dikastai.*
20   *kritai.*
21   Demosthenes, 14, 〈납세분담조합에 대하여〉, §1~2와 같은 내용이다.

에 대한 최선의 증거는 경과된 시간의 길이라고 봅니다. 그로부터 오랜 세월이 흘렀으나 누구도 그 선조들의 공적을 능가할 수 없었다고 보기 때문이지요. 2. 저 자신으로서도, 여러분이 전쟁 준비를 어떻게 더 잘할 수 있느냐는 점에 한정하여 제안하려고 합니다. 그 이유는 다음과 같습니다. 논의에 참가한 우리가 모두 달변의 연사들이라는 사실을 드러내고자 한다면, 제가 아는 한, 여러분의 형편은 개선되지 않을 것이에요, 그렇지만 누가 연단에 올라서, 어떤 준비를 얼마나 할지, 그리고 어디서 확보하는 것이 우리 도시에 이로울 것인지, 여러분에게 제안하고 설득한다면, 당면한 모든 질곡(桎梏)이 사라지게 될 것이니까요. 이런 점을, 가능한 한 제가 해보겠고, 우선 (페르시아) 왕과 관련된 사안에 대해 간략히 제 의견을 말씀드리겠습니다.

서설 8 [22]

1. 제 소견에, 아테나이인 여러분, 양쪽 다 잘못한 것 같습니다. 아르카디아인을 옹호한 사람이나 라케다이몬인을 위해 발언한 두 편 모두가 말이죠. 양쪽의 사신들이 한쪽은 여기서, 다른 쪽은 저기서 온 사람들인 것처럼, 또 두 편 모두 자신들에게 사신의 임무를 맡긴 사람이 여러분과 같은 동족이 아닌 것처럼, 서로 상대를 비난하고 헐

---

22 Demosthenes, 16, 〈메갈로폴리스인들을 위하여〉, §1~3과 같은 내용이다.

뜯고 있으니까요. 그런 행태는 실로 우리를 찾아온 손님들이나 하는 것일 뿐, 적어도 이 민회에서 조언하고자 하는 이들이 해야 하는 것은 여러분의 이익을 위해서 경쟁심 없이, 포괄적으로 문제를 개관하고 최선의 정책을 찾는 겁니다. 2. 지금, 적어도 제가 판단하기로, 그들이 지명도가 있다든가 아티카 방언을 한다든가 하는 사실을 지워 버린다면, 이들 중 많은 사람들이, 한쪽은 아르카디아인, 다른 쪽은 라코니아인들인 것으로 간주할 것 같습니다.

그런데 저로서는, 누구라도 최선을 조언하는 것이 얼마나 곤혹스러운 것인가를 실감하게 됩니다. 이쪽은 이렇게, 저쪽은 저렇게 의견을 내는 가운데 여러분은 현혹되고, 또 중도를 제안하려 하나, 여러분이 너무 성급하여 이해시킬 수 없다는 사실을 깨달은 사람은 어느쪽도 만족시키지 못하고 양편 모두의 불신을 초래하게 될 것이기 때문입니다. 3. 그렇지만, 제가 그런 입장에 처한다면, 도시를 위해 최선이라고 저 자신이 판단하는 것에 반하여 일부 연사들이 여러분을 현혹하도록 내버려두기보다는, 차라리 스스로 헛소리하는 것으로 비난받는 길을 택할 거예요. 여러분이 원한다면, 다른 사안들은 나중으로 미루고, 우선 모든 사람이 동의하는 현안부터 시작하는 것이 설명하는 데 더 편할 것 같습니다.

서설 9

1. 제가 발언하려고 일어선 것은, 아테나이인 여러분, 이미 발언한 몇몇 분과 생각이 같지 않기 때문입니다. 여러분의 최선의 이익에 상반되는 발언이 악의에 의한 것이라고 저는 비난하지 않겠습니다. 그러나 많은 사람이 상황 판단을 바르게 하지 못하고, 자신들이 구사하게 될 언변(言辯)에만 신경을 쓰는 타성에 젖어 있어요. 풍성한 말을 찾을 수만 있다면 바로 발언을 해대는데, 상황에 대한 올바른 인식도 없고, 또 긴 세월 동안 우리가 많은 일을 수행하면서, 그리고 부득이한 상황 논리에 의해 행한 일들이 더러는 서로 모순되기도 하는 형편에서, 누구라도 어떤 것은 무시하고 다른 것을 이야기하게 된다면, 자기도 알지 못하는 사이에 가장 만만한 방법을 택함으로써 스스로를 기만하게 되는 거예요. 2. 이렇듯, 조언의 역할을 맡은 이들은, 제가 보기에, 변론을 통해 달변 능력을 가졌다는 명성을 얻는 것만으로 충분한 명예로 여기는 것 같아요. 그러나 제 소견에, 정치 상황과 관련하여 도시를 위해 조언하려는 사람은, 그 발언의 즉각적 효과를 노리기보다, 궁극적 결정에 기여해야 하는 거예요. 달변으로 명성을 가진 이들은 그가 어떤 일을 완수하는 데 실제로 기여함으로써, 그 발언이 현재뿐만 아니라 언제나 쓸모 있는 것이 되도록 해야 하겠습니다.

서설 10

1. 아테나이인 여러분, 여러분이 현재 상황에서 무엇을 하는 것이 최선인가를 결정한 바 있다면, 토론의 장을 열자고 제안하는 것은 잘못입니다. 그런 말을 듣지 않아도 무엇이 이득이 되는지를 여러분이 이미 판단한 것에 대해 다시 들으면서 쓸데없이 스스로를 번거롭게 할 테니까요. 그러나 앞으로 나올 발언을 기초로 검토해야 되겠다는 목적으로 토론에 임한다면,[23] 누구라도 발언하고자 하는 이들을 하지 못하도록 방해하는 것은 올바르지 않다고 하겠습니다. 그런 방해로 인해 혹여 그들이 품고 있을 수 있는 어떤 유용한 것들을 여러분이 온통 놓쳐 버릴 테니까요. 2. 그뿐만 아니라, 여러분이 듣고 싶어 하는 것에 매몰되어, 다른 연사들에게도 그들 자신의 생각을 지워 버리도록 하게 될 거예요. 연사에게 여러분이 원하는 것을 발언하도록 일제히 압력을 넣는 것은 일을 그르치겠다고 작정한 것이지만, 연사의 견해를 듣고 검토하여, 좋은 것이 있으면 채택할 때 비로소 토론하려는 자세가 되는 것입니다. 제가 이런 말씀을 드리는 것은 여러분이 원하는 것과 반대되는 것을 조장하려는 뜻이 아니에요. 다만, 제가 알고 있는바, 여러분이 반대 의견을 가진 이들의 말을 아예 듣기 자체를 거부한다면, 그들은 여러분이 잘못 하는 것이라고 말할 것이지만, 만일 여러분이 말을 들으면서도 아예 받아들이지 않으려 한다면, 그들은 바로 최악의 것을 여러분에게 조언하게 될 것이기 때문입니다.

---

23 참조, 〈변론 서설〉 47. 3.

서설 11

1. 제가 알기로 여러분이 주지하시는 것은, 아테나이인 여러분, 오늘 이 자리는 잘못한 사람을 재판하려는 것이 아니라,**24** 현재 상황에 대해 논의하려고 여러분이 모였다는 것이에요. 그러니, 온갖 혐의들을 다 유보하고, 어떤 이를 재판에 회부했을 때에만, 각기 자신이 범죄자라고 확신하는 타인에 대한 자신의 의견을 여러분 앞에서 개진할 수 있습니다. 다만, 누구라도 유용하고 이득이 되는 어떤 것에 대해 할 말이 있다면, 지금 바로 밝혀야 합니다. 비난은 지나간 일을 소환하려는 것이지만, 조언은 현재와 앞으로의 일에 관한 것이기 때문이에요. **25** 그러니, 지금 이순간은 무례나 비난이 아니라, 서로 논의해야 할 때라고 저는 봅니다. 그래서 저는 이들이 범한 것으로 제가 비난하는 그 같은 잘못을 저 자신이 범하지 않고, 현재 상황에 최선이라고 생각하는 것을 조언하려 합니다.

---

24 억울하게 유죄 선고를 받은 이가 누구인지 분명하지 않다. 참조, Demosthenes, 4. 47, 8. 2~3.
25 참조, Demosthenes, 18. 188.

서설 12

1. 제 소견에, 아무도 부인하지 못하는 사실은, 아테나이인 여러분, 악랄하고 용렬한 시민이 가진 인성(人性)은 공무에 입문하려는 이를 너무 미워하거나 선호하게 하여, 도시의 최선의 이익을 고려하지 않고, 때로 자신의 악의(惡意), 때로 우정을 공적 발언에 담아 표출하곤 하는데, 이 자리에 올라 발언하고자 하는 이들 가운데도 그런 이들이 있다는 겁니다. 이들과 관련하여 제가 다만 말씀드리고자 하는 것은, 그들이 그 같은 짓거리를 한다고 하면, 제 소견에, 최대의 해악은 그 자체가 아니라, 그런 짓거리를 절대 멈추지 않고 계속할 것 같다는 점입니다. 2. 그래서 제가 여러분에게 드리는 고언(苦言)은 다음과 같습니다. 여러분이 스스로 나서지 마시고, 마땅한 시기를 보아 이들을 재판에 부칠 수 있다면 충분하다고 여기십시오. 다만, 여러분의 재량권하에 있는 한, 이들을 견제하시고, 또한 도시의 이익을 도모하기 위해 결정하는 사람들에게 어울리는 것으로서, 사회를 위해 더 좋은 것이 있는지를 검토하기 위해, 여러분 자신의 사적 분쟁을 중단하도록 하십시오. 누구도, 아니 모든 위정자가 다 함께 뭉친다 해도, 법이 무너지면, 마땅하게 조치해야 할 처벌을 그들에게 줄 수 없다는 점에 유념하시면서 말이죠.

서설 13

1. 혹시라도, 아테나이인 여러분, 여러분 가운데 오랜 정계 이력을 갖추거나 명성이 탁월한 사람들이 그들 자신의 견해를 피력한 다음, 어떤 다른 평범한 개인, 여러분 다수 중 한 사람이 나와서, 그들의 말이 잘못된 것일 뿐만 아니라, 무엇을 해야 하는지에 대한 개념조차 깨닫지 못하고 있다고 말한다면, 곤혹스러워하는 이들이 있을 것 같습니다. 그렇지만 저는 (명성이 탁월한) 그들보다 훨씬 더 여러분에게 득이 되는 의견을 개진한다는 신념을 아주 강하게 가지고 있으므로, 그들이 한 모든 발언이 무가치하다는 점을 주저 없이 말씀드리려 합니다. 다른 한편으로, 연사 자신이 아니라, 그들이 한 조언을 두고 평가한다면, 저는 여러분이 올바르게 판단할 것으로 봅니다. 그러니, 여러분이 호의를 가져야 하는 대상은, 아테나이인 여러분, 특정 집단의 사람이 아니라 언제나 최선의 것을 발언하는 이들이어야 합니다.

서설 14

1. 청컨대, 아테나이인 여러분, 제가 말씀드리고자 하는 것에 귀 기울여 주십시오. 사소한 것이 아니기 때문입니다. 도대체 왜 그럴까 하고 제가 곤혹스러운 것이 있습니다. 저는 민회에 출석하기 전 여러분 가운데 누구라도 만나면, 어떻게 하면 현재 상황이 나아질 수 있는지에 대해 곧잘 이야기하지요. 막 헤어진 다음에도 그같이 마땅한 대

책에 대해 각기 말들을 해요. 그런데 같은 사안을 검토하기 위해 모임을 가지면, 다른 엉뚱한 사안을 가지고 발언하는 사람들의 말을 듣고 있어요. 2. 혹시, 아테나이인 여러분, 여러분이 마땅히 해야 할 일은 알고 있고 또 다른 이들이 해야 할 것은 말해 주면서, 스스로 하면 잘 안 되나요? 또 각자가 개인으로서는 당연히 최선의 것을 신속하게 할 수 있을 것처럼 다른 이들을 비난하면서도, 집단으로서의 여러분은, 어떤 공적 부담26이 돌아오는 그 같은 결정을 내리는 것을 꺼리십니까? 3. 여러분이 실로 이 같은 도피성 위선이 통하지 않는 위기가 닥치지 않을 것이라고 생각하신다면, 계속 그렇게 하는 것이 좋겠습니다만, 여러분이 알아 두셔야 하는 것은, 시간을 두고서 미리 대비할 수 있지만, 곤경이 지척에 다가오는 것을 보면 감당할 수 없다는 사실, 그리고 지금 여러분이 무시한 것들이 나중에 여러분에게 질곡을 초래할 것이라는 사실입니다.

서설 15

1. 도시가 당면한 현재 상황에서, 아테나이인 여러분, 사태가 궤도를 벗어나 있지만, 개선의 방도를 찾는 것이 아주 불가능한 것은 아니라고 저는 봅니다. 한편으로, 제 소견에, 제가 그런 것에 대해 어떤 방식으로 여러분에게 말해야 하는지가 너무나 어려운 것 같습니

---

26 *leitourgein.*

다. 27 여러분이 그 말을 이해하지 못해서가 아니라, 제가 보기에, 여러분이 수없이 진실이 아닌 말, 또 여러분에게 필요한 최선의 것이 아닌 어떤 것을 너무나 관성적으로 들어 왔기 때문에, 제가 두려워하는 것은, 최선의 조언을 하는 이가 그 대가로서, 정작 여러분을 속인 이에게 돌아가야 할 적의를, 오히려 스스로 여러분으로부터 얻게 되는 처지에 몰리는 것은 아닐까 하는 겁니다. 여러분은 종종 여러분에게 곤경을 초래한 이가 아니라, 가장 마지막28에 그 곤경을 거론하는 이들에게 화풀이하는 것을 제가 보아 왔기 때문입니다. 그렇지만 저로서는, 이 같은 위험을 분명히 감지하면서도, 다른 모든 사정을 제쳐 놓고, 현재 상황에서 최선의 조언이라고 여기는 것을 여러분에게 말씀드리겠습니다.

서설 16

1. 청컨대, 아테나이인 여러분, 보통 타인에게 베풀어오던 온정을 여러분 자신에게도 베풀었으면 합니다. 지금 여러분은 여러분 자신에게 닥치는 일들에 연연하기보다 타인의 곤경을 구제하는 데 더 급급해요. 물론 혹자는, 사리를 돌보지 않고 공정을 구하기 위해 수많은 위험을 감내하는 것이 바로 도시에 최대의 명예를 가져오는 것이라고 말

---

27 참조, Demosthenes, 3. 3.
28 *hoi hystatoi*. 같은 표현에 대해 참조, Demosthenes, 1. 16.

하겠지요. 저로서도 도시와 관련한 이 같은 견해가 일리가 있다고 생각하고 또 지지하는 바입니다. 다만, 사려 깊은 이는 타인의 문제만큼 자신의 처지도 그같이 돌보아야 하는 것이에요. 그래야 온정을 베푸는 것에 그치는 것이 아니라 현명한 이로 보일 테니까요.

서설 17

1. 실로, 아테나이인 여러분, 여러분에게 무슨 조언을 하려는 사람은 여러분이 그 발언을 경청할 수 있도록 요령껏 언변을 구사해야 하겠지요. 그렇게 하지 못한다면, 다른 온갖 잡다한 주제들은 제치고, 여러분이 관심을 가지는 사안에 대해서만, 그것도 가능한 한 간단하게 거론해야 하겠습니다. 제가 보기에, 온갖 상황이 질곡에 처해 있는 것을 목도하기에 이른 것은 변론 자체가 부족한 것이 아닌 것 같습니다. 오히려, 어떤 이는 자리를 위해 변론하고 정치를 하는 한편, 아직 명성을 얻지 못한 다른 이들은 변론을 통해 어떤 효과적 결과를 이끌어 낼 것인지보다 고명한 연사로서의 명성을 얻고자 하는 데 더 골몰하기 때문이에요. 제 자신이 혹여 실수라도 하여, 제가 옳다고 생각하는 바를 놓치고, 애초에 개진하려고 이 자리에 선 대의가 아닌 다른 것을 늘어놓는 일이 없도록, 다른 것은 다 생략하고, 정확하게 제가 드리려는 조언과 관련해서만 여러분에게 말씀드리겠습니다.

서설 18

1. 제 소견에, 아테나이인 여러분, 우리가 논의하는 사안과 관련하여, 누군가가 공정과 이익이 일치한다는 사실을 증명하겠다고 단언하는 이가 있으면, 당연히 그에게 주의를 기울여야 하겠습니다. 지금 저로서는 어렵지 않게 그렇게 할 자신이 있습니다. 여러분이 제게 아주 조금만이라도 관심을 기울여 주신다면 말이죠. 여러분 각자가 현재 상황과 관련하여 언제나 올바른 판단을 했다는 생각을 가지지 마시고, 오히려 그 반대의 말을 듣게 된다면, 그 말을 다 듣고 검토하여 그 말이 일리가 있다고 생각하면 채택하면 되는 겁니다. 그에 따른 성과는, 그것을 제안한 이 못지않게, 채택한 여러분의 것이 되는 것이에요. 올바른 검토의 요령은 주어지는 정보를 다 듣기 전에 판단하는 것이 아니라, 그 정보에 기초하여 판단하는 것입니다. 결정을 내리는 것, 그리고 어떤 것이 최선의 이익이 되는지 검토하는 것은, 적절한 시기에서도 방법에서도 같지 않기 때문입니다.

서설 19

1. 제가 이 자리에 선 것은, 아테나이인 여러분, 제가 발언할 필요가 있는지 여부에 대해 여러분과 상의하려는 것입니다. 제 스스로 결정하기 어려워하는 이유를 여러분께 말씀드리겠습니다. 제 소견에, 자기 자신은 물론 특정인에게 아첨하지 않고, 오히려 여러분을 위해

서 더 이득이 된다고 믿는 것을 말하고, 또 양측이 말하는 좋은 것을 다 지지하는 한편, 그들 각각의 부당한 요구에 대해서는 반박하는 것이 불가피하다고 봅니다. 그래서 여러분이 인내를 가지고 양측의 주장을 간략하게나마 들으신다면, 나머지 현안에 대해서도 판단하기가 아주 더 수월할 것 같습니다. 그러나 제 의견을 듣기도 전에 여러분이 일어나 나가 버린다면, 저로서는, 양편 어느 쪽에도 부당한 짓을 한 것이 없으나, 부득이 양측 모두에게 누를 끼치게 되는 거예요. 제가 그 같은 입지에 처하는 것은 온당하지 않아요. 그러니, 여러분이 양해하신다면, 제가 말씀드리겠고, 그렇지 않으면 아예 입을 다물겠습니다.

서설 20

1. 제가 여러분에게 공정하고도 득이 된다고 보는 것은, 아테나이인 여러분, 토의할 때는 책임 전가나 비난을 유보하고, 현안에 대해 각자가 최선이라고 생각하는 것을 말하는 겁니다. 어떤 사람들의 잘못 때문에 사태가 악화하지만, 우리 모두가 숙지하듯이, 토론의 목적은 어떻게 상황을 개선할 것인가를 논의하는 것이거든요. 2. 더구나, 제 소견에, 잘못한 사람들에 대해 준엄하게 비난할 수 있는 사람은, 잘못한 이가 벌을 받을 것도 아닌 마당에, 이 같은 질곡을 당하여 과거의 행적을 캐는 사람들이 아니라, 다소간 당면한 상황의 개선을 위해 조언할 수 있는 이들이라 봅니다. 이런 사람들의 도움으로, 여러

분이 형편이 될 때, 잘못한 이들을 재판에 넘길 수도 있는 것이니까요. 그러니 온갖 다른 주제는 논외로 하고, 지금 여러분이 다루고 있는 현안에 도움이 된다고 제가 생각하는 바를 여러분에게 말씀드리려는 입장에서, 다만 다음과 같은 점에 대해 양해를 구합니다. 제가 과거사를 거론하는 것은, 비난을 위한 것이 아니라, 여러분이 과거에 행한 과오를 거울삼아 같은 오류를 범하지 않도록 하려는 것이란 점 말입니다.

서설 21 [29]

1. 지난날 우리가, 아테나이인 여러분, 위정자들의 술수에 넘어가지 않고 지금같이 평화롭게만 지냈다면, 지금같이 전개되는 상황이 발생하지 않았을 것이고, 제 소견으로는, 여러 가지 사안에서 우리가 지금 좀 더 나은 상황에 처해 있을 것 같습니다. 그런데 지금은, 몇 사람들의 횡포로 인해, 앞으로 연단에 오르는 것은 물론 아예 발언할 수가 없는 상황이에요. 2. 그로 인해 많은 부작용과 실로 바람직하지 못한 상황이 따르고 있어요. 여러분이 언제나 이 같은 소식이나 듣고, 무엇이 필요한지를 검토하고, 또 현재 같은 질곡에 처한 채로 있고 싶다면, 과거 여러 해 동안 해왔던 것같이 투표하면 됩니다. 삼단

---

29 Clavaud에 의하면, 이 글은 〈필리포스를 비난하여 1〉과 같은 시기에 쓰였다.

노전선을 진수하고 선원을 배치하고 특별세30를 징수하는 등, 그와 같은 온갖 일을 당장에 추진하는 거예요. 그러다가, 사흘 아니면 닷새 만에, 적대적 동향에 관한 소식이 멈추고 적이 잠잠해지면, 여러분은 거기서 더는 작전을 수행할 필요가 없다고 다시 생각하게 되겠지요. 바로 그 같은 상황이 필리포스가 헬레스폰토스로 왔을 때, 31 또 해적의 삼단노전선이 마라톤으로 들어왔다는 소식을 들었을 때 벌어졌던 것이에요.

3. 어떤 이가 우수한 병력을 갖추고 작전할 때와 같이, 아테나이인 여러분, 여러분이 결정을 내리고 신속하게 실천해야 합니다. 결정은 침착하게 하되, 실천은 전광석화(電光石火) 같이 해야 하는 거예요. 또 염두에 두어야 할 점은, 식량을 충분히 확보하지 못하고, 명석한 장군을 작전 지휘자로 두지 않는다면, 또 결정 사항을 일관성 있게 추진하지 않는다면, 투표한 것이 무용지물이 되고 자금을 써도 상황이 전혀 호전되지 않은 채, 상황은 개선되지 않을 것이며, 그래서 여러분은 화풀이로 누구든 되는대로 처벌하는 데 이르게 될 것입니다. 제가 여러분에게 드리고 싶은 말씀은, 먼저 적을 방어하고 그다음 시민을 단죄하라는 겁니다. 우리끼리 싸울 것이 아니라 당연히 적과 싸워야 하는 것이니까요.

---

30 *eisphora*.
31 기원전 352년 헤라이온(케르소네소스와 트라케를 연결하는 해협에 연한 도시)의 성벽을 포위한 것으로 추정된다. 소식을 전해들은 아테나이인은 40척의 삼단노전선을 준비하고, 40세까지 장정을 차출하며, 특별세를 거두어 60탈란톤을 채우기로 결정했다. 참조, Demosthenes, 3. 4~5.

4. 그래서 저는 가장 손쉬운 일로 비난만 해대는 것을 삼가고, 여러분이 어떻게 사태를 수습해야 하는지 말씀드리고자 하니, 여러분은 소동 피우지 마시고, 또 제가 짐짓 연기해서 시간을 벌려고 한다고 보지는 말아 주십시오. '빨리' '오늘'을 주장하는 이들은 가장 요점에 맞는 말을 하는 것이 아닙니다. 지금 당장 조치한다 해도 이미 일어난 사태를 막을 도리가 없어요. 오히려 어떤 무장을 갖추어야 비로소 적에게 승리할 때까지, 혹은 휴전32 제안을 수용할 때까지 버틸 수 있는지에 대한 의견을 제시하는 이가 주효한 것이죠. 그래야 앞으로 더는 곤경에 처하지 않을 것이기 때문입니다.

서설 22

1. 제 소견에, 아테나이인 여러분, 우리 도시가 자체 관련 사안에 대해 결정할 때, 공정과 이익을 같이 배려해야 한다는 점을 여러분은 인정하실 겁니다. 그러나, 당면한 현안 같이, 동맹국들33이나 공동체34와 관련한 사안에서는 공정 이외의 것을 고려해서는 안 됩니다. 전자의 경우, 편의를 도모하는 것으로 족하나, 후자와 같은 당면한 현안에서는 선35이 고려되어야 하기 때문이지요. 2. 실천에서는 거기

---

32 참조, Demosthenes, 4. 14~15.
33 *symmachikoi.*
34 *koina.*

에 책임지는 이들이 온갖 주도권을 가지지만, 결정을 내리는 과정에서는 누구도 주도권을 행사할 권한이 없어요. 다만, 실천에 대해 어떤 의견을 갖느냐는 것은 많은 이들이 실천한 이들을 위해 의견을 제시하는 겁니다. 그래서 실천이 공정하게 보일 때까지 검토하고 주의를 기울이는 것이지요. 3. 당연히, 저로서는 일어나지 않았으면 하는 일이 발생한 경우, 모든 이는 각기, 스스로 그런 경우에 처했을 때 다른 모든 이가 자신에 대해 다소간 가져야 한다고 생각하는 그 같은 동정을, 부당한 지경에 처한 다른 이에 대해 가져야 합니다. 그러나 어떤 이들은 자신의 판단에 역행하여 행동하기 때문에, 먼저 그들에게 몇 마디 의견을 개진한 다음, 여러분에게 최선이라고 생각하는 것에 대해 제가 말씀드리겠습니다.

서설 23

1. 제 소견에, 아테나이인 여러분, 우리 도시에 대해 불미스럽고 명예롭지 못한 의견이 여러 사람들 사이에 퍼진다면, 여러분이 그런 상황을 사소한 문제로 보지 못할 것 같습니다. 이런 사안과 관련하여, 여러분의 견해가 아무리 요점에 맞다 해도, 그에 알맞게 뒷감당하지 못하고 번번이 오류를 범하여, 여러분 자신도 잘했다고 여길 수

---

35 *kalon.*

없는 그 같은 짓거리를 범하곤 하는 거예요. 제가 알기로, 모든 이가 자신을 책망하는 사람보다 칭찬하는 사람을 더 반기지만, 저로서는, 그 같은 통속적 우호36를 추구하여 여러분에게 이득이 된다고 생각하는 것을 말하지 못해서는 안 된다고 봅니다.

2. 이렇듯, 애초에 여러분의 판단이 건전했다면, 여러분이 사적으로 비난할 일을 집단적으로 해야 한다고 여겨서, 현재와 같은 상황이 발생하게 하는 일은 없었을 겁니다. 모든 사람이 "아이구, 창피해. 참으로 놀라운 일이네!", 또는 "이런 상황이 얼마나 가나?"라고 말하겠지만, 여기 함께 앉아 있는 모든 이가 스스로 그런 사태를 초래한 장본인이에요. 저로서는, 실로 제가 원했던바, 최선37을 제안하는 연사에게 여러분이 귀 기울이는 것이 여러분에게 이득이 된다고 제가 알고 있는 것같이, 제안한 이에게도 이득이 된다는 사실을 저는 확신합니다. 그렇게 된다면, 제가 참으로 흡족했을 것 같으니까요. 실로 지금 같은 상황에서 저는 걱정됩니다만, 그래도 최선이 될 것이라고 제가 확신하는 바를 말씀드리는 데 주저하지 않겠습니다. 비록 여러분을 설득하지 못한다 해도 말이지요.

---

36 *philanthropia*.
37 참조, Demosthenes, 4. 51.

서설 24 [38]

1. 누군가가 여러분에게 다른 주제에 대해 그전에 발언한 적이 없다 해도, 아테나이인 여러분, 지금 그가 사신들[39]이 우리 도시에 퍼붓는 부당한 비난에 대해 논의하는 자리에서, 그는 모든 사람들로부터 당연히 양해를 얻을 수 있는 것이라고 저는 봅니다.

다른 어떤 경우, 적에게 패배한 것이 누구의 책임이라기보다 불행 탓으로 돌려야 하는 것과 같아요. 운(運), 지휘관, 또 다른 많은 요인이 전투의 승패를 가르기 때문이지요. 다만, 발생한 상황과 관련하여 그에 연루된 이들이 자신을 위한 정당한 사유를 대지 못하는 경우, 우리는 그 책임을 실패한 이들의 판단에서 찾아야 합니다. 2. 실로, 여러분에 대한 이들(사신)의 비난이 어떤 다른 사람들 앞에서 행해진다고 생각했더라면, 이들(사신)이 지금처럼 그렇게 쉽게 청중인 여러분을 거짓말로 속일 수 있다고 보지 않았을 것이고, 또 그 같은 청중도 이들의 주장 가운데 많은 것들을 받아들이지 않았을 것이라고 저는 봅니다. 제 소견에, 다른 경우에도 모든 이가 여러분의 순진함을 악용하지만, 특히 지금 이들이 그러합니다. 제가 확신하는 것은, 다른

---

38 이 서설과 Demosthenes, 15의 서두가 아주 유사하다. 카리아의 페르시아 총독 마우솔로스와 그 사후 왕위를 계승한 그의 아내이자 누이인 아르테미시아의 사주로 로도스에서 과두정부가 수립되었으나, 후에 마음을 고쳐먹은 로도스인이 아테나이에 원조를 요청했다. 데모스테네스는 이들의 요청에 협조하도록 아테나이인들에게 종용하고 있다.

39 키오스인, 비잔티온인, 로도스인의 사신들. 참조, Demosthenes, 15. 3.

어떤 이들에게서 찾을 수 없는 그 같은 청중으로서의 여러분을 이들이 음해하기 위해, 여러분 자신을 이용한다는 거예요.

3. 이 때문에, 제 소견에, 여러분이 신의 은혜에 감사하고, 아테나이인 여러분, 이들[40]을 혐오해야 할 것 같습니다. 제가 도시의 행운이라고 보는 것은, 이들보다 훨씬 더 건방지게 여러분 앞에서 거들먹거리던 로도스의 민중이 지금 여러분 앞에 조아려 탄원자가 된 사실을 이들도 알고 있다는 것이에요. 그러나, 이렇듯 명백한 사실이 드러나는데도, 이 어리석은 이들은 그런 사실에 대한 일고의 반성이 없어요. 또 여러분이 개인적으로도, 한 사람 한 사람, 그들을 여러 번 구했고, 또 그들의 무모함과 악의를 개선하려고, 여러분을 위해서가 아니라 그들을 위해 전쟁까지 불사하면서, 여러분 자신의 문제에 대처할 때보다 더 많은 문제에 봉착했던 사실도 이들이 깨닫지 못하고 있으므로, 여러분이 극도로 분노하는 것이 당연하다고 저는 봅니다. 아마 이들은, 상황이 순조로운 한, 숙명적으로 이런 것들을 절대로 깨닫지 못할 것 같아요. [41] 그러나 여러분 자신이 가진 가치는 물론 도시가 이룬 과거의 업적에 어울리도록, 여러분은 과거와 같이 지금도, 그리고 앞으로도 언제까지나 우리가 공정을 추구한다는 점을 만인 앞에 천명할 필요가 있습니다. 그러나 일부 다른 이들이 자신의 동료 시민들을 예속하기 위해, 우리 앞에서 그들을 비난하고 있는 거예요.

---

40 키오스와 비잔티온의 사신들.
41 참조, Demosthenes, 15. 16.

서설 25

1. 한결같은 마음으로, 아테나이인 여러분, 제안하는 이의 발언을 듣고 또 사안을 판단한다면, 조언하는 것만큼 편한 일이 없을 것 같습니다. 언제나 듣기 거북한 말은 피하는 것이 좋으니 곱게 표현하자면, 일이 운 좋게 풀리든, 그렇지 않든 간에, 그 공과는 여러분과 제안한 이에게 공동으로 귀속합니다. 그러나, 흔히 여러분은 여러분이 원하는 말을 해 주는 이들의 말을 즐겨 듣지만, 일이 여러분이 원하는 대로 풀리지 않으면, 흔히 여러분을 기만했다고 그들을 비난하곤 해요. 2. 그럴 때, 여러분이 고려하지 않는 것은 각기 한계를 가진 인간으로서 나름대로 최선을 추구하고 궁리하며 여러분에게 제안하는 주체가 되는 것이지만, 그것을 실천하고 그로 인해 초래되는 결과는 상당 부분 운의 영향을 받는다는 사실이에요. 사람은 자신의 생각을 통제하는 것에 만족해야 하고, 그 너머 운을 지배하는 것은 불가능합니다. 3. 누구라도 공적 발언을 안전하고 위험부담 없이 할 수 있는 방법이 발견되었는데도, 그것을 활용하지 않는다면, 그것은 미친 짓이 되겠지요. 그러나 어떤 상황의 발생에 직면하여 의견을 제시한 이는 부득이 그 결과와 그로 인한 책임에 연루되는 것이므로, 그런 이가 스스로 선량한 이로서 자처하면서도 그로 인해 위험이 발생할 때 그 부담을 외면하는 것은 몰염치한 처사라고 저는 봅니다.

저로서는 도시와 저 자신에게 다 득이 되는 그 같은 안이 제게 떠올라서 제안하고, 또 여러분이 채택해 달라고 신들에게 간구합니다. 언제나 승리할 수 있는 방법을 구하려는 것은, 제 소견에, 두 가지 유형, 즉 정신이 나갔거나 아니면 사리만 추구하는 것 중 하나인 것이니까요.

서설 26

1. 제발, 아테나이인 여러분, 지금 여러분이 민회에 모여 논의하는 현안은 물론 또 다른 사안들 관련하여, 최선의 것이라고 여러분이 간주하는 것과 실제로 최선인 것이 동일한 것일 수도 있습니다. 그러나 가장 중요한 현안과 보편적 관심사를 다룰 때, 여러분은 모든 조언자의 말을 다 들어야 한다고 저는 봅니다. 아테나이인 여러분, 어떤 이들이 조언하려 할 때는 야유하고, 나중에 같은 이들이 발생한 상황과 관련하여 비난할 때 그제야 감사한 마음으로 그 같은 말을 듣는 것은 뒷북치는 일이라는 점을 유념하면서 말이죠. 2. 제가 아는 범위에서, 제 생각에 여러분도 물론 알고 있는 것이겠습니다만, 지금 여러분은 듣고 싶은 말을 해 주는 사람을 특별하게 선호합니다. 그러나, 그런 일은 없었으면 합니다만, 지금 여러분이 기대하는 바와 다르게 사태가 전개되면, 이들이 여러분을 속였다고 생각할 것이고, 또 지금 여러분이 피하는 이들이 옳았다고 생각하게 되실 겁니다. 그러나, 지금 여러분이 깨닫게 된 지혜를 그때 채택하도록 여러분을 설득한 이들에게는, 반대 발언의 기회를 가지는 것으로써 최대의 편익을 도모했던 겁니다. 3. 사람들에게 최선의 것으로 보이는 것이, 비록 그 맹점이 아직 드러나지 않았다 해도, 최선이 아니라는 사실을 설득할 수

있다면, 그렇게 함으로써 그들 앞에 놓인 위험을 제거할 수 있게 되는 것이니까요. 만일 설득하지 못하는 경우라 해도, 나중에 비난해서는 안 되는 겁니다. 다만, 사람이 해야 할 의무로서 설득하려고 노력한 것으로 의미가 있는 것이고, 혹여 뜻을 이루지 못한다 해도 공정하게 승복하고, 결과가 어떻게 나오든, 그 모든 결과를 공유하는 것으로서 만족해야 하는 것이겠지요.

서설 27 [42]

1. 제 소견에, 아테나이인 여러분, 이같이 중요한 사안에 대해 토의할 때, 여러분은 토의하는 이들 하나하나가 솔직하게 발언할 수 있도록 허용해야 합니다. 저로서는, 여러분에게 최선의 정책을 조언하는 것이 어려운 일 같지가 않습니다. 간단히 말씀드리면, 여러분 모두가 이미 그것을 터득한 것같이 보이기 때문입니다. 그런데 실천으로 유도하는 것이 어렵습니다. 어떤 결정이 지지를 받아 통과되었다고 해서, 그것이 통과되기 전보다 실천하기가 더 쉬워지는 것이 아니기 때문입니다. 2. 근자에 방자하게도 여러분을 공격했던 바로 그들이 자신들의 구원의 희망을 오로지 여러분들에게 걸고 있다는 사실은 여러분들이 신들에게 감사드려야 할 축복입니다. 여러분은 당면한 기회를 환호해야 하는 것이에요, 여러분이 바르게만 결정한다면, 실

---

42 Demosthenes, 15, 〈로도스인의 자유를 위하여〉, §1~2와 같은 내용이다.

로 우리 도시를 폄훼하는 모함의 말들을 척결하는 동시에 명성을 함
께 얻을 수 있기 때문이지요.

서설 28

1. 앞서 있었던 발언으로 야기된 희망은, 아테나이인 여러분, 대
단하고 멋진 것입니다. 여러분 대다수가 현실적 반성 없이 그런 말에
의해 다소간 영향을 받았으리라 저는 봅니다. 저로서는, 나중에도 이
득이 되는 것이 아니라고 제가 믿는 것을 여러분의 순간의 만족을 위
해서 말씀드리려는 의도는 절대로 없어요. 당연한 것이겠습니다만,
대부분 사람들의 공통된 특징은 자신이 무엇을 하든 같이 죽이 맞아
박수 쳐 주는 사람을 좋아하고, 흠잡는 사람을 싫어합니다. 그러나
지각 있는 이는 언제나 감정보다 이성을 앞세우려고 노력해야지요.
2. 저로서는, 여러분이 기꺼이 자신에게 이득이 되는 조치를 실행하
는 것을 목도하고, 제가 여러분을 흡족하게 하는 동시에 올바른 조언
을 하는 것으로 보일 수 있다면, 스스로 감사할 것입니다. 그러나 여
러분이 그 반대쪽으로 치닫는 것을 보면서, 저를 경원하는 분이 몇 분
있을 수는 있겠으나, 제가 항변할 필요가 있다고 봅니다. 한마디도
듣기 거북해하시는 분이 있다면, 그 같은 편향성은 판단의 오류가 아
니라 비열함을 지향하는 여러분의 본성에 기인하는 것으로 환원될 거
예요. 그러나 여러분이 경청하신다면, 제 소견에, 여러분에게 크게
이익이 될 다른 견해를 채택할 가능성이 있을 것 같습니다. 그렇지 않

42

으면, 어떤 이들은 여러분이 자신의 이익을 도모하지 못한다고 할 것이고, 또 다른 이들은 각기 생각하는 바대로 말을 하겠지요.

서설 29

무엇보다, 아테나이인 여러분, 실천에 옮겨야 할 순간에, 여러분 가운데 일부가 여러분이 내린 결정에 불복하는 것은 전혀 새로운 것이 아닙니다. 토론할 때 여러분이 그들에게 발언 기회를 주었고 이들이 발언했으나, 그들 의견이 채택되지 않은 사안의 경우, 그것을 여러분에게 다시 거론하려 한다면, 그들을 나무라는 것이 마땅합니다. 그러나 당시에 여러분이 듣기를 거부했던 사안에 대해 지금 거론하려 하는 것은 전혀 부적절한 것이 아니고, 오히려 누구라도 여러분을 정당하게 비난할 수 있을 것 같습니다. 아테나이인 여러분, 어떤 사안을 두고 심의할 때, 여러분은 각자가 생각하는 것에 대해 발언 기회를 주지 않고, 한쪽의 입장을 먼저 듣고 거기 포획되어 다른 쪽의 말을 들으려 하지 않는 경향이 있기 때문이지요. 여기서 난처한 상황이 여러분에게 발생하는 거예요. 일을 그르치기 전에 그 조언을 받아들일 수도 있었던 사람들을, 그들로부터 비난받게 될 즈음에 이르러서야, 비로소 지지하게 되니까요. 제가 보기에, 여러분이 또 그 같은 질곡에 처할 것 같습니다. 지금 여러분이 모든 측면에 걸쳐 골고루 듣고, 그 같은 수고를 감내함으로써, 최선의 제안을 선택하시고, 그런 것에 대해 무작정 비판하는 이들을 용렬한 것으로 간주하지 않는다면 말이죠. 저로서는 다른 무엇보다, 여러분이 심의하는 현안에 대해 제 의견을 말씀드리는 것이 마땅하다고 여기는바, 만일 여러분이 양해하신다면 계속 말씀드릴 것이고, 그렇지 않다면 여러분을 괴롭히거나 제 자신을 곤혹스럽게 하는 일이 모두 없도록 하렵니다.

서설 30

1. 아테나이인 여러분, 개전(開戰)하기 전에 숙고해야 하는 것은, 치러야 할 전쟁을 위해 무엇을 준비해야 하는지입니다.[43] 정작 전쟁이 임박한 것이 아니라면, 그것이 가시화되고 난 다음 처음으로 전쟁에 대해 논의하게 될 때 무장 관련 사안에 대해서도 고려하는 것이 여러분의 의무였습니다. 많은 군대를 작전에 투입했으나 지휘관들이 잃은 것이라고 여러분이 주장한다면, 아무도 그 같은 주장에 수긍하지 않을 겁니다. 작전을 지휘한 이들을 무죄 방면하는 동시에 작전이 실패한 것이 그들 탓이라고 주장할 수는 없기 때문이죠. 2. 그러나 지난 일은 바꿀 수 없고, 현재 주어진 상황에서 대처해야 하는 것이므로 누구를 탓하고 있을 때가 아니라고 보고, 제 소견으로, 최선이라고 여기는 것을 여러분에게 말씀드리겠습니다. 우선, 실로 여러분이 인정해야 하는 것은, 사람마다 각기 지난날 무관심했던 것을 만회할

---

43 필리포스의 올린토스 포위에 맞서기 위한 아테나이인 측의 대책을 뜻한다. 당시 카레스가 사령관이었으며, 데모스테네스는 변론(12. 332)에서 카레스를 지지한다.

수 있는 그 같은 정도의 열성과 경쟁심을 가지고 임무에 임해야 한다는 겁니다. 그래야만, 우리가 놓친 많은 것을 만회할 수 있다는 약간의 희망을 가질 수 있을 테니까요. 3. 그다음 이미 일어난 것에 대해 낙담해서는 안 됩니다. 과거의 최악의 상황은 미래를 위한 최선의 희망이 되니까요. 아테나이인 여러분, 그게 무슨 뜻이냐고요? 여러분 형편이 좋지 않다는 것은 여러분이 해야 하는 일을 하지 않는다는 뜻입니다. 해야 할 모든 일을 여러분이 하는데도 형편이 그 모양이라면, 개선의 희망이 아예 있을 수 없기 때문이지요. [44]

서설 31

1. 민회에서 공적으로 발언하는 이들이, 아테나이인 여러분, 똑같은 행태로 비난을 일삼는 것보다 더 고약한 것은 없습니다. 그들 사이의 불화와 무분별한 상호 비방이 우리의 다른 사안에 해악을 초래한다는 사실을 깨닫지 못할 만큼 소갈머리 없는 이는 아무도 없으니까요. 제 소견에, 그들 간의 적의를 우리 도시의 적에게로 돌리고, 그런 다음 말할 것이 있으면 하는 편이 더 나을 것 같습니다. 저로서는 여러분에게 권하는바, 이런 분쟁에는 끼지 마시고, 이편 혹은 저편이 승기를 잡을 것이라고 내다보지도 마시고, 여러분 모두가 함께 적에 대해 승기를 잡도록 하십시오. 2. 제가 신들에게 바라건대, 경쟁심,

---

44 참조, Demosthenes, 4.

심술, 혹은 그 같은 종류의 다른 동기에 의해, 득 되는 것이라 여기는 것이 아닌 다른 어떤 것을 말하는 이는 그런 짓거리를 멈추게 해 주십시오. 조언하는 이가 저주의 말을 내뱉는 것은 아마도 어울리지 않는 것 같으니까요. 실로 이런 열악한 사태와 관련하여, 아테나이인 여러분, 저는 이들 모두를 제외하고는 누구도 비난하지 않습니다. 다만, 여러분이 좀 조용해지면, 그들을 추궁해야 하겠으나, 지금은 현재 상황을 어떻게 하면 더 개선할 수 있느냐는 점만 생각해야 한다고 저는 봅니다.

서설 32

1. 저로서는, 아테나이인 여러분, 일부 연사들이, 유능한 연사로 보이려고 최선의 제안을 제공할 때와 같은, 그 같은 열성을 보여 주었으면 했습니다. 이들이 발언할 때 영악하기보다 사려 깊은 사람으로 보이고, 여러분의 당면한 현안들이 바람직한 방향으로 개선되도록 말이지요. 그러나 지금은, 제가 보기에, 일부 연사들이 달변가로서 명성을 얻으려고 너무 집착하고, 여러분이 처하게 될 상황에 대해서는 전혀 관심이 없는 것 같아요. 2. 제가 곤혹스러워하는 것은 도대체 이 같은 부류의 변론이 듣는 이들만큼 그같이 화자 자신들을 속이는 속성을 가진 것인지, 혹은 화자가 최선이라고 생각하는 것과 정확히 반대되는 주장을 의도적으로 하는 것인지 하는 겁니다. 올바르게 행하려는 이는 허풍이 아니라 무력이 뒷받침하는 힘을 가져야 하고,

또 적이 강하지 않다고 폄훼할 것이 아니라 적이 강하더라도 그들을 제압할 수 있다는 신념을 가져야 한다는 사실 등을 그들이 모르고 있다면, 그 말은 그럴듯해 보이겠지만, 극히 중대한 상황에 대한 이해를 그르치게 합니다. 더구나 이 같은 사실을 알고 있으며, 모르는 것이 아니라고 그들이 말한다 해도, 그들이 선호하는 행위에 어떤 저의가 깔려 있다면, 그 동기가 어떤 것이든, 비열한 것이라 보지 않을 수 있습니까?

3. 저로서는, 여러분이 이미 세뇌당한 것같이 보이지만, 제 소신을 밝히지 않을 수 없습니다. 바르지 못한 달변에 여러분이 포획되어, 더 주효하고 더 이익이 되는 것을 제안하려는 이를 겁박하는 것은 멍청한 짓거리니까요, 실로 여러분에게 청컨대, 제 말을 경청해 주십시오. 여러분이 누구의 발언을 듣고 거기에 설득당하지 않았더라면, 지금과 같은 견해조차 여러분은 갖지 못했을 것이라는 점에 유념하셔서 말이지요. 4. 중량 화폐45의 가치를 측정하려면 달아 봐야 하듯이, 여러분은 그들이 여러분 앞에서 한 발언을 우리가 개진한 반박 의견과 비교하셔서, 그들 의견이 이득이 된다고 판단되면 그에 따라 행운이 여러분과 함께하도록 하십시오. 그러나, 만일 하나하나 검토해서 이익에 배치되는 것으로 드러나면, 실수를 범하기 전에 결정을 번복하여 적중한 견해를 채택하도록 해야 하는 것이에요.

---

45 *nomisma*. 참조, Demosthenes, 24. 213.

서설 33

1. 무엇보다, 아테나이인 여러분, 제가 드리려 하는 말을 여러분이 받아들였으면 합니다만, 그렇지 않고 어떤 다른 결론이 난다 해도, 저로서는, 무엇보다 그 같은 발언을 여러분에게 개진했다는 사실 자체에 의미를 두려 합니다. 제가 생각건대, 어려운 것은, 여러분이 실천해야 하는 바를 실행하는 것뿐 아니라, 혼자서 그런 것을 찾아내는 것이에요. 누구라도 그런 이치를 알 수 있죠. 발언만이 아니라 당면한 상황을 여러분이 점검하는 것이라는 데 생각이 미치고, 또 답변의 연사보다는 정직한 연사로 평가받는 데 더 큰 관심을 두는 이라면 말이에요. 2. 그러니, 저로서는, 좋은 결실로 이어지기를 기대하면서, 우리가 당면한 현안을 점검해 봐야 하겠다는 생각이 들자, 여러분이 기꺼이 듣고 싶어 할 것 같은 발상이 아주 풍성하게 떠올랐어요. 어떻게 여러분이 온 헬라스 사람 중에서 가장 공정한 이들이 된 것인지, 또 어떻게 여러분이 가장 고귀한 선조의 후손이 된 것인지와 같은 것들입니다. 또 그 같은 많은 것들과 관련하여, 제가 많은 것을 알았고 또 그것을 여러분에게 말씀드릴 수가 있어요. 그런데 이런 것들은 발화되는 순간에만 감동을 주고, 그다음에는 스러져요. 그러나 연사는 현안에 조언을 제공하지만, 그로 인해 도모되는 선이 나중에도 여러분에게 남아 있도록 해야 하는 거예요. 제가 경험을 통해 알게 된 것은 이런 제안이 드물고 또 발견하기 힘든 것이라는 겁니다. 더구나, 여러분도 아시듯이, 혼자서 무엇을 아는 것만으로 되는 것이 아니에요. 여러분을 설득해서 협력을 구할 수 없다면 말이에요. 그렇지

만, 제가 할 일은 제가 스스로 이득을 가져올 것이라고 믿는 바를 여러분에게 개진하는 것이에요. 다만, 그것을 듣고 판단해서, 만일 제 의견이 마음에 들면, 실천하는 것은 여러분의 몫입니다.

서설 34

1. 지금도 그 같은 상황에 처해 있는바, 지난날 어떤 다른 이가 하는 발언에 대해 반박 의견을 개진하려는 이의 말을 들을 필요가 없다고 여러분이 판단하면, 반박 발언하지 못한 이는 그다음 민회에서 발언하곤 했지요. 그때와 같이, 그때 궁극에 가서 채택된 결정을 지지하려 했던 이들의 말을 여러분이 들으려 하지 않는다면, 다음 민회에서 같은 사안을 다시 다루면서, 지금 여러분의 입지를 비난하게 될 겁니다. 2. 참으로, 아테나이인 여러분, 여러분의 결정이 최종적으로 이루어지지 않고 또 유익한 제안은 무시하여 아무런 성과도 달성하지 못한 채, 여러분을 현혹하여 자신들의 뜻을 관철하려는 연사 집단처럼 여러분이 수작을 한다면, 그보다 더 열악한 상황은 없을 것이고, 또 여러분은 그보다 더 어리석은 이로 자신을 내비치는 일이 없을 겁니다. 46 그러한 일은 없도록 하시고, 아테나이인 여러분, 힘들지만 양쪽 주장을 공평하게 다 들으신 다음 여러분이 실행하게 될 방안을 선택하시고, 일단 결정된 방안에 대해 반대하는 이가 있다면, 그런

---

46 참조, Thucydides, 3. 38.

이는 파렴치하고 여러분을 음해하는 사람이라고 여기십시오. 3. 들을 기회가 없었던 이가 여러분이 결정한 방안보다 더 좋은 안을 가지고 있다고 여기는 것은 양해가 가능하지만, 양편 주장을 다 듣고 여러분이 양단간에 결정을 내렸는데도, 다수의 결정에 승복하여 물러서지 않은 채, 파렴치하게 이의를 제기하는 것은 떳떳하지 못한 어떤 다른 동기가 개재해 있다는 의혹을 명백하게 보여 주는 소치라 할 수 있기 때문입니다. 저로서는, 이 경우 여러분이 앞서 한 결정을 일관성 있게 유지하기만 한다면, 입 다물고 있어야 한다고 여겼을 거예요. 그렇게 하는 것이 여러분에게 이득이 된다고 확신하는 사람 중 하나였거든요. 그러나 이들의 주장을 듣고 일부 사람들이 입장을 번복하는 것을 보면서, 이들의 말이 사실도 아니고 또 여러분에게 이득이 되는 것도 아니라는 점을 여러분 자신이 아실 것이라 봅니다만, 혹여 여러분이 그런 사실을 모를까 하는 노파심에서 말씀드리겠습니다.

서설 35

1. 처음으로, 아테나이인 여러분, 이 사안에 대해 심의할 때는, 각자가 더 좋다고 여기는 안을 따르도록 여러분을 설득하는 것은 올바르고 정당한 것입니다. 그러면 다른 무엇보다 도시에 큰 해악을 가져오는 두 가지 상황은 벌어지지 않을 것 같습니다. 하나는 일정한 결정을 내리지 못하는 것, 다른 하나는 견해를 번복하면서 여러분 스스로에 대해 오줄없는 이로 비난을 자초하는 것이에요. 그러나 당시에는

침묵하다가 지금 와서 비난하고 나선 이들에 대해 제가 몇 가지 말씀을 드리려 합니다. 2. 제가 곤혹스러워하는 것은 이 사람이 정치하는 방식인데, 참으로 비열하다고 저는 봅니다. 여러분이 상황에 대해 심의하고 취사선택하여 결정 내릴 때에는 여러분에게 조언할 수 있지만, 이미 결정을 내리고 추진하려 할 때 방해하는 겁니다. 그것도 그들이 주장하는 것 같은 그런 선의에 의한 것도 아닌 거예요. 제가 이들에게 묻고 싶어요. 무슨 장광설을 늘어놓으려는 것이 아니고, 다만 이들이 왜 온갖 측면에서 라케다이몬인들을 칭찬하면서, 47 바람직한 그들의 행동은 본받지 않고 정반대로 하려는지만 물으려는 것이에요. 3. 이들 말에 따르면, 아테나이인 여러분, 라케다이몬인들의 경우, 결정을 내리는 과정에서 누구나 의견을 개진할 수 있지만, 일단 결정이 되면 반대하던 이들을 포함한 모든 이가 그 결정을 존중하고 합심하여 일을 추진한답니다. 그래서, 한편으로, 사람 수가 적지만, 48 많은 사안에서 번창하고, 또 적시의 실천으로 전쟁을 통해서는 얻을 수 없는 것들을 손에 넣어요. 또 다른 한편으로, 어떤 기회도 어떤 수단도 이득이 되는 것은 무엇이든 놓치는 법이 없어요. 그들(라케다이몬인)은, 제우스께 맹세코, 우리와 같지 않아요. 우리는, 이들과 이들 같은 부류의 사람들 때문에, 우리가 적이 아닌 서로를 이기려고 하면서 있는 대로 시간을 허비하고, 4. 또 전쟁을 치른 다음 누군가가 강

---

47 이 서설은 기원전 344년 메세네 전쟁 이전에 쓰인 것으로, 그 후에는 필리포스의 압력으로 스파르타가 더 이상 펠로폰네소스 사태에 개입하기 어려웠다.
48 이소크라테스(12. 255)에 따르면, 레욱트라 전투(371 B.C.) 시기 라케다이몬(스파르타) 무장보병은 2천 명이라고 전한다.

화를 도모하면 그를 미워하고, 평화가 온 다음 전쟁하자고 누가 제안하면 그를 적대시하고, 또 누가 조용히 우리 자신의 일에 매진하자고 하면, 그도 틀렸다고 하면서, 총체적으로 비난과 허황한 희망으로 가득합니다. 실로, 누가 이렇게 말할 수도 있겠지요, "이런 것을 비난하다니, 도대체 당신이 지지하는 게 뭐요?" 제우스의 이름으로, 여러분에게 말씀드리겠습니다.

서설 36

1. 첫째, 여러분 가운데, 조언자들의 말을 들으려 하지 않아서 그 판단이 더 열악해지는 일이 없었으면 하고 염려하는 의견이 제게는 일리 있게 보이지 않아요. 다른 무엇보다, 운이 좋으면, 그 덕에 여러분이 원하는 대로 많은 일들이 저절로 풀리는 수 있으니까요. 반면, 지도자의 통찰력에 의존하는 경우 그 결과가 오히려 미미할 수도 있거든요. 둘째, 여러분은 연사가 제각기 무슨 말을 할 것인지뿐만 아니라, 무슨 목적으로 말하는 것인지를 미리 알아야 합니다. 악의가 아니라면 2. 어떤 대가를 바라는 것이냐는 것이에요. 여러분은 신중하게 그들이 여러분을 농락하는 시간을 최소한으로 줄이도록 하는 것이 좋다고 저는 봅니다. 지금 제가 다른 사람들이 말하는 것과 같은 것을 말씀드리려 한다면, 이미 아시고 있는 것들을 말한답시고, 감히 여러분을 번거롭게 하려 들지 않았을 거예요. 제가 드리려는 말씀은, 여러분이 들어 이득이 되는 것이고, 다수가 생각하는 것과는 완전히

52

다른 겁니다. 그러니, 들으시고 살펴보셔서, 여러분 마음에 들면, 채택하도록 하십시오.

서설 37

1. 제 화두는, 아테나이인 여러분, 간단하고 주효한 것으로서, 세목을 모두 말씀드리려는 것이 아닙니다. 제 소견에, 여러분도 보시듯이, 기만의 의도를 가진 자들의 특징은 말로써 상황의 불리함을 청중 여러분으로부터 은폐하는 방법을 찾는 것입니다만, 정직하게 여러분을 대하려는 이들이 제일 먼저 하는 것은 두 견해 중에서 어느 편을 선호하는지를 밝히는 거예요. 2. 그래서, 여러분이 그의 노선을 알고 나머지 이야기를 더 듣고 싶어 할 때, 더 좋다고 생각하는 바를 소개하고 설명하는 것이죠. 만일 여러분이 그가 추진하려는 견해를 거부하면, 바로 물러나서 여러분을 귀찮게 하는 일도, 또 자신이 헛수고하는 일도 없도록 합니다.

그 같은 맥락에서, 제 화두는 다음과 같습니다. 제 소견에는, 미틸레네의 민주당은 억울한 지경에 처했으므로, 그들을 도우는 것이 여러분의 의무라는 것이에요. 도우는 방법을 말씀드리기 전에, 먼저 미틸레네인들이 억울한 지경에 처해 있고, 여러분이 그들을 도우는 것이 도리라는 점부터 말씀드리는 겁니다.

서설 38

1. 모든 것에 앞서, 아테나이인 여러분, 여러분에게 조언하려는 자들이 쉽게 발언하기 어려운 것은 뜻밖의 현상이 아닙니다. 숙고를 요하는 상황이 열악할수록, 그와 관련한 조언도 불가피하게 유쾌하지만은 않기 때문이지요. 물론, 여러분이 듣지 않고도 상황이 개선될 전망이 있다면야 당연히 그렇게 하시면 되겠습니다만, 상황이 악화일로에 있고 그렇게 해서 더 좋을 것이 없는 마당에, 왜 여러분은 지금까지보다 더 긴 기간 동안을 상황이 최악으로 치닫도록 내버려두어서, 상황 수습을 더 어렵게 하려 하십니까? 지금부터 손을 쓰면, 아직은 사태를 바로잡고 더 낫게 개선할 수가 있는데도 말이에요. 2. 그 같은 질곡에 처하면 분노하는 것이 당연하지요. 그러나 원인 제공자가 아니라 모든 사람에게 보이는 대로 분노하는 것은 합리적인 것도, 바른 것도 아닙니다. 과거 발생한 일에 대해 아무 책임이 없고 다만 앞으로 어떻게 개선할 수 있는지를 조언하는 이들은 여러분의 적의가 아니라 감사를 받아야 하는 거예요. 이런 사람들을 여러분이 사리에도 맞지 않게 닦달하면, 그들이 일어나서 발언하는 것조차 꺼리도록 만드는 겁니다. 적어도 제가 알고 있기로, 정작 원인 제공자가 아니라, 오히려 분노하는 대중을 저지하려 했던 이가 변을 당한 사실이 종종 있었습니다. 그런 상황에서도, 제가 여러분에게 조언하려고 나섰습니다. 제 소견에, 아테나이인 여러분, 제가 어떤 누추한 일에 연루된 적이 있다는 사실을 여러분이 발견하지는 못할 것이고, 오히려 다른 이들보다 더 좋은 조언을 제가 여러분에게 할 수 있을 것 같습니다.

서설 39

1. 발생한 사태의 내용은, 아테나이인 여러분, 여러분이 막 들으신 것과 같으나, 전혀 동요하시면 안 됩니다. 당면한 질곡에서 낙심하는 것은 사태의 개선에 도움이 안 되고 여러분 자신의 위상에도 어울리지 않다는 점에 유념해 주십시오. 오히려, 사태를 정비하는 것이 여러분에게 지워진 의무라고 여기는 것이 여러분의 명성을 지키는 길임이 분명합니다. 스스로를 자리매김하려 하는 그 같은 위상의 사람들은 불행을 마주할 때 다른 이들과 구별되어야 합니다. 2. 저로서는, 어떤 경우에도 도시가 이 같은 변을 당하거나 여러분이 어떤 불행을 당하기를 원치 않습니다. 그러나 일어나야만 했던 것이고 운명적인 것이라면, 이런 일을 당하는 것도 긍정적인 면이 있다고 봅니다. 운의 섭리는 급하게 변하는 것이고, 두 가지 측면이 나타날 확률은 같습니다. 그러나 인간의 악의에 기인한 것은 확실하게 패배를 초래하지요. 제 소견에, 승기를 잡은 이들도 알지 못하는 것이 있어요. 당면한 상황에서 결단하여 행동에 나서면, 이미 발생한 것이 행운인지 그 반대가 될 것인지 아직 분명하지 않다는 겁니다. 더구나 거둔 성과로 자만하게 되면, 그것이 여러분에게 유리한 것이 되지요. 여러분을 얕잡아 보는 것만큼, 그들이 실수를 범하게 될 테니까요.

서설 40

1. 제 소견에, 아테나이인 여러분, 이 같은 상황에서 여러분이 당면 현안을 논의하는 것은 우리 한 도시뿐만 아니라 모든 동맹국들과 관련하는 것입니다. 여러분이 이 도시와 관련하여 결정을 내린다 해도, 다른 도시들이 그 결정을 보고 자기네도 그 같은 대우를 받으리라고 기대할 것이기 때문이지요. 그러니, 여러분은 최선을 추구하는 동시에 여러분 자신의 명성을 지키기 위해, 유용성과 공정성을 다 갖춘 조치를 도모한다는 사실이 드러나도록 해야 하는 것이에요.

2. 지금 이 같은 모든 사태의 발단은 장군들입니다. 이들 중 다수가, 여러분의 명을 받고 출항했으나, 여러분에게 우호적인 이들, 그들 손아귀에 들어가기 전에는 언제나 여러분과 함께 같은 위험을 감내했던 이력을 가진 이들을 도와야 한다는 생각을 하지 않았던 거예요, 오히려 이들(장군들 중 다수)이 각기 개인적 친구들을 만들고는, 그들 자신에게 아부하는 자들을 여러분이 여러분 자신의 친구로도 여겨 주었으면 하고 있는 거예요. 그러나 실상은 정반대예요. 이들 아첨꾼보다 더 적대적인 철천지원수가 없어요. 여러분을 속여서 그들이 얻는 것이 더 많을수록, 처벌받아야 한다고 스스로 생각하는 범죄수가 더 느는 것이니까요. 다소간 자기에게 해를 끼칠 것이라고 예상하는 상대에게 선의를 갖는 이는 아무도 없을 거예요, 그렇지만, 지금은 그들을 비난하고 있을 때가 아닌 것 같습니다. 그 대신 제가 여러분에게 이득이 될 것으로 전망하는 조언을 드리겠습니다.

서설 41

1. 제 소견에, 이번 사건을 보고 쓰라림과 참담함을 느끼지 않을 만큼 도시에 대해 적의를 가진 이는 아무도 없을 것 같습니다. 그런데, 이미 일어난 일을 두고, 그 무엇이라도 분통을 터뜨린다고 해서 되돌릴 수만 있다면, 제가 모든 여러분께 그렇게 하시도록 종용했을 거예요. 그러나 일어난 상황을 바꿀 수 없고, 앞으로 더는 같은 일을 당하지 않도록 경계해야 하는 것이므로, 아테나이인 여러분, 이미 일어난 것에 대한 의분(義奮)은, 같은 일이 다시 발생하지 않도록 하려는 여러분의 결심의 강도를 더하는 것으로 여겨야 합니다. 또 여러분은 어떤 연사에게도 여러분에게 부담을 지우지 않고 당면한 질곡을 타개할 수 있는 이상적 구상을 제시해 주기를 기대해서는 안 되는 거예요. 사람의 말이 아니라 어떤 신성만이 그 같은 것을 가능하게 할 것이니까요.

2. 당면 상황의 근원적 원인은, 당장에 여러분의 동정을 얻으려 하는 일부 연사들이, 이곳 공적 발언의 연단에서, 특별세를 낼 필요도 없고 군대 안 가도 되고 모든 것이 저절로 잘될 것이라고 여러분에게 말한 데 있습니다. 실로, 이 같은 과장된 헛소리는, 도시의 안전을 위해, 누구라도 다른 연사에 의해 지적되어야 했던 것이에요. 상황이 여기에 봉착했으나, 제 소견에는, 여전히 행운은 다소간에 사태 발생의 책임자들보다는 여러분에게 더 호의적인 것 같습니다. 3. 하나하나 가진 것을 상실하는 것은 책임자가 직무 유기한 증거로 보아야 하는 것이겠습니다만, 그동안 전부를 잃은 것이 아니라는 점에서, 적어

도 제가 보기에, 여러분은 운이 좋은 거예요. 운이 여러분의 숨통을 트이게 하고 적을 견제하는 동안, 여러분은 앞으로의 대책을 강구하십시오. 그렇지 않으면, 혹여 여러분이 여러 직책에 보임했던 이들을 재판에 회부함으로써 상황을 악화시키게 되지나 않을까 경계하십시오. 누구라도 협조하지 않는다면, 현 상황은 큰 불행 없이 멈추는 일이 없을 것 같기 때문입니다.

서설 42

1. 아테나이인 여러분, 과두파를 위해 언제나 쉬지 않고 선동해온 자들이 이런 상황에서도 그 같은 행동을 한 것으로 드러나는 것은 조금도 이상할 것이 없습니다. 그러나 그런 사실을 익히 알고 있는 여러분이 자꾸만, 여러분을 보호하려는 이들보다는, 그들의 말에 귀 기울이려 하는 사실에 누구라도 더 놀라워해야 하는 것이에요. 혹여, 사생활에서 언제나 현명하게 처리하는 것이 쉽지 않은 것과 마찬가지로, 공적 사안에서도 그러기가 쉽지 않습니다. 그러나 적어도 중대 현안을 경시해서는 안 되는 것이죠. 2. 다른 사안들은 그렇게 중요하지 않다 하더라도, 여러분이 정치체제,[49] 학살과 민주정 해체 등에 관

---

49 *politeia.* 아리스토텔레스는 《정치학》에서 '*politeia*'를 이상적 혼합정치(군주, 과두, 민주)의 개념으로 썼으나, 여기서는 바로 뒤에 나오는 '학살', '민주정 해체'와 연관되는 것으로서 민주정체가 아닌 과두정체의 요소가 강한 것으로 이해할 수 있겠다.

해 흐뭇한 마음으로 듣는다면, 여러분 자신을 정신 나간 이로 보아야 하지 않겠습니까? 모든 다른 이들이 사려 깊은 사람이 되기 위해서 다른 이들의 사례를 참고합니다. 그런데 여러분은 반대로 다른 이들에게 일어난 일을 들으면서도 두려워하지 않아요. 사생활에서 미련하게 불행이 올 때까지 기다리는 이들을 완전히 바보라 여기면서도, 여러분 자신은, 제가 보기에, 공적 현안에서는 불행이 닥쳤다는 것을 깨달을 때까지 가만히 앉아 기다리는 겁니다.

서설 43

1. 여러분 가운데 아무도 관심을 갖지 않는 것은, 아테나이인 여러분, 도대체 왜, 번영을 누리는 이들보다, 역경에 처한 이들이 현안에 대해 더 현명한 대책을 강구하는지 하는 것이에요. 그 이유는 다름 아니라, 잘나가는 이들이 무엇을 두려워하거나, 또 불행이 닥칠 것이라고 누가 말한다고 해서 그것을 곧이듣지 않아요. 그러나 실수하여 질곡에 처해 본 이들은 그때부터 삼가고 조심하게 되는 거예요. 2. 이렇듯, 신중한 이는, 행운이 절정에 이를 때, 더욱더 삼갑니다. 조심하고 있는데 못 막을 거라고 보는 것, 그리고 조심하지 않는 자들이 당하는 일이 없으리라고 보는 것만큼 위험한 것은 없어요. 제가 이런 말씀을 드리는 것은 괜히 여러분에게 겁주려는 뜻이 아닙니다. 다만, 위험하다는 소문이 돌면, 여러분이 당장에 번창한다고 해서, 그것을 무시하면 안 되는 거예요. 여러분의 이익을 지키기 위해서는

경각심을 늦추면 그것이 현실로 다가올 수도 있다는 것을 알아야 해요. 제 말은 오히려, 조심성에서 누구에게도 뒤지지 않는 사람들이 그러하듯, 겪어서 배우기를 기다리지 말고, 미연에 질곡을 방지할 수 있도록 하자는 겁니다.

서설 44

1. 제 소견에, 아테나이인 여러분, 제가 여러분의 환심을 사려 하는 것과 최선이라고 생각하는 것을 제안하는 것은 경우가 같은 게 아니에요. 스스로의 판단에 어긋나는 것으로 환심을 사려는 것은, 애초에 반대하는 것보다 더한 혐오를 유발한다는 사실을 저는 자주 보아 왔기 때문이지요. 그러니, 여러분 모두가 한마음으로 같은 의견을 가져서, 한편으로 여러분이 마땅한 길을 택하는 것으로 보이는 한, 제가 이렇듯 발언에 나서지 않았을 것입니다. 스스로 주효한 대책을 강구하는 이들 앞에서 왈가왈부할 필요가 없으니까요. 다른 한편, 그렇지 않은 경우라 해도, 마찬가지로 제가 나서지는 않았을 겁니다. 저 한 사람이 여러분 모두에 비해 최선의 대책에 대한 이해가 더 부족할 수도 있다는 생각도 해야만 하는 것이니까요. 2. 그러나, 제가 보기에, 여러분 중 일부는 저와 같은 견해를 가지고 있으나, 반대 의견을 가지고 있는 이들도 있으므로, 제가 전자에 속하는 분들과 함께 후자에 속하는 분들을 설득하려는 거예요. 여러분이 제 발언을 듣지 않는 것이 옳다고 여기신다면, 실수하시는 것이고요. 그러나 제 발언을 조

용히 듣고 인내하신다면, 다음 두 가지 가운데 한 가지를 얻으시게 됩니다. 우리 의견이 이득이 된다고 여기시면, 따르시면 되고, 그렇지 않다면 여러분의 원래 판단을 한 번 더 돌아보는 기회가 될 테니까요. 여러분이 잘못하는 것이라 보는 우리의 판단이 일고의 가치도 없는 것으로 생각되시면, 원래 판단으로 환원하시되, 검증을 거치는 것이 되겠습니다.

서설 45

1. 청컨대, 아테나이인 여러분, 현안과 관련한 발언으로 여러분의 지지를 얻는 이는 누구라도, 실천에서도 그같이 지지를 받도록 행동하길 바랍니다. 제가 그에게 적의를 품은 것이 아니라, 신들의 이름으로, 여러분에게 최선이 되기를 바라는 것이죠. 그러나, 유념하실 것은, 아테나이인 여러분, 말 잘하는 것과 실제로 이익을 가져오는 것은 완전히 다른 차원의 것이라는 점입니다. 전자는 연사의 영역이나, 후자는 현명한 사람의 소관이지요. 2. 그러니 여러분 다수, 특히 최연장자 분들은 달변의 연사들과 같은 수준으로 유창하게 발언하지 못해도 괜찮습니다. 그것은 숙련된 연사들의 소관이니까요. 다만, 그들만큼 혹은 그들보다 더 많이 현명해야 할 필요가 있습니다. 그것은 많은 경험과 견문을 통해 생기는 것이지요. 그러니 잊지 말아야 하실 것은, 아테나이인 여러분, 이 같은 위기를 맞아, 무장과 힘이 뒷받침되지 않고, 말로만 하는 용맹한 행위와 뛰어난 무용담은, 듣기에

는 좋으나, 실천에 위험이 따른다는 사실입니다. 3. 우선, "부정하는 이를 용납하지 말라"라는 표현이 멋져 보이지요. 그러나 무엇보다 먼저 그 현실성을 가늠해 보십시오. 이런 표현이 담고 있는 대의를 실천하여 그 이득을 보고자 하는 사람은 적과 싸워 이겨야 합니다. 그런데, 아테나이인 여러분, 만사가 말로 하기는 쉽지만, 행하기는 쉽지 않거든요. 말하기 전과 실천하기 전에 들이는 수고와 땀은 같은 것이 아니니까요. 4. 여러분이 천성적으로 테바이인보다 열등하다고 말한다면 제가 제정신이 아니겠지요. 물론 그런 것이 아니겠습니다만, 여러분은 준비가 덜 되어 있습니다. 제 말은, 여러분이 서로 겨루고 있을 것이 아니라, 지금까지 게을리했던 준비를 지금 시작해야 한다는 겁니다. 전체적 방향을 반대하는 것은 아니고, 다만 실행 방법과 관련하여 제가 이의를 제기하는 바입니다. 50

---

50 이 서설은 기원전 346년 포키스인이 테바이와 필리포스에게 대적하여 아테나이인과 공동 전선을 모색하고자 할 즈음의 것이다. 참고로, 연사는 한편으로, 아테나이의 힘이 뒷받침되지 않은 상황을 염려하고, 다른 한편으로는 외교를 통해 필리포스가 보이오티아에 개입하지 못하도록 하며, 동시에 포키스와 테바이 사이에 균형이 이루어지기를 바란다. 그러나 아이스키네스는 테바이의 힘을 꺾기 위해 테바이의 다른 도시들을 도와서 원군을 파견해야 한다는 입장이다.

서설 46

1. 얼마나 통렬하게, 아테나이인 여러분, 사신들이 우리 도시를 비난하는지를 여러분이 모두 보셨습니다. 불특정의 어떤 범죄자에 대한 비난을 제외하고는, 온갖 범죄를 다 여러분의 탓으로 돌리려 한 겁니다. 이들의 비난이 사실이라면, 그들이 다른 이가 아니라 여러분 면전에서 이렇듯 비난한 사실에 대해 여러분은 당연히 감사해야 한다고 저는 봅니다. 2. 그러나 이들이 이 자리에서 발언의 특권을 이용하여 사실을 왜곡하고, 또 여러분이 실로 대단한 칭찬을 받을 만한 사안은 생략하고, 거짓되고 여러분과 무관한 비난을 퍼부은 것이므로, 이 같은 행태를 자행한 것으로 드러난 마당에, 여러분은 이들이 교활하다고 간주하는 것이 당연합니다. 실로 이들이 정직하기보다 달변의 연사로 간주되기를 원한 것이라면, 그들 스스로도 품위51를 갖춘 것으로 자처하지 못할 것 같기 때문입니다. 3. 물론 여러분 앞에서 여러분 자신을 방어하기 위해 발언하려고 일어나는 것이 어려운 것은, 여러분을 비난하기 위해 일어나는 것이 쉬운 것과 정확히 맞먹습니다. 제 소견에, 아테나 여신의 이름으로, 스스로 범한 잘못을 상기시키는데도, 자신이 범하지도 않은 일로 험담하는데도 여러분처럼 그 같은 공손함으로 듣고 있는 사람들은 세상에 없을 것 같습니다. 더구나 만일 이들이 이러한 사실을 잘 알지 못했다면, 또 세상 사람들

---

51 *kalokagathia.*

가운데서 여러분이 누가 무슨 말로 여러분을 비난하든 그 말을 들어주는 비상한 포용심을 가지고 있다는 사실이 알려지지 않았더라면, 이렇듯 대담무쌍한 거짓말을 하지는 않았을 것이라고 저는 봅니다.

4. 이와 같은 소갈머리 없음 때문에 여러분이 벌을 받아야 하는 것이라면, 그 벌은 도시에 대한 터무니없는 비난을 여러분이 들어야 하는 것이 될 것입니다. 그러나 진실을 밝히기 위해 공정한 어떤 것이 언급되어야 한다면, 제가 나선 것은 바로 그 때문입니다. 제가 혼자 힘으로 여러분의 행적에 필적하는 달변을 구사할 수 없겠으나, 그 행적 자체가, 이른바, 공정한 것으로 드러날 것이라는 생각에서 말이지요.

5. 원컨대, 아테나이인 여러분, 여러분 자신을 위해 하는 말을 똑같이 경청해 주시고, 속아서 그들의 말을 지지한 사실을 두고 자책하지 마십시오. 여러분이 달변의 연사에게 속은 것이라면, 아무도 여러분을 사악하다고 비난할 수 없을 것이고, 오히려 그 비난은 여러분을 속이려고 한 자들에게 돌아갈 것이기 때문입니다.

서설 47

1. 제 소견에 여러분 모두가, 아테나이인 여러분, 도시에 더 유익한 것이라고 나름대로 생각하는 것을 실천하려 한다는 사실을 인정할 것이라고 봅니다. 그러나 실제 상황에서는 모두가 최선의 것을 같은 기준으로 판단하지 않습니다. 그렇지 않다면, 여러분 가운데 일부는 우리에게 발언하라고 하고, 다른 이는 못 하도록 하는 일은 없었을 테

니까요. 사실, 특정한 것이 이득이 된다고 믿는 사람들에게는 발언하려고 하는 사람이 말할 필요가 없어요. 이미 고정 관념을 가지고 있으니까요. 그러나 그 반대되는 것이 최선이라고 보는 이들을 위해 제가 잠깐 말씀드리겠습니다. 2. 여러분이 경청하지 않으려 한다면, 실로 무엇을 배우는 것은 절대로 불가능해요. 그런 경우라면, 아무도 발언하지 않고 모두 입 다물고 있는 것보다 더 나은 것이 없습니다. 만일 여러분이 경청하신다면, 두 가지 이득 가운데 하나 혹은 다른 것을 놓치는 일은 없게 됩니다. 하나는 모두 양해하고 같은 마음으로 더 공평한(혹은 더 일치하는) 결정[52]을 내리는 것인데, 당면한 위기에서 이보다 더 좋은 것은 없겠죠. 다른 하나는 연사가 최선의 안을 제시하지 못하여, 여러분이 이미 내린 결정에 대해 더 확신을 갖게 되는 겁니다. 3. 이 두 가지 가능성을 떠나서는 바람직하지 않은 의혹만 초래하게 돼요. 예정된 발언 가운데서 최선의 방안을 선택해야 하는 책무를 지고 민회에 출석하지만, 발언을 듣고 판단하기 전에 이미 여러분은 복안을 가지고 있는 것으로 드러날 겁니다. 여러분의 복심이 너무 강해서 다른 것은 들으려고도 하지 않는 거예요.

---

52 *koinoteron Bouleuesthe.*

서설 48

1. 혹여 여러분 가운데, 아테나이인 여러분, 제가 줄곧 같은 문제에 대해 말하므로 언짢은 분이 있을 수도 있겠습니다. 그러나 여러분이 곰곰이 살펴보신다면, 그것은 제가 아니라 여러분의 조령을 어긴 이들 탓입니다. 이들이 애초에 여러분이 명한 것을 실행했더라면, 재언할 필요가 없었을 테니까요. 아니면, 두 번째라도 제대로 했더라도 다시 언급하지 않았겠죠. 그러나 지금 여러분이 이득을 얻기 위해 조령을 많이 제정하면 할수록, 제가 보기에, 그들은 그것을 실행하는 데 그만큼 더 소홀해지는 것 같아요. 2. 그전만 해도 제가, 신들의 이름을 걸고, "원칙이 사람을 드러낸다"[53]는 말뜻을 몰랐으나, 지금은 그것을 다른 이들에게 설명할 수 있을 것 같습니다. 공직자[54]들이란, 전부가 아니라면 그중 일부가, 여러분이 가결한 조령에 대해서는 눈곱만치도 관심이 없고, 무엇을 챙기는 데만 골몰해요. 제가 가용할 경제적 능력이 있는데, 극히 사소한 비용 때문에 여러분을 번거롭게 하려 한다면야, 당연히 누가 저를 나무라도 할 말이 없겠습니다. 그러나 지금 저로서는 여유가 없고, 그들도 그 사실을 모르지 않아요.

---

53 *arche andra deiknysin.*

54 *archontes.* 이 경우 'archontes'는 좁은 의미로 9명의 장관을 뜻하는 것이 아니라 광범위하게 공직자를 뜻한다. 바로 이어서 바다가 언급되므로, 이 공직자는 '납세분담조합(*symmoria*)'의 '관리인들(*epimeletai*)'이 아니냐는 추정도 있다. 납세분담조합은 주로 삼단노선의 건조와 운영을 위한 것으로(참조, Demosthenes, 21. 153), 기원전 357년에 생겨나 340년에 데모스테네스의 제안에 의해 폐지되었다.

3. 공적 부담으로 제공해야 하는 액수에다가, 그들을 배려하여 제가 다소간 추가하여 낼 것이라고 그들이 기대한다면 잘못 생각한 겁니다. 아마 그들은 그렇게 희망하고 또 기대했겠지요. 그러나 저는 그렇게 하지 않을 것입니다. 오히려, 그들이 허용한다면, 배를 타고 나가 제 할 일을 수행할 것이고, 그렇지 않으면, 연루된 자들을 여러분55에게 공개하겠습니다.

서설 49

1. 제 소견에, 아테나이인 여러분, 득이 안 되는 짓거리는 애초에 하지 않는 것이 도시에 최선을 도모하는 것이고, 그렇지 않다면 이의를 제기하는 이들이 바로 나올 것이라는 데 대해, 사려 깊은 사람은 누구도 이의를 달지 않을 것 같습니다. 다만 거기에 더하여, 여러분이 듣고 배우려 해야 하는 데에 유념해야 합니다. 최선의 조언을 해 줄 사람이 있어도 그 말을 들어 주는 이가 없다면 무용지물이니까요. 2. 그다음 단계로서 다음과 같은 점에 유념하는 것도 무익한 것이 아니죠. 누군가 기후, 시간대, 그 외 다른 요소들을 이용하여 번번이 여러분을 기만하려 들 때, 여러분은 문제를 재차 검토할 사람을 두어야 한다는 것이에요. 물론 여러분 스스로 그 말을 경청하려는 마음가짐을 가지고 있어야 하는 것이지만요. 그래서 당시 그들의 말을 듣고

---

55 이 변론은 공적인 것으로, 민회에서 발표된 것 같다.

경청한 대로 상황이 돌아가면, 검증을 거친 것이므로, 더 적극적으로 추진하시면 되겠습니다. 그러나 그렇지 않다면, 더 진척되기 전에 중단하셔야 합니다. 실로 치명적인 것은 최선의 방안을 선택하지 못한 사람이 부득이 최악으로 치닫는 것, 그리고 다른 대안들 가운데서 두 번째 방안으로 바꾸지 못하는 것입니다. 3. 제가 알기로, 다른 모든 이가 무언가를 정당하게 행했다고 자신할 때, 언제라도 검증 절차[56]에 회부해 달라고 제안할 때, 위와 같은 사람들은 반대로, 여러분이 잘못을 범한 사안을 원상으로 되돌리려고 할 때 여러분을 비난하는 겁니다. 마치 시간을 투입하는 검증보다 속임수가 더 큰 권위를 가진 것처럼 말이죠. 여러분 다수가 그들의 열의를 모르는 것은 아니겠으나, 일단 발언의 기회가 주어졌으므로, 현안과 관련하여 나름대로 최선이라 생각하는 안을 제시해야 하겠습니다.

서설 50

1. 저로서는 전체 도시에 이익이 되는 것은 어떤 것이든, 아테나이인 여러분, 모든 연사들이 제안하고 여러분이 선택하도록 했으면 합니다. 그래서 여러분에게 참으로 이득이 된다고 제가 스스로 생각하는 바를 말씀드리면서, 여러분에게 부탁드리건대, 여러분에게 원정을 가도록 부추긴다는 한 가지 사실만 가지고 이들을 용감한 자로, 또

---

56 *aeilogia.*

그에 반대한다는 이유만으로 나쁜 자로 간주하지 않도록 해 주십시오. 말과 행동은, 아테나이인 여러분, 같은 잣대로 재단할 수 없습니다. 지금은 우리가 현명하게 심의하는 것으로 족하고, 나중에 결정을 내리게 되면, 그때 여러분이 용감하게 추진하시면 됩니다. 2. 열정은 참으로 중요한 것이고, 도시에 헌신하는 이들이 가졌으면 하는 미덕이지요. 그러나 열정이 강하면 강할수록 마땅히 그것을 적용하기 위해서는 더한 통찰력을 갖추어야 합니다. 선택된 행위는, 그 결과가 이득이 되고 좋은 것이 아니라면, 그 자체로서 정당성을 갖는 것이 아닙니다. 제가 알기로, 아테나이인 여러분, 여러분에게는 통찰력이나 전투 경력을 갖춘 이가 있지요. 3. 이피크라테스57가 그러한데, 그가 "장군은 이런, 아니면 저런 결과가 아니라 바로 '이런' 결과를 낳도록 작전을 구사해야 한다"고 했어요. 그 뜻은 널리 알려져 있듯이, "승전을 가져와야 한다"는 것이었지요. 여러분이 전투에 임할 때, 사령관이 여러분을 지휘합니다. 그러나 지금은 여러분 각자가 스스로 지휘자가 되어야 합니다. 그러니 여러분은 어느 면에서 보나, 도시에 이득을 가져오는 그런 결정을 내리고, 미래에 대한 단순한 전망 때문에 현재의 번영을 악화시키는 일이 없도록 처신해야만 합니다.

---

57 이피크라테스는 아테나이의 장군으로 기원전 4세기 초반에 활동하다가 353년에 죽었다. 데모스테네스는 그의 공로를 인정하면서도, 크게 경계한다. 이피크라테스가 트라케 문제에 개입하여 오드리사이의 왕 코티스에게 편승하여 그 딸과 혼인했고, 또 기원전 365년 이후 아테나이가 관할하던 세스토스를 코티스가 장악하도록 도와주었기 때문이다. 참조, Demosthenes, 49. 66.

서설 51

1. 제 짐작에, 아테나이인 여러분, 자기 행위의 정당성을 확신하는 이는, 그 같은 사안을 감사(監査)[58]해 보자고 제안하는 이들을 비난하지는 않을 것이라고 저는 생각해야 할 것 같습니다. 사안을 감사하면 할수록 그 실행자는 더욱더 존경받게 될 것이기 때문이지요. 그러나 이들은 스스로 도시의 이익을 위해 행동하지 않는다는 사실을 명백히 드러낸다고 저는 봅니다. 이렇듯, 이들이 다시 감사받게 되면 유죄로 드러나기라도 할 것처럼, 피고의 행색을 하고는 우리가 못할 짓거리를 하고 있다고 되받아치는 거예요. 그러니, 이들이 자신이 유죄임을 증명하려는 사람들을 향해 오히려 못된 짓거리를 하는 것으로 비난하는 판에, 지금 우리가 우리를 기만한 자들에 대해 무엇이라 말해야 할까요?

서설 52

1. 당연한 것은, 아테나이인 여러분, 여러분을 속이려 하는 이들과 같이, 이미 여러분을 속인 자들에 대해서도 그같이 여러분이 분노하는 것입니다. 그들의 시도가 성공하지 못한 것은 운 덕분이고, 또 여러분이 그들에게 속을 때보다 지금 더 현명해졌기 때문입니다. 도시가, 제가 보기에, 부당행위자를 처벌할 것 같지는 않고, 다만 스스

---

58 *eis logon.*

로 피해 보지 않도록 주의할 수만 있다면, 제 소견에, 여러분은 만족해야 할 것 같습니다. 수많은 술수, 사기, 그리고 총체적으로 그 같은 부류의 용역이 여러분을 음해하기 위해 연대하고 나섰습니다. 그러나 이들의 악랄함을 비난하는 것은 지금 이 시점에서 아주 시의적절한 것이 아닙니다. 그러나 저는 제가 발언하려고 일어선 사안과 관련하여 이득이 된다고 생각하는 바를 말씀드리려 합니다.

서설 53

1. 항시 도시의 안위를 해쳐 온 관성적 욕설과 혼란이, 아테나이인 여러분, 여느 때와 같이 이 경우에도 같은 사람들에 의해 야기되었습니다. 그러나 당면 과제는 그들을 비난하는 것이 아닙니다. 그들이 그 같은 짓거리를 하게 된 것은 분노나 분쟁 때문일 수 있고, 또 가장 중요한 동기로서 그렇게 하는 것이 이득이 되기 때문일 수도 있으니까요. 그들보다 오히려 여러분 자신을 자책해야 하겠습니다. 공동의 주요 현안을 위해 모인 여러분이 앉아서 사적 험담을 듣고 있고, 또 스스로 깨닫지 못하는 것은, 모든 연사가 서로를 향해 내뱉는 욕설이, 심의 절차도 거치지 않고, 서로 비난한 죄에 대한 벌금이 여러분에게로 돌아온다는 겁니다. 2. 전부라고 할 수는 없으므로, 소수의 경우만 제외한다고 하면, 이들이 서로 욕하는 것은, 여러분의 현안을 개선하려는 것이 아니에요. 그와는 정반대로, 여느 다른 평범한 사람이 했다면, 가장 폭력적이라고 매도했을 그런 행위를 연사(위정자)

자신이 좀 더 수월하게 하려는 것이죠. 3. 이치가 이러하다는 제 말을 여러분이 믿지 않더라도, 잠깐 생각해 보십시오. 연단에 올라가 "제가 이 자리에 선 것은 여러분으로부터 제가 무언가 얻어내기 위한 것일 뿐, 아테나이인 여러분, 여러분을 위하려 하는 것이 아닙니다"라고 말할 사람은 아무도 없어요. 그 대신 "여러분을 위하여", "여러분 때문에" 등과 같은 말들을 해요. 그러나 생각해 보십시오, 아테나이인 여러분, 이들이 위한다고 하는 사안에서 전반적으로 지금 여러분 형편이 전보다 더 나아진 것이 없습니다. 또 이들이 언제나 여러분의 이익을 위해 말한다고 하고, 그중 아무도 자신의 이익을 위해 말한 적이 없다고 하면서, 빈자(貧者)였던 이들이 부자(富者)가 된 것은 도대체 어떤 연유에 의한 것이겠습니까? 아테나이인 여러분, 이들이 여러분을 사랑한다고 말하지만, 실은 그들 자신을 위하는 것입니다. 4. 여러분을 우롱하고, 번거롭게 하고, 가끔 희망을 품도록 하지만, 도시를 위해서 어떤 소중한 자산도 여러분이 장악하거나 취득하기를 원하지 않아요. 이 같은 하릴없는 무기력에서 벗어날 때, 여러분은 이들을 보는 것조차 역겨울 거예요. 지금은 민중이 병자인 것처럼, 1드라크메,59 1쿠스,60 4오볼로스61를 여러분에게 주는데, 이는 마

---

59 민회에 참석하면 수당 1드라크메를 받는다. 참조, Aristoteles, *Athenaion Politeia*, 62. 2.

60 *chous.* 약 6리터 부피로 고체나 액체의 단위이다.

61 1드라크메 = 6오볼로스. 4오볼로스는 Aristoteles, *Athenaion Politeia*, 62. 2. 참조, 9명의 장관이 식비로 4오볼로스를 받고 한 명의 전령과 한 명의 피리연주자를 부양한다.

치 의사의 식이요법과 아주 닮았어요. 이들 처방전은 환자에게 힘을 실어 주는 것도 아니고 죽게 내버려두는 것도 아닌 거예요. 그와 같이 이런 조치는 여러분이 무엇을 그만두고 다른 더 좋은 일에 종사하는 것을 방해하는 동시에, 그것만으로 충분한 것도 아니에요.

서설 54

1. 공정하고 좋고 중요한 것은, 아테나이인 여러분, 여러분이 습관적으로 그래왔듯이, 신들과의 관계가 정중하게 유지되도록 주의를 기울여야 한다는 겁니다. [62] 그래서 여러분을 위한 우리 임무를 마땅히 완수했습니다. 구원자 제우스, [63] 아테나, 니케에게 제물을 봉헌했고, 그 점괘는 여러분에게 길조였고 구원의 징조였습니다. 또 페이토, [64] 신들의 어머니, [65] 아폴론에게 제물을 바쳤는데, 그 점괘도 길조였습니다. 다른 신들에 대한 제물 봉헌에서도 안전, 확실성, 길조, 구원의 점괘가 나왔습니다. 그러니 신들로부터 주어진 행운을 받으십시오.

---

62 이 서설에 당번 행정위원들(*prytaneis*)이 거행한 제사가 언급된다. 민회 개최 이전에 제사를 올리는데, 아폴론과 아르테미스, 그리고 광장(아고라)의 신들을 위한 것이며, 제물은 축제 때와 같이 드린다.

63 Dios ho Soter.

64 페이토는 설득, 변론의 여신이지만, 원래는 애정의 신이었다. 페이토를 위한 제사는 판데모스 아프로디테(Pandemos Aphrodite) 여신전에서 지낸다.

65 '신들의 어머니'(훗날 키벨레와 동일시된다)는 도시의 문서고 메트로온(Metroon)에서 모신다.

서설 55

1. 짐작건대, 아테나이인 여러분, 한때 민중이 누구든지 사려 깊고 유덕하다고 여기는 사람에게 부득이 공공의 일을 돌보고 공직에 임하도록 한 시기가 있었습니다. 하고 싶어 하는 사람이 없어서 그런 것은 아니었고요. 다른 모든 면에서는 도시가 운이 좋았으나, 이 점에서만은 운이 좋지 못했어요. 그것은 공공의 부를 도모하려는 이들이 도시에 부족했던 겁니다. 그러나 민중이 스스로, 아테나이인 여러분, 이렇듯 멋지고 유익한 모습의 도시를 이루어냈어요. 2. 한편으로, 종신의 명예직에 임한 이들은 진지하고 공정한 사인(私人)과 협조하면서 더욱더 삼갔고, 다른 한편으로, 여러분 가운데서 뽑힌, 유능하고 공무를 공정하게 돌볼 뿐 번거롭게 지시하는 짓거리와는 아주 무관한 이들이 존경받는 직무에서 배제되지 않았습니다. 그러나 지금은, 아테나이인 여러분, 여러분이 사제66를 임명하는 것과 똑같은 방법으로 공직자를 임명해요. 그런데 여러분이 곤혹스러워하는 것은, 어떤 자는 유복하고, 또 어떤 자는 계속 많은 것을 절취하는 한편, 다른 자들은 그들을 보면서 그 부를 질시하는 겁니다. 3. 정작 여러분은 그 같은 악습을 폐기하고 또 누가 경찰직67에 두 번 임할지,

---

66 일부(Demosthenes, 59. 106)를 제외한 대부분의 사제는 세습이었는데, 그것은 다소간 그 직을 수행하는 데 가용할 수 있는 재물을 갖추고 있어야 한다는 취지 때문이다.

67 경찰은 총 10명으로, 아테나이 도심에 5명, 페이라이에우스 항구에 5명이 추첨되었다. 참조, Aaristoteles, *Athenaion Politeia*, 50. 2.

그리고 그 같은 작태와 관련한 법을 제정할 권리를 가지고 있어요. 다만 장군직은 언제나 같은 사람에게 맡기는데, 이것은 그가 다소간 실적을 올림으로써 정당화되는 것이겠습니다. 그러나 다른 이들의 경우, 아무것도 하지 않고 그냥 한 번 임명되었다고 해서 사제직을 마냥 차지하고 있는 것은 터무니없는 짓거리죠. 그러니, 적지 않은 수의 여러분 가운데서 사람을 세우십시오. 그래서 기준을 만들어 그들을 검증하면, 적합한 이가 저절로 드러나게 될 것입니다.

서설 56

1. 아테나이인 여러분, 득이 되는 의견을 개진할 수 있다고 자신하는 사람이 일어나서 발언하는 것은, 제 소견에, 바르고 적절하다고 봅니다만, 듣기 싫어하는 이들에게 들으라고 강요하는 것은 완전히 파렴치한 짓이라고 저는 생각합니다. 그런데 오늘 여러분이 제가 드리는 말씀을 수용하신다면, 여러분은 최선의 것을 선택하고, 동시에 연단에 나서는 다른 이들의 발언도 짧게 줄일 수 있어요.

2. 제가 드리려는 그 제안은 어떤 것일까요? 무엇보다 먼저, 아테나이인 여러분, 나와서 발언하는 이들은 여러분이 다루는 현안에만 발언을 한정하도록 하십시오, 그렇지 않으면, 잡다한 다른 주제들을 섞게 되고, 많은 농담을 늘어놓게 되니까요. 특히 이들처럼 그런 것에 능한 이들의 경우가 그러합니다. 여러분이 그런 말만 들으러 온 것이라면, 그들에게 그렇게 하라고 하고 그들의 말을 듣고 있으면 됩니

다. 그러나 방안을 강구하고 의논하러 온 것이라면, 다른 데로 주의를 환기하는 말들은 다 제거하고, 엄격하게 방안 자체에 대해서만 심의하도록 여러분에게 권합니다. 3. 이상이 제가 드리는 첫 번째 말씀입니다.

둘째는, 여러분 가운데 일부, 말을 간결하게 하지 않는 분에게는 적용되지 않는 말이 되겠습니다만, 조용히 들으시라는 겁니다. 이런저런 것 중에서 어느 것이 더 나을까, 또 도시가 어느 쪽을 택하는 것이 더 올바른 것일까를 심의하는 데는 많은 말이 필요 없어요. 쓸데없는 말을 늘어놓거나, 했던 말 자꾸 하는 일이 없다면 말이죠. 당연히 경청하고, 야유에 답변하고 재삼 검토해야 한다는 주장과 관련하여, 실로 그렇게 못하는 이가 아무도 없어요. 그러나 야유로 법석을 떨면, 발언을 매듭짓지 못할 뿐만 아니라, 아무 쓸모없는 발언을 억지로 듣고 있어야 할 테니까요. 이것이 현안 심의와 관련하여 제가 드리는 의견입니다.

서신*

해제

데모스테네스의 이름으로 전해 오는 이 6편의 서신들은 고대 플라톤, 이소크라테스, 에피쿠로스, 할리카르나소스의 디오니시오스, 플루타르코스 등이 쓴 일련의 서신들과 같은 전통에 속한다. 이들 서신은 일반적 주제를 다루고 있지만, 그 내용과 문장 형식, 목적 등에서 개인적 서신과 차이가 있으며, 사실 사적 현안의 서신은 드물다. 데모스테네스의 서신에 대한 언급은 플루타르코스,[1] 퀸틸리아누스,[2] 키케로[3] 등의 글에서 보인다.

이 서신들은 다수 연구자가 위작으로 간주하지만, F. 블래스[4]는 〈서신 2〉, 〈서신 3〉은 데모스테네스의 작품이라는 의견을 개진했다. 그에 따르면, 〈서신 1〉은 미완성, 〈서신 5〉는 확실한 위작이고, 〈서신 4〉도 그럴 가능성이 있으며,

---

*   *Epistolai*
1   Plutarchos, *Demosthenes*, 20.
2   Quintilianus, 10. 1. 107.
3   Cicero, *Brutus*, 121; *De Oratore*, 15.
4   F. Blass, *Die attische beredsamkeit*, Ⅲ. i, Leipzig, 1893, 440~455.

〈서신 6〉에 대해서는 판단을 유보했다. 위작이라고 보는 이들도 작품의 작성 시기를 부정하지는 못한다. 다만 문체와 어조 등에서 데모스테네스의 다른 작품과 달리 세련미가 없다는 점에서 위작의 근거를 찾는다.

〈서신 5〉를 제외하고는 모두 정치적 현안에 관한 것으로서, 수신인은 의회와 민회이다. 〈서신 5〉는 에피티모스를 고발한 헤라클레오도로스에게 보내는 것이다. 이 서신들은 〈서신 5〉를 제외하고는 기원전 324~322년 사이 데모스테네스가 추방되어 있을 때 쓰인 것이다. 이때는 알렉산드로스의 사망을 전후한 시기로 데모스테네스 삶의 마지막 2년에 해당한다. 이 2년간의 초기와 말기에 데모스테네스는 추방되어 있었는데, 이 서신들은 추방 초기에 쓰인 것으로 추정된다.

〈서신 1〉은 과거를 묻고 도시의 중요한 현안에 대처하기 위해서 통합과 화해를 지향한다. 자신이 당한 부당한 처지를 주지하고, 활력을 모색하려 한다.

〈서신 2〉는 정적으로부터 자신이 당하는 부당한 박해에 대해서 언급한다. 동시에 도시를 위해 자신이 중단 없이 봉사한 사실, 추방당해 있으면서도 여전히 조국을 향해 갖는 애정, 그리고 선처를 바라는 부탁으로 끝을 맺는다.

〈서신 3〉은 6편의 서신들 중에서 가장 길다. 〈서신 3〉은 정치가이자 변론가이며, 기원전 338~326년 아테나이의 공적 재정을 주관했던 리쿠르고스의 민주적이고 품격 있는 정치에 대한 존경으로부터 시작한다. 이어서 리쿠르고스의 자식들을 아테나이인이 홀대하는 것에 실망의 감정을 드러낸다. 그다음으로, 불행에 처한 유능한 정치가게 연민을 베푼다고 해서 법이 파괴되는 것이 아니라는 점, 동향 시민들이 자기를 부당하게 경원시하는 것에 대한 불만, 자신에게 부당하게 선고한 벌금을 변제하려는 마음가짐 등을 적었다.

〈서신 4〉에서 저자는 테라메네스의 근거도 없이 무례한 비난을 반박한다.

필리포스에게 적대적인 데모스테네스의 조언은 아테나이인을 다른 도시 사람들보다 더 나은 상태로 만들고, 아테나이의 영광을 더하는 데 기여해 왔다는 점 등을 개진하며, 자신의 정적에 대한 강한 공격적 사견을 피력하는 것으로 끝맺는다.

〈서신 5〉는 다른 서신과 달리 고소당한 친구 에피티모스를 위해 선처를 구하는 내용이다.

〈서신 6〉은 라미아 전투(323~322 B.C.) 기간 마케도니아의 작전 동향과 관련하여 아테나이 의회와 민회에 정보를 제공한다.

서신 1. 화합에 대하여

1. 어떤 중요한 발언이나 작품을 시작하는 이는 저마다 먼저 신들에 관한 것부터 시작해야 한다고 저는 봅니다. 그래서 아테나이 민중과 민중에게 호의를 가진 이들을 위해, 그리고 현재와 미래를 위해, 최선의 것이 제 머릿속으로 들어와서 글로 쓰고, 또 아테나이 민회 참석자들이 볼 수 있도록, 모든 남신과 여신들에게 기원합니다. 이런 기도와 함께, 신들로부터의 은혜로운 영감이 내리기를 기대하면서 제가 이 서신을 보냅니다.

2. 데모스테네스가 의회와 민회에 인사드립니다. 제가 고향으로 귀환하는 문제와 관련하여, 여러분 모두가 언제나 의논할 수 있을 것이므로, 그에 대해 제가 아무것도 적지 않았습니다. 현재 상황과 관련하여, 제 소견에, 여러분이 바람직하게 선택하신다면, 여러분뿐만 아니라 다른 헬라스인이 모두, 영광, 안전, 자유를 함께 얻을 수 있을 것이지만, 소홀하거나 실수하면 그 같은 기회를 다시 얻기가 쉽지 않을 것이므로, 제가 이런 사안들에 대한 의견을 여러분 앞에 진술하는 것이 도리라고 생각합니다. 3. 실로 서신으로 조언한다는 것은 힘든 일이에요.[5] 충분히 이해될 때까지 기다리기도 전에 여러분은 많은 사안에 대해 반박부터 하는 습관이 있으니까요. 대화로 여러분을 대하는 이는 쉽게 여러분의 취향을 감지하고 오해를 수정할 수 있지만, 지면을 통한 소통은 반박하는 이에 대해 그 같은 보완의 편의를 도모할

---

5   참조, Isokrates, 5 (*Philippos*). 25~26; Epstole, 1. 2~3.

수가 없어요. 그렇지만, 여러분이 주의 깊게 듣고 모든 것을 이해할 때까지 기다리기만 한다면, 제 소견에, 신의 가호로, 서신의 내용이 짧다고 하더라도, 제가 온갖 정성으로 여러분을 위해 제 의무를 다하게 될 것이고, 또 여러분에게 이득이 되는 것이 무엇인지를 분명히 제시하게 될 것입니다. 4. 제가 서신을 보내는 것이 좋겠다고 생각한 것은, 여러분에게 연사가 부족하거나, 깊은 생각 없이 생각나는 대로 답변을 구사하는 이가 없기 때문이 아니에요. 오히려 경험과 공무에 종사한 이력을 통해 제가 익힌 모든 것들을 발언에 임하는 이들에게 밝힘으로써, 한편으로 여러분에게 득이 된다고 제가 생각하는 결론에 도달할 수 있도록 다양한 방법들을 전수하고, 다른 한편으로 다수가 최선의 선택을 쉽게 할 수 있도록 하려는 겁니다. 실로 제가 이렇듯 서신을 적어 보내야겠다고 마음먹은 것은 바로 이런 이유 때문입니다.

5. 불가피한 것은, 아테나이인 여러분, 한편으로 도시의 공익을 위해 여러분 사이에 화합을 이루고, 지난날 민회에서 이어진 분쟁을 지양하며, 다른 한편으로는 여러분 모두가 결정한 바를 한마음으로 적극적으로 지지해야 한다는 것인데, 통일된 정책을 추구하거나 일관성을 가지고 행동하지 못하면, 여러분의 체면을 구기고 비루해질 뿐만 아니라 최대의 위험을 초래하기 때문입니다. 6. 또 다음과 같은 점도 여러분은 잊어서는 안 됩니다. 그 자체만 가지고는 여러분의 목적을 달성하는 데 충분치 않지만, 여러분이 가진 군사력과 연동되면, 여러분이 바라는 모든 것을 아주 쉽게 이룰 수 있도록 하는 것들도 놓쳐서는 안 됩니다. 그러면 그것이 무엇일까요? 그것은, 기존 질서를 고수하려는 어떤 도시, 또 각 도시의 어떤 이들에 대해서도 여러분은 적의

(敵意)를 가지거나 그들을 혐오해서는 안 된다는 것이죠. 7. 그 같은 적의가 유발하는 공포는 스스로를 기존 체제에 집착하게 하고 위기에 직면했다고 생각하는 이들을 부득이 필사적으로 뭉치게 하는 경향이 있거든요. 그러나 이런 공포에서 벗어나게 된다면, 모두가 더 온화해지는 거예요. 이런 점은 적지 않은 순기능을 갖습니다. 이런 취지를 각 도시마다 각기 따로 표방하고 다니는 것은 어리석거나, 아니, 불가능한 거예요. 그러나 여러분이 스스로에게 적용하는 정치체제를 그들에게도 같은 방식으로 적용한다는 기대를 모든 도시가 갖도록 하면 되는 겁니다. 8. 또 기존 체제를 지키기 위해 연대 투쟁하는 것같이 보이는 군인, 연사, 개인 등 그 어떤 이도 비난하거나 비판해서는 안 된다고 봅니다. 오히려 도시의 모든 구성원에게 마땅한 방식으로 정치체제가 운영되는 것으로 양해되어야 하는 거예요. 특히, 신들이, 선하게 조화를 이루어 도시를 보호하면서, 여러분이 애초에 판단하는 대로 상황에 대처할 수 있는 가능성을 열어 놓았어요. 그리고 배에서 어떤 이는 돛을 돌보고 어떤 이는 노를 젓는 것처럼, 양쪽의 주장이 모두 안전에 기여하는 것이고, 각 사물의 쓰임새는 신으로부터 주어진다는 점을 여러분은 유념해야 합니다. 9. 과거지사를 대하는 마음을 이런 식으로 갖춘다면, 여러분은 세인(世人)의 신뢰를 얻고, 훌륭한 사람들6로서 자리매김할 수 있게 되는 겁니다. 동시에 여러분은 자신의 이익을 적지 않게 챙기면서, 동시에 여러 도시에서 여러분에게 반대하는 모든 이들의 마음을 돌리거나, 그중 소수 골수분자들만 남겨 놓을

---

6   *kaloi kagathoi* (καλοὶ κἀγαθοί) . 고대 그리스어로 '아름답고 선한 사람들'을 의미한다.

수 있게 될 거예요. 그러니, 너그러움과 정치적 수완으로 공동의 이익
을 추구하는 동시에, 사적인 것도 함께 염두에 두도록 하십시오.7

10. 제가 드리는 조언은 이런 것이지만, 저 자신도 그 같은 박애 정
신을 가진 사람을 만나지 못했고, 오히려 부당하게도 다른 이들과 작
당한 당파심의 희생물이 되었지요.8 그러나 제 사적 유감 때문에 공

---

7 '사적인 것'의 표현에 원문에 없는 부정의 'me'를 추가하여, '사적인 것은 삼가도록'
으로 번역하기도 한다(Kaktos 판본, 16권, p. 167). 편집자에 의해 'me'가 추가되
었다는 사실에 대한 소개는 Loeb 판본, Demosthenes, 7권, p. 204. 주 a 참고.
8 마케도니아의 귀족 출신으로 횡령 혐의를 받는 하르팔로스가 아테나이로 도주해
왔을 때(324 B. C.), 데모스테네스의 제안에 의해 체포되었고(이때 히페레이데
스가 데모스테네스의 제안에 반대함), 하르팔로스가 갖고 있던 돈은 데모스테네
스를 비롯한 몇 명의 위원회 위원들에게 위탁되었다. 그런데 데모스테네스는 350
탈란톤이라고 주장했으나 하르팔로스는 700탈란톤이라고 주장하면서 데모스테네
스는 횡령 혐의로 재판(예외적으로 1,501명에 달하는 배심원단)에 회부되어 유죄
로 50탈란톤의 벌금을 선고 받았다.
    이 돈을 갚지 못한 데모스테네스는 도주했다가, 9개월이 지난 후 알렉산드로스
가 사망한 다음 아테나이로 돌아왔다. 그 후 하르팔로스가 크레타로 도주한 다음,
데모스테네스는 하르팔로스의 도주를 도왔다는 혐의를 받았고, 또 히페레이데스
의 고발에 의해 20탈란톤의 돈을 유용한 혐의로 헬리아이아에서 재판을 받았다. 데
모스테네스는 돈을 썼다는 사실을 인정했으나, 그 돈은 민중을 위해 무이자로 차용
한 것이라고 주장했다. 히페레이데스는 데모스테네스가 알렉산드로스에 의해 매
수된 것이라고 주장했다. 데모스테네스는 다시 50탈란톤의 벌금을 선고받았다. 그
는 또 틈을 타서 해외로 도주했으나, 아테나이인들은 곧 유죄 선고를 취소했고, 배
를 파견하여 아이기나에 있던 데모스테네스를 페이라이에우스 항구로 맞아들였다
고 한다. 이렇듯 혐의의 진위 여부가 불확실한 상황에서 데모스테네스가 송사에 얽
히고 유죄 선고를 받게 된 것은 정치적 갈등에 기인한 바가 큰 것으로 간주된다. 참
고, Hypereides, 5(데모스테네스를 비난하여).1; Ploutarchos, *Demosthenes*,
26, 31; Pausanias, 2.33; G. Grote, *A History of Greece*, XII(London, 1856).

익을 해쳐서는 안 되고, 저의 사적 적의를 공익과 섞어서도 안 된다고 저는 보고 있고, 오히려 제가 다른 이들에게 촉구하는 행위를 스스로 솔선해야 한다고 생각합니다.

11. 올바른 마음가짐과 경계해야 할 것, 그리고 인간적 이해타산에 따라 성공에 이를 수 있는 방법들을 제가 거의 말씀드렸습니다. 그러나 어떻게 매일의 상황을 관리하고, 즉석에서 발생하는 사태에 어떻게 적절하게 대응하며, 12. 어떻게 각 행동의 적기(適期)를 가늠하고, 우리 목적 가운데 어떤 것이 협상을 통해 달성 가능한지, 어떤 것이 추가 원군을 필요로 하는지 등을 판단하는 것은 담당 장군들의 책임이지요. 그래서 조언하는 것은 아주 어려운 일이에요. 타당하게 또 굉장한 주의와 수고를 거쳐 내려진 결정도 지휘자의 시행 오류로 인해 수포로 변하곤 하기 때문이지요. 13. 그런데 이번에는 모든 것이 잘되었으면 합니다. 혹여 알렉산드로스가 항상 성공하므로 행운아라고만 생각하는 이가 있다면, 그 지속적 성공은 오히려 복지부동이 아니라, 행동, 수고, 도전에 의한 것이라는 점을 돌아보아야 합니다. 그러니, 알렉산드로스가 죽어 버린 지금, 행운이 협업할 동반자를 구하고 있으므로, 여러분이 기회를 잡아야 하는 것이지요. 14. 불가피하게 사태를 주도하는 지도자들로는, 가능한 한 군인들에게 아주 호의적인 이들을 임명하도록 하고, 여러분 입장에서는 무엇이든 각기 할 수 있는 것과 하고 싶은 것을 수행하겠다고 스스로 맹세하고 언약해야 합니다. 그리고 이 맹세를 어기지 말고, 또 기만당했다거나 속아서 실수한 것이라고 변명하며 책임을 회피하는 일이 없도록 해야 하는 거예요. 15. 여러분에게 부족한 그 같은 자질들의 결핍을 메워

줄 수 있는 다른 사람을 스스로는 결코 찾을 수 없기 때문이지요. 또 여러분이 재량할 수 있는 범위 내의 사안에서 자주 입장을 바꾸는 것과, 전쟁이 야기될 수 있는 사안에서 그러는 것은 위험의 정도가 같지 않아요. 후자의 경우 입장을 바꾸는 것은 목적 달성의 실패를 뜻하는 것이니까요. 그러니 그러지 말고, 오히려 용감하게 혼신을 다하여 일단 결정한 바를 밀고 나가십시오. 16. 여러분이 한 번 결정하면, 여러분들을 위해 훌륭하고9 참된 많은 신탁을 내려 줄 도도나의 제우스와 다른 신들을 지도자로 삼고 간청하십시오. 여러분이 전리품을 내걸고 이 모든 신들에게 성공을 기원한다면, 행운과 함께 헬라스인을 해방시킬 수 있을 것입니다. 여러분, 행복하십시오.

서신 2. 자신(데모스테네스)의 귀국에 관하여

1. 데모스테네스가 의회와 민회에 인사드립니다. 제가 여러분에게 딱히 부당행위를 한 것도 없이, 저의 정치활동으로 인해 여러분으로부터 이 같은 처벌을 받아서는 안 될 뿐만 아니라, 제가 미미하게 잘못한 것이 있다 해도, 여러분의 양해를 구할 수도 있다고 생각합니다. 그러나 이 사안이 이렇듯 결론이 나 버린 상황에서, 제가 여러분을 보자면, 확증도 없고 의회 측에서 검증도 하지 않았으며, 사실이 은폐10

---

9   *kalai kagathai* (καλαὶ κἀγαθαί).
10   *ta aporrheta.*

된 상태에서 모든 사안에 유죄를 선고한 점과 관련하여, 제가 잃는 것보다 더 가볍지 않은 권리를 여러분이 스스로 포기하였다는 생각을 하게 됩니다. 맹세한 배심원들이 어떠한 확증도 없이 의회와 영합하는 것은 헌법(정부체제)이 부여하는 권리를 유기한 것이기 때문이에요.

2. 여러분이 사안을 제대로 검토함에 따라 일부 의원들이 스스로 월권11을 획책한 사실, 또 지금 여러분이 증거에 의거하여 심리함에 따라, 그들에 의한 사실의 은폐가 처벌받아 마땅하다는 사실 등을 깨닫기에 이르렀어요. 그러니, 저는, 여러분이 동의하신다면, 이 같은 혐의를 받아 고초를 겪었던 사람들처럼 무죄 방면되어야 하고, 거짓된 혐의 때문에 저만 조국, 재물, 가장 가까운 집안사람들을 다 상실하는 일은 없어야 한다고 봅니다.

3. 저의 무죄 석방이 여러분에게도 당연히 이득이 되는 이유는, 아테나이인 여러분, 여러분을 해친 것도 없이 제가 불행을 당한다는 사실뿐만 아니라, 다른 사람들이 보는 여러분의 명성에도 영향을 받기 때문입니다. 제가 도시를 위해 최대로 기여하던 시절과 그 상황을 여러분에게 상기시키는 이가 아무도 없다고 해도, 4. 다른 헬라스인이 그런 사실을 백안시하거나, 제가 여러분을 위해 한 일들을 망각했을 것이라고는 생각하지 마십시오. 그런 것에 대해 지금 제가 여러분에게 삼가 적어 보내지 않는 것은 두 가지 이유 때문이에요. 하나는 질시(嫉視)의 대상이 될까 봐 염려하는 겁니다. 질시 앞에서는 진실을 말하는 것이 아무 쓸모가 없거든요. 다른 하나는, 다른 헬라스인의

---

11   *dynasteia.*

악의 때문에 그전의 것에 어울리지 않는 많은 수고를 지금 우리가 부득이 하고 있기 때문이에요.

5. 간단히 말해, 여러분을 위해 제가 기여한 것으로 입증되는 업적은, 여러분을 세상 사람들의 선망의 대상이 되도록 하고, 저에게는 여러분에게서 가장 크게 보상받을 것이라는 기대를 갖게 합니다. 그런데 불가피하게 장난을 치는 운명이, 공정하지 못하게, 여러분이 동참했던 헬라스인의 자유를 위한 투쟁[12]을 제멋대로 결정해 버렸어요. 6. 그 후로도 저는 여러분에 대한 성실을 포기하지 않았고, 그 성실을 혜택, 기대, 재물, 권력, 안전 등 그 어떤 것에도 팔아넘기지 않았습니다. 이런 모든 것들은 정치에 발 담금으로써 여러분에게 누를 끼치는 이들에게나 어울리는 것이라고 저는 보았던 거예요.

7. 여러분에게 직언하고 싶은 많은 중요한 사안들이 생각나지만, 가장 중요한 것으로 제가 주저하지 않고 여러분에게 적고 싶은 것은 바로 다음의 사실입니다. 고금을 막론하고 말 전해지는 사람들 가운데 필리포스가 가장 흉악한 사람이라고들 해요. 사람을 설득하여 자신이 원하는 대로 유도하거나, 헬라스 도시마다 고명한 이들을 뇌물로 포섭한다는 겁니다. 그러나 저는 이런저런 그의 농간에 넘어가지 않은 유일한 사람으로서, 8. 이런 사실로 인해 여러분은 공동의 긍지를 가지게 되는 거예요. 여러분이 저를 사신으로 파견한 사안들과 관련하여, 제가 종종 그를 만나 협상했는데, 그가 상당 금액의 돈을 제안했으나, 저는 거기 손대지 않았으며, 이 사실은 아직 생존한 많은

12　기원전 338년 카이로네이아에서 헬라스가 마케도니아의 필리포스에게 패배한 전투.

이들이 알고 있거든요. 이들이 여러분을 어떤 눈으로 볼지 생각해 보십시오. 이런 사람(데모스테네스)을 이 같은 식(유죄 선고)으로 여러분이 대우하는 것을 보고서 말이에요. 저로서는 잘못해서 벌받은 것이 아니라 공연히 당하는 불행인 것이고, 여러분으로서는 배은망덕의 소치를 범하는 겁니다. 그러니 생각을 바꾸어 판결을 취소해 주십시오.

9. 실로 위에서 소개한 이 같은 저의 행적들은, 제 소견으로, 날마다 일관성 있게 추진해온 저의 정치활동에 비하면 중요성이 덜한 것이에요. 제가 견지해온 정치적 이력으로 말하자면, 분노하거나, 혐오감을 야기하거나, 공사를 막론하고 과도한 욕심을 부리거나 한 적이 없고, 동료 시민 혹은 이방인을 막론하고 아무도 음해한 적이 없으며, 여러분 가운데 누구도 해친 적도 없고 오히려 무엇이라도 필요하면 여러분을 위해, 공공을 위해 대안을 모색했어요. 10. 나이 든 분들은 아마도 비잔티온 출신 피톤이 민회에서 발언 기회를 얻은 사실에 대해 알 것이고, 여러분은 그 사실을 젊은이들에게 들려주는 것이 도리일 것 같습니다. 피톤이 헬라스인 사신들과 함께 도착하여, 우리 도시가 짐짓 부당행위를 한 사실이 있다고 고발했는데, 그때 연사들 가운데 저만이 여러분 편에 편승하여 공정을 주창했고, 결국 그들이 낭패하여 돌아갔어요. 제가 여러분을 위해서 수행했던 사신의 임무와 관련한 것은 거론하지 않겠으나, 그로 인해 단 한 번도, 쥐꼬리만큼의 피해도 여러분이 본 적이 없습니다. 11. 그 밖에도 제가 정책을 입안할 때는, 아테나이인 여러분, 여러분이 서로 경쟁하도록 하거나 도시 자체를 추단(推斷)하지 않고, 오히려 여러분에게 영광과 관대함이 함께할 수 있도록 궁리했어요. 그런 점에서 모든 이가, 그중에

도 특히 젊은이들이 감사해야 하는 거예요. 여러분의 환심을 사려고 온갖 정치 일을 도모하는 사람, 물론 언제라도 부재할 리 없는 그런 사람이 아니라, 여러분이 놓치는 허점을 성심으로 질타하는 이에 대해서 말이에요.

12. 다른 어떤 이유가 아무것도 없다 해도, 지금까지 기여한 바로 인해 무죄방면을 당당하게 구할 수 있는 자격과 관련하여, 실로 많은 것들에 대한 언급을 저는 생략하겠습니다. 비극 무창단 운영을 위한 기부,13 삼단노전선주 역임, 온갖 필요에 상응한 금전 부담 같은 것 말이에요.14 이런 사안에서 저는 제일 먼저 앞서서 의무를 수행한 것으로 드러났을 뿐 아니라 다른 이들까지 독려했어요. 이런 점들 하나하나에 비추어 볼 때 제가 지금 당하는 불행이 얼마나 부당한 것인지를 여러분이 고려해 주십시오. 13. 당면한 난관이 하도 많아서, 무엇부터 먼저 걱정해야 할지도 모르겠어요. 제가 실천한 덕성과, 기여한 바에 걸맞지 않게, 이 나이에 추방의 위험에 봉착해야 하겠습니까? 아니면, 합당한 조사도 증거도 없이 유죄 선고를 받는 수모를 당해야

---

13 *choregia.*

14 도시에서 필요로 하는 이 같은 비용을, 일을 맡은 이가 부담하는 것을 '*leitourgiai* (부담금 납부)'라고 하며, 일을 맡은 이가 보수를 받는 '*hyperesiai* (복무)'와 구분된다. '*leitourgiai*'에 관한 것은 Demosthenes, *Prooimia* (서설), 48. 3; *Ibid. Epistolai*, 2. 12, '*hyperesiai*'에 관한 것은 Xenophon, *Athenaion Politeia* (《아테나이 정치제도》), 3 (아리스토텔레스 · 크세노폰 외, 《고대 그리스정치사 사료: 아테네 · 스파르타 · 테바이 정치제도》, 최자영 · 최혜영 역, p. 34 참조). '*hyperesiai*'가 돈을 버는 수단으로 타락하여 문제를 야기하는 상황에 대해서는 Xenophon, *Athenaion Politeia*, 3; Demosthenes, *Prooimia* (서설), 55. 3 참조.

하는 겁니까? 아니면, 당연히 다른 사람에게 귀속되는 잘못을 제가 덮어쓰고는 낙망하고 있어야 하는 것입니까?

14. 저로서는 지난 정치 이력에서 처벌받을 만한 것이 있거나, 어떤 혐의로 재판을 받은 적이 없어요. 또 제가 하르팔로스[15]의 친구라는 증거도 없고, 하르팔로스 관련 조령들 가운데 도시에서 비난받지 않은 것은 제가 발의한 것뿐이었거든요. 이런 모든 사실들로부터 분명한 것은, 제가 운 나쁘게 어쩌다가 연루되었을 뿐, 부당행위를 했기 때문이 아니라는 점, 그런데 제일 먼저 법정에 출석하는 바람에 부당하게도 그 같은 혐의에 연루된 이들 모두에게로 향하는 분노의 희생물이 되었다는 겁니다. 15. 저 다음에 이어서 재판받은 이들이 무죄로 방면되게 한 그 항변 중에서, 제가 언급하지 않은 것이 있습니까? 제가 유죄라는 사실과 관련하여 의회가 어떤 증거를 내놓았습니까? 아니면 지금이라도 어떤 증거를 내놓을 게 있나요? 아무것도 없어요. 더구나 실제로 없었던 일을 마치 있었던 것처럼 만들어낼 수는 없는 겁니다. 아무튼, 많은 것을 적을 수 있지만, 저는 이 문제를 더 확대 거론하지는 않겠습니다. 무죄에 대한 저의 신념은, 제가 경험을 통해 깨달은바, 그것이 미미한 도움이 되지만, 오히려 고통을 강화하는 것들 중에서 가장 치명적인 것이에요. 16. 그러니, 여러분이 모든 혐의자들과 원만하게 화해했듯이, 저와도 그같이 화해하도록 해 주

---

15 하르팔로스는 알렉산드로스의 회계관이었는데 아테나이로 망명했다. 그가 가져온 돈은 몰수되어 아크로폴리스에 보관되었는데, 데모스테네스가 그중 20탈란톤을 쓴 것으로 고발당했다.

십시오, 아테나이인 여러분. 저는 부당하게 여러분에게 피해를 끼친 적이 없어요. 신들과 영웅들이 증인을 서도록 하시고, 또 지금 여러분이 부당하게 저에게 뒤집어씌우는 혐의보다 더 확실하게 여러분이 신뢰할 수 있는 지난 세월을 통틀어 증거로 삼으십시오. 또 저는 이 같은 혐의에 연루된 이들 가운데서 가장 비열하고 가장 신뢰할 수 없는 사람인 것도 아니에요.

17. 제가 그곳(아테나이)을 떠나왔다고 해서 여러분이 저에게 화낼 것도 없습니다. 제가 여러분에 대한 기대를 버리거나 또 다른 안식처를 찾아 나온 것이 아니라, 첫째, 구금되는 데 따르는 수치를 참기 어려웠고, 둘째, 제 나이16에 비추어 그 같은 열악한 환경을 견딜 재간이 없었기 때문이에요. 더구나 여러분에게는 실로 아무런 이득 될 것이 없으나 제게는 치명적 질곡을 제가 피해 나오는 데 대해 여러분이 억하심정을 가질 것이라고도 저는 보지 않았어요. 18. 제가 다른 누가 아니라 바로 여러분을 향해 보내는 정성과 관련하여, 여러 정황을 통해 여러분이 이해하시리라 봅니다. 제가 굉장한 기여를 할 수 있는 곳이 아니라, 페르시아인으로부터 위협이 닥쳤을 때 우리 선조들이 건너갔던 곳으로 제가 알고 있고, 또 여러분들에게도 상당한 호의를 가진 곳으로 제가 믿고 있는 도시로 간 것이에요. 19. 그곳은 트로이젠이며, 저는 첫째, 모든 신들이 은혜로서 여러분에 대한 선의와 저에 대한 친절을 베풀어 주기를, 둘째, 여러분의 처분으로 제가 추방에서 풀려나 그 친절에 보답할 수 있기를 기도했습니다. 이 도시에서

---

16 당시 데모스테네스의 나이는 60세였다.

일부 사람들이 저를 연민하여 저를 잘 알지 못하는 것에 대해 여러분을 비난했으나, 저는 제게 주어진 도리로서, 갖은 방법으로 오히려 여러분을 변호했어요. 여러분 모두가 이런 사실들을 기려서, 저에게 공적 명예를 수여한 것이라고 저는 봅니다.

20. 한편, 그곳(트로이젠) 사람들의 선의가 돈독하나, 당면한 궁핍으로 인해 그 도시의 세력이 변변치 못한 것을 보고는, 제가 거처를 바꾸어 지금 칼라우리아[17]의 포세이돈 신역에 거하고 있습니다. 그렇게 한 것은 한편으로 사적 신변의 안전을 위해 신의 도움을 얻고 싶은 저의 희망 때문이에요. 저도 확신할 수 없었던 것이, 원하는 대로 조치할 수 있는 권리가 다른 이들의 손에 있으므로, 위험에 노출된 이의 안전이 가변적이고 불확실하기 때문이지요. 다른 한편으로 그곳에서는 매일 제 조국 땅을 볼 수 있기 때문입니다. 여러분의 양해를 얻고 싶어서 기도하는 만큼이나, 강한 애착을 가지고 있는 그 땅 말이지요.

21. 그러니, 아테나이인 여러분, 당면한 곤경의 마수에 더는 제가 붙들려 있지 않도록, 여러분이 이미 일부 다른 이들을 위해 표결한 그 같은 조치를 저에게도 베풀어 주셔서, 여러분에게 어울리지 않는 그 결정이 저를 속박하지 않도록 하시고, 또 제가 부득이 또 다른 곳으로 탄원자가 되어 가는 일이 없도록 해 주십시오. 그런 상황은 여러분에게도 이롭지 않습니다. 제가 여러분과 불화한 상태에 있다면, 저는 차라리 죽는 편이 나아요. 22. 제가 실로 이런 생각을 가졌고, 실없는 허풍을 치는 게 아니라고 생각하시는 것이 옳습니다. 더구나, 저는 제

---

17 칼라우리아는 아티카 남부 사로니코스만의 아이기나섬 남부에 있다.

운명을 여러분 손에 맡기고 재판을 회피하지 않음으로써 진실을 배반하지 않았고, 또 여러분 가운데 누구의 손이 미치지 않는 곳으로 벗어나지도 않았으며, 오히려 여러분이 원할 때 언제나 저와 소통할 수 있어요. 제가 온갖 은혜를 받았던 이들이 원한다면 저에게 부당하게 처분할 권리도 있다고 봅니다. 23. 그러나 공정한 '운명'이 부당함을 이겨내고, 저에 대해 돌이킬 수 없는 결정을 내리지 않도록, 같은 사안에 대해 두 번 심리할 수 있는 가능성을 열어 두었어요. 그러니 저를 구해 주십시오, 아테나이인 여러분, 그래서 여러분과 저의 품위에 각기 걸맞은 결정을 내려 주십시오. 24. 어떤 경우에도 제가 부정행위 하거나 자격박탈 혹은 처형될 만한 죄를 범한 사실을 여러분이 찾을 수 없을 겁니다. 오히려 저는, 대중 여러분에게, 흠모한다는 표현을 피하면, 최선의 호의를 가진 이들과 같은 정도로 호의적이었고, 생존해 있는 누구보다 더 여러분의 이익을 위해 봉사하며, 여러분을 위해 공헌한 바에 관해 최대의 증거를 확보하고 있음을 여러분이 아실 거예요.

25. 여러분 가운데 누구도, 아테나이인 여러분, 이 서신 전편에 걸쳐 제가 나약하거나 또 다른 비루한 동기로 시종 점철하고 있다고는 여기지 마십시오. 오히려 모든 사람이 당면한 상황에 온통 침잠하게 되듯이, 지금 저를 사로잡은 것들, 없었으면 좋았을 것으로서, 슬픔과 눈물, 제 조국과 여러분을 향한 그리움, 제게 닥친 시련에 대한 회한(悔恨), 이 모든 것들이 저를 슬프게 하는 것뿐이에요. 여러분이 공정하게 상황을 평가한다면, 제가 여러분을 위해서 수행한 어떤 행적에서도 나약함이나 비겁함을 찾아볼 수는 없을 겁니다.

26. 여러분 모두에게 드리는 말씀은 여기까지입니다. 다만, 여러

분 앞에서 저를 공격한 이들에 대해 특별히 전할 말이 있어요. 그들에 의해 이루어진 행위는, 여러분의 무관심을 이용하여 여러분을 대리한 것으로 보고 제가 불평하지 않겠습니다. 그러나 여러분 자신이 이 조령을 현재 상태 그대로 인정하고 있으므로, 만일 그들이 다른 피고들의 고소를 취하한 것같이 제 사건도 취하한다면, 잘하는 겁니다. 그러나 그들이 계속 저를 물고 늘어진다면, 여러분께서 저를 도와주시고, 저에게 주어야 할 은혜를 저의 적들에게는 베풀지 않도록 여러분 모두에게 호소하는 바입니다.

서신 3. 리쿠르고스의 아들들에 관하여

1. 데모스테네스가 의회와 민회에 인사드립니다. 지난번에 보내드린 서신에서 제가 저의 사적 문제와 관련하여, 여러분이 올바르게 행해야 한다고 보는 제 의견을 개진했습니다. 그것이 옳다고 생각하신다면 수용해 주십시오. 지금 이 편지 내용을 허투루 보지 마시고, 시비의 대상이 아니라 공정을 도모하려는 것으로 들어 주시기 바랍니다. 제가 추방된 상태이나, 여러분이 리쿠르고스18의 자식들에 대해

---

18 리쿠르고스(Lykourgos 390~324 B. C.)는 아테나이의 저명한 변론가 겸 정치가다. 고명한 에테오부타다이 가문 출신으로 일찍이 공적 생활을 시작했고, 노골적인 반(反) 마케도니아파였으며, 데모스테네스의 동지였다. 12년 연속(338~326 B. C.) 도시 경제 진작에 주요 기여자였다. 공공 수입과 선박 수를 증가시키고, 성벽과 고명한 건축물을 건조했으며, 기념비로 도시를 장식했고, 공금 횡령한 이들을 비난했다. 15편의 변론문을 썼는데, 그중 〈레오크라테스를 비난하여〉한 편만 전해진다.

취한 조치가 많은 이의 원성을 사고 있다는 사실을 알게 되었습니다.

2. 그이가 생전에 행한 업적에 대한 것도 제가 편지에 써 보냈으면 좋을 뻔했습니다. 여러분이 도리를 지키려 하신다면, 저뿐만 아니라 여러분 모두가 그의 행적에 대해 당연히 감사드려야 할 것이니까요. 리쿠르고스는 공직 경력을 시작하면서 공공19 재정 운영을 위해 일하였고, 헬라스인과 동맹국 사람들의 현안과 관련하여 조령을 제안한다든가 하는 일을 즐겨 하지는 않았어요. 다만, 민주적 성향을 가진 것처럼 생색내던 이들 중 다수가 여러분을 배반하려 하던 그때에 민중을 위해 선봉에 섰죠. 3. 선물이나 이익을 얻고자 한 것이 아니었어요. 그런 것은 반대쪽에 붙어야 얻을 수 있는 것이었으니까요. 또 그같이 하는 것이 더 안전하다고 생각했기 때문도 아니었어요. 민중을 위해 발언하는 이들은 여러 가지 노골적인 위험들을 감내해야 했으니까요. 다만 그는 본성이 민주적이었고 덕을 갖춘 사람이었어요.

4. 민중을 도우려던 이들이 사태의 추이에 따라 약화하고, 그 반대쪽 사람들이 온갖 측면에서 득세하는 상황을 그가 목도했을 때도, 그는 여전히 위축되지 않고 초지일관하여 스스로 민중에게 이득이 되는 것이라 생각한 조치들을 고수했고, 그에 따라 주저함 없이 언행일치(言行一致)하여 옳다고 믿는 바를 어김없이 보란 듯이 추진한 일 등은 세인이 다 알고 있는 사실입니다.

5. 제가 처음에 말씀드렸듯이, 그(리쿠르고스)를 위해 쓰려 했습니다만, 바깥에서 들리는 원성을 아는 것이 여러분에게 도움이 될 것 같

---

19 *politeia.*

아, 더욱 간절한 마음으로 이 편지를 써 보냅니다. 그이(리쿠르고스)와 사적으로 감정이 있다 하더라도, 부탁드리건대, 그에 관한 진실과 대의에 대해 경청하도록 인내해 주십시오. 주지하시듯이, 아테나이인 여러분, 리쿠르고스의 아들들이 받는 처우와 관련하여 지금 도시 자체에 대한 평판이 좋지 못합니다. 6. 리쿠르고스 생전에 여러분은 각별한 존경을 그에게 드렸고, 그를 질시한 이들이 많은 비난을 퍼부었으나, 그중 하나도 여러분이 사실로 여긴 것이 없다는 사실을 헬라스인 중 모르는 이가 없어요. 이렇듯 그를 신뢰하고 다른 누구보다 민주적이라고 믿었으므로, 리쿠르고스가 그렇게 말했다는 사실만으로 많은 올바른 결정을 내렸고, 그로써 여러분은 만족했지요. 여러분이 그런 믿음을 갖지 않았다면, 그 같은 상황은 벌어지지 않았을 겁니다.

7. 그런데 지금 모든 이가 그 자식들이 구금된 사실을 알고는 고인(故人) 앞에 민망해하고, 죄 없이 곤경에 처해 있다고 생각하는 그 자식들 때문에 안타까워하는 한편, 여러분들에 대해 제가 입으로 전할 수 없을 정도로 격노하고 있어요. 비난하는 이들이 내뱉는 말에 대해 저는 가능한 한 여러분을 위해서 반론을 펴지만, 많은 이들이 여러분을 비난한다는 사실을 아는 것이 여러분에게 이득이 될 것이라는 생각에 제가 서신을 보내 여러분에게 알리려 합니다만, 자세하게 보고하기는 어려울 것 같습니다. 8. 그러나 욕설은 빼고 일부 사람들이 말하는 것으로, 여러분이 들어 도움이 될 것이라고 제가 생각하는 바를 말씀드리겠습니다. 여러분이 리쿠르고스에 관한 참된 실상을 몰랐다거나 착각했던 것이라고 양해해 줄 사람은 아무도 없어요. 몰랐다는 변명은 긴 세월이 흐른 점을 고려하면 애초에 성립하지 않는 거

예요. 그동안 여러분에게 피해를 가져오는 잘못이라고는 어떤 것도 그는 마음먹거나 행하지 않은 것으로 드러났으니까요. 그(리쿠르고스)의 다른 행실과 관련해서도, 누구도 여러분이 무관심한 것이라 비난할 수 없다는 사실은 당연히 여러분이 알지 못했다는 핑계를 댈 수 없게 하는 겁니다.

9. 그러니 남는 설명은, 염치없는 이들의 소치라고 모두들 여기게 된다는 사실이지요. 필요할 때는 관심을 기울이다가, 나중에는 모른 척하는 것 말입니다. 사자(死者)가 그 향방에 관심을 갖는 유일한 사안으로서, 그의 자식들과 자신의 명예와 관련하여 부정적인 상황이 벌어지는 것을 목격한다면, 어떤 다른 사안에서 여러분이 고인을 위해 은혜를 베풀 것이라고 기대하겠습니까? 10. 또 돈을 바라서 이런 일을 하는 것도 훌륭한 사람으로 보이지 않지요. 그런 것이 여러분의 아량과 여러분이 선호하는 다른 원칙들과 어울리지 않는 것이니까요. 만일 여러분이 갹출한 돈으로 다른 이들에게 속박되어 있는 이들을 풀어 준다면, 여러분은 모두 호쾌한 사람들이라고 제가 인정할 것입니다. 그러나 여러분이 풍문과 질시에 근거하여 부과된 벌금을 면제해 주기를 꺼리는 모습을 제가 본다면, 여러분이 민중 지지자들에 대해 완전히 악의적이고 공격적이라는 사실 외에는 제가 달리 이해할 방법이 없을 것 같습니다. 만일 사실이 그러하다면, 여러분은 공정도 이익도 도모할 수 없어요.

11. 사고방식이나 교육에서 세상 사람을 능가하는 것으로 정평이 났고, 난관에 봉착한 이들에게 때마다 피난처를 제공해온 여러분이 필리포스보다 더 소갈머리 없는 사람으로 보이는 것이, 아테나이인

으로서 수치가 된다는 점을, 혹여 여러분 가운데 아무도 깨닫지 못한 것은 아닌지 저는 염려됩니다. 12. 필리포스로 말하자면, 제대로 수련받지도 못한 가운데 권세를 누리며 자랐지만, 행운의 정점에 이르렀을 때는, 아주 인도적인 조치를 베푸는 것으로 보여야만 한다고 판단했어요. 모든 것을 상실할 수도 있는 상황에서 명운을 걸고 맞서 싸웠던 적이라 해도, 그 출신 가문과 어떤 인물인지 등에 따라 배려하여, 마구잡이로 구금하려고 하지 않았던 겁니다. 살피건대, 여러분 가운데 일부 연사들이 그러한 것과 달리, 모든 이를 똑같이 대우하는 것이 타당하고 올바른 것이라 여기지 않고, 각자의 인적 가치에 따라 그 같은 조치를 취하는 거예요.

13. 그런데 여러분은 아테나이인이며 소양이 있어, 몰지각한 이들까지도 함께 지낼 만한 수준의 사람으로 만들 수 있는 것처럼 보이는 바, 언로가 개방된 체제에 살면서도, 20 무엇보다, 온갖 것 중에 가장 몰염치한 소치로서, 혹자가 그 부친에게로 귀속시키는 사안에 연루시켜 그의 아들들을 구금한 겁니다. 그러고는 이 같은 소치를 평등이라고 여기는 것이에요. 평등의 개념을 도량형 같이 기계적으로 재려 하고, 사람의 경향이나 정치 성향을 참작하지 않는 것이죠. 이런 것들을 고려한다면, 14. 리쿠르고스의 행적이 유익하고 민주적이며 우호적인 것으로 드러나는 경우, 리쿠르고스의 자식들은 여러분으로부터 불이익이 아니라 온갖 혜택을 받는 것이 마땅한 거예요. 그렇지 않다면,

---

20 'paideias metechontes'. Kaktos 판본에서는 이것이 'parrhesia zontes'로 나온다. 후자는 '언로가 개방된 체제에 살면서도'로 번역할 수 있겠다.

여러분이 그(리쿠르고스)를 살아생전에 벌해야만 했던 것이고, 누구라도 그가 한 것이라 여기는 일에 대해서 그 자식들에게 분풀이해서는 안 되는 것이지요. 모든 이에게 있어 그 잘못에 대한 책임의 한계는 사형입니다. 15. 이렇게 하신다면, 친(親) 민중 위정자를 적대하고, 상대가 죽고 난 다음에도 화해하지 않으며, 그 자식들에게까지 적대하는 판에, 민중이 자신을 위해 투쟁한 친민중 위정자들에 대해, 그들이 살아 있는 동안에만 감사의 정을 가질 뿐, 죽은 다음에는 관심을 갖지 않는다면, 민중 편에 섰던 이들에게 이보다 더 참담한 것은 없을 거예요.

16. 만일 모이로클레스[21]가 자신은 그런 것까지는 알지 못한다고 하고, 또 이들(리쿠르고스의 아들들)이 달아나지 못하도록 자신의 책임하에 그들을 구금한 것이라고 대답한다면, 타우레아스, 파타이코스, 아리스토게이톤과 그 자신은, 금고형을 받았으나 체포는 고사하고 민회에서 발언까지 했는데, 이 같은 상황에서는 왜 공정을 문제로 삼지 않느냐고 바로 물어보십시오. 17. 만일 자신은 그때 공직에 있지 않았다고 말한다면, 그것은 법 규정에 따라 그에게 발언권조차 없었다는 뜻이거든요.[22] 그렇다면, 공직에 있지 않은 이가 발언권도 없

---

21 모이로클레스는 기원전 324년 장관(아르콘)이었다. 기원전 335년 알렉산드로스가 그를 양도해 줄 것을 요구한 것을 보면 비중 있는 위정자였다고 하겠다.

22 모이로클레스가 리쿠르고스의 두 아들은 구금하고, 타우레아스, 파타이코스, 아리스토게이톤을 풀어 주었다면, 이것은 부당한 행위로서 범죄에 해당한다. 만일 그 당시 모이로클레스 자신은 아르콘이 아니었으므로 이들을 구금하도록 지시한 사람이 아니라 한다 해도, 그 같은 취지의 발언을 한 것이라면, 그에 대해 도의상 책임을 져야 한다.

는데, 여러분을 위해 많은 사안에서 기여한 이를 아버지로 둔 자식들이 구금되도록 하는 것이 어떻게 공평하다고 하겠습니까? 18. 저로서는 이해가 안 갑니다. 사기, 뻔뻔함, 악의적 교활함이 도시에 횡행하고, 그런 사람은 곤경에 처하게 될 때 무사하게 빠져나갈 전망이 더 많은 반면, 신실하고 조신하게 생활하며, 친민중 정치 노선을 실천했던 이는, 무언가 실수하게 되면, 처벌을 피해 가지 못한다는 사실을 공공연히 천명하려는 의도를 여러분이 가진 것이 아니라면 말이죠.

19. 리쿠르고스에 대해 그의 생전에 여러분이 지녔던 것과 상반되는 견해를 여러분이 갖는 것은 부당하다는 것, 살아 있을 때보다 죽은 이에 대해 더 많은 배려를 하는 것이 올바르다는 것 등, 온갖 그 같은 사실들을 저는 생략하려 합니다. 대체로 그렇게들 알고 있다고 생각하기 때문이죠. 다른 자식들의 경우 그 부친들이 기여한 바로 인해 보상받은 사례를 제가 기꺼이 여러분 앞에 소개하자면, 아리스테이데스, 트라시불로스, 아르키노스, 그 외에도 다른 많은 이들의 후손들이 있습니다. 제가 이러한 사례를 소개하는 것은 폄훼하려는 뜻이 아닙니다. 20. 절대로 그런 뜻이 아닌 것이, 그 같은 보상이 참으로 나라에 득이 된다고 저는 보기 때문이지요. 그렇게 조치함으로써 모든 사람들을 친민중적으로 유도할 수 있습니다. 그들의 살아생전에 질투로 인해 마땅한 영광을 수여받지 못했다고 해도, 그 자식들이 여러분들로부터 응분의 보상을 받을 것이라는 사실을 깨닫게 된다면 말이죠.

21. 그러니, 지난날 여러분에게 기여한 이들에 대해, 그 기여한 바를 여러분이 직접 본 것도 아니고 전해들은 것으로, 응분의 감사의

마음을 가지면서, 리쿠르고스는, 그 정치적 이력과 사망이 최근 일 인데도, 그 같은 대우를 하지 않는다는 것은 다른 이들이 볼 때도 말이 안 되고, 아니 오히려 창피한 일 아닙니까? 22. 더욱이, 다른 경우에는 무명인은 물론 여러분에게 누를 끼친 이들까지도 기꺼이 용서하고 연민하는 그런 사안과 관련하여, 적이라 해도, 신실하고 이성적이라면 연민하게 될 그이(리쿠르고스)의 자식들에게 벌을 가하는 것이 말이죠.

23. 게다가 여러분 중 다음 사실을 모르는 이가 누가 있습니까? 저 다른 곳[23]에서 우정을 쌓은 이들은 모든 면에서 창궐하고 편리를 보며, 무슨 어려운 일을 당하면 더 쉽게 피해 가는 데 반해, 민중의 편에 선 이들은 다른 면에서도 열악할 뿐만 아니라, 모든 사람들 중에 유독 이들에게만은, 재난이 닥치면 구제불능 상태에 빠진다는 사실이 공공연하게 펴지는 것이 나라 운영에도 도움이 안 된다는 사실 말입니다. 이런 사실은 쉽게 증명할 수 있어요. 24. 여러분 중 멜라노포스의 아들 라케스 관련 사건을 모르는 이가 있습니까? 현재 리쿠르고스의 아들들이 처한 경우와 똑같이, 법정에서 유죄 선고를 받았으나, 알렉산드로스가 서신을 보내 청탁하는 바람에 그 처벌이 면제되어 버렸잖아요. 또 아카르나이 출신 므네시불로스도 유사한 경우로서, 리쿠르고스의 자식들처럼 법정에서 유죄 선고를 받았으나, 거뜬하게 처벌에서 벗어났어요. 그럴 만한 자격이 되는 이였으니까요. 25. 그런데 지금 이의를 제기하는 이들 중 아무도 위와 같은 사례들

---

23 마케도니아 궁정.

을 두고 법을 무시한다는 말은 하지 않아요. 일리가 있죠. 모든 법이 올바른 이들을 위하고, 쓸모 있는 이들을 보호하기 위해 제정된 것이라면, 또 불행에 처한 이에게 재난이 영속되도록 하거나 사람들을 배은망덕하게 만드는 데 쓰이는 것이 아니라면 말입니다. 26. 더구나, 흔히 말하듯이, 이 같은 원칙을 지키는 것이 이득이 된다면, 저이들을 방면할 때 위법한 것이 아닐 뿐만 아니라, 법을 제정한 이들의 정신을 보존했던 것이죠. 알렉산드로스의 청을 받아들여 라케스를 풀어 주고, 또 절제하는 삶을 살았던 므네시불로스를 복권시켰으니 말입니다.

27. 그러니 민중을 위해 자신을 헌신하는 것보다 이방인과 우의를 다지는 것이 더 이득이 되고, 또 여러분 다수에게 이득이 되도록 정치에 힘쓰는 이24로 이름을 얻는 것보다 무명으로 남아 있는 것이 더 좋은 것이라는 말은 하지 않도록 조심하십시오. 정책을 제안하고 공무에 종사하는 사람이 모든 이를 흡족하게 할 수는 없겠지만, 그래도 성심으로 민중을 위해 배려한 이는 당연히 안전을 도모할 수 있어요. 그렇지 않다면, 민중이 아닌 다른 이들을 위해 봉사하고, 무어라도 여러분에게 이득이 된다고 생각하는 것은 하지 말도록 모든 이들에게 가르치게 될 겁니다. 28. 여러분이 은혜에 대한 감사보다 질시의 감정을 더 강하게 갖는 것으로 보인다면, 모든 이에게 수치가 될 뿐 아니라, 아테나이인 여러분, 온 도시의 불행이 될 것입니다. 질시는 병이지만, 감사의 정은 신성에 속하는 것이죠.

---

24 *politeuomenos.*

29. 피테아스도 빠뜨리지 않고 거론해야 하겠습니다. 그는 공적 이력을 시작하기 전에는 친민중적이었으나, 그 후 여러분을 음해하는 데 발을 들여놓았어요. 이 사람이 여러분을 위한 임무를 맡으면서 공직에 들어섰고, 도주한 예속노동자 혐의로 이방인 관련 위법 소송[25]의 피의자가 되었으며, 그가 고용되어 있는 이들에 의해 팔려 나갈 뻔했다가, 지금은 그들을 위해 저에 대해 위법 소송을 제기한 사실 등을 모르는 사람이 누가 있습니까? 또 그때 그가 다른 이들이 한다고 비난하는 짓거리를 지금 그 스스로 하고 있고, 30. 형편이 너무 좋아서 정부(情婦)가 두 명이나 있는데, 이들이, 풍요롭게 살다가 파멸에 이를 때까지 자신을 수발할 것이라고 하고, 그전에는 5드라크메를 가지고 있다는 사실을 증명하는 것보다 더 쉽게 5탈란톤의 빚을 갚을 수 있게 되었답니다. 게다가, 여러분 민중으로부터 이들이 정치체제[26]에 동참하도록 용인받음으로써 모든 이에게 수치를 안겨 주게 되었을 뿐만 아니라, 도시를 대표하여 전통의 델포이 제전에 참여한 사실도 있지 않습니까?

31. 이 같은 부류, 이 같은 사례를 접하고서, 그로부터 각자가 어떤 것이 이득이 될까를 가늠할 때, 말로써 여러분을 위하는 이를 찾지 못하게 되지나 않을까 염려가 됩니다. 특히, 나우시클레스, 카레스, 디오티모스, 메네스테우스, 에우독소스는 물론, 에우티디코스, 에피알테스, 리쿠르고스 등 친민중적 인물들 가운데서 어떤 이들은 피

---

25 *graphe.*
26 *politeia.*

할 수 없는 운명(죽음), 운, 세월의 흐름에 의해 사라지고, 카리데모스, 필로클레스, 그리고 저 같은 이는 여러분이 경원시하니까 말이죠. 32. 여러분 자신이 보기에도 방금 앞에서 언급한 이들 외에 달리 여러분에게 더 호의적인 사람이 없다는 것을 잘 아시죠. 그 같은 이들을 여러분이 찾을 수 있다면, 저로서는 질투하지 않고, 반대로 가능한 한 더 많은 이들이 있었으면 하고 바랍니다. 그들을 공정하게 대우하고, 우리가 당한 것 같은 지경에 처하지 않는 한 그렇습니다. 그러나 만일 지금 같은 사례로 그들을 대우한다면, 누가 진심으로 여러분 편에 서려 하겠습니까? 33. 물론 위장하여 접근하는 이들이 여러분 옆에 없지 않을 것이고, 그전에도 마찬가지였지요. 제발 전에는 거부했던 그 같은 것을 지금은 공공연히 자행하면서 아무도 두려워하지 않고 창피한 줄도 모르는 사람들을 이들이 닮아 가는 일이 없었으면 합니다. 이와 같은 점들을 고려하여, 아테나이인 여러분, 도시에 우호적인 이들을 냉대하지 말고, 도시를 고통과 질곡으로 몰아가는 이들의 말에 넘어가지 마십시오. 34. 당면한 상황은 혼동과 적의보다 오히려 호의와 박애를 요구합니다. 이득을 노려서 여러분들을 해치는 거간꾼처럼 혼동과 적의를 한껏 이용하려는 이들의 노림수가 제발 수포로 돌아가도록 말이죠. 여러분 가운데 누구라도 이런 경고를 우습게 여긴다면, 참으로 우둔한 사람이 될 겁니다. 아무도 예상하지 못했던 처지에 직면하여, 매수되어 노림수를 가진 이들에게 휘둘려 민중이 자신들을 위해 발언하는 이들과 불화하는 경우, 이전에 발생했던 상황이 지금은 발생하지 않을 것이라 기대한다면, 어찌 머저리가 아니라고 하겠습니까?

35. 제가 만일 출석할 수 있다면, 여러분에게 구두로 상황을 말씀 드렸을 거예요. 그러나 제가 파멸하도록 거짓말로 저를 모함하는 사람이 당했으면 하고 제가 기원하는 그런 처지에 저 자신이 처해 있으므로, 서신을 보냄으로써, 첫째, 여러분의 명예와 이익을 최대한 존중하는 말씀을 드리는 것이고, 둘째, 리쿠르고스 살아생전에 그에게 품었던 호의를 그 자식들에게도 똑같이 가지고 있음을 보이는 것이, 제 소견으로, 도리이기 때문입니다. 36. 누구라도 제가 사적인 일로 많은 시간을 소비한다고 여기는 이가 있다면, 제가 대번에 이렇게 말씀드렸을 겁니다. 저는 저 자신의 해방을 위해 노력하는 것만큼 여러분의 이익을 위하고, 또 제 친구 중 누구도 무시하지 않으려고 관심을 기울인다고요. 제가 이렇게 하는 것은 시간이 남아돌아서 하는 것이 아니라, 같은 성심과 신념으로, 저 자신과 여러분의 관심사를 같은 목적으로 진작시키려고 노력하기 때문이에요. 그리고 제가 가진 아량이 이와 같으므로, 제가 기원하는 것은, 여러분을 음해하려는 이들도 그 같은 것을 가졌으면 하는 겁니다. 이 점에 대해서는 이제 충분히 말씀드린 것 같습니다.

37. 이 같은 이의 제기는 호의와 애정에 의한 것으로서 기꺼이 여러분에게 하는 것이겠습니다만, 지금은 윤곽만 말씀드리고, 조금 뒤에 장문의 서신으로 고하도록 하렵니다. 제가 살아 있는 한, 그리고 그전에 여러분이 저에게 공정한 결정을 내리는 일이 없다면, 여러분은 그 서신을 받아 보게 될 것입니다. 무례하지 않으면서 거짓을 고하지도 않으려면 제가 어떻게 말해야 할까요? 오, 여러분은 너무 태무심하여, 다른 세상 사람들 앞에서나 여러분 자신 앞에서나, 창피한

줄을 몰라요. 그래서 여러분은 같은 혐의를 두고 아리스토게이톤은 무죄 석방하고, 데모스테네스는 추방했던 것이지요, 38. 또 여러분은 여러분을 위해 아무것도 배려하지 않는 이들에게는 여러분의 허락도 없이 주어진 특권을 저에게는 허용하지 않았습니다. 제가 형편만 되었다면, 제가 가진 채권을 회수하고 제 친구들로부터 기부금을 거두어들임으로써, 여러분에 대한 제 의무를 완수하는 한편, 노년의 추방된 몸으로서, 저를 부당하게 대우했던 모든 이들이 다 같이 비난받아 마땅한 일로, 지난날 여러분을 위해 했던 제 수고의 보답으로 제가 이방인의 땅에서 이곳저곳을 방황하는 일은 없었을 텐데 말이죠.

39. 제가 바라는 것은 여러분의 은혜와 관용의 조치로서 제가 귀환하는 것, 부당하게 씌워진 누명에서 벗어나고, 여러분이 벌금으로 대체하도록 하여 제가 구금을 면하기만 하도록 선처해 주십사 하는 것입니다만, 여러분은 제게 그 같은 선처는 하지 않고 그저, 제가 듣기로, "그가 돌아와서 그 같은 일을 처리하지 못하도록 누가 방해하는 거지?"라고 묻기만 하는 겁니다. 40. 그것은, 아테나이인 여러분, 수치심을 일게 하는 것으로서, 여러분을 위해 제가 기여한 바가 하릴없다는 것, 또 제가 재물을 잃은 것은 애초에, 원금을 갚지 못한 이들이 그 두 배를 지불하는 일이 없도록 보증을 서 달라는 데 넘어갔기 때문이라는 것 등입니다. 전부는 고사하고 그중 일부라도 이들로부터 되돌려 받으려면 제게 여러분의 도움이 필요합니다. 그래야 제가 여생을 비루하게 살지 않게 될 테니까요. 그렇지 않고 만일 제가 이런 식으로 말하는 이들이 요구하는 대로 따른다면, 불명예, 궁핍, 공포가 한꺼번에 저를 덮칠 겁니다.

41. 이런 사정들을 여러분은 전혀 고려하지 않고, 제 말을 무시하고 제게 관용을 베풀려고 하지 않아요. 그런 식으로 간다면, 제가 파멸하는 것은 여러분 때문입니다. 여러분 외에 다른 어느 누구에게도 제가 부탁할 데가 없으니까요. 그런 상황에 이르면, 제가 분명히 짐작컨대, 여러분은 제가 억울하게 당한 것이라고 말하겠지만, 그때는 이미 그런 것이 여러분이나 저에게나 아무런 도움이 되지 않아요. 실로 여러분은 제가 빼앗겨 버린 가시적 재산27 이외에 자금을 가지고 있다는 사실을 고려하지 않고 있고요. 여러분이 질시가 아니라 관용을 베풀어서 제가 여기에 전념할 수 있도록 석방해 주신다면, 28 나머지 재물을 모아들일 수가 있겠습니다. 42. 제가 하르팔로스에게서 무엇을 받아 챙겼다는 사실을 여러분은 증명할 수 없어요. 재판을 통해 사실이 증명된 것도 아니고, 실제로 제가 받은 일도 없기 때문이지요. 여러분이 저 고명한 의회의 명성이나 아레오파고스29에 대해 변명하려 하신다면, 아리스토게이톤

---

27 *phanera*(가시적 재산). 주로 부동산과 그에 딸린 가재도구 등을 말하며, *aphanes*(비가시적 재산)과 대조적 의미로 쓰인다. 참조, 최자영, 《고대 그리스 법제사》, p. 463, p. 471; 같은 책(전자책), 제7장, 1. 1) (2) 가시적인 재산: 4) 공동소유권.

28 데모스테네스는 벌금을 완불할 때까지 구금형에 처하도록 판결받았다.

29 참조, 후대, 기원전 1세기말~2세기 초에 걸쳐 활동한 플루타르코스, 〈비교 위인전(*Bioi Parallelloi*)〉(Demosthenes, 26)의 전언에 의하면, 데모스테네스는 자신의 혐의에 대한 판결을 아레오파고스에 위임하기를 원했고, 아레오파고스는 바로 유죄선고를 내렸다고 한다(324 B. C. 봄). Loeb 영어 판본에서는 서신 2. 1~2에 언급되는 '의회(*boule*)'에 아레오파고스 관련 각주를 달고, 서신 3. 42 언급되는 아레오파고스에도 같은 각주를 소개한다. 그러나 서신 2와 3의 표제가 'boule(의회)와 demos(민중)' 앞으로 보내는 것에서, 이 의회가 통상 민회와 쌍을 이루는 500인 의회라 할 수 있다. 서신 3. 42에서 의회와 아레오파고스가 '혹은(*he*)'이란 접속어로 연결된 것도 양자가 별개의 것이란 추론을 가능케 한다.

에 대한 판결을 기억하시고, 부끄러운 줄 알고 여러분 얼굴을 들지 마십시오. 저에게 누를 끼친 이들에 대해 이보다 더 부드러운 평가는 제가 못합니다. 43. 실로 같은 의회에서 같은 진술에 대해 그이는 옳다고 방면하고 저는 파멸로 몰아넣은 데 대해서, 여러분의 처사가 공정했다고 우기지는 마십시오. 여러분이 그런 정도로 비논리적인 것은 아니니까요. 저는 그 같은 판결을 받을 만한 짓을 하거나 그 같은 부류에 속하거나, 그보다 더 비열한 사람이 아닙니다. 다만 여러분 때문에 불행에 처했을 뿐이라는 점을 밝힙니다. 어떻게 제가 불행하지 않겠습니까? 다른 불행은 차치하고라도, 저 자신을 아리스토게이톤과 비교해야 한다는 것, 또 그보다 더 열악한 것은 파멸에 처한 사람이 무죄 석방된 사람과 비교하는 처지에 놓인 것입니다.

44. 제 말을 들으시고 행여 제가 분노한 것이라 여기지는 마십시오. 여러분에게 무슨 억하심정을 가진 것이 아니니까요. 억울한 처지에 몰린 이가 통사정하는 것은, 아픈 이가 한숨을 쉬는 것처럼, 다소간 위안을 가져오는 것이니까요. 제가 여러분에게 호의를 가지는 것은 여러분이 제게 호의를 가져 주셨으면 하고 제가 바라는 정도와 같습니다. 이런 점을 기회가 있을 때마다 제가 밝혀 왔고, 앞으로도 그럴 겁니다. 45. 애초에 제가 결단하기로, 공무에 종사하는 모든 이의 의무로서, 공정한 마음가짐으로, 자식들이 부모를 대하는 것같이, 모든 동료 시민들을 대하고자 했어요. 그들로부터 최고의 감사의 정을 기대하는 만큼 제가 그들에게 감사의 정을 드리는 것이지요. 사려 깊은 이들은 이런 사안에서의 패배를 명예롭고 마땅한 승리로 간주하기 때문입니다. 안녕히 계십시오.

서신 4. 테라메네스의 비방 행위에 대하여

1. 테라메네스가 저에 대해 여러 가지 모욕적 언사와 함께 재수 없는 놈이라고 폄하했다는 말을 제가 듣고 있습니다. 그것이 향하는 대상에게는 아무런 해를 끼치지 않는 모욕적 언사가 사려 깊은 이에게는 아무런 도움이 되지 못한다는 것을 그이가 모르고 있다는 사실이 제게는 놀랍지 않습니다. 생활이 무절제하거나, 시민 태생이 아니거나, 어릴 때 빈민촌에서 자란 이가 그런 사실을 다소간 숙지하고 있다면, 아주 모르는 것보다 더 이상한 것이죠. 2. 그와 관련하여, 언젠가 제가 돌아가서 자리 잡게 되면, 그가 저와 여러분에게 범한 술주정에 대해 대화하고 싶습니다. 제 소견에, 그가 염치라고는 없긴 해도, 좀 더 온건해지도록 돕고 싶으니까요. 공동 이익을 도모하기 위해, 이 같은 사안과 관련하여 서신을 통해서라도 제 의견을 여러분에게 전하렵니다. 주의를 기울여 경청해 주십시오. 그냥 듣기만 하는 것이 아니라, 기억 속에 간직할 만한 가치가 있다고 봅니다.

3. 여러분의 도시는 세상에서 가장 복되고 신들의 사랑을 가장 많이 받는 곳입니다. 도도나의 제우스, 디오네,[30] 피티오스 아폴론은 언제나 자신들 휘하 예언자들에게 신탁을 내려 여러분이 같이 사는 이 도시에 행운이 함께한다는 사실을 보증합니다. 신들이 이후에 일

---

30 그리스 서북쪽 에피로스 도도나(도도네)의 제우스 신전에서는 제우스의 아내가 헤라가 아니라 디오네이다. 곳에 따라서 디오네가 아프로디테(베누스)와 동일시 되기도 한다.

어날 일을 계시하면, 그것은 분명 예언입니다. 그러나 계시가 과거 일에 관한 것이라면, 이미 발생한 사건에 관한 겁니다. 4. 여러분에 대한 저의 정치적 기여는 이미 일어난 것에 속하고, 그 바탕 위에 신들이 여러분에게 행운아라는 수식어를 내린 것이죠. 그런데 그 조언을 따른 사람은 행운아가 되고, 신들로 하여금 그런 수식어를 내리는 데 기여하고 조언을 제공한 사람은 그와 반대되는 수식어(불운아)를 받게 되는 것이 공정합니까? 제가 조언자가 되어 기여한 공동의 행운은 신들이 보증하는 것인데, 신들이 거짓말한다고 생각하는 것은 신성모독이지만, 테라메네스가 저에게 한 것 같은 인신공격을 자행한 사람은 무례하고 몰염치하며 몰지각한 사람이라고 누군가가 설명하지 않는다면 말이죠.

5. 여러분이 누리는 운이 길조라는 사실은 여러분이 신탁뿐만 아니라 사실 자체를 잘 검토해 보아도 드러납니다. 인간으로서 여러분이 사태를 관찰하려 한다면, 제가 조언한 정책의 결과로 인해 우리 도시가 아주 운이 좋았던 사실을 여러분이 깨닫게 될 겁니다. 그러나 만일 오직 신에게만 허용된 그 같은 축복을 요구한다면, 여러분은 불가능을 구하는 것이 됩니다. 6. 신에게는 허용되지만 사람에게는 불가능한 것이 무엇일까요? 축복을 있는 대로 죄다 쥐고 통제하려는 것, 그 축복을 자신들만 향유하는 것이 아니라 남에게도 증여하려는 것, 영원히 불운은 절대로 당하지 않고 미래에도 당하는 일이 없었으면 하는 것이지요. 이 같은 전제하에, 당연한 수순으로, 여러분의 경우를 다른 사람들과 비교해 보십시오. 7. 현재 여러분이 처한 상황보다 제가 조언한 적이 없는 라케다이몬인의 상황이 더 낫다거나, 또

제가 한 번도 가 본 적이 없는 페르시아인의 상황이 더 낫다고 주장할 만큼 어리석은 사람은 실로 아무도 없을 겁니다. 카파도키아인, 시리아인, 저 땅끝 인디아 지역의 사람들을 막론하고 말이죠. 이들이 모두 수도 없이 가공할 일들을 겪었던 겁니다. 8. 제우스의 이름으로, 위에서 언급한 이들보다 여러분이 더 나은 상황에 있다는 사실에는 모든 이가 동의할 것 같지만, 테살리아인, 아르고스인, 아르카디아인, 혹은 필리포스와 동맹을 맺게 된 사람들보다는 더 열악한 상황에 처해 있다고 말하는 이도 있을 거예요. 그러나 여러분은 이들보다 훨씬 더 효과적인 방법으로 질곡을 벗어났어요. 예속상태31에 들지 않은 것만 해도 그런 것인데, 그보다 더 고약한 것이 어디 있겠습니까? 그뿐만 아니라, 이들 모두가 필리포스와 당면한 예속상태로 인해 헬라스인이 당하는 질곡의 원인 제공자로 간주되기 때문에, 이들이 응당 미움을 받는 거예요. 9. 그러나 여러분은 생명과 재산, 도시와 농촌은 물론 모든 것을 동원하여 헬라스인을 위해 싸운 것을 세상 사람들이 보았고, 그 대가로 명성을 얻었으며, 공정을 추구하려는 이들로부터 불멸의 감사를 받게 된 겁니다. 이렇게, 제가 드린 조언으로 인해, 필리포스에게 대적했던 모든 이들 가운데 이 도시가 가장 큰 성공을 거두었으며, 그와 동맹을 맺었던 이들보다 더 큰 영광을 얻었던 것이죠.

10. 결국 이런 것들을 볼 때, 신들은 여러분에게 길조의 신탁을 내리는 한편, 부당한 비방은 비방하는 이의 머리를 향해 되돌려 버립니

---

31 *douleia*.

다. 그가 살아오면서 남긴 행적들을 살펴본다면, 누구라도 그런 사실을 깨달을 수 있을 거예요. 누가 자신에게 저주를 야기할 수 있는 그런 행위를 기꺼이 한다고 칩시다. 11. 그러면 그는 자신의 부모의 적인 동시에 뚜쟁이 파우사니아스의 친구가 되는 거예요. 그리고 남자인 것처럼 거드름을 피우지만, 스스로 여자같이 이용당하도록 자신을 내주는 겁니다. 또 자신의 부친을 능가하여 군림하지만, 속물들에게 굴복하지요. 모든 이가 혐오하는 것들, 청중이 불쾌해하는 언사나 이야기에 탐닉하는 거예요. 그러고는 천진하고 솔직한 사람처럼 행세하며 이야기를 멈추지 않아요. 12. 그의 비행에 대해 여러분의 주의를 환기시키려는 마음이 없었다면, 이런 이야기를 제가 적지 않았을 겁니다. 발설하기도 곤란하고 글로 쓰는 것도 조심스러우며, 제 소견에, 듣기에도 민망한 그 같은 것들과 관련해서는, 여러분은 각기, 위에서 언급한 바에 따라, 이 사람이 자행한 수많은 가공할 정도로 비열한 행적들을 알고 있다고 봅니다. 그래서 저는 민망한 이야기는 적지 않았고, 이 사람의 가시적 행위 자체가 그 비행에 대한 증거가 될 것입니다. 안녕히 계십시오.

서신 5. 헤라클레오도로스[32]

1. 데모스테네스가 헤라클레오도로스에게 인사드립니다. 메네크라테스가 제게 전해온 소식을 믿어야 할지 여부를 두고 제가 곤혹스럽답니다. 에피티모스에 대한 고발이 접수되어, 아라토스가 그를 감금했으며, 당신이 이 소송에서 당사자로 나섰고 모든 사람들 가운데 가장 비타협적이라는 말을 전해왔기 때문입니다. 크세니오스[33] 제우스의 이름과 모든 신의 이름으로, 당신에게 청컨대, 저를 불편하게 하거나 곤혹스러운 질곡으로 몰아넣지 말아 주십시오.

2. 특히 다음과 같은 점을 유념해 주십시오. 제가 에피티모스의 안위를 염려하고, 행여 그가 다치기라도 하면, 당신에게도 책임이 있는 것인바, 제가 큰 불행으로 여기게 될 것이라는 사실을 차치하고라도, 만인들 앞에서 당신에 대해 하는 말을 들어 알고 있는 사람들을 저로서는 대하기가 민망하다는 것 말입니다. 제가 하는 말이 진실임을 확신하는 것은, 당신과의 교제를 통해 갖게 된 경험이 아니라, 3. 그동안 보아 온 것들이 있기 때문입니다. 명성을 얻은 가운데서도 당신은 학업을 즐겨 했고, 그것도 실로 욕망과 명리와는 담을 쌓고 모든 것들 중 최선[34]과 지고(至高)의 공정[35]을 추구하는 플라톤학파에서 말이지

---

32 Schäfer에 따르면, 마지막의 〈서신 5〉와 〈서신 6〉은 확실히 위작일 개연성이 높다. 만일 〈서신 5〉가 위작이 아니라면, 헤라클레오도로스는 아테나이인이 아니라 코린토스 등 이웃 도시의 사람일 것이라고 한다. 데모스테네스가 아테나이 동료 시민에게 이런 서신을 써 보낼 필요는 없었을 것이라고 보기 때문이다.

33 이방인에게 호의를 베푼다는 의미의 수식어이다.

요. 신들의 이름으로, 이 같은 학업을 닦은 이가 거짓을 멀리하지 않고 모든 사안에서 선(善)36을 도모하지 않는다면 지성(至聖)이 아니라고 저는 봅니다. 4. 제게 가장 참담한 것 중 하나는 당신에 대한 우정을 간직하려 해도, 제가 무시당하고 속고 있었다는 생각이 들어서, 불가피하게 상반된 결정을 내려야 하는 지경이 되는 것입니다. 제가 그런 사실을 말하지 않는다 해도, 제 입장이 그렇다는 점을 당신이 알아주십시오. 5. 우리가 일류 저명인사가 아니라고 해서 당신이 우리를 무시한 것이라면, 기억하십시오. 당신도 한때 젊은이로서 지금 우리와 같은 연배였으나,37 조언과 정치활동을 통해 그 같은 지위를 얻게 된 사실을 말입니다. 저에게도 그 같은 상황이 발생할 수 있는 것이지요. 이미 조언 분야에서는 성과를 거둔 바 있고, 운이 따른다면 실제 활동에서도 그럴 가능성이 있죠.

6. 그러면, 선의의 품앗이는 공정한 은덕을 베푸는 것이니, 당신이 그 은덕을 내게 베풀어 주십시오. 당신보다 생각이 더 짧은 이에게 휘둘리지 말고 꺾이지도 말고, 오히려 그들을 당신이 생각하는 쪽으로 끌어들이도록 하십시오. 당신이 그렇게만 행한다면, 당신에 대한 우리의 판단이 참된 것이 되므로 번복하지 않아도 되고, 또 에피티모스에게는 구원의 길이 열려서 위기를 모면할 수 있게 되겠습니

---

34 *beltistos.*
35 *dikaiotatos.*
36 *agathos.*
37 이 서신이 위작이 아니라면, 연령에 대한 언급에서 서신의 작성 시기는 기원전 355년경이고, 당시 데모스테네스는 30세 정도였던 것으로 추정할 수 있다.

다. 당신이 편한 때를 알려 주면 저도 거기로 가겠습니다. 제게 전갈을 보내 알려 주거나 친구로서 서신을 보내 주십시오. 행운이 함께하기를 빕니다.

서신 6. 아테나이 의회와 민회에 드리는 글

1. 데모스테네스가 의회와 민회에 인사드립니다. 안티필로스가 동맹국 위원들에게 보낸 편지가 도착했습니다. 좋은 소식을 고대하던 이들에게는 만족스러운 내용이나, 안티파트로스에게 아부하는 이들에게는 수용할 수 없는 많은 조항들을 담고 있어요. 후자들은 안티파트로스의 서면 전갈을 받았는데, 그것은 코린토스의 데이나르코스[38]에게 전달되었고, 펠로폰네소스의 모든 도시를 신들도 고개를 돌려 버릴 그 같은 말로 가득 매워 버렸어요. 2. 지금 저의 서신을 전하는 배달인과 함께 여러분에게 당도한 이는 폴레마이스토스가 자기 형제인 에피니코스[39]에게 보낸 사람입니다. 에피니코스는 여러분에게 호

---

38 데이나르코스는 변론가이며 아티카의 10명 변론가 가운데 제일 마지막 인물이다. 코린토스 출신으로 일찍부터 아테나이에 정착하여 산문작가로 활동했다. 친마케도니아 집단에 속했으나, 정적이던 데모스테네스의 변론술을 모방하고자 했으며, 크게 통달하지는 못했던 것으로 평가받는다. 변론문 3편이 남아 전해지는데, 모두 데모스테네스를 고발했던 하르팔로스와 관련한 사건이다. 데모스테네스의 이 서신에서 언급되는 데이나르코스는 당시 추방되어 고향인 코린토스에 거주하고 있었다.
39 폴레마이스토스는 라미아 부근 동맹국 진영에 있었고, 그 형제 에피니코스는 이 서신의 서두에 언급되는 동맹국 위원회에 동참하고 있었던 것으로 추정된다.

의적이고 저의 친구이기도 한데, 그가 다시 그이를 제게로 보냈어요. 제가 그의 이야기를 듣고 그를 여러분에게 보내는 것이 좋겠다고 생각했습니다. 전투에 직접 참여했던 이로부터 병영에서 있었던 사건 전모를 여러분이 정확히 알 수 있게 되고, 그러면 현재 상황에서 용기를 가질 수 있으며, 다른 사안 관련해서도, 신들의 가호로, 여러분이 소원하는 대로 풀리게 되리라는 기대를 가질 수 있도록 말이지요. 여러분의 행운을 빕니다.

부록

고대 아테나이의 법원(法源)과 법 실현의 주체*

1. 들어가며

메인1은 《고대법》에서 오래된 법일수록 형법이 민법보다 더 풍부하고 세밀하다고 정의한다. 그 예로 아테나이의 〈드라콘법〉이나 〈게르만법〉을 들었다. 다만 로마의 〈12표법〉에 나오는 민법만은 예외적이라고 한다. 메인에 따르면, 민법의 상당 부분은 신분법, 재산 및 상속법, 계약법 등으로 되어 있는데, 고대사회에 이와 같은 법이 적은 것은 친족집단이 중심이 되는 원시사회이기 때문이다. 모든 신분이 가부장권하에 종속되어 있으므로 신분 관련 소송이 나지 않으며, 재산이나 상속권도 친족 내에서 이전되므로 문제가 빈번하지 않았다고 한다. 계약법도 거의 없었다는 것이다.

메인은 그리스 고대사회의 민법과 형법의 개념을 구분하고, 그 형법은 대부분이 국가에 대한 것(*crime*)이 아니라 개인에 대한 것(*wrong* 혹은 *tort*)이라고 말한다. [2] 그러나 고대 그리스 법에서는 일정 범죄가 국가에

---

* 참조, 최자영, "고대 아테나이의 법원(法源)과 법 실현의 주체", 〈대구사학〉 94권 (2009), pp. 189~216 게재 ; 최자영, 《고대 그리스 법제사》, pp. 561~603.

1 H. Maine, *Ancient Law* (London, 1917), *passim*.

대한 것인가 개인에 대한 것인가의 구분이 선명하지 않고, 형법과 민법 자체의 구분이 불분명하다. 개인 및 가족과 관련된 사안이라도 반사회적 행위는 국가에 대한 범죄로 간주되었기 때문이다.

더구나, 예외적인 경우를 제외한다면, 폴리스 즉 도시국가의 존재 자체가 상당히 유동적이고 허약한 경우가 적지 않았다. 그래서 법과 정의를 실현하는 주체로서 국가기관뿐만 아니라 가문, 씨족, 부족, 각종 생활공동체 등이 있었다. 민법뿐만 아니라 오늘날 국가가 주관하는 형법이 고대에는 촌락 및 지역행정구역(demos), 각종 범주의 친족집단에서 자체적으로 실현될 수도 있다. 이런 경우에는 성문법 및 제정법이 아니라 불문법 및 관습에 근거하는 비중이 더 커진다고 하겠다. 분쟁은 쌍방 간 화해를 위한 사적 중재 및 임의로 선택한 재판관에 의해 해결되기도 했다. 그래도 해결이 안 되면 데모스(지역 단위)나 부족 단위나 폴리스의 재판소에서 해결되었다.

메인이 고대 형법의 예로 들고 있는 아테나이의 〈드라콘법〉은 만들어지자마자 곧 폐기되고 말았다. 솔론이 〈드라콘법〉 중에서 살인 관련 조문만 빼고는 다 없애 버렸다고 전하기 때문이다. 이것은 〈드라콘법〉과 같은 형법은 당시 아테나이 민중의 정서에 맞지 않았음을 뜻한다. 다핵적(多核的) 집단과 규범을 가진 고대사회에 획일적이고 강압적인 형법이 적용되기 어려웠음을 보여 주는 것이라고 하겠다.

또 메인3은 고대사회에 신분법이나 계약법 등에 관한 민법이 적은 것은 모든 신분이 가부장권하에 종속되어 있으므로 신분 관련 소송이 나지 않

---

2   메인(Ibid. , p. 226)은 개인에 대한 부정과 달리 국가에 대한 범죄(crime)와 관련된 원시법의 발달은 4단계를 거친다고 생각했다.

3   H. Maine, Ancient Law, p. 67ff.

으며, 또 재산이나 상속권도 친족 내에서 이전되므로 문제가 많지 않았으며, 계약법도 거의 없었기 때문이라고 보았다. 메인의 이런 견해와는 달리, 고대 그리스의 경우 친족 내부에서 재산을 둘러싼 상속 분쟁이 적지 않았으며, 가부장권을 넘어서서 이루어지는 계약을 둘러싼 분쟁도 마찬가지로 드물지 않았다.

이 글에서는, 고대 그리스 사회에 관하여, 메인이 논하는 형법과 민법의 구분이나, 가부장권의 영향으로 인해 계약이나 재산권 등을 둘러싼 민법 관련의 법이 덜 발달했다는 견해를 지양한다. 그 대신 법을 규정하고 실현하는 사회 범주가 다양하고 복합적이었으므로, 국가의 사회적 기능이 오늘에 비할 수 없이 축소되었다는 사실을 강조하려 한다. 형법과 민법의 구분이 불분명한 것도 궁극적으로 그러한 점과 무관하지 않다. 또 제정법이나 성문법보다는 관습 및 불문법이 훨씬 더 큰 비중을 차지하는 것도 구심점의 부재, 다핵화 사회라는 특성에 기인한다는 점을 논할 것이다.

2. 고대 그리스 폴리스의 법원

1) 폴리스 사회구조의 특징

폴리스의 '시민' 혹은 '민중'의 개념은 동양의 '백성'과는 다른 것이다. 동양사회(중국, 이집트, 메소포타미아 등)의 백성은 조직적 국가권력에 종속되어 국가사회의 규제를 받는다. 이는 관개(灌漑) 수리와 집약적 농업 등을 위해 집단노동력이 필요했기 때문이었고, 조직적 수세(收税) 제도의 발달을 가져왔다.

폴리스는 참주(僭主) 정치의 경우를 제외하고는 대개 시민단이 국가권력의 중심이 되고 관직은 시민들이 돌아가면서 무보수로 봉사하였다. 시민사회에서는 시민들의 모임에서 중요한 일을 결정하기 때문에 동방의 강력한 왕권 같은 것은 보기 어렵다. 또한 과거의 전제국가나 오늘날 중앙집권적 국민국가와 같이 조직적 수세제도 등이 발달하지 않아서 국가재정이란 개념도 희박했다.

물론 폴리스에도 왕이 있는 경우가 많았지만 이 왕은 시민들로부터 세금을 거둘 수 있는 권한이 없었다. 왕은 다른 여유 있는 시민과 마찬가지로 국가에 무급으로 봉사하였으며, 그 대신 봉사를 많이 하는 사람은 시민들로부터 최선자4로서의 명예를 얻었다. '최선자'는 동방의 전제왕권 하의 귀족처럼 농민들 위에 군림하여 수세하는 봉건 혹은 관료 귀족과는 성격이 다르다. 그리스 시민들의 눈에는 왕에게 꼬박꼬박 세금을 바치는 동방의 농민들이 왕의 노예처럼 보였다. 자유시민의 국가에서는 권력이 주로 왕에 의해서가 아니라 시민의 민회 혹은 시민 대표들이 모였던 의회에 의해서 행사되었다. 시민은 원칙적으로 사안에 따라서 필요한 기금을 갹출했을 뿐이다.

따라서 폴리스, 즉 도시국가는 오늘날 국가의 개념과는 다르다. 우선 폴리스에는 오늘날 같은 전문직으로서의 공무원, 경찰, 군대 등이 없었고, 필요에 따라 시민들이 공무, 재판, 국방 등 국가의 온갖 사무를 맡아보았다. 대개의 경우 봉사에 대한 보수도 국가에서 지급하는 것이 아니었

---

4 그리스사에서 흔히 '귀족'이라는 말을 쓰지만 이것은 오해의 소지가 많다. 로마에 비해 시민 공동체성이 비교적 강했고 전통적 관습이 지배했던 그리스에서는 정치·경제·사회적 특권계층으로서의 이른바 귀족은 발달되지 못하였다. 그들이 흔히 사용했던 'aristokratia' 정치체제와 'aristos'는 각각 귀족정과 귀족이 아니라 '최선자 정체(最善者 政體)', '최선자(最善者)' 혹은 '고귀한 자' 등으로 번역한다.

으므로 시민 자신의 경제적 능력이 뒷받침되어야 했고, 경제적·시간적 여유가 없는 사람들은 자연히 완전한 시민권을 가질 수 없었다. 즉, 국가에 대한 시민의 의무는 권리와 불가분의 관계에 있었다.

자유 및 권리에 관한 민법은 시민법의 중심을 이루었다. 국가 공권력 자체가 강하지 못하였으므로 폴리스에서는 이른바 공법보다 민법의 영역이 더 큰 비중을 차지하였다. 더구나 제정법 혹은 성문법으로서의 민법은 전통의 농업사회보다는 상업이 발전한 지역에서 더 발달하였다. 예를 들어 스파르타와 같은 폐쇄적 농업 중심의 나라보다는 아테나이, 코린토스 및 에게해 연안의 상업도시들에서 민법 관련 금석문이 다수 남아 있다. 스파르타는 사회 자체의 유동성이 크지 않았으므로 분쟁은 성문법보다는 흔히 관례와 구성원의 상식적 동의에 의해서 해결되었다고 할 수 있다. 민법 관련 문헌자료는 재판 사례가 많이 남아 전해지는 아테나이에 풍부하다.

2) 고대 그리스의 법원: 성문법과 불문법

고대 그리스 최초의 성문법은 〈드라콘법〉이며, 로마 최초의 성문법은 〈12표법〉인 것으로 알려져 있다. 그런데 이때 성문법은 오늘날 우리가 쓰는 성문법과 불문법의 개념을 그대로 적용할 수 없다. 성문법이 이른바 '일정한 입법기관이 미리 예정된 일정한 형식 절차에 따라 문서로서 제정·공시한 법규'라면 고대 그리스에는 그 같은 일정한 입법기관이나 형식 절차가 없다. 반면 불문법이란 사회 구성원 일반이나 법관 또는 법학자 등의 반복된 행위에 따라 의무감이 생기고 자발적으로 형성되는 관습법, 혹은 그 외 종교 규범, 조리 등을 광범하게 통칭하는 것이라고 규정한다면, 그런 불문법은 물론 고대 그리스에도 있었다.

고대 그리스에도 필요에 따라 대중으로부터 입법의 권위를 위임받은 사람이 발의하는 경우가 더러 있었다. 이런 경우는 오늘날의 성문법이나 불문법의 개념으로 정의하기 어렵다. 일정한 입법기관이나 일정 형식에 의한 성문법은 아니지만, 그렇다고 해서 딱히 전통 관습에 의해 반복된 관행이라고 하기도 어렵기 때문이다. 고대 그리스의 성문법이란 일정한 입법기관이나 일정 형식에 의해 제정된 것은 아니지만, 필요에 따라 만들어져 문자로 기록된 것이라고 할 수 있다. 그것은 민회 등의 가결에 의하거나, 민중의 동의하에 특정인에게 입법을 위임하는 경우 등이 있다. 예를 들어 스파르타의 〈리쿠르고스법〉과 아테나이의 〈드라콘법〉은 둘 다 제정법이라고 할 수 있지만, 전자는 '말(레트라 · rhetra)'로 전해 내려오기 때문에 불문법이고, 후자는 기록되었기 때문에 성문법에 들어간다.

고대 그리스에서는 성문법이 있는 경우에도 그보다는 불문법의 영향력이 더 크고 광범한 영향력을 미쳤다. 먼저, 폴리스 사이에는 물론 한 폴리스 내의 지역 간에도 관습이 같지 않은 경우가 많았으므로, 법이 획일적으로 적용되기가 쉽지 않았다. 고대 그리스 사회에서 체계적인 법이 부재한 것은 바로 이 같은 상황 때문이었다. 고대사회는 가문, 씨족, 지역 공동체, 부족, 폴리스 등의 다양한 사회적 범주가 다핵적 · 분권적으로 존재하였으므로 제정법보다는 각 사회집단의 고유한 관습의 역할이 더 컸다. 또 문자를 아는 사람보다 모르는 사람이 더 많은 사회에서는 특히 사람이 말하는 의견이나 증거가 더 큰 역할을 했다. 이는 기록의 재료가 흔하지 않았고 문자 교육 등이 보편화 · 일상화되지 않은 점에도 크게 기인한다. 사람들이 기억하고 인정하는 것이 곧 법이나 증거로서 효력을 가지므로 전통 관습이 영향력이 커지게 되는 것이다.

고대사회는 변화의 속도가 비교적 느렸으나, 수많은 독립국으로 나뉜 그리스는 지역마다 변화 속도도 달랐다. 예를 들어 아테나이는 땅이 척박하여 밀을 구하려고 일찍이 바다로 나가 무역을 했기 때문에 그렇지 않은 스파르타보다 사회 변화 속도가 더 빨랐다. 자연히 분쟁도 잦고 성문의 법규나 판례가 많이 만들어지게 되었다. 특히 기원전 4세기의 아테나이에서는 성문의 관련 법규가 없는 사안은 소송을 걸지 못하도록 하였다. 그러나 성문 법규가 발달한 아테나이에서도 같은 시기 불문법의 전통이 여전히 법 효력을 지니고 있었으며, "기록된 법과 기록되지 않은 법에 위배된다"[5]는 것으로 재판정에서 상대를 비난할 수 있었다.

성문법은 물론이고 불문법도 언제나 같은 것이 아니다. 그 가운데서도 자연에 따른 법은 어디서나 공통성을 지닐 수 있지만 개별법은 그렇지 않다. 다음의 예문들은 불문법의 의미를 서술한 것으로서 불문법 개념에서 약간 차이를 보이기도 한다.

법에는 개별법 (*idios*) 과 일반법 (*koinos*) 이 있다. 개별법이란 각 공동체가 만들어서 그 성원에게 적용하는 것인데, 여기에는 기록되지 않은 것 (*agraphos*) 과 기록된 것 (*gegrammenos*) 이 있다. 일반법은 자연 (*physis*) 에 따른 것이다.[6]

법은 개별적 (*idios*) 인 것과 일반적 (*koinos*) 인 것이 있다. 개별적이라 함은 적혀진 것에 따라 통치되는 것이고, 일반적이라 함은 적히지 않은 것으로 모두가 동의하는 것이라 하겠다.[7]

---

5   Demosthenes, 23. 70.
6   Aristoteles, *Rhetorike* (《수사학》), 1373b 4~6,
7   Aristoteles, *Rhetorike*, 1368b 7~9,

법은 두 가지로 나뉜다. 기록된 것과 기록되지 않은 것이다. 폴리스의 정치는 적혀진 것에 따른 것이고, 관습(ethos)에 따른 것은 기록되지 않은 것이라 불린다. 광장에서 나체로 다니지 않는 것이나 여자 외투를 두르지 않는 것 같은 것이다. 이것은 법으로 금지된 것은 아니지만 적히지 않은 법에 의해 금지되어 행해지지 않는다. 이렇게 법은 적혀진 것과 적히지 않은 것이 있다. 8

아레오파고스로 올라갈 때도 그들은 자신의 사악한 본능보다 전통에 의해 지배받으므로, 본성을 억제한다. … 우리 선조들은 이 (아레오파고스) 의회에 풍기 감독권을 주었다. 이 의회에 따르면, 법률이 상세히 명시된 국가에서 좋은 시민이 나온다고 믿는 사람은 진실을 그르치는 것이다. 만일 그것이 진실이라면, 성문법을 옮겨오는 것은 아주 쉬운데도 왜 모든 그리스의 나라들이 그 같은 것을 원용하지 않느냐는 점이 설명되지 않는다. 오히려 덕은 성문법이 아니라 일상의 습관에서 나오는 것이라고 이 의회는 생각한다. 많은 사람이 자신이 성장시켜 온 태도와 도덕을 간직하려 한다고 본다. 더구나, 자질구레한 법이 많은 곳은 바로 통치가 잘되지 않는다는 사실을 증명하는 것으로 간주한다. 범죄의 확산을 막으려면 법조문을 배가시키지 않을 수 없기 때문이다. 잘 통치되는 나라는 성문 법조문을 늘릴 필요 없이 정의의 정신을 간직하면 된다. 나라가 잘되는 것은 법에 의해서가 아니라 도덕에 의한 것이기 때문이다. 잘못 교육받은 사람은 법조문이 상세해도 그것을 지키지 않는 반면, 잘 교육받은 사람은 단순한 법조문도 존중한다. 9

---

8   Diogenes Laertios, 3. 86.
9   Isokrates, 7. 38~41.

그런데 성문법과 불문법은 서로 명확하게 구분되지 않는 경우도 있을 수 있다. 아테나이의 경우 전통의 법은 기원전 6세기 초 솔론의 것으로 간주된다. 그전에 드라콘에 의해 성문법이 제정되었으나, 솔론 때 살인 관련 법 조항을 제외하고는 〈드라콘법〉을 다 폐기했다고 전해지기 때문이다. 후대 아테나이인들은 〈솔론법〉을 정통성 있는 '선조의 법(patrios nomos)'으로 존중했다. 〈솔론법〉은 처음에 '키르베이스(삼각 면으로 된 기둥)' 같은 데 기록되었다고 한다. 중요한 것은 아테나이에서 후대에 만들어진 법도 선조의 법의 취지에 합당한 것이어야 한다는 원칙을 고수했다는 점이다.

기원전 411/410년 아테나이에서는 법을 재정비하여, 선조의 법, 즉 〈솔론법〉의 취지에 합당한 것만 남기고 다른 법은 폐기했다. 이때는 기원전 6세기 초의 솔론 당시보다 약 200년이나 지난 시기이며, 페르시아 전쟁 이후 델로스 동맹의 맹주가 된 아테나이 사회가 큰 변화를 겪고 난 다음이다. 이때 재정비된 〈솔론법〉은 전통의 〈드라콘법〉같이 법조문이 동일한 것도 있지만, 솔론의 입법 취지에 부합하는 후대의 법도 포함될 수 있었다. 따라서 솔론의 법은 구체적 법조문을 '키르베이스' 등에 기록했다는 점에서 성문법이라 할 수 있다. 선조의 법의 취지에 합치해야 한다는 원칙이 훗날 아테나이 폴리스가 사라질 때까지 영향을 주었다는 점에서 아테나이법은 불문법의 특징도 가진다고 할 수 있다.

3. 절차법에서 보이는 법 실현 주체로서의 개개 시민

1) 기소, 중재 및 재판의 주체

메인은 사인(私人)에 대한 부정(不正)과 달리 국가에 대한 범죄(*crime*)와 관련된 원시법의 발달은 4단계를 거친다고 생각하였다. 첫째, 국가가 개별 사안에 직접 개입하여 처벌하며, 기소장은 각각 형법 안이 되는 것이다. 두 번째는 사안마다 위원회를 만들어 조사 및 처벌권을 위임하는 것, 세 번째는 일정 범죄가 행해지는 것을 기회로 관련된 위원회를 정기적으로 두는 것, 네 번째는 영구적 법정이 서고 또 일정한 절차에 의해 일정한 계층으로부터 재판관이 선출되는 것이다.

그러나 그리스 폴리스의 재판관은 이런 메인의 고대사회 재판관 성립에 준하지 않는 점이 있다. 그 한 예로 메인이 형법의 예로 든 〈드라콘법〉을 들 수 있다. 현재 그 내용이 남아 전해지는 것으로 살인과 관련한 〈드라콘법〉은 오늘날 형법의 개념으로 이해하기 어려운 점이 있다. 드라콘의 살인 관련 법에서는 실수로 사람을 죽였을 때 쌍방이 화해할 수 있으며, 화해가 성립되지 않을 때는 살인자는 무조건 추방되며 화해가 될 때까지 돌아올 수 없다. 피살자의 근친이 없을 때는 더 광범위한 동족으로 형제단(프라트리아) 사람들이 화해의 주체가 된다. 이 같은 해결 방법은 오늘날의 형사가 아니라 오히려 민사에 가깝다.[10]

다음과 같은 플라톤의 말에서도 쌍방의 화해를 목적으로 하여 임의로 구성되는 중재 재판이나 부족 법정이 있었음을 보여 준다.

---

10 참조, 이 책의 부록 2.

피해방자유인은 그 재산이 해방인보다 더 많아지면, 더 많은 부분은 주인에게 넘겨야 한다. 피해방자유인으로 20년을 살지 못한 사람은, 아르콘과 주인의 허락을 얻지 못하면 모든 재산(ousia)을 가지고 떠난다. 피해방자유인이나 다른 이방인들(xenoi)도 같이, 3등급[11] 이상의 재산을 얻으면, 얻은 날로부터 30일 이전에 재산을 가지고 떠나며 거주권을 아르콘에게 요구하지 않는다. 만일 이를 어기면 벌을 받고 재산이 몰수된다. 이에 관한 재판은, 먼저 이웃이나 뽑힌 재판관들이 하고 서로 타협이 안 되면 부족 법정에서 한다. … 만일 누가 종(andrapodon)을 팔았는데, … 하자가 있을 때 쌍방이 동의한 임시 구성의 재판관들 앞에서 재판받는다.[12]

메인이 피력한 견해와는 달리, 국가권력이 발달된 오늘날 공권력이 개입하는 형사범의 개념을 고대 그리스에 그대로 적용하기는 어렵다. 당시 법 성격의 이해는 그 사회구조를 바르게 파악함으로써 가능한데, 가장 중요한 것은 국가권력 자체가 발달하지 못했다는 점이다. 그래서 사생활의 민법과 공권력 개입의 형법 사이를 구분하기보다는 그 어느 것이든 오히려 어떤 것이 정통성 있는 법이 될 수 있는지가 더 중요했다. 아테나이의 경우 어떤 행위가 위법인지 아닌지를 결정하는 것은, 몇 가지 예외를 제외하면, 일정한 입법기관이 아니었다. 그것 자체가 개인의 소(訴) 제기로 시작되어 시민들이 배심원(참심원)이 되는 재판소에서 결정된다.

---

11 재산을 기준으로 시민을 흔히 4등급으로 구분하여 국가에 대한 권리와 의무를 분담한다.
12 Platon, *Nomoi*, 915b f., 916b.

2) 아테나이의 '40인'

아테나이에는 법의 기소, 판결, 집행과 관련된 공적 권위의 관리로는 아르콘(장관) 이외에 11인, 5인의 검사(eisagogeis)[13] 40인 등이 있으며 이들은 의회(불레·boule)에서 선출한다. 그중 '40인'의 기능을 보면 무엇보다 소송당사자의 의지가 우선시되고, 당사자 간 타협이 되지 않을 때는 중재인의 중재에 넘겨지고, 그래도 안 되면 재판소에서 재판을 받게 된다.

40인은 각 부족에서 4인씩 추첨으로 뽑힌다. 원래 이들은 30인이었고 데모스별로 순회하면서 재판하였다. 그런데 30인 참주 이후 40인으로 증가되었다. 이들은 10드라크메까지 자체적으로 판결할 수 있었으며, 그 이상의 금액은 중재인들에게 넘긴다. 사건을 넘겨받은 중재인들이 원만하게 해결하지 못하면 판결이 필요하다. 만일 쌍방이 이에 만족하고 따르면 재판은 끝난다. 쌍방 중 한 편이 재판소로 상정하면 증인과 소송 내용

---

13 11인은 추첨하여 유치장을 돌보게 한다. 끌려온 도둑·인신예속범·강도들은 자백하면 사형에 처하고, 혐의가 짙으면 재판소로 넘긴다. 무죄가 인정되면 방면하고 그렇지 않으면 처형한다. 몰수된 토지와 집의 목록을 재판소로 넘기고 공공재산으로 판단되는 것은 경매상인에게 넘긴다. 이 같은 것은 11인이 기소하지만 법무장관이 기소할 때도 있다. 또 검사 5명이 추첨으로 뽑힌다. 이들은 1달 시한부처리 사건을 기소하는데, 두 부족(필레·phyle)에 한 사람씩이다. 약속된 지참금을 받지 못했을 때, 빚진 것을 돌려주지 않을 때, (원금 1므나에 대한 1달 이자) 1드라크메 이자(즉, 연리 12%)로 돈을 빌린 사람이 약속을 어길 때 대부금 반환 소송, 시장의 사업자금으로 돈을 빌린 사건 등에 관계한다. 또 폭력·친목계·회사·인신예속·노역가축·삼단선주직·은행 등에 관련된 것도 다룬다. 이들은 이 같은 사건을 기소하여 한 달 안에 판결한다. 그러나 사건을 접수한 자들은 세금청부업자들에 의해 제기되거나 혹은 그들을 비난하는 사건에서 10드라크메 한도까지 처벌 권한이 있으며, 그 이상의 처벌이 필요하면, 한 달 이내에 재판소로 넘긴다.

과 관련 법을, 원고와 피고의 것을 각각 따로 하여, 문서 상자에 넣고는 그것을 봉한다. 그리고 중재인의 의견을 서판에다 적어 첨부한다. 이렇게 한 것을 피고가 속한 부족의 사건을 관장하는 4명의 재판관들에게 넘긴다. 이들이 이것을 받아서 재판소에 넘기는데, 1천 드라크메 이내는 201명 재판관, 그 이상은 401명 재판관이 맡는다. 이때 중재인들이 이용한 후 문서 상자 속에 넣어 둔 것 이외의 법안이나 소송 내용이나 증거는 제시될 수 없다.

중재인은 60세(만 59세)가 되는 사람이어야 하며 각 부족별로 40인이 추첨으로 정한다. 이것은 (수석) 아르콘들과 (각 부족의) 명칭대표[14]의 이름을 통해 알 수 있다. 부족들의 명칭대표는 10명이며, 42개 연도 수에 속하는 연령층 사람(18세 성년 나이부터 60세까지 42년 동안 각 연령층에 속한 사람)이어야 한다. 에페보스(성년 남자) 등록은 과거에는 흰 판에다 적고, 거기다 등록될 당시의 아르콘과 그 전년도 중재인 명칭대표를 적는다. 그러나 지금은 청동 기둥에다 기록하고 기둥은 의회장 앞 명칭대표 목록이 있는 옆에 세운다. 40인은 명칭대표 가운데 제일 마지막 사람 아래 적힌 목록(이것은 60세가 되는 사람들이 적힌 난)을 보고 그들에게 중재 사건을 분배하며 각자가 중재할 사건을 추첨으로 정한다. 중재자는 각기 추첨을 통해 배당받은 사건을 중재해야 한다. 법에 따르면, 나이가 찼는데도 중재자로 봉사하지 않는 사람은 불명예를 당한다. 다만 그해에 관직

---

14 아테나이에 명칭대표(*eponymos*)는 두 가지 범주가 있다. 첫 번째는 도시국가의 10명 아르콘 가운데 각 1명인 수석 아르콘이 한 해를 대표하는 것이다. 두 번째는 42개 각 연령층 명칭대표 혹은 '추첨 명칭대표(*lixeon eponymoi*)'로 불린다. 이들은 해마다 누가 에페보스로 등록되어야 하는지 확인한다. 이들 중 한 명이 추첨으로 뽑혀 수석 명칭대표가 되어 군사원정 시 어느 세대의 군인들을 출정시킬지 등을 결정한다.

에 임하거나 해외에 있을 때는 예외인데, 이런 경우만 의무가 면제된다. 누가 중재자에 의해서 부당한 처우를 받으면 중재자 집단 앞으로 탄핵 (eisangellein)을 제기한다. 유죄로 인정된 사람은 불명예를 당하도록 법에 규정되어 있다. 이 경우 상소할 수 있다.

4. 범죄 규정과 관련된 '에이산겔리아(공소)' 재판

아테나이의 경우 재판 절차는 크게 세 가지로 나눌 수 있는데, 에이산겔리아(eisangelia), 그라페(graphe), 디케(dike)가 그것이다. 15 디케와 그라페의 차이는 오늘날 민사와 형사 소송의 차이와 동일한 것으로 보기는 어렵다. 앞에서도 언급했듯이, 당시에는 국가권력 자체가 사법 관련의 물리적 강제력을 행사할 만큼 강하지 못하여 공·사(公·私) 혹은 민사·형사 간의 구분 자체가 불분명했기 때문이다. 오히려 디케는 주로 사적인 관계에서 벌어지는 권리와 의무 관계에 관한 것, 그라페는 기존에 범법행위로 확립된 사안과 관련하여 제기하는 소송으로 볼 수 있다. 그러나 에이산겔리아는 특별한 경우를 제외하고는 주로 일정 행위에 대한 판결의 전례가 없거나, 피고 행위의 범죄 구성 요건 여부가 불명확한 경우에 관한 것이다.

이 같은 세 가지 재판 종류의 구분은 구체적으로 송사의 성격을 표현하는 용어에서도 나타난다. 'pros', 'kata', 'epi' 등이 그것이다. '프로스(pros)' 즉 '누구에 대하여'라는 것은 범죄 개념보다 상호 간 권리분쟁에 흔히 쓰인다. 이것은 권리분쟁의 양 당사자를 전제로 한 협의의 디케(訟事)

---

15 Lysias(16. 2)에 한 피고는 자신은 한 번도 수치스런 행위로 디케, 그라페, 에이산 겔리아 중 그 어느 것에도 걸려 본 적이 없다고 말한다.

개념과 밀접하다. 카타(kata)는 범죄요건 구성 혐의가 짙은 경우이다. 한편, 에피(epi)는 흔히 혐의를 받고 있으나 유무죄 여부가 불확실한 경우에 쓰이는 것이라고 필자는 생각한다. 즉, 이것은 주로 일정 행위의 범죄요건 구성 여부, 혹은 피고의 위법 사실 여부가 불명확할 때 쓰인다.

이와 관련된 재판에서 피고와 원고는 모두 개인이며, 판결의 주체는 재판관으로서의 민중이다. 특히 에이산겔리아와 관련된 재판에서는 참심 재판관으로서의 민중이 범죄 요건이 법규범 발견의 주체가 되는 것을 볼 수 있다. 하르포크라티온은 에이산겔리아에 관해 다음과 같이 적고 있다.

> 하르포크라티온, 에이산겔리아, 16 공적 재판을 말한다. 세 종류의 에이산겔리아가 있다.
>
> A. 첫 번째 종류의 에이산겔리아는 공적으로 크게 잘못한 혐의(epi demosios adikemasi megistos)가 있는 것으로 정상참작이 허용되지 않는 경우이다. 또 담당 관리가 규정되어 있지 않고 또 관리가 사건을 처리할 수 있는 법이 마련되어 있지 않은 경우로서 이러한 것은 의회(불레)나 민중에 의해 1차 판결이 이루어진다. 여기서 피고는 만일 유죄로 드러나면 큰 벌을 받지만, 원고는 피고가 무죄로 입증이 되어도 벌받지 않는다. 다만 원고가 5분의 1 지지표도 얻지 못하는 경우에는 1천 드라크메의 벌금을 문다. 지난날에는 이런 사람들은 더 크게 벌받았다.
>
> B. 다른 종류의 에이산겔리아는 (고아나 상속인 등에 관해) 부당한 짓을 한 혐의를 받는 사람들(epi tais kakosesin)에 대한 것이다. 이것은 관리에게 접수된다. 이때 원고는 5분의 1의 지지표를 얻지 못한다고 하더라도 벌받지 않는다.

---

16 참조, Suda, s. v. eisangelia, 222: *Lexik*

C. 또 다른 에이산겔리아는 중재인에 대한 것이다. 누군가 중재하는 가운
데 잘못을 범하면(*kata ton diaiteton*) 재판관들에게 에이산겔리아를 제
기할 수 있으며 죄 있는 사람을 처벌한다.

하르포크라티온이 구분한 에이산겔리아의 종류 중 A와 B에서는 'epi'
라는 표현이 쓰였고, C에서는 'kata'가 쓰였다. A는 '중대한 공적 범죄를
저질렀는가(*epi demosios adikemasi megistos* …)', B는 '악덕한 사람들인가
(*epi tais kakosesin*)'에 관한 것인 데 비해, C는 '중재인을 비난하여(*kata ton
diaiteton*)'로 표현되는 것이다.

그런데 'epi'로 표현되는 A와 B에서는, 위에서 소개했듯이, 피고의 유
죄 여부를 가리는 절차가 의회나 민회 혹은 관리들에 의해 먼저 이루어진
다고 되어 있다. 이때 피고는 무죄로 판단될 수도 있다. 그런데 의회나
민회에서 접수하는 A의 경우에는 만일 원고가 5분의 1의 지지표도 얻지
못하면 벌금을 물게 되어 있다. 그러나 관리에게 접수되는 B의 경우에는
원고가 5분의 1의 지지를 얻지 못해도 벌받지 않는다고 규정되어 있다.
또 재판소에서 재판이 이루어지는 C의 경우에는 원고가 5분의 1의 지지
도 얻지 못 하는 경우에 대한 염려가 나타나 있지 않다.

원고가 5분의 1의 지지표도 얻지 못하는 경우에 대한 규정이 있는 것으
로 보아, A와 B의 경우에는 아직 피고가 유죄인지 무죄인지 여부가 불확
실할 뿐만 아니라 원고가 오히려 부당하게 피고를 무고했다고 비난받을
가능성도 있다. 그리고 그런 규정이 아예 없는 C는 피고의 혐의 사항이
훨씬 더 짙은 경우가 아닌가 생각해 볼 수 있다. 재판소로 넘어오는 사건
은 의회나 민회 혹은 적어도 관리에 의한 유죄의 판결(*anakrisis*)이 있은
다음에야 가능하기 때문이다.

A와 B에는 원고가 주장하는 혐의사실에 대해 피고가 사실 자체를 부인

하거나 혹은 사실은 인정하되 그 유죄성을 완전히 부인하는 경우이다. 특히 후자의 경우에는 기정사실이 위법이라는 죄의식을 갖지 않는 경우이다. 이런 때에는 일정 사실의 위법 여부를 밝혀야 하므로 자연히 성문의 규정이 없는 새로운 사례가 될 수밖에 없다.

그러나 중재인에 관한 C의 경우는 이와 다르다. 피고와 원고는 어떤 행위가 위법이라는 것을 같이 인정하고 그것이 기존의 법에 비추어 용서받을 수 있는지 혹은 어느 정도로 벌을 받아야 하는지가 주로 문제가 된다. 해당 성문법 규정이 있고 또 쌍방이 어떤 기정사실을 대상으로 쟁송하는 것이라면 그 경우 어떤 행위의 범죄성 여부를 먼저 가려야 할 필요성이 적어지는 것이다.

A와 B에 사용된 'epi'는 C의 'kata'보다 더 중립적인 용어로 혐의사실이나 유죄성이 아직 명확하지 않은 경우, 즉 범죄 구성 여부를 조사하는 것이고, 'kata'가 쓰인 C는 범죄성이 짙다고 판단되는 경우이다.

관리의 범법 혐의에 대한 에이산겔리아 사건의 판결에서 의회가 피고에게 무죄 판결을 내릴 수도 있다는 사실은 《아테나이 정치제도》(45. 2)의 다음 구절에서 보인다.

의회는 많은 경우 관리들을 재판하며 특히 공금을 취급하는 관리를 판결한다. 그러나 의회(불레)의 판결은 최종적인 것이 아니고 사건은 민중재판소로 위임된다. 개인은 관리가 법을 어겼다고 생각하면 에이산겔리아를 제기할 수 있으며 의회가 '만일 혐의를 인정하면(ean … katagno)' … 민중재판소로 위임된다.

여기서 의회가 혐의를 인정하지 않으면 무죄로 풀려날 수도 있다는 말이다.

한 가지 참고로 덧붙이면, 법 용어에서 아직 범법자로 증명되지 않은 사람의 위법 여부를 가려내는 과정에 대해서는 'kata'보다 'peri(대하여)'가 쓰이는 것을 볼 수 있다.

… 관리들이 죄진 사람들을 벌하고 의심스러운 사람들에 대해서는(*peri ton amphisbetoumenon*) 재판을 한다. 17

의심스러운 사람들의 정당성 여부에 대해서(*peri ton dikaion tois amphisbetousin*) … 논의하고 재판한다. 18

그리고 이와 관련이 있는 것으로 의회에 제기된 에이산겔리아 사건은 이미 잘못된 행위로 인정된 경우와는 다르다는 것을 다음의 구절에서도 엿볼 수 있다.

잘못된 행위에 대해서는 민중재판소에서 판결하고, 에이산겔리아는 의회에 제기한다. 19

이상에서 'epi'는 일정 행위가 죄가 되는지, 아닌지 여부가 분명치 않은 경우와 관련된다. 'kata'는 어떤 정도로든 위법성이 확실하다고 판단되는 행위에 대해 그 정황과 처벌의 양을 정하는 것이다. 이소크라테스에게 보이는 것처럼 에이산겔리아와 그라페의 기소절차를 병행하는 경우는 한 사건이 범법성의 측면도 있고, 판단하기 어려운 부분도 함께 가진 경우다.

---

17 Isokrates, 7. 26,
18 Aristoteles, *Politika*, 1291a 39,
19 Isokrates, 15. 318,

5. 범죄사실 및 범죄자 적시 과정에서 보이는 자의성

사회적 범죄의 기소도 국가 등의 단체가 아니라 개인의 발의에 의해 이루어진다는 사실은 그리스 사회의 특징을 매우 잘 보여 준다. 따라서, 기소 주체와 상관없이 사건의 성격에 따라 송사가 개인적인 것인지, 사회적인 것인지가 구분된다고 하겠다.

'스켑시스(각종 납세 부담의 부당성 호소와 그 재조정 절차)'와 '안티도시스(재산교환소송)'는 개인과 국가 사이에 일어나는 것으로 당연히 공적 비중이 큰 송사라고 하겠다. 부모 학대나 후견인에 의한 고아 학대, 무남상속녀의 거취 문제 등은 가사(家事)이지만 각별한 공적 비중을 부여하여 사회적 범죄로 다룬다. 반면, 사적 분쟁은 상호 간 권리의 유무 혹은 그 많고 적음을 다투는 것으로 범죄와 무관하게 이루어질 수 있지만, 범죄의 차원으로 다루어지기도 한다. 이것은 사안의 성격에 달렸다기보다 기소하는 개인의 의지와 선택에 달려 있는 바가 크다고 하겠다.

아래에 소개하는 몇 가지 기소 절차는 개인적 혹은 사회적 성격을 막론하고 민사 쟁송이 아니라 이른바 형사범(*egklimatos*)에 대한 것이다.

1) 아파고게, 엔데익시스, 에페게시스

고대 그리스 송사(訟事)의 개인적 성격이 가장 잘 드러나는 것이 아파고게, 엔데익시스, 에페게시스 등 세 가지 기소절차다. 이 세 가지는 모두 피고에 대한 소환, 통보 절차 없이 바로 혐의자를 강제 구인, 체포, 혹은 담당 공직자에게 고지(告知)한다. 이 용어들은 특별한 절차와 관련될 뿐만 아니라 다른 상황에도 일반적으로 쓰일 수 있다. 그러나 여기서는 개인에 의한 구인이나 제보가 발단이 되어 나라의 관리가 사건을 처리하는 것을 다룬다.

《데모스테네스》20에서는 "도시를 배반하거나 민주정체를 해체하거나, 혹은 나라의 재산을 이용하는 사람이나 보증인이나 수세인이 세금을 나라에 납부하지 않는 경우를 제외하고는, 같은 세금을 내는 동일한 계층의 세 사람을 보증으로 앉힌 아테나이인을 절대로 구금하지 않겠다"는 맹세의 법 조문이 소개된다. 이 변론문의 화자는 이 맹세가 원래 의회에서 일하는 정치가와 변론가(synistamenoi hoi rhetores)들이 마음대로 시민을 구금하지 못하도록 솔론이 정한 법으로, 재판소에 적용되는 맹세가 아니라고 함으로써 상대의 주장에 응수한다. 그래서 아파고게와 엔데익시스를 통하여 개인이나 나라의 관리가 사람을 구금하는 것은 불법이 아니라는 것이다.

구인의 정당성에 대해 화자가 이런 주장을 펴는 것 자체가 어떤 경우에나 구인의 합법성이 문제가 될 수 있었음을 보여 주는 것이다. 일정한 범죄의 경우 구인 절차가 가능했다고 하더라도 위험부담이 적지 않았다. 특히 사적으로 구인하여 나라의 관리에게 인도하는 경우에 그 행위자는 나중에 행위의 정당성에 대해 5분의 1의 지지표를 얻지 못할 경우 1천 드라크메의 벌금을 물어야 한다.

아파고게와 엔데익시스(제보)는 서로 밀접하게 연관되어 있는 것으로 나타난다. 가끔 이 두 가지 절차가 나란히 언급된다.21 뿐만 아니라 《리시아스 변론집》의 〈아고라토스의 고발 행위를 비난하여〉는 아파고게를 다룬 것이다. 아고라토스는 비천한 출신으로 완전한 참정권을 갖지 못한 사람이었는데, 기원전 4세기 말 30인 참주정 시기에 희생당한 디오니소

---

20 Demosthenes, 24. 144~147.
21 Platon, *Apologia*, 32b; Andokides, 1. 91; Demosthenes, 20. 156, 24. 146, 58. 11; Hypereides, 3[*kata Athenogenous*]. 29; Aristoteles, *Athenaion Politeia*, 29. 4.

138

도로스의 죽음에 연루된 살해자로 아파고게의 절차로 기소되었다. 아파고게의 형식적 원고는 살해된 디오니소도로스의 형제 디오니시오스였다. 아파고게의 절차에 대한 변론문 원문 제목이 '엔데익시스(제보)'로 되어 있는 것은 이 두 개 절차가 별개로 분리하기 어려운 사정을 반영하는 것이라 하겠다.

변론문에는 "이 '아파고게'를 인정한 '11인 위원'(사건을 담당하는 주무자들)이 ⋯ 아주 적절하게도 아파고게 관련 서류를 가져온 디오니시오스에게 '현장범(*ep' autophoro*)'이라는 표현을 넣도록 조언했다"라는 표현이 나온다. 그리고 화자는 이때 현장범은 행동하는 순간의 현장범을 말하는 것이 아니라 주된 책임이 있는 사람을 뜻하는 것이라고 해석한다. 말하자면, 이해당사자가 혐의자를 구인하는 경우에도 담당 관리가 이것을 받아들이자면 그에 합당한 정보제공(엔데익시스)이 수반되어야 한다는 점에서 이 두 용어가 같은 사건에 대해 함께 쓰이고 있음을 알 수 있다. 다만 이때 관리가 아파고게를 수용하는 과정은 정식으로 이루어지는 담당 관리의 '예비판단(*anakrisis*)'보다 더 신속하게 약식으로 이루어지는 것이다. 그리고 그 구인에 대한 책임은 담당 관리가 아니라 구인한 개인에게 돌아간다. 만일 개인이 구인하지 않고 담당 관리에게 정보 제공만 하며 관리가 구인하는 경우라면 이것은 개인에 의한 무리한 구인(아파고게)의 형식을 빌리지 않는 것이 되므로 '엔데익시스(제보)'의 절차를 통한 것이라 할 수 있다.

2) 아파고게(강제구인)

아파고게22는 원고가 범죄자를 담당 관리 앞으로 강제구인해 와서 그를 구속하도록(*eis desmoterion*) 하는 것이다. 이런 행위는 사후 그 정당성에 대해 5분의 1의 지지표도 얻지 못하면 1천 드라크메의 벌금을 문다. **23** 아파고게는 주로 절도, 옷도둑, 인신예속범, 강도, 소매치기 등의 파렴치범(*kakourgoi*) **24**이나, 금지된 장소에 나타난 살인범, 그리고 부모학대죄나 군역기피죄로 일정한 장소에 출입이 금지된 사람이 금기를 어겼을 때 이루어졌다.

살인죄가 있어 출입이 금지된 장소에서 죄인을 발견한 경우 원고는 그 자리에서 죄인을 죽이거나 강제구인할 수 있으나 고문하거나 벌금을 강제할 수는 없다. **25** 강제구인의 경우 구인된 살인자가 유죄가 되면 사형에 처해지나, 그러지 않고 원고가 5분의 1의 지지표도 얻지 못하면 1천 드라크메의 벌금을 문다. **26** 반면, 부모학대죄나 군역기피죄로 금기된 장소에서 강제구인된 사람은 판결에 따라 마땅한 벌을 받고 벌금형을 받으면 그것을 낼 때까지 구금당한다. **27**

그 외에도, 《리시아스 변론집》에는 기원전 4세기 말 아테나이 30인 참주정 시기에 정치적 음모에 말려 살해된 사람의 형제가 살인혐의자를 강제구인한 예가 나온다. **28** 《데모스테네스》**29**에는 테오크리네스가 상거래

---

22 참조, Lysias, 10. 10; 13. 85~86; Antiphon, 5. 9; Andokides, 4. 18; Isokrates, 15. 90; Demosthenes, 23. 28; Aistoteles, *Athenaion Politeia*, 52. 1; Suda/ Hesichios, s. v. apagoge; Bekker, *Anecdota Graeca*, I, *Lexika Segueriana*, p. 200, 25ff. , p. 414, 19~22.

23 Demosthenes, 22. 26.

24 Aristoteles, *Athenaion Politeia*, 52. 1; Antiphon, 5. 9; Andokides, 4. 18; Lysias, 10. 10; Isokrates, 15. 90.

25 Demosthenes, 23. 28.

26 Demosthenes, 23. 80.

27 Demosthenes, 24. 105.

28 Lysias, 13. 85~86.

문제로 배를 가진 미콘을 '파시스'30로 기소했다가 예심(anakrisis)을 거친후 소송을 포기한 경우가 나온다. 테오크리네스같이 마땅한 근거도 없이다른 사람의 명예를 훼손하는 사람들(sykophantountes)은 1천 드라크메의벌금뿐만 아니라 아파고게나 엔데익시스의 대상이 된다.

3) 엔데익시스(摘示 · 제보)

엔데익시스는 개인이 혐의자를 강제구인하지 않고 바로 관리에게 고발·제보하는 것이다. 31 엔데익시스의 예로는 국가에 채무를 지고 있는 사실에 대한 제보가 있고, 32 또 안도키데스가 밀의를 흉내 낸 사건에 대한 고발이 있다. 33 살인사건 재판에 회부되어 추방 혹은 망명한 사람이 금지된장소에 나타났을 때 그에 대한 제보도 이루어진다. 또 위의 아파고게에서 소개한 것으로,《데모스테네스》34에 나오는 테오크리네스처럼 상거래 문제로 상대를 '파시스'로 기소했다가 소송 진행 중에 포기하면 명예훼손죄로 1천 드라크메의 벌금뿐만 아니라 아파고게나 엔데익시스의 대상이 된다.

---

29 Demosthenes, 58. 10~11.
30 공과 사를 두루 포함하여 위법에 대한 고발 절차다. 공적 범죄의 경우 재물과 관련된 것이 많으며, 고발은 주로 민회나 의회가 아니라 관리(아르콘) 앞으로 행해진다.
31 Lysias, 6. 15; Andokides, 1. 33; Demosthenes, 20. 156, 50. 49; Aristoteles, *Athenaion Politeia*, 63. 3; Polydeukes, 8. 50; Harpokration(Suda), s. v. *endeixis*.
32 Demosthenes, 25, 26, 58. 14.
33 Andokides, 1. 71. 참조, Lysias, 6. 9, 24.
34 Demosthenes, 58. 10~11.

한편, 《데모스테네스》35에서 인용된 법은 추방된 자가 금지된 장소에 있었음을 증명하는 사람은 (그 사람을 살해한 경우에도) 살인사건 재판에 회부되지 않는다고 한다. 이때 동사 '증명하다(endeiknymi)'란 살해의 정당성에 대한 정보를 제공한다는 의미를 갖는다. 여기서 '증명'을 하는 사람은 추방된 자가 금지된 장소에 나타난 사실을 담당 관리 앞에서 '증명'하기도 전에 이미 금기를 어긴 그 사람을 살해했음을 알 수 있다. 이 경우에는 살해사건이 일어난 다음에 살해의 정당한 근거로서 엔데익시스의 절차가 이루어지는 것이다.

데모스테네스의 한 변론문에서 화자 에피카레스는 국가에 대한 채무를 갚지 못하여 완전한 시민권을 행사하지 못하였으므로 상대를 직접 기소하지 못하고 엔데익시스의 절차로 국가 관리를 통해 기소하였다. 36

4) 에페게시스(현장 혹은 범인 적시)

에페게시스37는 관리를 범죄자가 있는 곳으로 직접 안내해 오는 것이다. 개인이 힘이 강하면 직접 범죄자를 구인(아파고게)하여 관리 앞으로 데리고 오지만, 이런 강제 행위는 나중에 5분의 1의 지지표도 얻지 못할 때는 1천 드라크메의 벌금을 물어야 한다. 힘이 약하여 겁날 때는 관리를 현장으로 데리고 가는 것이38 제보자 개인에게 돌아오는 위험부담이 강제구

---

35 Demosthenes, 23. 51.
36 Demosthenes, 58. 6.
37 Demosthenes, 20. 26, 26. 9; Polydeukes, 8. 50; Suda, s. v. *ephegesis*; Bekker, *Anecdota Graeca*, I, *Lexika Segueriana*, s. v. *ephegesis*, pp. 312, 31~313, 2.
38 Demosthenes, 22. 26.

인보다 적다고 볼 수 있다.

《리시아스 변론집》39에 나오는, 성(聖) 올리브나무 관련 사건은 에페게시스라는 말은 쓰이지 않지만 그런 절차와 관련되었을 가능성이 있다. 성올리브나무는 파내 버리지 못하게 되어 있었는데 파낸 것으로 혐의를 받는 화자가, 증인도 없이 그런 주장을 하는 원고에 대해, 그런 사건을 관장하는 9명 아르콘이나 또는 아레오파고스 의원들을 데려와서 현장을 보여 주었다면 다른 증인이 필요 없었을 것이라고 말하기 때문이다.

6. 소송 억제 장치로서의 벌금제도

그리스 사법의 특징은 소송의 남발을 방지하기 위해 원고가 5분의 1 지지 표도 얻지 못할 때는 벌금을 부과하는 규정이 흔하다는 것이다. 사적 소송의 경우에는 원고의 위험부담이 더 크다. 반면, 반역이나 반인륜 및 미풍양속 침해 등 공적 소송과 관련에서는 원고는 벌금을 내지 않고 소송을 제기할 수 있다.

또 사소(私訴)의 경우 벌금은 흔히 승소한 소송당사자가 가지게 되나 공적 범죄 관련 소송에서는 원고나 피고가 내는 벌금은 국가가 취하거나 혹은 국가와 원고가 나누어서 취하는 경우가 있다.

정해진 날까지 벌금을 내지 못하면 그것은 두 배로 증가한다. [40] 그리고 한꺼번에 다 납부하지 못하면 분납도 가능했다. [41]

---

39 Lysias, 7. 22.
40 Demosthenes, 25. 17, 58. 1.
41 Demosthenes, 25. 71.

1) 벌금이 국가로 들어가는 경우

하르포크라티온이 전하는 내용의 첫 번째 에이산겔리아는 큰 공적 범죄, 세금 미납, 그리고 성문의 법 규정에 없는 새로운 경우에 관한 것이다. 여기서 만일 피고가 1차 예심에서 무죄로 판정되고 또 원고가 (재판에서) 5분의 1의 지지표도 얻지 못하면 1천 드라크메의 벌금을 물게 된다. 《데모스테네스》의 다음 글에서도 원고가 내는 벌금 1천 드라크메는 공공기관으로 들어간다고 한다.

> 법에 의거하여 기소(graphe) 한 자가 기각되거나 혹은 재판정으로 넘어가 5분의 1의 지지표도 얻지 못하면, 1천 드라크메를 국가에 납부한다. [42]

> 기소하여 5분의 1 표도 얻지 못하면 1천 드라크메의 벌금을 납부한다. 기소가 되지 않을 때도 … 1천 드라크메를 납부한다. 이것은 아무도 가볍게 무고하지 못하도록 하고 또 공연히 사리를 추구하고 국가(polis) 를 해치는 일이 없도록 하기 위함이다. [43]

2) 국가와 승소한 원고가 벌금을 나누어 취하는 경우

〈솔론법〉[44]에 따르면, 산 사람이나 죽은 사람에 대해 욕하지 못하도록 한다. 산 사람에 대해서는 신전, 재판소, 관청, 경기감독관에 대해 욕하

---

42 Demosthenes, 21. 47
43 Demosthenes, 58. 6.
44 Plutarchos, *Solon*, 21. 1.

지 못하도록 하고 이를 어기면 5드라크메의 벌금을 부과하여 그중 3드라크메는 고발자에게, 2드라크메는 국고로 들어간다. 또 죽은 사람을 욕하여 그 아들이 들으면 벌금을 부과하는데, 욕을 한 사람은 관청에 500드라크메, 피해 당사자에게 300드라크메를 문다. **45** 축출소송(*dike exoules*)에서 다른 사람이 소유한 물건을 점유하여 방해할 때 유죄가 되면 두 배로 배상하고, 국가와 피해자 개인이 같이 배상금에 대한 권리를 갖는다. 노예를 자유인으로 한 후 노예 주인이라고 주장하는 자가 제기하는 소송에서 유죄가 되면 해당액의 두 배를 보상하여 국가와 피해자가 반씩 가져간다.

한편, 어떤 '부정한 방법'으로 아테나이 시민 여자와 사는 이방인 남자는 노예로 팔리고 그 재산은 몰수당하며, 수익의 3분의 1이 고발자에게 돌아간다. **46** 아테나이 시민 남자와 사는 이방인 여자도 같은 벌을 받고, 남자는 1천 드라크메의 벌금을 물어야 한다. 그리고 또 이방인 여자를 '자기 가속'인 것처럼 속이고 남에게 준 남자는 불명예(*atimia*)에 처해지고, 그 재산은 몰수당하며, 3분의 1이 고발자에게 돌아간다. **47**

《데모스테네스》에는 파시스**48**와 관련하여 원고가 승소하면 유죄 선고를 받은 피고의 몰수된 재산의 2분의 1을 받는다고 되어 있다. **49**

---

45 히페레이데스(F. 100)에 따르면, 죽은 자를 욕하면 1천 드라크메, 산 사람을 욕하면 500드라크메의 벌금을 부과한다.

46 Demosthenes, 59. 16.

47 Demosthenes, 59. 52.

48 세금 포탈 등 주로 금전 문제와 관련된 특별기소 절차.

49 Demosthenes, 58. 13. 참조, *Ibid*. 58. 6. "반면 사건이 기소되어 원고가 5분의 1 표도 얻지 못하면 1천 드라크메의 벌금을 문다. 기소가 되지 않을 때도 ⋯ 1천 드라크메를 문다."

3) 승소한 피고가 벌금을 취하는 경우

개인에 대한 소송의 경우, 기소하여 바로 기각되거나 혹은 재판소로 사건
이 넘어가서 원고가 5분의 1의 지지표도 얻지 못했을 때는 6분의 1 벌금
(에포벨리아) 을 물게 되는데 이것은 대개 승소한 피고에게 돌아간다. 다
음의 예문은 원고가 판결에 의한 손해배상액뿐만 아니라 6분의 1 벌금,
법정보증금(프리타네이아) 까지 모두 차지하는 것을 보여 준다.

> 나는 판결에 의해 그에게 빚진 돈을 갚았는데, 여러 증인들 앞에서 패소한
> 데 대해 1,100드라크메를 갚고, 그 6분의 1의 벌금으로 183드라크메 2오볼
> 로스, 그리고 재판 비용으로 30드라크메를 갚았습니다. 그래서 다른 벌금
> 은 아무것도 빚진 것이 없습니다. 그는 은행에서 나로부터 1,313드라크메
> 2오볼로스를 가져가 놓고 … . 50

4) 승소한 원고가 벌금을 취하는 경우

사자(死者) 의 직계비속(혹은 그렇다고 주장하는 사람) 이 사자의 재산을 장
악하려 할 때 방해를 받게 되면 진정 (*diamartyria*) 51을 한다. 이때 진정하
는 사람의 상대인 권리 주장자는 진정한 사람을 대상으로 위증소송(*dike
pseudomartyrion*) 을 낼 수 있다. 진정하려면 재산의 10분의 1에 해당되는
보증금(*parakatabole*) 을 걸어야 하며, 만일 진정한 사람이 상대가 건 위증
소송에서 지면 이 돈은 상실한다.

---

50 Demosthenes, 47. 64.
51 자신이 적법한 상속인이라 타인과 법정이 재산에 관여할 수 없다고 주장하는 것이다.

5) 원고가 패소했을 때도 벌금이 없는 경우

다른 남녀 존속은 물론 부모는 늙어 자식에게 부양받을 권한을 지닌다. 어기면 '조상에 대한 불경혐의(graphe goneon kakoseos)로 (공소) 고발' 당한다. 여기에는 육체적 폭력이나 사후 제사를 소홀히 한 것까지 다 들어간다. 당사자가 노인인 경우나 사후 제사와 관련해서는 제3자도 (공소) 고발할 수 있다. 이 소송에서는 수석 아르콘이 사건의 유무죄를 조사(anakrisis) 한다. 원고는 소송을 도중에 철회하거나 5분의 1 지지표를 얻지 못하는 경우에도 벌금이 없다.[52] 더구나 물시계에 준한 변론 시간 제한도 없다.

하르포크라티온이 전하는 두 번째(B) 에이산겔리아의 경우 사건은 (고아나 상속인 등에 관한) 부당행위에 대한 것으로 아르콘에게 제소된다. 이런 사건에서는 원고가 5분의 1의 지지표를 얻지 못한다 하더라도 처벌받지 않는다.

7. 나오며

고대 그리스 폴리스에서는 국가의 기능이 오늘날과 비교할 수 없을 정도로 약했고, 촌락, 가문, 씨족, 부족 등의 집단을 중심으로 행정 및 사법 기능이 분산되어 있었다. 그런 사회에서는 형법과 민법 간의 구분, 혹은 국가에 대한 범죄(crime)와 개인 간의 잘못(wrong, tort) 간의 구분이 불분명할 뿐만 아니라, 법의 규정이나 실현의 주체도 다핵적이다. 제정법, 혹은 성문법보다는 관습 및 불문법이 훨씬 더 큰 비중을 차지하는 것도 구

---

52 Aristoteles, *Athenaion Politeia*, 56. 6.

심점의 부재, 다핵화 사회라는 점에 기인한다고 하겠다.

고대 그리스 사회 최초의 성문법이 〈드라콘법〉이라고 하는 것은 그리스 사회 자체가 성문법 중심의 사회라는 뜻이 아니다. 그것은 불문법 혹은 관습법을 기반으로 하되 일정 시기, 일정 지역, 어떤 필요에 의해 민의를 모아 성문법을 제정하기도 했다는 말이다. 그리고 그 성문법이 제정된 경우에도, 〈드라콘법〉이 그대로 시행되지 않고 폐기된 사실에서 알 수 있듯이, 보편적 정서에 의해 수용되지 못할 때는 폐기되기도 한다. 반면, 살인 관련 법조문만 제외하고 모든 〈드라콘법〉을 폐기했던 솔론의 법은 '선조의 법'으로서 존중되었으며, 그 후 약 250년간 아테나이에서 제정된 모든 법은 솔론의 법으로 불렸다. 솔론의 법은 구체적인 법제 내용을 넘어 법의 정당성을 제공하는 원리로서의 기능을 가짐으로써 중의(衆意), 관습 및 불문법이 작동할 수 있는 여지를 가진 것이었다.

여기서 고대 그리스 사회에서 불문법과 관습법 혹은 성문법 등의 구분보다 더 중요한 것은 법의 발견 혹은 판결 및 시행의 주체가 누구인가, 즉 행정 당국 혹은 사법적 국가기구인가, 민중의 판단인가를 가리는 것임을 알 수 있다. 국가 행정 당국의 기능 자체가 약했으므로, 소송의 제기나 기소에서 국가의 역할은 약했다. 공적 사안이든 사적인 것이든 기소는 물론 구금 과정도 개인의 발의가 중심이 되었다. 더구나 대부분 사안들이 관습에 의해 이해당사자들에 의해 조정되고 해결되었으며, 그렇지 못한 경우 재판관이나 폴리스의 행정 및 사법 주체가 개입하더라도 재판은 민중의 판단이 중심이 되었다.

아테나이의 경우 민회 등에서 가결된 성문법이 있었으나 그 법이 구체적으로 적용되는 단계에는 민중에 의한 참심 재판이 진행되었다. 벌금이나 몰수된 재산의 많은 부분이 국가 집단이 아니라 승소자에 돌아간 사례는 국가 역할이 축소된 사실을 단적으로 보여 준다. 기소 난무에 따른 혼란을 막기 위한 방편으로 기소자의 책임을 물어 벌금을 부과한다는 사실도 같은 맥락에서 이해할 수 있다.

흔히 정치제도와 관련하여 그리스의 폴리스에서 시행된 직접민주정은 그 영토 및 국가 규모의 협소함 때문이라고 생각하는 경우가 있으나 그것은 바른 이해가 아니다. 첫째, 아테나이의 정치뿐만 아니라 사법제도에서 볼 수 있듯이, 분쟁 사안의 해결을 당사자가 직접 협상을 통해서 하고, 그렇지 못한 경우에는 중재인을 세우고, 또 다른 경우에는 일반인의 중의를 모아서 판정한다는 것은 국가 규모의 대소와 아무런 상관이 없으며, 그보다는 원리의 문제로 귀결되기 때문이다. 둘째, 그리스 사회의 관습법은 민주정치나 과두정치 제도와 무관하게 유효했다. 예를 들어, 성문법이 존재한 아테나이 사회는 물론 그런 것이 없이 전통적인 '말(레트라)'을 기준으로 질서를 유지했던 스파르타는 과두적 성격이 혼재한 사회로 알려져 있다. 관습법이 주를 이루는 스파르타의 과두정이란 독재적 과두정이나 전제정과는 다른 것이다.

고대 그리스에서 볼 수 있는 민주정치와 과두정치 등 여러 정치제도의 실태, 그리고 성문법 혹은 불문법을 막론하고 민중이 그 판단과 결정의 주체가 되는 사법제도는 폴리스 규모의 문제와 무관하게 국가조직이 관료화되지 않았음을 뜻하며 배타적 일부 정치가의 독점물이 아니었음을 뜻한다. 이런 주체 설정의 차이는 단순한 자유와 민주 이념에 의한 것이 아니라 당시 그리스 폴리스의 민중 혹은 시민들 개개인이 방어와 무력행사의 주체로 존재하고 군대 혹은 경찰 등 국가의 무력조직이 존재하지 않았던 것과 밀접한 연관이 있다. 나아가 이런 사회체제하에 있었던 그리스 민중은 정치적 권력의 행사는 물론 사법적 판단의 주체로 존재하면서, 다소간에 동양의 전제적·봉건적 권력에 구애받고 거기서 파생되는 국가의 종속적 가치관을 가진 사회의 민중과는 반대편에 있었다고 볼 수 있다.

〈드라콘법〉에 보이는 비고의 살인사건 재판, 비자발적인 것과 계기조성*

1. 들어가며

아리스토텔레스의 《아테나이 정치제도》(LVII, 3)에 따르면 계획적 살인 사건이나 계획적 상해 관련 사건은 아레오파고스에서 재판한다. 반면 비 자발적 살인 관련 사건은 팔라디온에서, 정당방위 살인은 델피니온에서 에페타이 재판관들이 재판했는데, 그 내용은 다음과 같다.

모든 살인재판도 바실레우스(왕)에게 접수된다. 그리고 전통 제식 등에 참 가 금지를 선언하는 것도 바실레우스다. 고의로(*ek pronoias*) 죽이거나 상해 하면(즉, 그런 혐의가 있으면) 아레오파고스에서 살인과 상해재판이 있고, 만일 무엇을 건네주어서 누가 죽으면(즉 그런 혐의가 있으면) 약물재판이 있 고 또 '불에 타는 것〔그래서 죽는 경우〕'의 재판이 있다. 이 같은 문제는 〔아 레오파고스〕 의회만이 재판한다. 반면 누군가 비고의적인 것(*akousioi*) 혹은 '살해 의도는 없었으나 살인의 계기를 만든 것(*bouleusis*)', 그리고 가속(家

---

* 참조, 최자영, "고대 아테네 살인사건의 재판: 비고의(*akousios*)와 계기조성 (*bouleusis*)", 〈역사와 경계〉 52권(2004. 9), 251~271에 게재.

屬・oiketes)・거류외인・외국인을 죽인다면 팔라디온에서 재판한다. 만일 누가 살인사실을 인정하지만 그것이 합법적이었다고 주장한 경우, 예를 들면 간음 현장을 잡은 것, 전쟁이나 운동경기에서 싸우거나 하는 것은 델피니 온에서 재판한다.[1]

이 사료에 근거해 사가들은 흔히 아레오파고스에서는 계획적 살인사건을, 팔라디온에서는 비자발적 살인사건을 재판하는 것이라고 말해왔다. 그러나 이런 견해는 살인이 계획적이었는지 아닌지에 관해 소송 쌍방이 의견이 다를 때에 관한 문제의식을 갖고 있지 못하다. 이 같은 경우 재판은 사건이 계획적이었는지 아닌지 하는 문제를 둘러싸고 벌어지게 될 것이다. 그래서 아레오파고스에서는 계획적 살인사건을 재판한다고 하기보다 계획적인지 아닌지를 가리기 위해 재판이 벌어진다고 함이 타당하다.[2]

이 같은 문제는 비자발적 살인사건의 경우에도 적용된다. 위의 예문에서는 팔라디온 재판소에서 비자발적인 것 혹은 '계기가 된 것(bouleusis)'에 관한 것을 재판한다고 되어 있다. 이 경우에는 소송 쌍방이 적어도 살인이 계획적이 아니라는 데 동의한다. 그런데 살인이 비자발적이라고 하더라도 살인자가 언제나 무죄가 된다고 할 수는 없으므로, 유무죄를 가리는 재판이 이루어지게 될 것이다. 그런데 '계기를 만든 것'이 어떤 것인지가 명확하지 않아 여러 가지 논의가 이루어져 왔다.

이 문제에 중요한 단서가 되는 것이 현재 남아 전해지는 〈드라콘법〉이다.[3] 살인사건에 관한 법 내용은 다음과 같다.

1   M. Gagarin, *Drakon and early Athenian homicide law* (New Haven/London : Yale University Press, 1981), p. 3 ff.
2   참조, 최자영, 《고대 아테네 정치제도사: 아레오파고스와 민주정치》, p. 243 이하.

누가 사람을 계획에 없이 죽였다 하더라도 피의자4가 된다. 바실레우스가 유죄살인(*phonos*)의 근거 혹은 … (16~17자) 5 … 혹은 '계기가 된 사람 (*bouleusanta*)'에 대해 재판하고 에페타이가 판결한다.

---

3   *IG*, I³, 104, l. 11ff(*IG*, I², 115). 이 법은 411/10년 과두파가 수개월 집권한 데 이어 아테나이에 민주정이 부활한 다음 전통의 법을 재정비하는 과정에서 409/8년 금석문으로 기록된 것이다. 내용은 비계획적 살인에 관한 것인데, 돌이 심하게 마모되어 전문을 알 수 없으나 그 대체는 《데모스테네스》(XLⅢ, 57 등)에 나오는 유사한 문구를 통해 보완했다. 법의 서문에는 'phonos'에 관한 〈드라콘법〉을 의회 (*boule*) 서기의 도움으로 바실레우스로부터 받아 돌에 기록한다고 되어 있다.

4   *IG*, I³, 104 [= I (2ⁿᵈ ed.) 115] 'pheugen(*pheugein*)'은 보통 추방되는 것으로 풀이된다(cf. G. Busolt, H. Swoboda, *Griechische Staatskun*(München, 1920/26) p. 811, n. 1 [=p. 813]; J. H. Vince, *Demosthenes* [Loeb Classical Library, Cambridge Mass; Cambridge University Press, 1935], Ⅲ, p. 249; D. M. MacDowell, *Athenian Homicide Law*(Manchester: Manchester University Press, 1963), pp. 73, 119 ; M. Gagarin, *Drakon and early Athenian Homicide Law*, p. xvi, 104).

부솔트(G. Busolt)는 이 문장을 "만일 사건이 고의가 아니라면, 피고는 추방된다. 그런 다음 바실레우스(왕)가 사건을 예심(*dikazen*)하고 에페타이가 판결(*diagnonai*)을 하여, 이들이 비고의에 의한 것으로 인정하고 피해자의 친척이 용서를 할 경우 피고는 돌아올 수 있다"로 해석한다. 그러나 필자는 이 문장의 'pheugen'을 '추방된다'가 아니고 '피고가 된다'라는 뜻으로 해석한다. 그래서 Busolt의 해석과는 달리 피고는 재판받기 전에 아직 추방당하지 않으므로 재판한 후 피해자 쪽과 화해가 되면 '다시 돌아오는' 그런 순서로 일이 진행되는 것이 아니다. 추방은 재판을 통해 '비자발적 (유죄) 살인(*akousios phonos*)'의 혐의에서 유죄로 선고받은 후에 이루어진다(cf. Demostenes, 23. 71~72). 'pheugein'을 '피고가 되다'로 해석하는 것에 대해서는, cf. 최자영, "아티모이(atimoi)와 페우곤테스 (pheugontes)", 〈대구사학〉 45권, 1993, pp. 127~138: eadem, "Pheugontes in Andokides I, 80 and 107," *Dodone* 21, 1992, pp. 35~46.

5   *IG*, I², 115에는 16자, *IG*, I³, 104에는 17자. 아래 그리스어를 라틴어로 대필할 때 밑줄이 그어진 경우는 라틴어 2자(字)가 그리스어 1자임을 뜻한다.

〔l. 11〕kai eam me ʹk 〔p〕ronoi〔a〕s 〔k〕t〔enai tis tina, pheug〕e〔n, d〕i

〔l. 12〕kazen de tos basileas aitio〔n〕 phon〔o〕 e ⋯ 16~17자 ⋯ e 〔b〕oul

〔l. 13〕eusantaʹ tos de ephetas diagn〔o〕n〔a〕i.

이 법은 계획 없이 사람을 죽인 경우에 일어나는 재판에 관한 것이다. 이것은 소송 쌍방이 살인이 비계획적이라는 데 동의하는 경우다. 이때 재판은 어떤 문제를 둘러싸고 일어날 수 있냐는 것이 바로 마모되어 보이지 않는 17자의 내용과 연관이 있다. 바실레우스가 재판한 내용이 바로 그것이기 때문이다. 그리고 이것은 《아테나이 정치제도》의 위 예문에서 팔라디온에서는 '비자발적인 것과 계기(bouleusis)가 된 것'을 재판한다는 내용과도 무관하지 않다. 여기서는 이 두 가지 사료를 바탕으로 비계획적 살인에 관한 재판 내용과 함께 위 예문에 누락된 16~17자를 복원해 보려 한다.

2. 〈드라콘법〉 12번째 줄 복원 시도의 예들

〈드라콘법〉 12번째 줄의 빈 곳을 복원하려는 시도는 여러 가지로 이루어졌다. 그 예는 다음과 같다.

① IG, I², 115

ait〔i〕o〔n〕 pho〔no〕 e 〔ean tis aitiatai hos bou〕l / eusanta

② H. J. Wolff [6]

aition phonou 〔e ton autocheira e ton〕 bouleusanta,

---

6   H. J. Wolff, "The Origin of Judicial Litigation among the Greeks", *Traditio* 4 (1946), pp. 71~73.

③ Ruschenbusch [7]

aition phnou ei〔nai e cheiri kteinanta e bou〕leusanta,

④ R. S. Stroud [8]

aition phnou e〔ite ton autocheira eit〕e 〔b〕ouleusanta,

⑤ M. Gagarin [9]

aition phonou ei〔nai ton ergasamenon〕 e bouleusanta

⑥ L. lange [10]

aitio〔n〕 pho〔nou〕 e〔nechesthai de ton phonon bouleusanta

또 Köhler는 'bouleusanta' 대신 'basileusanta'로 대치하였다.

⑦ Köhler [11]

aitio〔n〕 pho〔nou〕 e 〔bouleuseos ton aei basi〕leusanta.

필자는 이와 같은 다양한 복원들이 뚜렷한 이론적 뒷받침이 없다고 생
각한다. 이 문제를 체계적으로 해결하려면 먼저 소송 쌍방이 살인이 비계

---

7   E. Ruschenbusch, *Solonos Nomoi. Die Fragmente des solonischen Geset-*
zeswerkes mit einer Test und Überlieferungsgeschichte. Historia. Einzelschrift,
Heft, 9 (Wiesbaden, 1966), F. 5a.

8   R. S. Stroud, *Drakons Law on Homicide* (Berkeley: University of California,
1968), p. 47.

9   M. Gagarin, *Dradon and early Athenian Homicide Law,* p. 39.

10   L. Lange, "Die Ephenten und der Areopago vor Solon", *Abhandlungen der*
königlichen Sächsischen Gesellschaft der Wissenschaften, philologische-
historischen Classe, XVII (Leipzig, 1874), p. 229.

11   cf. Passow, *De Crimine Bouleuseos* (Disertatio in Academia Georgia Augusta:
Göttingae, 1886), p. 35 ; L. Lange, "Die Ephenten und der Areopago vor
Solon", p. 227에서 재인용.

획적이었다는 데 동의하는 경우에는 어떤 문제가 쟁점이 되는지가 중요한 단서가 될 수 있다. 바실레우스와 에페타이가 하는 판결은 어떻게 내려질까? 당연한 것은 유죄와 무죄를 가리는 것이 될 것이다. 12

위 12번째 줄에 없어진 16~17자 양편에 'e'가 있는데 이것은 '혹은'으로 해석할 수 있다. 그리고 이것을 단서로 하여 그 앞에 적힌 '(유죄) 살인 책임 (aition phonou)' 혹은 '무엇' 해서, 이 '무엇'이 앞의 '(유죄) 살인 책임'과 대조적으로 무죄 개념을 표현하는 것이어야 한다고 필자는 생각한다. 13 같은 식으로 그 끝에 있는 'bouleusanta' 앞에도 'e(혹은)'가 있으므로 그 앞에는 'bouleusanta'와 대조적 개념이 들어가면 되지 않을까 추측한다. 14 그 둘 중 어느 것이 유죄 혹은 무죄를 표현하는 것이 되겠다.

비계획적 살인사건에는 어떤 것이 쟁점이 될까? 마쉬케(R. Maschke)에 따르면 '고의가(혹은 계획적이) 아닌' 것에는 두 가지 경우가 있다. '(순간적이라 하더라도) 살해가 의도적이었으나 계획적이지 않은 경우', 그리고 '전혀 죽일 의도가 없었던 경우(akon)'가 그것이다. 15

---

12 참고. 폴리데우케스(8. 125)에 따르면, 드라콘 이전에는 바실레우스(왕)이 비고의 살인에 대한 조사권을 가지고 있었는데 드라콘이 바실레우스에게서 에페테스에게로 재판권을 넘겼다고 한다. 다만, 《아테나이 정치제도》(LVII, 3)와 〈드라콘법〉 등에 따르면, 바실레우스(왕)는 예심을 하여 재판소의 종류를 정하고 그 후 사건의 종류에 따라 비계획적 사건의 경우에는 에페타이가 판결한 것으로 보인다.
13 'phno' 다음에 '혹은(e)'으로 복원한 학자는 IG, I², 115; Wolff; Köhler이다. cf. 이 글 바로 앞 설명 참조.
14 'bouleusanta' 앞에 있는 글자를 '혹은(e)'로 복원한 사람은 Ruschenbusch와 Gagarin이다. cf. 이 글 바로 앞 설명 참조.
15 R. Maschke, Die Willenslehre im griechschen Recht (Berlin, 1926), pp. 42~53; R. S. Stroud, Drakon's Law on Homicide, pp. 40~41; M. Gagarin, Drakon and early Athenian Homicide Law, p. 31ff.

그런데 필자는 여기서 이 같은 사건의 성격 규정은 미리 하는 것이 아니라는 점을 중요하게 생각한다. 소송 쌍방이 이런 문제에 대해 동의하면 문제가 적어지지만, 그렇지 않은 경우에는 그런 문제 자체를 판가름해야 하겠다. 말하자면, 살인이 비계획적이었다는 데 쌍방이 합의한다고 해도 살해하는 순간에 분명히 죽이려는 의도를 가졌는지, 그 정도는 아니고 그냥 화나서 두들겨 팼는데 결과적으로 죽었는지 의견이 다를 수 있다.

여기서 필자는 소송 쌍방이 비계획적 살인사건이었음에 동의하는 경우에는 두 가지 종류의 판결이 있을 수 있다고 가정한다. 하나는 비계획적인 살인이 일어났다는 사실을 쌍방이 동의하지만, 원고는 피고가 살인죄 (*akousios phonos*)가 있다고 주장하는 반면 피고는 (피치 못하게 죽이게 되었지만) 죄가 없다고 주장하는 경우(무죄)이다.

다른 하나는 원고는 피고가 사람을 (비계획적이긴 하지만) '죽였으므로 (*anthropoktonos* 혹은 *autocheir*)' 유죄 혹은 다소간에 책임이 있다고 주장하지만, 피고 자신은 죽인 사실 자체가 없으므로 무죄라고 주장하는 것이다. 예를 들어 피고는 구타했을 뿐이므로 그때 난 상처로 인해 나중에 사람이 죽었다고 해도 그 자신이 살인한 것은 아니라는 것이다. 더구나 운동경기 도중처럼 죽이려는 의사가 없었는데 결과적으로 사람이 죽게 된 것 등 몇 가지 특수한 경우는 무혐의 처리하도록 아예 법안에 명시해 놓았다.[16]

어떤 살인사건을 두고 자발적(*hekon*)인가 비자발적(*akon*)인가, 즉 순간적이더라도 살해 의도를 가지고 있었는지 없었는지를 구분하는 것은

---

16 cf. Demosthenes, 23. 53. 법에는 아내, 누이, 딸, 자유인 자식을 낳은 정부 등을 범하는 자를 죽이면 죄가 없다고 되어 있다. 그러나 이런 경우에도 피해자 쪽에서 살해자가 우연이 아니라 계획적으로 그런 상황을 포착했다고 주장하면 고의살해혐의로 재판받게 된다(cf. Lysias, 1).

쉬운 일이 아니다. 그래서 화가 나서 저지르는 살인과 관련하여 플라톤은 자발과 비자발을 구분하기보다 미리 계획했는지 안 했는지에 따라 구분하는 것이 더 용이하다고 말했다.

누가 자유인을 살해할 때(*autocheir*) 화(*thymos*)로 인한 것은 두 가지가 있다. 하나는 화가 나서 죽이되 갑자기 그리고 죽이려는 마음 없이(*aprobouleutos tou apokteinai*) 상처에 의하거나 혹은 그와 같은 즉흥적 공격으로 사람을 해치는 것이다. 그런 뒤에 곧 뉘우치는 것이다. 다른 하나는 욕을 얻어먹거나 창피를 당한 사람이 앙심을 먹고 누구를 죽이려는 마음으로(*tina boulethentes kteinai*) 나중에 죽이는 것이다. 이렇게 유죄살인(*phonos*)은 두 가지가 있으며, 이는 다 화 때문으로 자발적(*hekousios*)인 것과 비자발적(*akousios*)인 것의 중간이라고 말함이 옳다.

그렇지만 이 두 경우는 각각 자발적인 것이나 비자발적인 것에 가까운 정도가 다르다. 화를 참았다가 즉석에서 갑자기가 아니라 마음먹고(*meta epiboules*) 나중에 보복하는 것은 자발적인 것에 가깝고, 화를 못 참고 즉석에서 예정 없이 바로 행동하는 것은 비자발에 가깝다. 이것은 완전히 비자발적인 것은 아니지만, 그에 가깝다. 그래서 화 때문에 일어난 유죄살인(*phonoi*)은 자발적인지 혹은 비자발적인지 법적으로 규정하기가 곤란하다. 가장 좋고 참된 방법은 두 가지 모두 유사성이 있는 것으로 하되, 미리 예정했나(*epiboule*) 예정이 없었나(*aproboulia*)에 따라 구분하는 것이다. 예정하여 분노(*orge*)로 죽인 사람들(*kteinasi*)에게는 벌이 더 무겁고, 예정 없이 갑자기 한 것은 벌을 더 가볍게 한다.[17]

---

17 Platon, *Nomoi*, 866d ff.

3. 비자발적 유죄살인(*akousios phonos*)과
비자발적 무죄살인(*akon*)

〈드라콘법〉에서 다루는 살인사건의 종류와 관련하여 그 첫머리에 있는 'kai'라는 단어의 의미에 대해 여러 가지 추측이 난무하다. 일부에서는 이 'kai'를 '그리고'라고 해석하면서, 원래 이 법의 첫머리에는 고의 살인에 관한 것이 규정되어 있었을 것이라고 가정한다.[18] 그러나 이 견해에 반대하는 쪽에서는, 만일 원래 앞에 다른 내용이 있었고 지금 남아 있는 내용이 그다음에 계속된 것이라면 그 표현은 'kai ean'이 아니라 'ean de'가 되었을 것이라고 추정한다.[19]

마쉬케와 가가린 등은 'kai ean'을 '하더라도'로 해석한다.[20] 그러면 해석은 '계획적으로 죽이지 않았다 해도 피고가 된다'가 된다. 한편, 'kai ean'을 '하더라도(*even if*)'로 해석하는 가가린[21]은 이 문장 앞에 계획적 살인에 대한 언급이 실제로 있었던 것은 아니지만, 이 표현 자체가 '계획적 살인도'라는 의미를 내포하는 것이라고 한다. 즉 가가린에 따르면, 〈드라콘법〉에서 '살인이 비계획적이라 해도 (범인은) 추방된다'라고 하는 것은

---

18 G. Gilbert, *Jahrbücher füur classische Philologie.* Supplement, 23(1987), pp. 490, 514; E. Ruschenbusch, "Phonos: Zum Recht Drakons und seiner Bedeutung, füur das Werden des athenischen Staates," *Historia*, IX(1960) p. 145, n. 74.

19 cf. G. Busolt, H. Swoboda, *Griechische Staatskunde*, p. 811; M. Gagarin, *Drakon and early Athenian Homicide Law*, p. 96 f.

20 R. Maschke (*Die Willenslehre im griechschen Recht*, p. 46)는 '비록 … 한다 해도 (even if)'로 해석한다. 이에 관한 다양한 논의는 cf. M. Gagarin, *Drakon and early Athenian Homicide Law*, pp. 80ff. 94f. 98, 101ff; R. S. Stroud, *Drakon's Law on Homicide*, p. 40.

21 M. Gagarin, *Drakon and early Athenian Homicide Law*, p. 104.

계획적 살인의 경우에도 물론 추방되는 사실을 전제한다는 것이다.

나아가 가가린은 'phonos'란 표현이 모든 살인사건을 다 가리키지만, 주로 계획적 살인을 뜻하며, 비계획적 살인은 'akousios phonos'로 표현된다고 한다.[22] 그러나 이 같은 가가린의 견해와는 달리, 'phonos'의 표현은 '고의'뿐 아니라 '비고의'에 대해서도 쓰인다. 특히 〈드라콘법〉에서 언급되는 'phonos'는 'akousios'라는 말이 없는 경우에도 계획적 살인이 아니라 비계획적 살인을 말하는 것으로 보아야 한다는 것이 필자의 견해이다. 〈드라콘법〉에서는 처음부터 '비계획적' 살인에 관한 것이라는 점을 밝히기 때문이다.

여기서 필자가 관심을 갖는 것은 앞에서 말한 대로 비계획적 살인에 관한 바실레우스나 에페타이의 판결은 적어도 두 가지, 유죄 아니면 무죄가 된다는 점이다.[23] 아래 사료에서는 'phonos'가 유죄 개념으로 쓰이며 '비자발적인 것(akon)'이 무죄 의미로 쓰이는 것을 볼 수 있다. 즉, 바실레우스의 판결은 그것이 유죄살인(phonos)인지 아닌지를 결정하는 것이 된다. 무죄는 'phonos'라는 말이 없이 그냥 'akon' 혹은 'akousio'로 불린다.

자신의 여자와 간통한 사람을 보고 징벌을 했을 때는 '(유죄) 살인(phonos)'으로 인정하지 않는다.[24]

---

22 *Ibid.* p. 106. cf. Demosthenes, 23. 71~72.

23 소송 쌍방이 비고의 살인이 있었다는 점에 동의하면 재판은 아레오파고스가 아니라 팔라디온에서 진행된다(cf. Polydeukes, 8. 57).

24 Lysias, 1. 30, 이 같은 경우 사건이 자발적인 것인지 비자발적인지 구분하기는 힘들다. 그러나 앞에서 인용한 플라톤(866d ff.)의 내용에 비추어 말하면, 미리 생각한 것이 아니라 즉흥적으로 화가 나서 사람을 죽인 것이라면, 그것은 완전히 비자발적인 것이라고 할 수는 없지만 자발보다는 비자발에 가까운 것이 된다.

만일 누가 운동경기를 하거나, 길에서 만나 싸우거나, 전쟁터에서 알아보지 못했거나, 혹은 자기 여자나 어머니, 누이, 딸, 자유인 자식을 가진 첩을 범하는 자를 비자발적(akon)으로 죽였을(apokteinei) 때는, 그 죽인 사람은 재판받지 않는다(me pheugein kteinanta). 25

같이 사람을 죽이는 것을 의미하지만, phonos, phoneus, phoneuo 등은 anthropoktonos, apokteino, 및 kteino 등과 대조적인 개념으로 쓰인다. 그 예는 다음과 같다.

그는 죽이지 않고 상처를 입힌 사람은 죽인 사람(apokteinas)보다 더한 유죄살인자(phoneus)가 된다고 말한다. 그것이 계기가 되어 사람이 죽기 때문이다(bouleuten tou thnatou genesthai). 그러나 나는 그 반대로 말한다. … 26

… 그들은 내가 소년을 죽였다고도(apokteinai) 생각하지 않았고 또 'phonos'의 죄가 있다(enochon einai tou phonou)고도 생각하지 않았다. 27

'akon'과 'phonos'의 차이는 〈드라콘법〉의 내용에서도 증명된다. 이 법은 17째 줄에서 '비고의적(akon)'인 경우를 말하고 그다음 25째 줄부터는 (유죄) 살인(phonos)에 대해 말한다.

(13째 줄부터) 아버지나 형제나 아들이 있으면 이들 모두의 동의에 의해 피고는 사면된다. 한 사람이라도 반대하는 사람이 있으면 그에 따른다. 그러나 이

---

25 Demosthenes, 23. 53.
26 Antiphon, 4c 4.
27 Antiphon, 6. 46.

들 범위의 친척이 없을 때는 '사촌의 아들(aneph(si)otetos)'과 사촌까지 범위를 넓혀서 이들 모두가 원하면 사면한다. 그러나 한 사람이라도 반대하면 그에 따른다. 그러나 이들 범위의 친척도 없는 경우, 사건이 '비자발적(akon)'인 것이라면, 51명의 에페타이가 비자발적으로 죽였음(akonta ktenai)을 확인 판정한다. 형제단이 원할 때는 10명이 동참하는데, 51명 에페타이가 품위(aristinden)에 따라 이들을 뽑는다. 이 (법이 제정되기) 전에 사람을 죽인 사람(ktenantes)도 이 법에 따른다. 사람을 죽인 자에게는(ktenanti) '사촌의 아들((… anephsiotetos …))'과 사촌이 광장(agora)에 못 들어오도록 금지하고, 사촌, 사촌의 자식들, 사위, 사돈, 형제단이 공동으로 이를 감시한다.

(23째 줄 끝부터) (유죄) 살인의 원인이 될 때는(aitios (ei) phono) 51명 에페타이가… 유죄살인이 된다. (phono helos(i)) … 만일 누가 살인자를 죽이거나(ktenei) 혹은 (유죄) 살인 혐의(aitios ei phono)가 있을 때는 변경장터(agora ephoria), 운동경기장, 인보종교행사장에 출입하지 못하고, (아테나이인을 죽인 경우같이, ktenanta), 이런 것들로부터 삼간다. 이에 대해 에페타이가 판결한다. …

이와 같이 〈드라콘법〉 자체 내에서 '(유죄) 살인(phonos)'과 '비자발적인 것(akon)'이 구별되어 쓰이고 있음을 알 수 있다. 17번째 줄에 51명 에페타이 재판관들이 '비자발적으로 죽인 사실'을 판정한다고 되어 있다. 또 27줄째에는 "살인자를 죽이거나(ktenei) 유죄살인 혐의를 받는다면(aitios ei phono)"이라고 하여 그냥 '죽이는 것'과 '유죄살인 혐의' 두 가지를 구분하여 언급한다. 나아가 37번째 줄에서는 "… 자신을 방어하기 위해 죽이면(amynomenos ktenei)"이라고 하여 정당방위의 살인에 대해 그냥 '죽이다(kteinein)'로 표현하며 '(유죄) 살인(phonos)'의 표현이 쓰이지 않는다.

한편, 비자발적 살인의 죄인은 고의 살인의 죄인보다 형벌이 가볍다. 28

비자발적 살인에서 죄인은 법적으로 보호받는다. 데모스테네스에서는 '재산권은 그대로 가진 채 쫓겨난 사람(exelelythotes)'은 추격하거나 물건을 빼앗거나 끌고 오면 안 된다고 하며 내지에서나 외지에서나 마찬가지다.[29] 데모스테네스는 이런 사람은 'pheugontes(도망자)'가 아니라고 한다. 이렇게 쫓겨난 사람들은 내지나 외지에서 죽이거나 해치면 안 된다. 비고의적 살인에 유죄가 된 사람(ton alont' ep' akousio phono)은 정해진 시일 내에 정해진 길로 떠나서(pheugein) 죽은 자의 친척이 용서할 때까지 돌아오지 못한다.[30] 다른 한편 데모스테네스는 이 문제와 관련해 다음과 같이 말한다.

… 우리들의 법이 제일 관심을 갖는 것이 무엇일까? 연쇄살인이 일어나지 않도록 하는 것으로, 특별히 아레오파고스 의회가 이러한 것을 돌본다. 이들 법 가운데서 드라콘은 누가 다른 사람을 '(돌발적으로) 죽이게 되는(autocheir)' 것을 아주 몹쓸 짓으로 간주하여, (유죄) 살인자(androphonon)를 정화의 샘, 제사, 잔치, 신전, 시장 등에 출입하지 못하도록 하였다. 이렇게 그런 일이 아예 일어나지 않도록 모든 것을 상세하게 규정하였다. 그러나 정당성을 주장할 수 있는 기회를 없애지 않았다. 정당방위로 죽였을 때(apoktinnynai)는, 비록 해를 가했으나(drasei) 무죄(katharon einai)로 하였다.[31]

이와 같은 데모스테네스의 언급은 〈드라콘법〉 내용과 거의 일치한다.

---

28 Demosthenes. 23. 23ff. , 28ff. 73.
29 Demosthenes. 23. 44ff.
30 Demosthenes. 23. 72. cf. 'pheugein'의 뜻은 '피고' 또는 '재판의 판결을 피해 도주한 자' 등으로 다양한데 여기서는 '있던 곳을 떠난다'(cf. Ibid. 73)는 뜻으로 쓰인다. 이때 '떠난다(pheugein)'는 합법적 방법으로 쫓겨난 사람들, 즉 'exelelythotes'로 그냥 법적 절차를 회피하여 도주 혹은 추방된 'pheugontes'와 다를 수 있다.
31 Demosthenes, 20. 158 ff.

4. '살인자(autocheir)'와 '(살인의) 계기제공자(bouleusas)'

《아테나이 정치제도》(57. 3)에는 비고의와 'bouleusis'는 팔라디온에서 재판받은 것으로 되어 있다. 그러나 하르포크라티온에 따르면, 'bouleusis' 사건은 아레오파고스나 팔라디온에서 재판받는 것이라고 한다.

두 가지 사안의 범죄명. 한 가지는 누군가 계획적으로 다른 사람의 죽음을 '초래하는 환경을 만든 것(kataskeuasei)'에 관한 것으로, 그 계획에 말려든 사람이 그로 인해 죽었는가 아닌가 하는 것이다. 다른 하나는 공공채무를 진 것으로 기명된 사람이 (금액을) 올바르게 기록하지 않았을 때 재판받는 것이다. 전자의 경우, 이사이오스는 에우클레이데스를 변호하는 글에서 팔라디온에서 재판이 있었다고 하는 한편, 데이나르코스는 피스티오스를 비난하는 글에서는 아레오파고스에서 재판이 있었다고 한다. 아리스토텔레스의 《아테나이 정치제도》에 나오는 내용은 이사이오스와 일치한다(참고, 팔라디온에서 재판한 사실을 두고 하는 말이다). 후자에 관한 것으로는 데모스테네스가 아리스토게이톤을 비난하는 글(a)에 나온다. 히페레이데스는 아테노게네스를 비난하는 글(a)에서 속임수와 음모로 재물을 개인적으로 도용한 데 대한 것이다. [32]

여기서 'bouleusis'의 의미와 재판 장소에 대해 다양한 견해가 있다. 뵈크는 'bouleusis'를 '악의(maleficiis voluntas)'로 규정하고 아레오파고스에서 재판받은 것으로 간주한다. [33]

---

[32] Harpokration, s. v. bouleuseos.

[33] A. Böckh, *Ind. Lect. Berol.* 1826/7 (*Kleine Schr.* IV, 251) (cf. W. Passow, *De Crimine Bouleuseos*, p. 4에서 재인용).

반면 포르크햄머에 따르면, 'bouleusis'란 누가 다른 사람을 죽이는 것이 아니라 꾀를 내어 다른 사람(제 2자)이 제 3자를 죽이는 것을 도우는 것이라 정의하였다. 34 즉, 사주란 실제 살인행위가 아니라 '배후조종자(ethike autourgia)'를 의미한다는 것이다. 필리피는 포르크햄머의 견해를 따라, 'bouleusis'란 살인을 사주한 것이라고 했다. 35 그러나 그는 사주를 의도적인 것과 비의도적36인 것의 두 가지 종류로 구분하였다.

'bouleusis' 사건을 재판한 재판소와 관련하여 포르크햄머와 필리피는 뵈크와는 달리 'bouleusis' 사건이 팔라디온에서 재판되었다고 하였다. 필리피는 하르포크라티온에 나오는 "아레오파고스 의회에서 추방하였다"를 아레오파고스에서 재판한 것이 아니라 아레오파고스 의원이 재판관이 되는 팔라디온 재판소에서 선고를 받고 추방된 것으로 해석한다. 반면 많은 학자들은, 사주에 두 가지가 있다는 견해를 받아들이면서, 의도적 사주는 아레오파고스에서, 의도하지 않았던 것은 팔라디온에서 재판한 것이라고 했다. 37

---

34 P. W. Forchhammer, *De Areopago* (Kiliae: Christiani Friderici Mohr, 1828), p. 29ff.

35 A. Philippi, *Der Areopag und die Epheten* (Berlin: Weidmannsche Buchhandlung, 1874), p. 37. cf. W. Passow, *De Crimine bouleuseos*, p. 1, 3, 28. 후에 J. H. Lipsius (*Das attische Recht und Rechtsverfahren.* Leipzig: Darmstadt, 1905/15, p. 385) 도 이 견해를 따른다. 다른 사람으로부터의 사주를 의미하는 것으로 보는 또 다른 견해로 cf. Lange, "*Die Epheten und der Areopag vor Solon*", p. 229 ; W. Passow, *De Crimine bouleuseos*, pp. 34, 52.

36 바로 아래 비고의적 사주 개념을 반박하는 Passow의 설명 참조.

37 Heikel, *Die sog. Bouleusis im Mordprocesse, Acta societ. scient. fenicae* (Helsingfors, 1886) [Gleue, *De Homicidarum in Areopago Atheniensi Iudicio* (Göttingae, 1894), p. 39에서 재인용]; J. H. Lipsius, *Das attische Recht und*

파소우는 '비고의적 사주'라는 개념을 비논리적인 것으로 거부한다. 사주란 언제나 고의적이라는 것이다. 파소우는 '비자발적 사주(bouleuse akousiou)'의 개념은 없다고 생각한다. A가 B에게 C를 때리도록 명령하여 B가 C를 때리다가 결과적으로 C가 죽게 되었다면, 살인죄는 B에게만 있고 A는 고의 살인에 혐의가 없다는 것이다. 즉, A는 '비자발적 사주'의 혐의가 적용되지 않는다.

반면, 파소우는 'bouleusis'를 다른 사람을 부추기는 '사주'가 아니고 하나의 독립행위라고 한다. 38 그래서 사건은 (직접) 살인(phonos)인가 사주인가, 혹은 고의인가 아닌가에 따라 구분되는 것이 아니라는 것이다. 그대신 그는 사주는 한편으로 계교와 무혈의 살인을 말하나, 'phonos'는 폭력적이고 직접범행에 의한 것으로 구분한다. 39

파소우는 〈드라콘법〉이란 경험에 의해 만들어진 것이므로 체계적이지 못하며, 여기에 기재되지 않은 또 다른 종류의 살인사건이 있다고 생각하였다. 〈드라콘법〉에 규정되어 있지 않은 살인사건은 해석자에게 물어야 했는데, 이는 플라톤40에서 보이는 바와 같다고 한다. 그러나 두 가지 살인, 즉 무형의 '고의와 사주', 그리고 유혈의 '비고의와 폭력'의 구분은 거의 모든 살인사건을 포괄한다고 본다. 파소우는 '손(cheir)'의 표현에 각별히 중요성을 두고서 '손으로 행하다'란 폭력적이고 유혈적인 것을 의미하

Rechtsverfahren, p. 166.

38 W. Passow, *De Crimine bouleuseos*, p. 17~19. Passow는 '어떤 다른 사람을 사주하는 것'은 그 자체가 살인행위라고 간주한다. 고대인들은 다른 사람을 사주하는 것을 'bouleuo'가 아니라 'keleuo'라 하였다는 것이다. 법에는 사주인과 직접범행자 사이의 구분은 나타나지 않는다고 한다.

39 W. Passow, *De Crimine bouleuseos*, p. 40.

40 Platon, *Euthyphro*, 4c~d. cf. W. Passow, *De Crimine bouleuseos*, p. 26.

는 것이라 했다. **41** 그리고 '폭력적'인 것은 유혈로 팔라디온에서, 계교(고의)에 의한 것은 무혈로 아레오파고스에서 재판받았다고 했다. **42**

그러나 파소우의 견해와 달리, 살인의 종류를 유혈과 무혈로 구분하는 것은 사료에 잘 보이지 않는다. **43** 콤**44**은 'bouleusis'가 실제 행위를 포함

---

41 Passow에 따르면, 그래서 'autocheir'는 어떤 특별한 방법과 무관하게 그저 사람을 죽이는 행위를 표현하는 'prattein', 혹은 'dran'(행하다의 뜻) 보다 더 드물게 사용된다는 것이다. 또 '불로 탄 사건'은 불에 의한 살인으로 아레오파고스가 아니라 팔라디온에서 재판되었는데, 이는 폭력적이고 유혈적이기 때문이라는 것이다. 그러나 《아테나이 정치제도》에 따르면 '불에 탄 것'의 사건은, 파소우의 견해와 달리, 아레오파고스에서 재판했다.

42 Passow(*De Crimine bouleuseos*, pp. 15~16)에 따르면, Antiphon의 첫 번째 글에 나오는 사건은 사주에 의한 것으로 '손으로 한 것, 즉 유혈' 사건과 무관하다고 했다. 그래서 Antiphon(1. 20)에 '독을 쓰고 손조작을 하여(*diakonesasa kai cheirourgesasa*)'에서 '손조작을 하여(*cheirourgesasa*)'가 없어져야 한다고 주장했다.

43 Passow가 인용하는 예문들은 그가 주장하는 유혈과 무혈의 구분을 뒷받침해 주지 못한다. 예를 들어 Platon(*Nomoi*, 864c)에 나오는 '폭력(*biaia*)' 개념은 유혈과 연결되고 무혈과는 무관하다는 증거가 되지 못한다. cf. "두 가지 형태의 법을 만들어야 한다. 하나는 폭력적이고 급작스러운 행동으로 일러나는 것이고 … 다른 하나는 어두운 곳에서 속임수에 의해 남몰래 일어나는 것이다." 또 파소우가 인용하는 같은 곳, 865a ff. 와 869e의 경우도 마찬가지다. "이렇게 서두를 꺼냈으므로 그에 따라 살인의 온갖 종류에 대해 법을 만들어야 하는 데는 의의가 없을 것이다. 첫째는 '폭력적이고 비자발적인 것(*biaia and akousia*)'에 관한 것이고 …" "이상에서 폭력적이고 비자발적이고 화 때문에 일어나는 살인사건에 해당되는 이야기를 하였다. 이제 자발적이고 부정한 방법으로 일어나는 모든 것과 쾌락, 욕망, 시기로 인한 모의에 대해 이야기해야겠다." Antiphon I, 20의 '손으로 행하는 것'도, 파소우의 견해와 달리, 반드시 '유혈의 폭력적 살인'이 아니라 그저 '폭력이 아닌 살인'이나 계략 혹은 무혈의 살인 등을 다 포괄할 수 있다.

44 J. Kohm, *Die bouleusis im attischen Processe*(Olmütz, 1890)〔cf. H. Gleue, *De Homicidarum in Areopago Atheniensi Iudicio*, p. 40에서 재인용〕.

한다고 하는 파소우의 견해에 동의하지만, 파소우와 달리 'bouleusis'는 계교(dolos)에 의한 살인이며 무혈의 의미와는 무관하다고 하였다.

파소우는 사주란 언제나 고의적인 것으로 아레오파고스에서 재판받았다고 했다. 또 《아테나이 정치제도》와 하르포크라티온에 팔라디온에서 재판된 것으로 언급되는 'bouleusis(계기가 된)' 사건은 살인사건이 아니라 납세를 소홀히 한 사건이라고 한다.[45] 파소우에 따르면, 법에는 '사주(bouleusis)'라는 단어만 사용되나 변론가들에게는 살인사건과 관련하여 '사주하다(bouleuein)'라는 단어만 쓰인다고 한다. 그리고 후자는 살인과 관련하나 전자는 납세 소홀로 팔라디온에서 재판받은 것이라고 한다.

필자는 'bouleusis'를 사주로 해석하지 않는다. 자기 손으로 직접 죽이지 않아도 살인을 사주하였다면 사주한 사람이 살인자, 즉 'autocheir'가 되는 것이다. 플라톤(Nomoi, 865b)은 자기 몸으로 직접 하든지 다른 사람의 몸을 빌리든지 간에 다 같이 살해당사자가 된다고 했다. 또 'bouleusis'가 'autocheir'와 대조적인 개념이라는 데 동의하지만, 파소우가 말하는 것과 같이 전자는 계교나 무혈, 후자는 폭력적, 유혈 살인이란 구분은 너무 자의적이다. 나아가 콤이 말하는 계교에 의한 살해 개념에도 찬성하지 않는다.

더구나 필자는, 파소우와는 달리, 팔라디온에서 재판된 'bouleusis'도 납세 소홀이 아니라 살인사건과 관련된 것으로 보는 게 순리적이라고 본다. 오히려 살인사건 관련의 'bouleusis' 중 어떤 것은 아레오파고스에서 또 다른 것은 팔라디온에서 재판받은 것으로, bouleusis에는 다양한 경우가 있음을 생각해 볼 수 있다.

사료에는 'bouleutes(bouleusis를 한 사람)'가 폭력과 연관되어 언급되기

---

45 W. Passow, *De Crimine bouleuseos*, p. 38.

도 하기 때문이다.

　다음 예문에서는 폭력과 관련한 'bouleutes'의 설명을 볼 수 있다.

　그는 죽이지 않고 상처를 입힌 사람은 죽인 사람(*apokteinas*) 보다 더한 (유죄) 살인자(*phoneus*)가 된다고 말한다. 그것이 계기가 되어 사람이 죽기 때문이다(*bouleuten tou thnatou genesthai*). 그러나 나는 그 반대로 말한다. 우리 손이 우리 자신이 원하는 것을 행한다면, 죽이려는 것이 아니라 그냥 때린 사람은 상처를 낸 사람(*thes pleges bouleutes*)이 된다. 반면 죽을 만큼 두들겨 팬 사람은 살해자가 되는 것이다. 의식적(*dianoetheis*)으로 한 행동 때문에 사람이 죽게 되었기 때문이다. **46**

　여기서 두들겨 패서 상처를 입혀 맞은 사람이 죽게 되는 계기를 만든 사람은 죽인 사람(*apokteinas*)과 구분되어 언급된다. 그는 그냥 상처를 낸 사람이 되는 것이다. 그런데 여기서 문제가 되는 것은 두들겨 팬 사람이 살해당사자인지 아니면 계기조성자(*bouleutes*)인지 구분이 필요하다는 점이다. 그냥 때렸는데 맞은 사람이 죽은 것인지(*bouleutes*) 아니면 정말 죽으라고 두들겨 팬 것인지는 그 자체가 분쟁의 소지가 있는 것이다. 죽이려고 한 것은 아닌데 그 계기를 조성한 'bouleutes'인지 아니면 살해당사자인 'apokteinas'인지를 구분해야 하는 것이다.

　플라톤은 '사람을 죽인 혐의'와 관련되는 'bouleusis(계기가 된)'가 'autocheir'가 아닌 것으로 구분하여 다음과 같이 언급했다.

---

46 Antiphon, 4c 4.

만일 어떤 사람이 '살해당사자(autocheir)'는 아니며, 다만 다른 사람의 죽음을 초래하는 '계기가 되어(bouleusei)', '의도적(boulesei)'이거나 '계획적 구상(epiboulesei)'으로 사람을 죽인 혐의를 받음으로써(apokteinas aitios on), 유죄살인(phonos)의 누로 인해 깨끗하지 못한 상태에서 도시에 거주한다면, 이들에 관하여서도, 보석금에 관한 것만 빼고, (이 앞에 서술된 것과) 같은 방식으로 판결(krisis)이 행해진다. … 이와 같은 규정이 이방인과 이방인, 시민과 이방인, 노예와 노예, 서로 간에 … 보석금에 관한 것만 빼고, 직접 살해와 예비구상(autocheirias peri kai epibouleuseos)과 관련하여 적용된다. **47**

위 예문에서는 살인을 초래한 계기를 조성한 사람이 의도적으로 그런 계기를 만든 것인가 아닌가 하는 혐의를 받고 그런 혐의가 짙으면 유죄가 되는 것임을 보여 준다. 그런데 그는 살해당사자(autocheir)는 아니라고 되어 있으므로, 의도적으로 계기를 조성했다 하더라도 그것이 살해를 목적으로 한 것은 아니라고 판단될 때 비자발적으로 살인을 부른 'bouleusis' 사건으로 재판받게 되는 것이다. 이는 고의적 살인혐의와는 무관하므로 팔라디온에서 재판받게 된다. 이 사람이 받는 혐의는 사람을 죽인 데 책임이 있는가 없는가 하는 것으로, '살인의 책임이 있는지(apokteinas aitios on)'라는 표현이 바로 그것을 보여 준다. 살인에 책임이 있어도 반드시 유죄가 되는 것은 아니고 그것이 '의도적이나 계획적 구상'에 의해 조성된 경우에 '유죄살인(phonos)'으로 되는 것이다.

다시 말하면, 살해를 초래한 '계기조성(bouleusis)'이 의도적·자발적일 때는 유죄(phonos)가 되고 비자발적일 때는 무죄, 즉 'phonos'의 혐의에

---

47 Platon, *Nomoi*, 872a f.

서 벗어나는 것이라고 하겠다. 다른 사람의 죽음을 초래한 계기를 조성한 것(*bouleusei*)이 '의도적이나 계획적 구상'에 의한 것이 아닐 때는 '사람을 죽인 혐의(*apokteinas aitios on*)'를 받는다 해도, 이는 비자발적 '*bouleusis*'이기 때문에 '(유죄) 살인(*phonos*)'이 되지 않는다. 여기서도 그냥 '사람을 죽이게 된 혐의(*apokteinas aitios on*)'와 '(유죄) 살인(*phonos*)'은 다른 맥락에서 쓰이고 있음을 알 수 있다.

나아가 '살해당사자(*autocheir*)'인지 '계기조성자(*bouleusas*)'인지를 가리기도 쉽지 않다. 《데모스테네스》(59. 9 ff.)에는 아폴로도로스라는 사람이 한 여인을 두들겨 팼는데 상처 때문에 그 여인이 후에 죽은 사건인데, 팔라디온에서 재판을 받은 것으로 언급된다. 《아테나이 정치제도》에 계획적 상해사건은 아레오파고스에서 재판하는 것으로 되어 있다. 그래서 이 사건이 팔라디온에서 재판받는다는 기록과 모순된 것이 아닌가 생각할 수도 있으나, 그렇지 않다. 아레오파고스의 계획적 상해사건은 고의로 상해했는지 아닌지에 대해 소송 쌍방의 의견이 일치하지 않을 때 일어나는 재판이므로[48] 위의 사건과는 다르다. 만일 원고가 피고에 대해 살해의도를 가지고 고의로 상해했다고 하지 않고 그냥 상해하였으므로 그 결과 죽게 되었다고 주장한다면, 이것은 계획적 상해사건 여부를 가리는 재판과는 무관하기 때문이다. 그래서 비고의 살인사건으로 팔라디온에서 재판하게 되는 것이다. 그런데 여기서 문제는 원고가, 아폴로도로스가 두들겨 패서 상처 때문에 여인이 죽은 사건을 두고 아폴로도로스를 '(직접) 살해자(*autocheir*)'의 혐의로 고발하는 것이다.[49]

---

48 참조, 최자영, 《고대 아테네 정치제도사: 아레오파고스와 민주정치》, p. 243 이하.
49 Demosthenes, 59. 10.

데모스테네스에 따르면 드라콘은 '연쇄살인'[50]이 일어나지 않도록 조처했다고 하는데, 이때 'autocheir'는 의도적 살인의 의미를 담고 있다. 그런데 그 문맥으로 보아 우연하게 마주치는 경우에 일어나는 살인의 의미가 강하다. 왜냐하면 그런 연쇄살인사건이 일어나지 않도록 하기 위해 살인자가 사람이 많이 모이는 일정한 장소에 출입하는 것을 금하기 때문이다.

글로이에는 비자발적 'bouleusis(계기조성)'가 있으므로 자발적 'bouleusis'의 개념도 있다고 주장하였다.[51] 'bouleusis'도 살인이나 상해 등과 관련하여 면밀한 계획(*probouleusis* 혹은 *epibouleusis* 등)[52]에 의한 살인은 물론, 단순 구타 등에 의해 부수적으로 초래된 사망의 경우에까지 다 쓰일 수 있다. 필자는 'bouleusis'뿐 아니라 'autocheiria(직접살해)'도 한 가지 의미만을 가진 것이 아니라 여러 가지 다양한 개념과 연관되어 사용될 수 있다고 생각한다. 예를 들어 'autocheiria'는 예기치 않게 만나서 죽이는 경우도 있지만 또 면밀하게 계획을 세운 살인의 의미로도 쓰일 수 있다. 'autocheir(살해당사자 혹은 직접살해)'가 이 두 가지 의미와 연관되어 쓰이는 예를 플라톤에게서 볼 수 있다.

직접 살해자이나 비자발적으로 다른 사람을 죽이면 … (*ean de autocheir men, akon de apokteine tis heteros heteron* …)[53]

누가 계획적이고 부당하게 동족 가운데 누구를 직접(*autocheir*) 살해하면…[54]

---

50 to tin' autocheir' allon allou gignesthai.

51 H. Gleue, *De Homicidarum in Areopago Atheniensi Iudicio*, p. 50ff.

52 참조, Antiphon, I, 26, "의도적으로 계기를 만들어 죽였다(*he men gar hekousios kai bouleusasa ton thanaton*)."

53 Platon, *Nomoi*, 865b.

이렇게 'autocheiria'와 'bouleusis'는 단어 자체가 계획성 혹은 비계획성의 일정한 의미를 갖는 것이 아니라고 하겠다. 계획적일 수도 있고 그렇지 않을 수도 있다. 사실 그것 자체를 판단하기 어려운 때는 소(訴) 제기 후 판결에 의해 규정되어야 하는 것이다. 그리고 계획성의 혐의가 있을 때 그 여부를 가리는 것은 아레오파고스의 재판에서 할 일이며, 이는 이 글의 논의 범위를 넘어서는 것이다. 비계획적 살인사건을 다루는 〈드라콘법〉에서는 자연히 'autocheiria'와 'bouleusis'가 예기치 않게 만나서 죽이는 경우 혹은 단순 구타에 의해 초래된 사망 등의 의미로 쓰인다는 말이다.

나아가 'bouleusis'는 살인사건뿐만 아니라 고의로 공공채무를 포탈한다든지 그 외 여러 가지 의미로 사용될 수 있다. 그러나 살인사건과 관련되지 않는 'bouleusis'는 적어도 살인사건 재판과 관련해서는 아레오파고스나 팔라디온 등에서 재판받는 것이 아니라고 하겠다. 그래서 비계획적 살인과 관련된 〈드라콘법〉과는 전혀 무관한 것이라고 하겠다.

5. 〈드라콘법〉 12번째 줄의 복원

이제 〈드라콘법〉 12번째 줄에 마모된 16~17자를 추측할 수 있는 근거가 마련되었다. 바실레우스나 에페타이는 어떤 사안을 판가름해야 했을까? 필자는 앞에서 공백의 앞부분에는 'aition phono'와 대조적인 개념, 그리고 뒷부분에는 'bouleusanta'와 대조적인 개념이 들어가면 될 것이라 말하였다. 참고로 덧붙이면, 'phno' 다음에 'e(혹은)'으로 복원한 것으로는

---

54 Platon, *Nomoi*, 871a,

IG(I², 115), 울프, 퀼러, 'bouleusanta' 앞에 'e(혹은)'으로 복원한 사람은 라우센부쉬와 가가린이 있다. 55

앞에서 해온 논의에 근거하여 'aition phonou', 즉 유죄살인죄 다음에는 무죄 개념, 즉 'phonos'가 들어가지 않는 'akon', 그리고 뒷부분에는 'bouleusanta'와 대조적인 'autocheira'가 들어간다고 하면 별 무리가 없다. 'aition phonou'와 'akon'은 비계획적 살인에서 피고가 얼마만큼 잘못이 있는가를 결정하는 것이 된다. 그리고 'autocheir'와 'bouleusas'는 구타 등 비계획적 살인을 초래한 '계기의 조성'에서 피고의 살인 의도가 얼마나 자발적이었느냐는 것이 문제가 된다. 말할 나위 없이 살인에 대한 자발적 의지 혹은 계기조성의 계획성이 약할수록 살인에 대한 책임은 더 가벼워진다.

요약하면, 바실레우스나 에페타이가 판단해야 하는 것은 비자발적 살해가 무죄(akon)인지 유죄(akousios phonos)인지, 그리고 살해자(autocheir)이냐 '비자발적 계기조성(bouleusas)'이냐는 것이다. 《아테나이 정치제도》에서 팔라디온에서는 'akousioi와 bouleusis'에 관한 것을 재판한다고 한 것이 바로 이것을 판가름한다는 사실을 표현한 것이다. 이 두 가지 사안을 'kai(그리고)'로 연결하면 〈드라콘법〉 12번째 줄의 공백 부분은 다음과 같이 복원된다.

'〔d〕i / kazen de tos basileas aitio〔n〕phon〔o〕 e〔akon kai autocheira56〕 e〔b〕oul /eusanta'
'바실레우스가 '(유죄) 살인(phonos)의 책임이 있는지 혹은 무죄(akon)인지,

---

55 이 글의 앞부분 참조.
56 'ch'는 그리스어로 1자(χ)이므로 모두 16자가 된다.

그리고 의도적 살해인지 (*autocheir*) 혹은 죽이려는 의도 없이 살해계기를 조성한 것인지 (*bouleusanta*) 를 판가름한다.'

이 같은 사안에 대해 바실레우스가 먼저 접수하여 예심을 하면 51명 에페타이가 후속 판결과 사태의 원만한 해결에 관여한다.

6. 나오며

사가들은 《아테나이 정치제도》(LVII, 3)에 근거하여 흔히 아레오파고스에서는 계획적 살인사건을, 팔라디온에서는 비자발적 살인사건을 재판하는 것이라고 말해왔다. 그러나 실제로 재판은 사건이 계획적이었는지 아닌지, 혹은 비계획적 사실이 명백하다 하더라도 피고가 어느 정도 책임을 져야 하느냐는 문제를 둘러싸고 벌어졌던 것으로 보인다.

이 글에서는 〈드라콘법〉을 중심으로 비계획적 살인사건에서는 어떤 분쟁과 판결이 있을 수 있는지 살펴보았다. 살인이 비계획적이었음을 소송 쌍방이 인정하는 경우에도 바실레우스가 예심을 하고 또 51명 에페타이가 주관하는 가운데 소송 쌍방이 화해하거나 피고가 추방된다. 살인이 비자발적이라고 해도 살인자가 언제나 무죄가 된다고 할 수는 없으므로, 유무죄를 가리는 재판이 이루어지게 된다. 〈드라콘법〉의 12째 줄 마모된 공백의 16~17자에는 바로 유죄 혹은 무죄 판결에 대한 용어가 들어가야 한다. 전후에 바실레우스가 예심하고 에페타이가 판결한다는 내용이 있기 때문이다.

두 가지 중요한 쟁점이 있다. 하나는 '(유죄) 살인 혹은 살인자(*phonos, pnoneus*)'의 표현은 그냥 '사람을 죽이다(*kteino, apokteino, anthropoktonos*)'

와 다르게 '유죄'의 의미를 가진다는 사실이다. 그래서 비계획적 살인사건
은 피고가 죄가 있으면 '비자발적 (유죄) 살인 (*akousios phonos*)'이 되고, 죄
가 없으면 'phonos'가 아니고 그냥 '비자발적 (*akon*)'으로 사람을 죽인 것이
된다. 두 번째는, 비계획적이지만 순간적으로 살해 의도가 있었느냐 없었
느냐는 것이다. 살해 의도가 없는 행위는 그냥 두들겨 팬다든지 운동경기
를 하는 것이다. 순간적이지만 살해 의도가 있는 것은 'autocheir', 없는 것
은 'bouleusis'로 표현될 수 있다. 그래서 〈드라콘법〉 12번째 줄의 복원은
다음과 같이 된다.

d〕i/kazen de tos basileas aitio〔n〕 phon〔o〕 e 〔akon kai autocheira〕 e
〔b〕oul /eusanta′

문제는 '비자발적 (유죄) 살인 (*akousios phonos*)'인가 '비자발 (*akon*)'인가,
그리고 살해 의도가 있었는지 (*autocheir*) 없었는지 (*bouleusis*) 를 판단하는
것이 그리 쉽지 않다는 사실이다. 죽이려는 의도가 있었던 것은 없었던 것
보다 훨씬 죄가 무겁다. 그래서 무죄 (*akon*) 보다 '비자발적 (유죄) 살인
(*akousios phonos*)'으로 판결 날 가능성이 더 많아진다.
　《아테나이 정치제도》(57. 3) 에서 팔라디온 재판소는 비자발적 (*akousioi*)
인 것 혹은 '계기가 된 것 (*bouleusis*)'을 재판한다고 되어 있는 것도 소송 쌍
방 간 분쟁의 사안에 대한 암시를 주며 또 이 두 가지 개념이 밀접하게 연관
되어 있음을 보여 준다.

고대 아테나이 정당방위 · 합법적 살인사건 재판, 델피니온 재판소*

1. 들어가며

델피니온은 델포이와 연관된 두 쌍둥이 신, '아폴론 델피니오스'와 '아르테미스 델피니아'의 한 신전으로 아테나이의 남동쪽에 있다. 이 신전은 전설의 왕 아이게우스가 델포이에서 아테나이로 돌아왔을 때 지은 것으로 전해진다. 《데모스테네스》(23. 53)에 따르면, 델피니온 재판소는 모든 살인사건 재판소 가운데서 가장 성스럽고 외경스러운 곳이라고 한다.

아리스토텔레스의 《아테나이 정치제도》에 따르면, 살인을 하였으나 합법적이라고 주장하는 경우는 델피니온에서 재판한다고 되어 있다.

> … 만일 누가 살인사실을 인정하지만 그것이 합법적이었다고 주장하는 경우, 예를 들면 간음 현장을 잡은 것, 전쟁이나 운동경기에서 싸우거나 하는 것은 델피니온에서 재판한다.[1]

---

* 참조, 최자영, "고대 아테네 정당방위 · 합법적 살인사건 재판: 델피니온에 대한 일고(一考)", 〈대구사학〉 76권(2004. 8), 307~334에 게재.

1 Aristoteles, *Athenaion Politeia*, 57. 3.

《데모스테네스》에서도 이와 유사한 내용이 있다.

만일 누가 운동경기 도중에, 혹은 길에서 싸움이 났을 때, 전쟁터에서 알지 못한 채, 또는 아내, 어머니, 누이, 딸, 합법적 자식을 가진 첩을 범하는 자를 죽이면, 죽인 사람은 이런 사안에서는 피고가 되지(그래서 추방되지) 않습니다(*me pheugein*). … (23. 74) … 세 번째 재판소는 모든 것 중에서 가장 성스럽고 외경스러운 것입니다. 이는 누가 죽였다고 자백하나 합법적으로 행했다고 말하는 경우를 재판하는 델피니온입니다. … 이 같은 것(즉 어머니를 죽인 오레스테스를 신들도 벌할 수 없었던 사실)을 고려하여 바로 어떤 경우에 죽일 수가 있는지(*apoktinnynai*)를 적어서 분명하게 정했습니다. … 2

이 같은 사료에 근거하여 일부에서는 델피니온의 재판은 살해가 합법적이었다는 데 대해 소송 쌍방이 동의할 때 열리는 것으로 순전히 의례적 사면 절차였던 것으로 간주하였다.

그러나 맥도웰은 이 같은 견해를 부정한다. 만일 쌍방이 살해가 합법적이라는 데 동의한다면 재판은 일어날 필요가 없고 살인자는 그냥 방면되면 그만이라는 것이다. 그래서 피고가 원고로부터 불법적으로 살해한 혐의를 받는 경우, 살해한 사실을 인정하되 합법적으로 행동한 것이라고 주장하는 경우 델피니온에서 재판한 것이라고 결론지었다. 이때 불법적으로 살해한 혐의에는 고의적인 것과 비고의적인 것(*intentional and unintentional*)이 다 들어가는 것으로 맥도웰은 보았다. 그리고 원고와 피고의 주장이 다른 경우, 원고가 아니라 정당성을 주장하는 피고의 주장에 따라 델피니온

---

2 Demosthenes, 23. 53.

재판소에서 재판받는 것이라는 의견을 개진했다.

필자는 이 글에서 위의 두 가지 견해와 다른 해석을 제시하려 한다. 델피니온에서는 정당한 살인사건을 재판한 것이라는 기존의 경직된 견해를 시정하고, 그 정당성 여부가 의문시되는 사건을 재판한 것이라고 본 점에서 맥도웰은 진일보했으나, 필자는 그 같은 견해에도 두어 가지 재고의 소지가 있다고 생각한다.

첫째, 맥도웰에 따르면, 살인이 정당하다는 점에 대해 소송 쌍방이 동의한다면 재판은 델피니온에서조차 일어날 필요가 없다고 한다. 그러나 쌍방이 의견이 이렇게 일치할 경우에도 델피니온에서는 재판이 있을 수 있다. 그것은 '유죄살인(phonos)'에서는 풀려난다 하더라도 손해배상이나 정화의례의 규모 및 그에 필요한 금액 등에 대한 민사적 조율이 이루어질 필요가 있기 때문이다.

둘째, 맥도웰은 델피니온에서 재판한 사건은 소송 쌍방이 합법성 여부에 이견이 있을 때인데, 여기에는 고의적인 것과 비고의적인 것이 다 포함된다고 하였으나 계획적 살해혐의가 짙을 때는 흔히 아레오파고스에서 재판할 가능성도 있다. 더구나 맥도웰은 정당성에 대한 피고의 주장에 따라 재판소가 결정된다고 하였으나 피고의 주장에 근거가 희박할 때는 꼭 그렇다고 이야기할 수 없게 된다.

나아가 필자는 정당성 관련 살인사건도 다양하여 경우에 따라서는 델피니온 이외에 다른 살인사건 재판소에서 다루어지기도 했음을 논하려 한다. 맥도웰이 '합법적 살해'라는 개념을 획일적으로 파악하고 델피니온에만 연결시킨 것은 잘못이 아니냐는 것이다. 이 글에서는 이 같은 문제점들과 함께 여러 가지 정당방위에 따른 합법성 여부를 둘러싼 살인사건 재판소로서 델피니온의 역할을 밝히려 한다.

2. 아레오파고스와 정당한 살인

1) 계획적 정당방위 살인

앞에서 소개했듯이, 《아테나이 정치제도》(57. 3)에는 간음 현장을 잡거나, 전쟁이나 운동경기 중에 살인하여 합법적이라고 주장하는 것은 델피니온에서 재판한다고 되어 있다. 그래서 다수 학자가 합법적 혹은 정당방위 살인사건은 델피니온에서 재판한 것이라고 말해 왔다. 그러나 간음 현장에서 살인하거나 또 다른 정당방위 관련 살인사건이 델피니온이 아니라 아레오파고스와 관련되어 언급되는 것을 더러 볼 수 있다.

예를 들어, 리시아스의 첫 번째 변론문은 에우필레토스가 자신의 아내와 간음하는 현장에서 붙잡은 에라토스테네스를 살해한 사건이다. 이때 원고 측은 에우필레토스를 계획적 살해혐의로 고소했으나, 피고인 에우필레토스는 살해는 계획적인 것이 아니었다고 주장한다. 이 사건의 재판소가 델피니온인지 아레오파고스인지에 대해 의견이 다르다. 델피니온이라고 보는 쪽에서는 간음하는 이를 현장에서 살해하는 것이 델피니온에서 재판하는 합법적 살인에 해당한다고 보기 때문이다. 그러나 다음과 같이 해당 변론문 안에 아레오파고스가 언급되기 때문에 혼선이 빚어지게 되었다.

> 아레오파고스 법기둥으로부터(*ek tes steles ex Areiou pagou*) 나온 법을 읽어 주십시오.
> 〔법 읽기〕
> 들어 보십시오, 신사 여러분(*o andres*), 전통에 따라 여러분에게 살인사건을 재판하도록 한 아레오파고스(로부터의) 재판소(*to dikasterio to ex Areiou*

Pagou)에서는 분명히 말하기를, 자신의 아내를 간음한 자를 죽인 사람은 '(유죄) 살인(*phonos*)'으로 유죄 선고하지 않습니다. … 3

여기서 "전통에 따라 여러분에게 살인사건을 재판하도록 한"이란 표현을 중심으로 이견이 있다. 뵈크는 리시아스의 이 문장이 기원전 5세기 중엽 에피알테스 때 살인사건 재판권이 아레오파고스에서 제거되었다가 기원전 5세기 말에 다시 돌아왔음을 증명하는 것이라고 주장한다. 그러나 포르크햄머는 이 같은 뵈크의 주장에 반대한다. 에피알테스 때 아레오파고스 권한이 축소된 것이 사실이지만, 살인사건 재판권까지 박탈되었다고 생각할 필요는 없다고 보기 때문이다. 다만 리시아스의 이 문장은 먼 옛날에는 아레오파고스에서 정당방위 살인사건을 재판했으나 그 후 델피니온으로 재판권이 이전된 것을 보여 주는 것으로 해석한다. 더구나, 포르크햄머에 따르면, 재판관들이 '의회 여러분(*boule*)'이 아니고 '여러분(*o andres*)' 혹은 '아테나이 시민 여러분(*o Athenaioi*)'이라고 되어 있는 것도 아레오파고스 의회가 아님을 보여 주는 것이라고 한다.

한편, 필자는 또 다른 시각에서 이 문제 해결의 단서를 찾을 수 있지 않을까 생각한다. 한편으로, 아레오파고스의 정치적 권한은 시대에 따라 변동이 있었으나, 살인 재판권과 관련하여 어떤 변동 사실을 담은 사료는 찾아보기 어렵다는 점, 다른 한편으로 정당한 살인 혹은 상해사건이 아레오파고스와 연관되어 언급되는 것을 전거에서 찾아볼 수 있다는 점 등이다.

---

3   Lysias, 1. 30.

… 우리들의 법이 제일 관심을 갖는 것이 무엇일까요? 연쇄살인이 일어나지 않도록 하는 것으로, 특별히 아레오파고스 의회가 이러한 것을 관장합니다. 이들 법 가운데서 드라콘은 누가 다른 사람을 '(돌발적으로) 죽이게 되는 (autocheir)' 것을 아주 몹쓸 짓으로 간주하여, 살인자(androphonon)를 정화의 샘, 제사, 잔치, 신전, 시장 등에 출입하지 못하도록 했습니다. 이렇게 그런 일(연쇄살인)이 아예 일어나지 않도록 모든 것을 상세하게 규정해 놓았습니다. 그러나 정당성을 주장할 수 있는 기회를 없애지 않았고, 정당방위로 죽였을 때(apoktinnynai)는, 비록 가해했으나(drasei) 무죄(katharon einai)로 방면했습니다. 4

그들은 비난받고 있는 사실을 부정하지만, 이 사람은 했다는 것을 인정합니다. 성스럽고 정의로운 아레오파고스 재판소5에서는 잘못했음(adikein)을 고백하는 자는 사형에 처하고, 만일 불확실하면 조사를 받는데 많은 사람이 부당하지(adikein) 않았다는 것이 증명되었습니다. 이렇게 잘못했음을 부정하는 사람과 고백하는 사람들을 같이 취급해서는 안 되겠습니다. … 만일 누가 사람의 몸이나 얼굴이나 팔이나 다리를 때리면 아레오파고스로부터의 법에 따라(kata tous nomous tous ex Areiou Pagou) 잘못을 범한 도시(ten tou adikethentos polin)를 떠나야 하며 만일 되돌아와서 고발된 자는 처형됩니다. 6

데모스테네스의 다음 언급에서는 정당한 살인과 관련된 법은 어머니를 죽인 오레스테스의 경우를 참고하여 만들었다고 되어 있다. 이 사건은 오레스테스의 어머니 클리타임네스트라가 그 남편이며 오레스테스의 아

---

4 Lysias, 1. 30.
5 Demosthenes, 20. 158 ff.
6 Lysias, 6. 14~15 (안도키데스를 비난하는 연설문).

버지인 아가멤논을 죽였으므로 그 아들인 오레스테스가 어머니를 죽이게 된 것이다. 그런데 데모스테네스는 모친을 살해한 오레스테스에 대한 재판을 아레오파고스, 델피니온, 두 재판소와 같이 연관이 있는 것으로 언급한다.

우리들 제도는 다른 곳에서 볼 수 없는 것들이 많지만, 그 가운데서도 특별히 우리에게만 있는 것이며 가장 성스러운 아레오파고스7 재판소가 있습니다. 이 의회 관련하여 저는 여러 훌륭한 사례들을 소개할 수 있는데, 그것은 다른 여느 재판소에서는 볼 수 없는 것들이지요. 그들 중 일부는 전설로 내려오는 것이고, 또 일부는 우리 자신이 목격한 것들이에요. 그중 한두 가지 사례를 들어 보시는 것도 괜찮겠지요. 66. 우리에게 전해오는 말에 따르면, 옛날 이 재판소가 신들이 살인사건 재판8을 하고 배상을 요구하며, 분쟁 쌍방에 대해 심리했다고 하지요. 전설에 따르면, 포세이돈이 자신의 아들을 위해 아레스를 상대로 소송을 제기했고,9 또 열두 신이 에우메니데스 10와 오레스테스에 대해 판결11을 내렸다지요. 12

---

7   참조, 이 변론 26.
8   *dikai phonou.*
9   포세이돈의 아들 할리로티오스(Halirrhothios)가 아레스의 딸을 강간했는데, 아레스가 할리로티오스를 잡아서 죽였다. 이 사건이 아레오파고스 의회의 재판에 회부되었다.
10 *Eumenides*(복수의 여신들).
11 Demosthenes, 23. 65~66. 미케네 왕 아가멤논은 그 아내 클리타임네스트라에게 살해되었고, 클리타임네스트라는 그 아들 오레스테스에게 살해되었다. 이 모친 살해에서 그녀의 딸 엘렉트라가 오레스테스를 도왔다. 오레스테스의 모친 살해사건이 아레오파고스 의회에 회부되었다. 유무죄 판정에서 재판관의 표가 동수로 갈렸고, 재판장을 맡은 아테나 여신이 무죄에 투표함으로써 오레스테스는 무죄 방면되었다.

세 번째 재판소는 모든 것 중에서 가장 성스럽고 외경스러운 것입니다. 이는 누가 죽였다고 자백하나 합법적으로 행했다고 말하는 경우를 재판하는 델피니온입니다. 내 생각에는, 재판관 여러분(*o andres dikastai*), 무엇보다 먼저 처음에 이 같은 것을 입법한 이들이 추구했던 것은, 살인(*phonos*)이라면 어느 것이나 용서받을 수 없는 것인가, 혹은 어떤 것은 합법적인 것으로 용서받을 수 있는가 하는 것이었습니다. 그래서 오레스테스가 어머니를 죽였다고 자백하고 신들의 법정에 의해 풀려난 사실을 생각하여, 어떤 살인(*phonos*)은 정당한 것도 있다고 여기게 되었습니다. 신들도 그가 부당행위를 한 것으로 판단하지 않았기 때문입니다. 이 같은 점들을 감안하여, 그들(입법자)은 일찍이 어떤 경우에 합법적으로 죽일 수가 있는지(*apoktinnynai*)를 분명하게 규정하였습니다. … 13

데모스테네스는 물론 유명한 아이스킬로스의 비극 〈오레스테이아〉에서도 오레스테스는 아레오파고스에서 재판을 받는 것으로 되어 있다. 이 같은 예들은 당대인들이 살인죄에 대해 그 정당성을 인정하고 방면했던 것은 아레오파고스 재판소나 '아레오파고스로부터의 법'이라고 생각했음을 보여 주는 것이라 하겠다.

---

12 참조, Demosthenes, 23. 26, "더구나 그(입법자)는 '누가 죽이면', '누가 신전을 약탈한다면', '누가 배반죄를 범한다면' 등 이 모든 명제는 재판이 열리기 전에 주어진 혐의라고 보는 것이고, 재판과 유죄 선고가 있고 난 다음에야 범죄 여부가 결정된다고 보았습니다. 혐의의 명제만으로 처벌하는 것이 아니라 재판을 받아야 한다는 것이죠. 그러니, 누가 다른 이를 죽이면 (아레오파고스) 의회가 심리하도록 했을 때, 그(입법자)는 가해자가 유죄로 판정될 경우 어떤 벌을 내려야 하는지는 규정하지 않았습니다."

13 Demosthenes, 23. 74.

오레스테스의 경우와 같은 보복성 살해로서, 위의 예문에서 데모스테네스는 포세이돈의 아들을 죽인 전쟁신 아레스에 대한 재판도 아레오파고스에서 있었다고 전한다. 포세이돈의 아들 할리로티오스(Halirrhothios)가 아레스의 딸 알키피스(Alkippis)를 범하자 화가 난 아레스가 할리로티오스를 죽인 것이다.

훗날 로마 시대에 아시아를 지배하던 로마인 총독 돌라벨라(Dollabella)는 두 번째로 결혼한 남편과 그들 사이에 난 자식을 살해한 한 여인을 재판하게 되었다. 살해의 이유는 그녀의 두 번째 남편이 둘 사이에서 난 자식과 함께 모의하여, 그 여인이 첫 번째 남편과의 사이에서 얻은 두 자식을 살해했기 때문이었다. 돌라벨라는 이 여인에 대해 판결하기 어려워 아레오파고스에 위임하였다. 아레오파고스는 유죄 판결도 그렇다고 무죄석방도 할 수가 없어, 그녀에게 백 년 뒤에 다시 재판소에 출두할 것을 명하고 그때 가서 다시 재판하겠다고 결정했다.

이 같은 보복성 살해는 의도적 살해에 속한다. 살해뿐만 아니라 (살해의도를 가진) 상해사건도 아레오파고스에서 재판했다. 《아테나이 정치제도》(57. 3)에서 볼 수 있듯이, 사람을 살해하지 않고 고의적으로(즉, 계획적 살해 의도를 가지고) 상해한 혐의가 있을 때도 아레오파고스에서 재판한다. 리시아스의 세 번째와 네 번째 변론문은 이 같은 고의적 상해혐의와 관련된 것으로 아레오파고스에서 재판한 것이 확실한 것들로 간주된다. 재판관들의 명칭이 '의원 여러분(o boule)'이라고 되어 있기 때문이다. 이 가운데 특히 네 번째 변론문에서 원고는 피고가 살해의도가 있었다고 하는 반면 피고는 폭행이 정당방위였다고 주장한다.

저 사람(원고)이 말하기를 내가 그를 살해하려고 와서 강제로 그의 집에 침입했다고 합니다. 그러면 그때 내가 그를 압도하고 또 그 여자[14]

를 장악할 만큼 그보다 우세한 입장에 있었는데 왜 그를 죽이지 않았을까요? 그로 하여금 여러분들(재판관들)에게 설명하도록 해보세요. 6. 그러나 할 말이 없지요. 그리고 여러분들은 누구도 칼에 의한 상처가 주먹에 의한 것보다 더 빨리 죽음을 초래한다는 것을 모르지 않지요. 원고는 우리가 무엇을 가지고 침입했다고 말하지 않고 질그릇 조각으로 상처를 입었다고 말하고 있습니다. 이 사람의 말에서 이미 사건이 계획적이 아니었다는 것이 명백합니다. 7. 왜냐하면 (내가 그를 죽이려 했다면) 그 집(사건현장)에서 그를 죽이는 데 사용할 질그릇 조각이나 그 외 어떤 것을 구할 수 있는지 불명한 상황에서, 그냥 들어가지 않고 무엇인가를 집에서(출발할 때)부터 들고 갔을 것이기 때문입니다. 15

그는 그 여자 때문에 감정이 격해져서 행동이 거칠었고 취중이었으므로 그에 대해 방어할 필요성이 있었습니다. 16

이렇게 아레오파고스와 관련된 예들로부터 크게 두 가지 점을 지적할 수 있다. 첫째, 사건이 보복이나 자기방어를 위하여 일어난 것이며, 이 경우 가해자는 살해 혹은 살해를 초래할 뻔한 행위 자체를 부정하지 않지만 그것이 보복성 혹은 자기방어를 위한 것으로 정당성을 주장하는 것이다. 둘째, 계획성 여부의 문제이다. 보복 살해같이 소송 쌍방이 살해가 고의적이라는 것을 미리 전제하는 경우도 있는 반면 살해의 고의성 여부

---

14 참고, 한 노예 여자로 이 여자를 서로 차지하려고 피고와 원고가 다투었다.

15 Lysias, 4. 4 ff.

16 Lysias, *Ibid.* 4. 8.

를 둘러싸고 소송 쌍방 간에 공방이 벌어지는 경우도 있다. 이때, 가해자가 자신의 살해 혹은 (살해를 야기할 수 있는 치명적) 상해 행위가 자기방어를 위해 순간적이었던 것이라고 주장하는 것이다.

2) 아레오파고스 재판소와 아레오파고스 의회

리시아스의 첫 번째 변론문의 살해사건은 살인의 계획성 여부를 두고 공방이 벌어지므로 아레오파고스 재판소에서 재판했을 가능성도 없지 않다. 그러나 이것이 아레오파고스가 아니라 델피니온 재판소에서 재판받은 것이라는 주장은, 앞에서 이미 언급했듯이, 변론문 내 재판관들에 대한 호칭이 '의회 여러분(o boule)'이 아니라 '재판관 여러분(o andres)' 혹은 '아테나이 시민 여러분(o Athenaioi)'이기 때문이기도 하다. 여기서 아레오파고스 재판소의 재판관에 대해 살펴볼 필요가 있다.

아레오파고스 재판소와 재판관 구성에 관한 사료는 많지 않다. 기원후 2세기경 저술가인 폴리데우케스는 아레오파고스 재판소와 관련하여 다음과 같이 전한다.

에페타이의 정원은 51명이다. 드라콘이 이들을 설립하였고 고귀한 사람들 가운데서 선출하였다. 다섯 개 재판소에서 살인혐의자를 재판하였다. 솔론이 이 다섯 재판소 이외에 다시 아레오파고스 의회를 첨가하였다. 점차 에페타이 재판소는 중요성을 잃어갔다. 에페타이라고 불린 이유는 그 이전에는 바실레우스가 비계획적 살인자로 판단된 사람(krinomenoi)을 담당하였는데, 드라콘이 이와 관련된 사건을 바실레우스로부터 에페타이로 위임(ephesis)하도록 함으로써 재판권(krisis)을 에페타이에게 이양했기 때문인 것으로 보인다.[17]

이에 따르면, 살인사건을 재판한 다섯 재판소에 드라콘이 51명의 에페타이를 두었다고 한다. 원래의 다섯 재판소는 아레오파고스, 팔라디온, 델피니온, 프레아토, 프리타네이온이다. 중요한 것은 솔론 때 아레오파고스 재판소(*dikasterio*)에 다시 아레오파고스 의회(*he ex Areiou Pagou boule*)가 더해졌다는 사실이다. 이것은 적어도 후대에는 아레오파고스 재판소가 아레오파고스 의회와는 별개의 것으로 이해되었음 보여 준다.

같은 기원후 2세기 경 루키아노스에 따르면, 아레오파고스 재판관의 수는 중요도에 따라 달랐으며 재판관들은 모든 아테나이인들로부터 추첨으로 선출되었다고 한다. 이 같은 사실은 루키아노스 생존 시대뿐만 아니라 고전기 아테나이에서도 그랬을 가능성을 배제할 수 없으므로, 과거에도 사건의 중요도나 종류에 따라 아레오파고스 재판관의 수나 구성원이 달랐을 가능성이 있다.

여기서 필자가 지적하고자 하는 것은 아레오파고스와 관련하여 적어도 세 가지 명칭이 있으며, 살인사건 재판소의 기능과 관련해서는 두 가지 명칭이 쓰였다는 점이다. 세 가지 명칭은 '아레오파고스로부터의 의회 〔*the boule from the Areopagos* (*he boule he ex Areiou Pagou*)〕', '아레오파고스 (에서 열린) 의회〔*the boule in the Aropagos* (*he boule he en Areio Pago*)〕', '아레오파고스(에서의) 재판소〔*the court in the Areopagos* (*to en Areio Pago dikasterio*)〕'가 그것이다. 이 중에서 살인사건 재판소와 관련하여 쓰이는 것은 첫 번째가 아니라 주로 나머지 두 개이다.

첫 번째 것과 나머지 두 개의 가장 중요한 차이점은, 전자가 반드시 아레오파고스에서 열리지 않고 다른 장소에서도 열릴 수 있었던 반면 나머지

---

17 Polydeukes, 8. 125.

두개는 아레오파고스에서 열린 것처럼 보인다는 것이다. '아레오파고스로부터의 의회'가 다른 곳에서 열린 대표적인 예는 데모스테네스에 "'아레오파고스로부터의 의회(he ex Areiou Pagou boule)'가 '바실레우스(왕)의 스토아(주랑으로 된 건물)'에 줄을 치고 앉으면 아주 조용하게 되고 모든 사람들을 멀리한다"에서 보인다.

살인사건 재판과 관련하여 아레오파고스 의회와 아레오파고스 재판소가 어떤 차이점이 있었는지는 획일적으로 말하기 어려우며, 이 글의 범위를 벗어나는 충분한 논의가 필요하다. 다만 여기서 지적하고 싶은 것은 아레오파고스에서 일어난 각종 집회의 구성원은 일정한 자격의 아레오파고스 의원(Areopagitai)에 한정된 것으로 보기 어렵고 다양성이 있었다는 점이며 수행기능도 마찬가지로 필요에 따라 광범위하게 이루어졌을 것이라는 점이다. 아레오파고스 재판소는 일정한 아레오파고스 의원뿐만 아니라 사안에 따라 여러 다른 사람들로 구성될 수 있었다고 추정하는 것이 합리적이다. 이것이 획일적 국가권력이 형성되지 않은 다핵적·분권적 사회에 더 적합한 해석이기 때문이다.

상식적 사실로서 아르콘 출신이 아레오파고스 의회에 참석한 것은 솔론에 의해 제도화된 것으로 전해진다. 그러나 아레오파고스 의회는 훨씬 이전부터 살인사건 재판소로 명망이 높았다. 앞에서 언급했듯이, 이미 전설 시대부터 포세이돈의 아들을 죽인 전쟁신 아레스와 어머니를 죽인 오레스테스에 대한 재판이 아레오파고스에서 각각 이루어졌다. 오레스테스의 경우에는 12신 혹은 아테나이 민중이 아레오파고스에서 재판관으로 임하였다. 또 기원전 740년경 스파르타와 메세네 사이에 전쟁이 벌어졌을 때 메세네의 왕 안티오코스(Antiochos)는 스파르타인에게 그들 사이에 일어난 살해사건을 아르고스 동맹체와 아테나이의 아레오파고스에서 재판받도록 하자고 제의했다. 그 이유는 아레오파고스가 옛적부터 살인사건을 재판했기 때문이었다.

여기서, 위에서 소개한 폴리데우케스의 예문을 참고하여, 아레오파고스에서도 마찬가지로 51명의 에페타이가 재판하거나, 경우에 따라 또 다른 사람들이 재판관으로 임했을 가능성도 배제할 수 없다. 그래서 아레오파고스 살인사건 재판관들이 반드시 '의회 여러분(o boule)'이 아니라 '재판관 여러분〔o andres (dikastai)〕' 혹은 '아테나이 시민 여러분(o Athenaioi)' 등으로 불렸을 가능성이 있다.

다만 위의 폴리데우케스 예문에서, 솔론이 아레오파고스를 포함한 기존의 다섯 재판소에 아레오파고스 의회를 살인사건 재판소로 첨가하였다고 한 뒤, '점차 에페타이 재판소는 중요성을 잃어갔다'고 적고 있다. 이 문장의 뜻이 썩 명확하지는 않지만, 필자는 아마 이 에페타이 재판소가 기존의 다섯 재판소 모두가 아니라 아레오파고스의 에페타이 재판소만 가리키는 것이 아닐까 추정한다. 그러면 그 뜻은 '솔론이 아레오파고스 의회를 살인사건 재판소로 첨가한 뒤 에페타이가 재판하던 아레오파고스 재판소의 중요성이 점차 줄어갔다'라는 뜻이 된다. 훗날 기원전 4세기 아리스토텔레스 시대에도 아레오파고스를 제외한 팔라디온, 델피니온 등 4개 재판소에서는 에페타이가 그대로 살인사건을 재판하고 있었기 때문이다.

만일 폴리데우케스에 대한 이 같은 해석이 일리가 있다면, 솔론 이전이나 이후 에페타이가 재판하는 아레오파고스 재판소가 존재했던 것이라 할 수 있다. 솔론 이후 아레오파고스 의회가 첨가되면서 에페타이의 아레오파고스 재판소의 역할이 축소되어 갔지만 이것은 서서히 (kata mikron) 일어났기 때문이다. 따라서 재판관들의 명칭이 '의회 여러분'이 아니라 '신사 여러분' 혹은 '아테나이 시민 여러분'이라고 해서 아레오파고스 재판소일 가능성을 막무가내로 원천봉쇄할 필요는 없다.

3. 팔라디온과 델피니온의 비고의적·정당방위·합법적 살해

《아테나이 정치제도》에서는 팔라디온은 비고의적 사건을, 델피니온에서는 합법적 살해와 관련된 사건을 재판했다고 다음과 같이 적고 있다.

> … 누군가 비고의성과 '계기를 조성(bouleusis)'한 것과 관련된 것, 그리고 가속(家屬·oiketes)·거류외인·외국인을 죽이면 팔라디온에서 재판한다. 만일 누가 살인한 사실을 인정하지만 그것이 합법적이라고 주장하는 경우, 예를 들면 간음 현장을 잡은 것, 전쟁이나 운동경기(athloi)에서 싸우거나 하는 것은 델피니온에서 재판한다.[18]

이 예문에서 델피니온에서 재판한 합법적 살인으로 언급되는 예들은 계획적인 것이 아니라 비고의적인 것이다. 이때 비고의적이라는 것은 살해하거나 해치려는 의도가 없었던 경우는 물론이고, 순간적으로 살해의 도가 발생한 경우도 포함한다. 앞에서 이미 소개한 적이 있는 데모스테네스의 아래 예문에서는 합법적 살해와 관련한 것을 위의 예문보다 더 자세히 기록했다. 이것도 위의 예문과 같은 설명이 가능하다.

> 만일 누가 운동경기를 하거나, 길에서 만나 싸우거나, 전쟁터에서 알아보지 못했거나, 혹은 자기 여자나 어머니, 누이, 딸, 자유인 자식을 가진 첩을 범하는 자를 비고의적(akon)으로 죽였을(apokteinei) 때는, 그 죽인 사람은 피고가 되지 않습니다(me pheugein kteinanta).[19]

---

18 Aristoteles, *Athenaion Politeia*, 57. 3.
19 Demosthenes, 23. 53.

그런데 플라톤은 다음 언급에서 비고의 살해사건에 두 가지가 있음을 밝혔다. 하나는 델포이에서 가져온 법으로 정화하여 사면받는 것, 다른 하나는 '살해자(autocheir)'로 간주되어 벌을 받는 것이다.

(A) 이렇게 화두를 꺼냈으므로 모든 종류의 살인에 관한 법을 만드는 데 조금도 망설일 필요가 없지요. 먼저 폭력적이고 비고의적인 것에 대해 말해 보자. 만일 경기(agon)나 '공공의 시합(athloi demosioi)'에서 비고의(akon)로, 그 즉석에서나 나중에 상처로 인해, 누가 친구를 죽이거나 혹은 전쟁 중이나 전쟁을 위한 훈련이나 혹은 경무장으로 창 연습을 하거나 중무장으로 모의작전을 하다가 죽이면, 이런 경우를 위해 델포이에서 가져온 법으로 정화된다. 모든 의사들도 그들에 의해 치료받은 환자가 '뜻하지 않게(akontoi)' 죽으면 법에 따라 정화된다(katharos esto).

(B) 만일 사람을 '죽인 데 책임이 있으나(autocheir)' 비고의적(akon)으로 한 것이면, 맨몸으로나 연장이나 무기나 음료나 음식이나 불이나 추위나 공기를 없애거나 간에, 그리고 스스로 하든지 남의 손을 빌리든지 간에 모두 스스로 한 것(autocheir)으로 간주되어 다음과 같은 벌을 받는다. 노예를 죽이면, 자신의 노예가 죽은 것처럼 그 주인에게 손해를 보상해야 한다. 그렇지 않으면 그 두 배를 배상해야 한다. 재판관들(dikastai)이 그 가치를 정한다. 그리고 체육훈련에서 죽인 것보다 더 크고 많은 것으로 정화의식을 올려야 한다. [20]

이 예문에서는 두 가지 점을 지적할 수 있다. 첫째, 예문 (A)에 해당되는 것은 비고의적 살해자가 델포이에서 가져온 법에 따라 정화된다는 사실이

---

20 Platon, *Nomoi*, 865a ff.

다. 그 해당 사안은 대체로 《아테나이 정치제도》(57. 3)에서 델피니온에서 재판한 것으로 언급한 것과 유사하다. 여기서는 죽이려는 의도 자체가 없거나 전쟁 중 일어난 살인의 경우다. 둘째, 예문 (B)의 사례들은 (A)와 같이 비고의적이긴 하지만 (A)보다 살해에 대한 가해자의 책임(*autocheir*)이 더 클 때를 말한다. '비고의'란, 앞에서 지적했듯이, 화나거나 하는 등의 이유로 순간적이지만 죽이려 했거나 혹은 적어도 해치려는 의도를 가졌을 때를 포괄하는 것이다. 이 같은 비고의적 살해사건은 팔라디온에서 재판하였을 가능성이 크다. 여기서 재판관들은 위의 예문에서 언급하듯이, 손해배상이나 정화의례의 크기 등을 결정했던 것으로 볼 수 있다.

한편 (A)와 (B)는 미묘한 차이점이 있다. 예를 들어 (A)에서 "의사들도 그들에 의해 치료받은 환자가 뜻하지 않게 죽으면 법에 따라 무죄가 된다"라고 하여 의사가 치료하다가 실수로 사람을 죽였을 때는 "델포이로부터 가져온 법에 따라 정화된다"고 되어 있다. 이러한 시각은 다른 사료에서도 보인다.

실제로 의사의 지시에 따르다가 죽었다 하더라도, 살해당한 것이 아닌 것으로, 의사는 사망한 자에 대한 살해자가 아닙니다. 그래서 법이 그를 무죄방면합니다. 21

반면, (B)에서 음료를 주어 사람을 죽인 경우에는, 고의적 살해혐의를 더 강하게 받고, 또 비고의성이 인정된다 하더라도 살해에 대한 과실(*autocheir*)을 물어 벌을 받는 경우가 더 많았던 것으로 추측된다. 의사가 아닌 사람이 음료를 주어서 사람을 죽인 경우라 해도 반드시 잘못을 범한

---

21 Antiphon. 4c 5.

것은 아니겠지만 의사의 경우보다는 죄인으로 간주되는 경우가 더 흔하다는 사실을 보여 준다. 사실 의사가 아닌 경우에도 재판을 통해 무죄가 되는 예도 없지는 않다. 다음 사료는 이 같은 사실을 보여 준다.

한 여인이 사랑의 마약을 어떤 사람에게 마시도록 주었는데 마신 사람이 이 약으로 인해 죽었다. 그래서 그 여인은 아레오파고스에서 재판받았는데 무죄 석방되었다. 왜냐하면 계획적으로 죽이려 한 것이 아니라 사랑의 마약으로 그의 사랑을 돌이키려 한 것으로 생각되었기 때문이다. 22

이상에서 비고의적 살인사건은 두 가지로 크게 나누어 볼 수 있다. 첫째, 소송 쌍방이 비고의적 살인이라는 데 동의할 뿐만 아니라 피고에게 큰 잘못이 없다고 보는 것, 둘째, 살해가 비고의적이라는 사실에는 소송 쌍방이 동의하지만 피고가 살해행위에 책임이 있다고 보는 것이다.

전자의 경우는 재판관들의 중재로 정화의례를 거쳐 정화(사면) 될 수 있다. 정화의례란 그냥 형식적 제식이 아니라 민사적 보상 같은 것으로 연결시켜 볼 수 있다. 정화의례의 규모는 흔히 관례에 따랐을 것이나 구체적으로 이를 결정하는 것은 바로 재판관들이다. 그리고 후자의 경우, 즉 비고의적이라 하더라도 피고가 살해행위에 책임이 있다고 판단될 때는, 위의 플라톤 예문에서 보듯이, 피고에 대한 규제나 보상액은 더 커지게 된다. 비고의적 살인에 관한 조처는 〈드라콘법〉에서 찾아볼 수 있다. 여기서는 비고의 살인의 경우 피고 측과 원고 측 사이의 화해와 보상, 그리고 화해가 성사되지 못했을 때는 피고에 대한 신변 규제나 추방 등을 논했다.

---

22 Aristoteles, *Ethika*, 1188b 32~35.

4. 델피니온 재판소

1) 비고의성과 합법성

맥도웰은 델피니온에서 재판한 살인사건은 고의적인 것과 비고의적인 것의 혐의와 다 관련되며, 고의성 혐의를 받는 경우 그 같은 혐의를 두는 원고 측이 아니라 합법성을 주장하는 피고의 주장에 따라 사건은 델피니온에서 재판받게 된다고 했다. 그러나 살인이 계획적이었다는 혐의를 받을 때는 아레오파고스에서 재판받을 가능성도 없지 않다. 아레오파고스는 살해나 상해가 계획적이었는지에 관해 재판하기 때문이다.

맥도웰의 견해와 달리, 필자는 합법적 살인사건으로 델피니온에서 재판받으려면 두 가지 요건을 충족시켜야 했다고 추정한다. 첫째, 살인이 비고의적이거나 그럴 개연성이 높은 것으로 판단될 때다. 이 점은 비고의적 살인사건을 재판한 팔라디온의 경우와 유사하다. 둘째, 델피니온 재판소에서 정당한 살해로 법에 따라 정화 대상이 되는 것은 비고의적 살인사건 중에서도 특히 계획성이 없는 순간적 돌발행위여야 한다. 그리고 이 같은 순간적 공격성이 인정되는 사항 몇 가지를 법으로 인정해 놓은 것이라 하겠다.

이 같은 점에 바탕으로, 합법적 살인과 관련된 델피니온 재판의 사안을 크게 두 가지 종류로 나누어 살펴볼 수 있다. 첫째는, 방금 말한 두 가지 필요조건 등에 대해 소송 쌍방의 의견이 다를 때이다. 《아테나이 정치제도》(57. 3)에서 "누가 죽였다고 자백을 하지만 합법적이라고 말할 때"의 '말하는 것'은 피고가 그렇게 주장한다는 뜻일 뿐, 원고가 그 말에 반드시 동의함을 뜻하는 것은 아니다. 이러한 시각은 아리스토텔레스(*Politika*, 1300b 24~30)의 "(죽었다고) 자백하나 그 정당성이 의문시될 때"**23**에서도 나타난다. 즉 '정당성이 의문시될 때'가 이를 의미한다.

정당성 여부와 관련된 한 예로 살인에 고의성이 얼마나 개재되었느냐는 것이 있을 수 있다. 그런데 고의성 여부를 가리는 일이 쉬운 일이 아니므로 그 자체가 재판을 통해 해결해야 하는 사안이다. 플라톤은 고의성과 비고의성을 명확히 구분하기 어려운 점을 다음과 같이 적고 있다.

… 누가 자유인을 살해할 때 (*autocheir*) 화 (*thymos*) 로 인한 것은 두 가지가 있다. 하나는 화가 나서 죽이되 갑자기 그리고 죽이려는 마음 없이 (*aprobouleutos tou apokteinai*) 상처에 의하거나 혹은 그와 같은 즉흥적 공격으로 사람을 해치는 것이다. 그런 뒤에 곧 뉘우치는 것이다. 다른 하나는 욕을 얻어먹거나 창피를 당한 사람이 앙심을 먹고 누구를 죽이려는 마음으로 (*tina boulethentes kteinai*) 나중에 죽이는 것이다. 이렇게 유죄살인 (*phonos*) 은 두 가지가 있으며, 이는 다 화 때문으로 자발적 (*hekousios*) 인 것과 비자발적 (*akousios*) 인 것의 중간이라고 말함이 옳다.

그렇지만 이 두 경우는 각각 자발적인 것이나 비자발적인 것에 가까운 정도가 다르다. 화를 참았다가 즉석에서 갑자기가 아니라 마음먹고 (*meta epiboules*) 나중에 보복하는 것은 자발적인 것에 가깝고, 화를 못 참고 즉석에서 예정 없이 바로 행동하는 것은 비자발에 가깝다. 이것은 완전히 비자발적인 것은 아니지만, 그에 가깝다. 그래서 화 때문에 일어난 유죄살인 (*phonoi*) 은 자발적인지 혹은 비자발적인지 법적으로 규정하기가 곤란하다. 가장 좋고 참된 방법은 두 가지 모두 유사성이 있는 것으로 하되, 미리 예정했나 (*epiboule*) 예정이 없었나 (*aproboulia*) 에 따라 구분하는 것이다. 예정하여 분노 (*orge*) 로 죽인 사람들 (*kteinasi*) 에게는 벌이 더 무겁고, 예정 없이 갑자기 한 것은 벌을 더 가볍게 한다. 24

---

23 hosa homologeitai men, amphisbeteitai de peri tou dikaiou.

그러므로 한 행위는 고의성(*voluntary*)과 비고의성(*involuntary*) 중 어느 한 편으로 규정하기 곤란하므로 오히려 계획성·비계획성과 정당성·부당성 등의 개념이 살해의 합법성 여부를 규정하는 데 더 적합하다고 하겠다. 사실, 계획성이 짙을수록 부당하며 비계획적일수록 정당성·합법성이 강해진다. 델피니온 재판은 바로 계획성 정도나 그 외 개재될 수 있는 요인과 관련하여 가해자 행위의 정당성 여부에 대해 소송쌍방 간에 의견이 다를 때 이루어진 것이라고 할 수 있다.

델피니온에서 재판된 두 번째 종류의 사안은, 위에서 논의한 첫 번째와 달리, 살인이 기본적으로 비고의적·합법적이라는 데 원고 측이 동의하는 경우이다. 비고의성이란 것이 가해자의 책임을 통째로 면해 주는 만병통치약이 아니기 때문이다. 그 비고의적 살해사건에서 피고가 얼마만큼 책임이 있느냐는 것은 또 다른 문제이며, 그 책임의 크기에 따라 정화의례 등의 크기가 달라질 수 있기 때문이다. 이는 마치 팔라디온 재판소와 같다. 〈드라콘법〉에서 볼 수 있듯이, 팔라디온에서도 원고가 비계획적 살인사건이라는 데 동의하는 경우에도 가해자의 과실(過失)의 크기에 따라 유무죄를 가릴 필요가 있으며 원고 측과 피고 측이 타협하지 못하면 피고는 추방된다. 델피니온이 팔라디온과 다른 점은, 살해의 합법성이 인정되면 어떤 경우라도 범죄자로 간주되거나 추방되지 않는다는 사실이다.

또 델피니온의 합법적 재판은 비고의적 살인과 관련된 팔라디온은 물론이고 특히 아레오파고스 재판과 밀접하게 연관되어 있다. 리시아스(I, 30)는 "아레오파고스(로부터의) 재판소(*to dikasterio to ex Areiou Pagou*)

---

24 Platon, *Nomoi*, 865b.

에서는 분명히 말하기를, 자신의 아내를 간음한 자를 죽인 사람은 '(유죄) 살인(phonos)'으로 유죄 선고하지 않는다"고 했다. 아레오파고스 재판소를 '아레오파고스에서의 재판소(to dikasterio to en Areio Pago)'가 아니라 '아레오파고스로부터의 재판소(to dikasterio to ex Areiou Pagou)'라고 한 것이다. 이것은 반드시 아레오파고스 장소에서 열린 것을 말하는 것이 아니라 아레오파고스 재판소의 권위를 위임받아서 열리는 다른 재판소, 즉 델피니온을 말한 것일 수도 있다. 이는 아레오파고스로부터의 의회(he boule he ex Areiou Pagou)가 '바실레우스의 스토아'(왕의 주랑)에서 열리는 것과 같은 현상이다. 살인사건 법정은 아레오파고스의 권위를 위임받아서 후대에 생긴 다른 원칙에 따라 델피니온 등 다른 곳에서도 열리게 되었다고 할 수 있다.

앞에서 소개한 데모스테네스의 예문(XXIII, 74)에 따르면, 새로운 사실의 부가 제정 과정을 엿볼 수 있다. 델피니온과 관련된 법을 처음으로 만든 사람들은 살인(phonos)이지만 정당한 것으로 용서받을 수 있는 사안들을 정하였는데, 이는 신들도 감히 부당한 것으로 판단할 수 없었던 오레스테스의 모친살해를 염두에 두었기 때문이라고 한다. 기원이야 어찌 되었든, 델피니온에서 특별히 사면될 수 있는 항목을 정하는 계기는 그 같은 것이었지만, 오레스테스와 같은 고의적 모친 살해는 델피니온과는 무관하다. 델피니온은 주로 순간적이거나 실수에 의한 일정 항목의 살해행위를 다루었기 때문이다. 이렇게 델피니온은 아레오파고스의 살인사건 재판에서 파생되어 나온 것으로 시기적으로 더 후기에 설립되었으며 델피니온과 관련된 법도 아레오파고스 살인사건 재판법에 준한다고 하겠다.

2) 정화를 위한 재판(dike)

살인이 비고의적·합법적이라는 데 쌍방의 의견이 이렇게 일치하는 경우에도 델피니온에서 재판이 있을 수 있다. 그것은 '살인죄(phonos)'는 풀려난다 하더라도 도의적 손해배상이나 정화의례의 규모 및 그에 필요한 금액 등에 대해 민사적 조율이 이루어질 가능성이 있다. 이 경우 그것을 판정하는 것은 바실레우스(왕)이다. 이에 대한 왕의 역할은 앞에서 소개했던 플라톤(Nomoi, 865b)의 언급을 통해 추측해 볼 수 있다. 플라톤은 비고의적인 것이라 하더라도 살해에 책임이 있는 '살해당사자(autocheir)'로 간주될 때는 벌을 받는다고 하며, 그 벌과 관련하여 다음과 같이 말했다.

> 노예를 죽이면, 자신의 노예가 죽은 것처럼 그 주인에게 손해를 보상해야 한다. 그렇지 않으면 그 두 배를 배상해야 한다. 재판관(dikastai)이 그 가치를 정한다. 그리고 체육훈련(athlos)에서 죽인 것보다 더 크고 많은 것으로 정화의식(katharmoi)을 올려야 한다.[25]

여기서 언급되는 '체육훈련(athlos)' 중의 살인은 델피니온의 합법적 살해 항목에 들어간다. 그런데 이 문장은 이런 경우도 정화의식이 필요하며 그 규모도 재판관들에 의해 조율되었음을 시사한다.

한편, 아테나이의 재판 제도 중 '디케(dike)'가 갖는 의미의 차이에 유념할 필요가 있다. 중요한 것은 '디케' 재판에는 원고와 피고가 있는 경우와 그런 것이 없는 경우가 있다는 점이다. 원고와 피고가 없는 재판은 형사가 아니라 민사재판 같은 것, 쌍방 간의 권리 다툼 같은 것이다. 예를 들어 한

---

[25] Platon, Nomoi, 865c.

물건에 대해 두 사람 이상이 권리를 주장할 때는 상대적으로 더 강한 권리자를 결정하기 위해 재판했다. 이때는 범죄자 개념이 없다.

합법적 살해로 판결 나면 살해자는 더 이상 피고가 아니다(*me pheugein kteinanta*). 다만 '델포이로부터의' 법에 따라 정화(*katharmos*) 의례를 거쳐야 한다. 이는 재판관들의 결정에 따라 쌍방 간 이해관계를 조율하는 것으로 이루어진다. 따라서 순전히 의례적·형식적인 것이 아니다. 요즘으로 치면 원고와 피고가 있는 형사소송이 아니라 둘 다 잘못이 없는 상황에서 권리를 주장하는 민사소송 같은 것이라고 할 수 있다.

5. 바실레우스(왕)의 기능

살인사건은 모두 '살인사건 재판(*dike phonou*)'으로 연결되는 것은 아니다. 죄가 명백한 경우에는 해당 관리가 바로 처벌한다.

도적질한 자나 간음한 자, 살인한 자 혹은 큰 잘못을 범한 자들이 이러한 것을 몰래 저지르는 경우 재판을 받을까요? 현행범으로 잡힌 자가 죄를 고백하면 즉각 사형에 처해지고, 비밀히 하고 저지른 바를 인정하지 않는 자는 재판소에서 재판을 받는데 진실은 증거에 의해 결정됩니다. 26

11인은 무엇인가: 나쁜 짓에 관계되는 도둑, 유괴·인신매매자, 살인자 등을 체포한다. 그리고 고백하는 자들은 사형에 처하고, 혐의가 불확실한 자는 재판소에 회부한다. 27

---

26 Aischines, 1. 91.
27 Lexikon Seguerianum, Lexeis Rhetorikai, s. v.

그러나 개인 간에 분쟁이 생기고 피고가 그 사실을 부인하면 재판이 진행된다. 분쟁 쌍방 간 의견 불일치에 대해 데모스테네스는 다음과 같이 적었다.

아직 죄인(*healokos*)으로 증명되지도 않았고, 또 사건을 저질렀는지 아닌지, 또는 비계획적이었는지 계획적이었는지도 가려지지 않았는데 … .28

그러면 재판관들이 개입하는 경우, 소송당사자들과 재판관들의 의견 비중은 각각 어느 정도였을까?

피고는 사실이 그러한지 아닌지, 또는 사건이 일어났는지 아닌지를 진술하는 것 이상은 허용되지 않는다는 것이 명백하다. 사건이 큰가 작은가 혹은 정당한가 아닌가 하는 것은 입법가가 관여할 문제가 아니라 재판관이 결정해야 하며 입법가는 피고에 대해 직접 관여하지 않는다. 법에서 인정하는 정당방위와 관련될 때는 보통 델피니온에서 재판하지만, 계획적 살해의 혐의가 짙을 때는 원고의 주장에 따라 아레오파고스에서 할 수도 있다. 재판소의 결정은 무조건 피고의 주장에 따르는 것이 아니라 정황을 고려한 다음 바실레우스(왕)가 결정한다. 바실레우스는 살인소송을 처음으로 접수하여 재판소를 정하고 재판소를 주재한다.29

… 바실레우스는 또 씨족이나 제사장들 내부에서 일어나는 특권과 관련된 모든 분쟁을 재판한다. 모든 살인재판도 왕에게로 접수된다(*lagchanontai*).

---

28 Demostenes, 23. 79.
29 Aristoteles, *Rhetorike*, 1354a 26~31.

그리고 전통의 제식 등에 참가 금지를 선언하는 것도 왕이다. … 4. 바실레우스는 재판을 도입하고, 성스러운 곳 노천에서 재판을 한다. 바실레우스는 재판할 때 왕관을 벗는다. 30

리시아스의 첫 번째 변론문에서 피고는 자신의 살해행위의 정당성과 비계획성을 다음과 같이 해명한다.

여러분, 나는 (간음한 자를 죽인 사실에 대해) 정당하게 행했다고 생각합니다. … (37ff.) 생각해 보세요, 여러분(o andres), 그들이 저를 비난하기를, 제가 그날 하녀를 시켜 그 젊은이를 데리고 오도록 했다는 것입니다. 저는요, 여러분, 내 아내를 타락하게 한 자를 어떤 방법으로든지 잡을 권리(dikaion)가 있어요. … 그는 이미 온갖 일을 저지르고 뻔질나게 제 집에 드나들었으므로 내가 무슨 방법으로든 그 자를 잡는 것은 당연한 것이지요. 그런데 그들이 어떻게 거짓말을 하는지 생각해 보세요. … 만일 그날 저녁에 제가 에라토스테네스를 잡으려고 (미리) 마음먹었다면, 어느 쪽이 더 내게 유리했겠어요? 내가 다른 곳으로 가서 저녁을 먹었겠어요, 아니면 손님들을 내게로 오도록 했겠어요? … 42. 정말로 저는 그날 밤에 무슨 일이 일어날지 몰랐어요. 부를 수 있는 사람만 있었지요. 그 증인들이 여기 있어요. … (I, 44 ff.) 어떤 사람들은 (돈이 생기는) 그런 일 때문에 서로 살인을 하려고 하지요. … 우리들 사이에 욕을 하거나 취중에 다투거나 그 외 다른 일들이 있어야 하는데, 나는 그 사람을 그날 밤 전에는 본 적이 없어요. 그런데 그로부터 크게 부당한 대우를 당한 것도 아닌데 그런 큰 모험을 무엇 때문에 하겠습니까? 31

---

30 Aristoteles, *Athenaion Politeia*, 57. 3.
31 Lysias. 1. 29 ff.

이 사건의 재판소가 아레오파고스인지 델피니온인지에 대해 이견이 있
다는 점을 앞에서 소개하였다. 필자의 생각에, 이 같은 취지의 피고의 주
장이 처음 송사를 접수할 때 바실레우스에게 설득력이 강했다면 델피니온
에서 재판했을 가능성이 있다. 그러나 바실레우스가 피고의 주장에 설득
력이 없고 살해의 계획성 혐의가 짙다고 판단했다면 사건이 아레오파고스
로 위임되었을 가능성도 없지 않다. 이는 마치, 앞에서 언급했듯이, 의사
의 치료 과정에서 일어난 살해는 비고의적인 것으로 간주되어 '델포이로
부터의 법에 따라' 정화의례를 거쳐 사면될 가능성이 높지만, 단순 개인의
필트론(사랑의 묘약) 사건은 살해의 계획성 여부가 문제가 되어 아레오파
고스에서 재판받는 것과 같다. 이와 같이 재판소의 배정에는 소송 쌍방의
주장뿐만 아니라 바실레우스의 판단이 영향을 미친다고 하겠다.

이상에서 논의한 바에 따르면, 한 사건이 아레오파고스, 팔라디온, 델
피니온 중 어디로 배정되느냐는 것은 여러 가지 정황을 고려한 바실레우
스의 결정에 달려 있다고 할 수 있다. 여기서 데모스테네스의 다음 서술
에 유념할 필요가 있다.

살인의 종류에는 … (1) 고의적 사건 관련, (2) 비고의적 사건 관련, 그리
고 (3) (죽였다고) 자백을 하나 그 정당성이 의문시될 때가 있다. 그리고 네
번째는 살인혐의로 (거주지를) 떠난 사람이 다시 돌아올 때 (그래서 다른 혐
의로 다시 재판받을 때) 프레아토(to en Phreattoi dikasterio)에서 재판받는
다. 이 같은 것이 아테나이의 프레아토 재판소인데, 아무리 큰 도시라 해도
전체 역사에서 이런 일이 일어나기는 드물다. [32]

---

[32] Aristoteles, *Politika*, 1300b 25ff.

여기서 프레아토만 제외하고 다른 것은 재판소 이름이 언급되지 않는다. 맥도웰은 앞의 세 가지 경우 비록 재판소가 구체적으로 거론되어 있지 않으나 각 종류의 사건은 차례대로 아레오파고스, 팔라디온, 델피니온에서 재판된 것이라고 한다. 그러나 필자는 이것이 바로 재판이 있기 전에는 사건의 성격을 미리 규정하기가 어려우며 재판소의 결정도 획일적이지 않다는 점을 반증하는 것이라고 생각한다. 살인사건은 판결 전에는 계획적인지 비계획적인지 혹은 정당한 것인지 아닌지를 규정하기가 곤란하므로, 계획적 살인사건은 아레오파고스에서, 합법적 살해는 델피니온에서 재판했다고 말하기가 어렵다.

6. 나오며

사가들은 흔히 합법적·정당방위 살인사건은 델피니온에서 재판한 것으로 규정한다. 그러나 필자는 정당방위 살해도 크게 세 가지 종류로 나눌 수 있으며 그 재판소도 각각 달랐다고 추정한다.

첫째, 아레오파고스에서 재판한 것은 계획적이지만 복수나 대의를 위한 것과 계획적 살해혐의가 있을 때이다. 둘째, 실수나 자기방어를 위한 비고의적 살해이다. 이는 비계획성 살인으로 순간적으로 살해의사가 있을 수도 있고 없는 경우도 있다. 합법적인 것으로 이미 법에 규정된 사안이 아닌 비고의성 관련 살인은 팔라디온에서 재판했을 가능성이 있다. 셋째, 비고의적이면서 법에 규정된 종류의 살인 관련 사건으로 델피니온에서 재판하는 것이다.

맥도웰은 델피니온에서는 소송 쌍방이 합법성에 대해 의견이 다른 사건을 다루며, 이때 비합법성은 고의적·비고의적 사건을 다 포함하는 것이라고 하였으나 이는 바른 것이 아니다. 오히려 소송 쌍방의 의견이 다를 때라도 적어도 객관적으로 비고의성이 짙은 사건이 델피니온에 회부되었다고 함이 옳다는 것이 필자의 생각이다. 그래서 델피니온에서 재판한 합법적 살해는 두 가지로 나눌 수 있는데, 하나는 소송 쌍방이 합법적이라는 데 동의하는 것, 다른 하나는 소송 쌍방이 동의하지 않더라도 정황에 비추어 바실레우스가 합법성이 짙다고 판단하는 경우이다. 전자의 경우 재판은 손해배상이나 정화의례의 크기 같은 민사적 사안을 중심으로 이루어질 가능성이 있으며, 후자의 경우는 정당성·합법성이 있는지 아닌지를 중심으로 유무죄를 가리는 형사재판이 진행된다.

반면, 원고 측이 살인을 계획적인 것이라고 주장하고 바실레우스가 그럴 가능성이 짙다고 판단하면 살해의 합법성 여부는 바로 계획적이었는가 아닌가를 둘러싼 문제로 확대되기 때문에 델피니온이 아니라 아레오파고스에서 이루어진다. 합법성은 살해 의도가 있든 없든 순간적 동기에 의한 살인이라는 점을 전제하기 때문에 사건이 계획성이 짙다는 혐의를 받으면 합법성 여부는 치명적으로 타격을 받게 된다.

또 피고의 주장에 따라 재판소가 결정되었다는 맥도웰의 견해도 바르지 못하다. 피고가 아무리 정당성을 주장해도 원고의 주장이나 바실레우스의 판단에 따라 재판소가 달라질 가능성이 있으므로, 피고의 주장에 따라 재판소가 결정되었다는 맥도웰의 주장은 반론의 여지가 있는 것이다.

고대 아테나이 아레오파고스에서의 살인사건 재판*

1. 들어가며

고대 고전기 아테나이 정치사는 주로 민주정의 발달, 민중의 정치적 세력 확대 등에 관심을 기울였다. 구체적으로 400인 혹은 500인 의회, 민회, 민중재판소 등이, 솔론, 클레이스테네스, 에피알테스 등에 의한 일련의 정치적 개혁을 거치면서, 어떻게 그 세력을 확장했는지를 조명했다. 반면, 예로부터 존재한 오랜 전통의 아레오파고스(Areopagos) 의회는 민주정의 발달로 세력을 상실한 것으로 간주되어 큰 관심의 대상이 되지 못하였다. 다만 살인사건의 재판 관련 법의 연구에서 아레오파고스가 가졌던 정치적·사법적 역할이 가볍게 언급되는 정도에 그쳤다.

고전기 아레오파고스에 대한 연구는 월리스(R. W. Wallace)가 1984년 하버드대학에서 쓴 석사학위 논문[1]이 나오기 전까지 거의 19세기 말경에

---

* 참조, 최자영, "고대 아테나이 아레오파고스에서의 살인재판", 《혁명, 사상, 사회변동》(공저, 벽봉 오주환 박사 화갑기념 서양사 논총 1), 경북대학교 출판부, 1991, pp. 349~383에 게재; 최자영, 《고대 아테네 정치제도사: 아레오파고스와 민주정치》, 신서원, 1995, pp. 237~266.

쓰인 것들이었다. 아레오파고스의 살인사건 재판 관련 주요 문헌으로, 아리스토텔레스의 《아테나이 정치제도》[2]가 있는데, 이는 1890년대 들어 학계에 알려졌다. 그전에 아레오파고스에 관한 중요한 사료들은 아리스토텔레스의 《정치학》, 플루타르코스의 《위인전》, 폴리데우케스(폴룩스)의 저서와 그 외 데모스테네스 등 고대 아테나이 연사들의 연설문 등이었다.

아리스토텔레스에 따르면, 솔론이 과두적[3] 전통의 아레오파고스 의회를 폐기하지 않고 존속시켰다고 한다. 한편, 플루타르코스는 "솔론이 아레오파고스 의회에 매해 아르콘(장관)들이 참석하도록 하였다"고 하고, 이어 솔론 이전에 아레오파고스 의회의 존재 여부에 대해 견해가 일치하지 않는다고 전한다.[4] 또한 폴리데우케스[5]에 따르면, 드라콘이 51명의 에페타이(ephetai) 재판관으로 하여금 아레오파고스를 포함하는 다섯 재판소에서 살인사건을 재판하도록 창설했고, 그 후 솔론이 아레오파고스 의회를 살인을 재판하는 또 하나의 재판소로 기존의 다섯 재판소에 첨가했다고 전한다.

이로부터 사가들은 다음과 같은 몇 가지 문제점을 둘러싸고 논란을 벌였다. 솔론 이전에 아레오파고스 의회가 존재하였는지 여부, 만일 아레오파고스 의회가 솔론 이전에 존재하였다면 어떤 권한(정치적 권한 혹은 살인사건의 재판권 등)을 가지고 있었느냐는 것이다. 특히 폴리데우케스

---

1   R. W. Wallace, *The Areopagos, from the origins to 307 B.C.* (Diss. Harvard University, 1984),

2   Aristoteles, *Athenaion Politeia*. 우리나라 한글 번역본은 다음을 참조. 아리스토텔레스, 크세노폰 외 저, 《고대 그리스 정치사 사료, 아테네·스파르타·테바이 정치제도》, 최자영·최혜영 역, 신서원, 2003.

3   Aristoteles, *Politika*, 1273b 40. "oligarchikon(과두적)".

4   Plutarchos, *Solon*, 19. 1.

5   Polydeukes (Pollux), 8. 117.

의 전언을 둘러싸고 이견이 대두되었다. 드라콘 시기 아레오파고스를 포함한 다섯 재판소에서 51명의 에페타이가 살인사건을 재판했다고 하면서도, 솔론이 다시 아레오파고스 의회에 살인사건의 재판권을 부여했다고 전하고 있기 때문이다. 일부에서는 이 기록이 모순되고 신빙성이 없는 것으로 보았다. 반면 다른 일부에서는 폴리데우케스가 솔론 이전 시기에 아레오파고스 의회와 그 의원들이 존재하지 않았고 아레오파고스는 에페타이가 살인사건을 재판하던 하나의 장소에 불과하였다는 것을 증명하는 것이라고 주장했다. 한편, 아레오파고스 의회가 솔론 이전부터 존재했다고 보는 이들은 솔론 이전 시기에 아레오파고스 의원과 에페타이가 서로 어떤 관계에 있었던가에 관심을 기울였다.

1880년 이집트의 사막에서 일련의 파피루스가 발견되었고, 그 속에 아리스토텔레스의 저서로 알려져 있는 《아테나이 정치제도》가 포함되어 있었다. 1890년 영국의 케니언(F. G. Kenyon)이 이것을 단권의 책으로 발간했다. 여기에 솔론 이전6과 솔론 당시7에 아레오파고스 의회가 가졌던 여러 가지 권한들이 기록되어 있다. 이로부터 많은 연구자들이 솔론 이전부터 아레오파고스 의회는 과두적 권력을 상징하는 정치기구로 강력한 정치적 권력을 소유하였다는 전제하에, 아레오파고스가 가진 정치적 권한에 대해 관심을 기울이게 되었다. 8 그러나 다른 일부에서는 솔론을 전후한 시기에 도시국가의 권력 자체가, 후대의 민주정이 발달했던 시기

---

6   Aistoteles, *Athenaion Politeia*, 3. 6, 4. 4.

7   Aistoteles, *Athenaion Politeia*, 8. 4

8   G. Gilbert, *Handbuch der Griechischen Staatsalterthümer*, v. 1 (Leipzig: B. G. Teubner. 1893), pp. 134 ff, 152: Th. Thalheim, in *Real Encyclopaedie*, vol. 2 part. 1 (1895), Areios Pagos, p. 629: U. von Wilamowitz-Möllendorf, *Aristoteles und Athen* (Berlin: Weimannsche Buchhandlung, 1893), vol. 2, p. 187 ff. etc.

와 달리, 아직 강하지 않았으며, 9 따라서 아레오파고스 의회의 권한도 그다지 강하지 못했다고 본다. 10

아레오파고스에 대해 저술한 월리스는 솔론 이전에 아레오파고스가 가진 여러 가지 권한을 기록한 《아테나이 정치제도》의 신빙성을 부정했다. 솔론 시기까지 아레오파고스는 살인사건의 재판소로만 존재했으나, 솔론이 처음으로 아레오파고스에 정치적 권한을 부여했다고 본 것이다. 또한 이 정치적 권한도 페르시아 전쟁 시기 아레오파고스가 도시의 방어를 위해 활동할 때까지 실제로 적용된 증거가 없다는 점을 강조하였다. 11

이렇듯, 솔론 이전에 아레오파고스가 어떤 기능을 가졌는지, 그 후 아레오파고스의 권한이 어떻게 변화했는지 등에 관한 견해는 일치하지 않는다. 이 글에서는 먼저 아레오파고스가 솔론 이전에 살인사건의 재판이나 정치적 사무와 관련하여 존재하였는지 여부를 살펴보고, 그중 살인사건 재판소로서의 기능만을 서술하기로 한다. 아레오파고스의 정치적 기능 및 그 시대적 변천에 관한 것은 지면 관계상 다른 글을 참고하길 바란다. 12

일반적으로 아레오파고스는 계획적 살해사건을 재판하는 것으로 알려져 있다. 다수 연구자들이 이것은 피고가 계획적으로 살해한 경우라고 생

---

9   E. Ruschenbusch, *Untersuchungen Zur Geschichte des Athenischen Strafrechts* (Köln: Böhlau Verlag. 1968), p. 15: R. Sealey, *A History of the Greek City-state ca. 700~338 B.C.* (London: University of California Press, 1976), p. 112 ff.

10   R. Sealey. *A History of the Greek City-state ca. 700~338 B.C.*, pp. 96, 112 ff.

11   R. W. Wallace, *The Areopagos, from the origins to 307 B.C.* Dissertation. (Harvard University Press, 1984), 서평 참조, *Havard Staudies in Classical Philology* 89(1985), 243~245.

12   최자영, 《고대 아테네 정치제도사: 아레오파고스와 민주정치》, 신서원, 1995.

각한다. 그러나 이러한 견해는 결점을 지니고 있다. 즉, 피고가 계획적으로 살해했다는 사실을 부정하고 또 계획적 살해라는 것을 뒷받침할 뚜렷한 증거가 없는 경우, 아무리 원고가 사건이 계획적 살해였다고 주장한다 하더라도 사건은 아직 계획적 살해로 규정될 수 없다는 점이다. 따라서 아레오파고스가 계획적 살해사건만을 재판했다고 생각하는 것은 타당성이 부족하다. 레들(A. Ledl) 은 아레오파고스 살인 관련 재판을 혐의(계획적 살해 혹은 상해 등) 와 그에 반대하는 피고의 변명(살해하지 않았다, 상해했으나 계획적인 것이 아니었다 등) 으로 구분했다.

다음에서는, '계획적 살해'라고 규정하기보다 그런 혐의와 관련하여 아레오파고스에서 재판된 사건이 어떤 종류의 것이었냐는 관점에서 이 문제를 재검토하겠다. 아울러 이와 관련하여 아레오파고스 권한의 역사적 변천 과정도 사료가 허용하는 범위 내에서 살펴보고자 한다.

2. 아레오파고스의 기원: 다섯 재판소와 아레오파고스 의회

솔론 이전 시기에 아레오파고스가 재판소 기능을 가졌던 것은 두 가지 중요한 사료가 전한다. 폴리데우케스가 에페타이에 대해 설명한 것과 플루타르코스가 전하는 솔론의 사법이 그것이다.

에페타이 정원은 51명이다. 드라콘이 이들을 설립하였고 귀족들 가운데서 선출되게 하였다. 다섯 재판소에서 살인혐의자를 재판하였다. 솔론이 이 다섯 재판소 이외에 다시 아레오파고스 의회(ten ex Areiou pagou boulen) 를 첨가하였다. 점차 에페타이 재판소는 중요성이 작아졌다. 에페타이라고 불린 이유는 그전 시기에는 왕이 비계획적 살해자로 판단되는 자를 관할하였

는데, 드라콘이 이와 관련된 사건을 왕으로부터 에페타이에 회부되도록 함
으로써 재판권을 에페타이에게 이양했기 때문인 것으로 보인다. 13

솔론이 아르콘(archon)이 되기 전에 자격 박탈당한 자들(atimoi)은 시민권을
회복하되 다음 사항에 해당되는 자는 제외된다. 살해(epi phono e sphagaisin) 14
나 참주 혐의로 아레오파고스로부터, 혹은 에페타이로부터, 혹은 프리타네이
온(Prytaneion) 15의 왕으로부터 유죄 선고를 받고, 이 법, 즉 솔론의 〈사면
법〉이 공포될 때 도시를 떠나 있던 자들이다. 16

폴리데우케스에 따르면 드라콘이 살인을 재판한 다섯 재판소에 51명의
에페타이를 설립하였다. 다섯 재판소는 다음과 같다. 계획적 살해혐의를
재판한 아레오파고스, 비계획적 살해혐의를 재판한 팔라디온, 정당한 구
실에 의한 살해혐의를 재판한 델피니온, 이미 살해혐의로 추방 혹은 도주
한 자를 다시 재판하는 프레아토, 그리고 살해혐의가 있는 무생물이나 동
물을 재판하는 프리타네이온이다.

여기서 폴리데우케스가 솔론이 아레오파고스 의회를 살인사건의 재판
소로서 다른 기존의 다섯 재판소에 첨가했다고 서술했음에도 불구하고 살
인혐의자를 재판한 아레오파고스 재판소가 이미 솔론 이전부터 존재했던
것으로 나타난다. 또한 플루타르코스가 전하는 솔론의 〈사면법〉에서도

---

13 Polydeukes, 8. 125.
14 epi phono e sphagaisin (by phonos or sphagai). 여기에 'phonos'와 'sphagai'가 구
    분되어 있다. 두 용어는 모두 살인과 관련되나, 전후 맥락에 따라, 둘 다 살인으로
    하거나, 아니면 전자는 '유죄살인', 후자는 '살인'으로 번역할 때가 있음을 밝힌다.
15 행정관청.
16 Plutarchos, Solon, 19. 3.

솔론 이전에 살인 등의 혐의로 아레오파고스에서 재판받은 자는 〈사면법〉에서 제외된다고 함으로써 솔론 이전에 아레오파고스가 살인사건의 법정으로서 기능을 가지고 있었던 것이 드러난다.

이로부터 일부[17]에서는 솔론 이전에 아레오파고스 의회나 아레오파고스 의원들이 존재하지 않았다고 믿었다. 이들에 의하면 아레오파고스는 에페타이가 계획적 살인을 재판하던 하나의 장소에 불과하였다. 이들은 드라콘이 51명의 에페타이를 설립하였다는 폴리데우케스의 기록의 신빙성을 부정하고 에페타이는 그전 시기부터 존재했다고 추측했다. 그리고 플루타르코스[18]가 전하는 바, "드라콘은 아레오파고스 의원들에 대해서는 언급이 없고 오직 에페타이에 대해서만 언급하였다"는 기술로부터 솔론 이전 시기에 아레오파고스 의회 의원들이 존재하지 않았다는 주장의 근거를 찾았다. 나아가, 솔론의 〈사면법〉에서 에페타이 법정과 별도로 언급되는 아레오파고스 재판소는 아레오파고스 의회를 지칭하는 것이 아니라 아레오파고스에서 개최된 예외적 재판정을 가리킨다고 한다. 예를 들면 플루타르코스[19]가 참주정을 시도한 킬론 일당을 살해했던 알크메오니다이 가문 일족이 300인 재판관에 의해 재판받았다고 전해진다. [20] 이

---

17 O. Müller, *Aeschylus. Eumeniden* (Gottingen, 1833), pp. 152~154. N. Wecklein, 'Der Areopag, die Epheten und die Naukraren', *Sitzungsberichte der philosophisch-philologischen und historischen Klasse der Konigs Bayerischen Academie der Wissenschaften*. III (1873), 18~19.

18 Plutarchos, *Solon*. 19. 2

19 Plutarchos, *Solon*. 12.

20 킬론의 도당이 참주정 시도에 실패하고 쫓겨 아크로폴리스 신전에 피신하여 살려 줄 것을 애원하였다. 그때 이들을 진압한 나우크라로이 (*naukraroi*) 들은 이들에게 죽이지 않고 재판을 받게 해 주겠다고 약속하여 이들로 하여금 사원 밖으로 나오도록 유도했다. 이들이 사원 밖을 나왔을 때 이들은 모두 살해당했는데 이에 이들을 죽인

로부터 일부 학자들은 이것이 계획적 살인과 관련하여 아레오파고스에서 벌어진 이례적 재판이라고 추정하였다.

이렇게 이들은 솔론 이전에 아레오파고스 의회가 존재하지 않았다고 보았지만, 다른 한편 다른 형태의 정치적 의회가 있었다고 믿었다. 귀족 계층 출신인 에페타이가 정치적 사무도 함께 토론하였다고 보는 이도 있고,21 아레오파고스와는 전혀 관계없이 '나우크라로이(naukraroi)'가 정치적 의회로서의 기능을 가졌던 것으로 보기도 한다.22

이와 반대로, 아레오파고스 의회와 의원들이 솔론 이전부터 존재하였다고 보는 이들도 있다. 이들 가운데서도 에페타이가 드라콘 이전에 존재하

이가 알크메오니다이 일족 등이었다. 플루타르코스는 이것이 알크메오니다이 가문의 메가클레스의 지시에 따른 것이었다고 전한다. 이런 알크메오니다이 가문 일족의 처사가 불경하다 하여 그 후 아테나이인들은 그들을 재판하여 아테나이로부터 추방했다. cf. Herodotos, 5. 71 Thucydides, 1. 126: Plutarchos. *Solon*, 12. 1)

21 O. Müller, (*Aeschylus, Eumeniden*, pp. 160~163)은 솔론 이전 시기에 귀족 출신의 에페타이가 아레오파고스 의원으로서의 기능을 가지고 정치적 사무도 함께 담당하였는데, 솔론이 아레오파고스 의원을 창설함으로써 에페타이는 아레오파고스 의원들과 구분되었다고 주장하였다.

22 N. Wecklein("Der Areopag. die Epheten und die Naukraren", 18~19)은 Müller와는 달리, 정치적 사무와 관련한 아레오파고스 의원이나 아레오파고스 의회의 존재를 완전히 부정하면서 아레오파고스는 에페타이가 살인사건을 재판하던 하나의 장소에 불과하다고 주장했다. 그리고 Herodotus(5. 71)에 전하는 바, 참주를 시도한 킬론의 도당을 나우크라로이(naukraroi)의 당번 행정위원들(prytaneis ton naukraron)이 진압했다는 사실, 그리고 플루타르코스의 〈사면법〉에 "prytaneion(행정부)로부터 유죄 선고를 받은 이들"이란 언급에 근거하여, 솔론이 아레오파고스 의원과 의회를 창설할 때까지 아레오파고스 의원이나 에페타이가 아니라 나우크라로이의 prytaneion에서 정치적 사무를 담당했다고 보았다. 나우크라로이는 솔론 전후한 시기 4개 부족 각각 12개씩 있던 'naukrariai'에서 공공기금 모집과 지출을 관리한 이들이었다(cf. Aristoteles, *Athenaion Politeia*, 8. 3).

였는지 여부에 대해서는 의견이 다르다. 드라콘 이전에 아레오파고스 의
원들과 에페타이가 다 같이 존재했다고 보는 학자들은 아레오파고스 재판
소와 아레오파고스 의회를 같은 존재로 파악한다. 그 이유는 아레오파고
스 의원들이 정치적 사무와 살인 재판을 함께 담당했다고 보기 때문이다.
랑에(L. Lange), 글뢰(H. Gleue) 등은 이미 드라콘 이전에 아레오파고스
의원이 아레오파고스에서 계획적 살인사건을, 51명의 에페타이가 다른 재
판소에서 다른 종류의 살인사건을 재판했다고 본다. 23 이들의 견해는 드

---

23 L. Lange. "Die Epheten und der Areopag vor Solon". *Abhandlungen der
   Sächsischen Akademie der Wissenschaften zu Leipzig, Philologisch-Historische
   Klasse*, 17(1874). 208ff. ; H. Gleue, *De Homicidarum in Areopago Atheniensi
   ludicio* (Göttingen, 1894), p. 16ff., 20. Lange는 Philochoros [F. Jacoby. *FGH*
   (*Die Fragmente der griechischen Historiker*, Leiden, 1954), 328, F. 20]가 전하는
   바에 근거하여 다음과 같은 이론을 제시했다. 아레오파고스 의원은 60명이었다. 이
   60명의 아레오파고스 의원들로부터 해마다 9명의 아르콘(archon)이 선출된다. 9명
   의 아르콘은 당번 행정관(프리타네이스 · prytaneis)으로서의 권한을 가지고 있었
   다. 나머지 51명의 전직 아르콘(차례로 아르콘직을 거침)이 에페타이로서, 아레오
   파고스를 제외한 다른 재판소에서 살인사건을 재판했다. 아레오파고스에서는 60명
   이 함께 재판한다. 에페타이(ephetai)란 표현은 'epi'(옆)와 'etes'(친족)가 결합된
   것이다(*Ibid*. 208ff., 213). 60명의 아레오파고스 의원은 각각의 부족으로부터 동
   수로 모집된다. 이 같은 맥락에서 Lange는 또한 알크메오니다이(Alkmeonidai)가
   문 일족을 재판한 300인 재판관(Plutarchos. *Solon*, 12)도 각 부족으로부터 75명씩
   모집되었다고 보았고, 또 훗날 클레이스테네스의 정적이었던 이사고라스를 중심으
   로 한 300명 일당도 같은 식으로 모집되었다고 보았다. Lysias(1. 30)에 델피니온의
   살인 재판과 관련하여 언급되는 "아레오파고스 기둥으로부터의 법"이라는 구절과,
   Demosthenes(23. 22)에 아레오파고스 의회의 살인 재판과 관련한 "아레오파고스
   로부터의 살인에 관한 법"(Lysias 6. 15; Demosthenes, 47. 71)이라는 언급은 솔
   론 이전에 에페타이가 바로 아레오파고스 의원이었음을 증명한다는 것이다(*Ibid*.
   203). 솔론이 새로운 방법으로 전직 아르콘으로부터 아레오파고스 의원을 모집하게
   함으로써 에페타이는 아레오파고스 의원과 구분되었다고 한다(*Ibid*, 191),

라콘이 51명의 에페타이를 설립했고 솔론이 아레오파고스 의회에 살인재
판 기능을 부여했다는 폴리데우케스의 기록을 모두 무시하는 것이다. 24
다른 일부에서는 드라콘이 아레오파고스를 비롯한 다섯 재판소에 51명
에페타이 제도를 설립했다는 폴리데우케스의 기록에 신빙성을 인정한다.
드라콘 이전에는 아레오파고스 의원이 정치적 사무와 함께 모든 살인사건
재판을 담당했는데 드라콘 때부터는 에페타이가 아레오파고스를 비롯한
다섯 재판소에서 살인사건을 재판하였다고 보는 것이다. 25 그 후 폴리데

---

24 글뢰(H. Gleue, *De Homicidarum in Areopago Atheniensi Iudicio*, p. 16)는 '아
레오파고스 의회'라는 명칭이 솔론 때부터 생겼고 그전에는 그냥 의회라고 불렀다
고 보았다. 솔론 때부터는 이 기존의 의회가 400인 의회로부터 구분되어야 할 필
요가 있었기 때문이란 것이다. 글뢰는 아레오파고스 의회란 명칭이 처음 쓰인 것
을 두고 솔론이 처음으로 살인사건의 재판 기능을 아레오파고스 의회에 부여한 것
으로 폴리데우케스가 오해했다고 보았다.

25 G. F. Schömann, "De Areopago et Ephetis", *Opusc. Acad.* I (1856), 196; G.
Gilbert. *Beiträge zur Entwicklungsgeschichte des griechishen Gerichtsverfahrens*.
Jahrbücher für klassische Philologie, Suppl. XXIII, 1896, 487ff. Schömann에 따르
면 드라콘 이전에는 아레오파고스 의원들이 정치적 사무와 살인 재판을 모두 담당했
는데, 드라콘이 아레오파고스 의원들의 업무를 덜기 위해 살인재판을 에페타이에게
이양했다. 그 후 솔론이 계획적 살해사건 재판을 다시 아레오파고스에 환원시켰는데
솔론 시기부터 처음으로 아레오파고스 의원은 전직 아르콘으로부터 모집되었으며
이전의 아레오파고스 의원과는 다른 것이라고 보았다. Gilbert는 드라콘의 법에서 계
획적 살인사건은 언급되지 않고 비계획적 살인사건만 언급되고 있다는 사실에 근거해
솔론이 계획적 살해사건은 아레오파고스에 다시 환원시켰으므로 〈드라콘법〉에서는
계획적 살해사건을 제외한 그 나머지의 살해사건이 언급되는 것이라고 보았다. 참조,
A. Philippi ("Der Athenische Volksbeschluss von 409/8", *Neue Jahrbücher für
philologie und Padagogik*, 105 (1872), 593; "Das Amnestiegesetz des Solon und
die Prytanen der Naukraren zur Zeit des Kylonische Aufstandes", *RM*, 29,
1874, 1 ff.)는 처음에 Schömann의 견해를 추종했으나 후에 Lange (*Der Areopag
und die Epheten*, Berlin, 1874, p. 240 ff.)의 견해(앞부분 설명 참조)에 동의했다.

우케스가 전하는 것처럼 솔론이 다시 계획적 살인에 관한 재판권을 아레오파고스 의원들에게 환원시켰다는 것이다. 그러므로 이들 학자들은 드라콘과 솔론 사이의 기간에 아레오파고스 의원들은 정치적 사무를 담당한 반면, 에페타이가 아레오파고스에서 살인사건 재판을 담당했다고 봄으로써 아레오파고스에서의 정치적 의회와 살인사건 재판소를 서로 다른 제도로 파악했다.

이와 같이 폴리데우케스와 플루타르코스의 사료와 관련하여 존재하는 여러 가지 다른 견해들로부터 다음과 같은 문제점이 발생한다.

1) 에페타이는 드라콘 이전 시기부터 있었는가, 아니면 드라콘 때 처음 설립되었는가?
2) 아레오파고스 의회 의원들은 솔론 이전 시기에 존재했는가, 아니면 솔론에 의해 창설되었는가?
3) 아레오파고스의 살인사건 재판에서의 재판관은 아레오파고스 의원이나 에페타이와 어떤 관계에 있는가?

위에서 언급한 것처럼 에페타이의 존재 시기에 대해 두 가지 견해가 있다. 드라콘 이전 시기부터 존재했다는 견해와 드라콘에 의해 창설되었다는 견해이다. 두 번째 견해는 폴리데우케스의 기록에 근거를 두고 있다. 그러나 드라콘이 다섯 재판소에 에페타이를 창설했다는 폴리데우케스의 기록은 에페타이 제도 자체의 창설을 의미하는 것이 아니라 51명의 제한된 수효를 기존의 에페타이 제도에 도입했다는 것으로 해석할 수 있다.

이미 드라콘 이전에 팔라디온(Palladion)에서의 재판관들이 에페타이로 불렸다는 기록이 있다. 아르고스인들이 트로이에서 돌아오던 중 아테나이 근처의 항구에 들어오게 되었는데, 아테나이인들이 잘 몰라보고 공격하여 많은 아르고스인들이 죽었다. 이 비고의적 살인사건을 재판하기 위해 아테나이인 50명과 아르고스인 50명으로 100명의 재판관이 구성되었는데, 클레이데모스(Kleidemos)가 전하는 바에 따르면 이들이 에페타이로 불렸다. 26 이로부터 드라콘이 51명의 에페타이를 창설하기 전에 이미 에페타이가 존재했다고 볼 수 있으며, 에페타이의 수는 아직 일정하지 않고 사건의 중요도에 따라 달랐던 것으로 보인다. 에페타이에 관해 현존하는 사료들에서 언급되는 에페타이의 수효는 각각 다르고 또 수효가 언급되지 않기도 한다. 27

---

26 Kleidemos, *FGH*. 323, F. 20. 참조, Polydeukes(8, 118)는 이 사건 재판이 팔라디온(Palladion)에서 일어났다고 기록했으나 "100명의 ephetai"에 대해서는 언급하지 않았다.

27 Kleidemos, *FGH*. 323. F. 20, Agamemnon의 후손(Argos인)들의 불행한 사건을 재판하기 위해 50명의 아테나이인과 50명의 아르고스인이 재판관이 되었다. 이들 재판관은 양편에 의해 함께 구성되었으므로(*dia to par' amphoteron ephethenai*) 에페타이(*ephetai*)라고 불렸다; Zonaras, 에페타이 80명의 남자들로 재판을 담당하였다; Demosthenes, 23, 37, *Scholia*(cod. Bav. p. 98 R.), 에페타이 50세 이상의 남자들로 80명이었고 살인에 관한 재판을 담당하였다. 한편, 에페타이에 관한 수효를 언급하지 않는 사료는 다음과 같다. Demosthenes, 23. 37, *Scholia*, 에페타이는 재판관이다; Harpokration, ephetai, Demostenes의 변론 23 〈아리스토크라테스를 비난하여〉에서 살인에 관해 재판한 자들로서 에페타이라고 불렀다; Photios(cf. *Etymologikon Mega*(*Etymologikum Magnum*). 에페타이는 50세 이상의 남자로 고귀하고 품위가 높은 자들이다. 살인에 관한 재판을 담당했다. Ephetai의 재판소라고 불렀다; Suda, ephetai, 살인에 관한 재판을 담당했고 … 에페타이라고 불렀다; Lexica Segueriana. Dikon Onomata, 에

드라콘 때부터 에페타이의 수효가 51명으로 정해졌다면, 그것은 도시 재판소 권위의 증대를 나타내는 것으로 볼 수 있다. 사건의 경중에 관계 없이 51명의 에페타이가 재판하며, 더 이상의 재판관이 소집되지 않았음을 뜻하기 때문이다. 그러나 이 같은 원칙의 정초에도 불구하고, 에페타이의 수효는 드라콘 이후의 시기에도 여전히 사건의 중요도에 따라 달랐을 가능성이 없지 않다. 사료에 전하는 에페타이의 수가 일치하지 않는 것이 그런 사실을 반증한다.

에페타이의 기능과 관련한 것으로, 조나라스(Zonaras)에 따르면, 에페타이라고 불린 것은 살인사건에 관한 것(eph' haimati)을 재판하기 때문이거나, 혹은 이들 재판관에게 위임(ephesis)된 사건은 다른 재판소로의 위임이 불가능하기 때문이었다고 한다.28

아레오파고스 의회 의원들이 솔론 시기에 존재했는지 여부에 대해서도 의견이 다르다. 에페타이가 아레오파고스 의원들보다 늦게 (드라콘 이전 시기,29 혹은 드라콘에 의해) 창설되었다고 보는 학자들은 처음에 아레오파고스 의원들이 정치적 사무와 모든 종류의 살인사건을 함께 담당했다고 본다. 반대로 아레오파고스 의원이 솔론 이전 시기에 존재하지 않았다고 보는 사가30들은 아레오파고스를 에페타이가 살인사건을 재판하던 하

페타이는 고귀한 품성을 가지며 50세 이상이 된 자들로 살인에 관한 사건을 재판했다.

28 Zonaras, ephetai. 참조, Photios; *Etymologikon Mega*, ephetai. E. Ruschenbusch. "Phonos Zum Recht Drakons und seiner Bedeutung". *Historia*, 9(1960), 147ff.

29 U. von Wilamowitz-Mollendorff, *Aristoteles und Athen*(Berlin, 1893), vol. 2, p. 199; H. Gleue, *De Homicidarum in Areopago Atheniensis ludicio*, pp. 16 ff, 20.

나의 성스러운 장소로 보고, 폴리데우케스가 전하는 바에 근거하여 솔론이 아레오파고스 의회제도를 창설하였다고 간주한다.

그러나 솔론이 아레오파고스 의회를 또 하나의 살인법정으로 첨가 (rpooxaréorne) 했다는 폴리데우케스의 기록은 반드시 솔론이 아레오파고스 의회를 새로이 창설했다는 의미로만 볼 수는 없다. 오히려 솔론이 기존의 아레오파고스 의회에 살인사건 재판권을 부여함으로써 기존의 다섯 살인사건 재판 법정에 첨가했다는 의미일 수 있다. 즉, 폴리데우케스의 기록은 아레오파고스 의회의 새로운 기능의 취득을 나타낸다는 것이다. 드라콘의 살인에 관한 법에서 아레오파고스 의원은 언급되지 않고 오직 에페타이만 언급되고 있다고 전하는 플루타르코스31의 기록도 이 시기 아레오파고스 의원이 존재하지 않았던 것을 증명하는 것이 아니다. 드라콘의 살인에 관한 법은 살인사건에 대한 모든 종류의 재판관을 다루는 것이 아니라 오직 새로운 변동 사항만 언급하기 때문이다.

이렇게 하여 폴리데우케스가 전하는 바에 의해 드라콘이 51명의 제한된 수를 기존의 에페타이에 도입하였으며 그 후 솔론이 기존의 아레오파고스 의회에 살인사건 재판 기능을 부여한 것일 수 있다. 그렇다면, 폴리데우케스가 전하는 바는, 솔론 이전 시기에 아레오파고스 의회가 없었음을 의미하는 것이 아니라 그전 시기부터 아레오파고스 재판소와 아레오파고스 의회의 두 가지 다른 제도가 존재했음을 반증하는 것이라 하겠다. 솔론 이전에 살인사건을 재판하는 다섯 종류의 재판소가 있었고, 아레오파고스 의회는 또 하나의 살인사건 재판소로서의 기능을 갖게 된 것이다.

아레오파고스 의원과 에페타이가 같이 드라콘 이전 시기부터 있었다고

---

30 Polydeukes (8. 135)의 전언에 신빙성을 두는 학자들로서 앞부분 설명 참조.
31 Plutarchos, *Solon*, 19. 2.

보는 학자들은 이미 예로부터 아레오파고스 의원이 아레오파고스에서, 에페타이가 다른 4개 재판소에서 재판을 담당했다고 본다. 반대로 폴리데우케스의 전언에 근거하여, 에페타이가 드라콘에 의해 다섯 재판소에 도입되었다고 보는 학자들은 드라콘과 솔론 사이의 시기에 에페타이가 다른 4개의 재판소뿐만 아니라 아레오파고스에서도 살인사건을 재판했다고 본다. 그러므로 이 시기에 에페타이가 재판을 담당한 아레오파고스 재판소는 아레오파고스 의원이 정치를 토론한 아레오파고스 의회와는 다른 것으로 보는 것이다. 다만, 아레오파고스 재판소와 아레오파고스 의회 사이의 이러한 구분은 오직 드라콘과 솔론 사이의 시기에 한정된 것으로, 드라콘 이전 시기나 솔론 이후 시기에 대해서는 아레오파고스 의원이 아레오파고스에서, 에페타이가 다른 4종류의 재판소에서 재판을 담당했다고 봄으로써 아레오파고스 재판소와 아레오파고스 의회를 동일한 제도로 간주한다.

그러나 드라콘이 다섯 재판소에 51명의 에페타이를 도입했다는 사실은, 다섯 재판소에서 반드시 에페타이만이 재판을 담당했음을 의미하는 것은 아니다. 이것은, 앞에서 언급했듯이, 기존의 에페타이에 51명의 수효를 제도화했음을 의미하는 것일 수 있고, 또 아레오파고스 재판소에서는 에페타이뿐만 아니라 에페타이가 아닌 재판관들이 있었다는 것도 가능하다. 솔론의 〈사면법〉에서 솔론 이전 시기와 관련해 아레오파고스와 에페타이에 의한 재판이 별도로 언급되는 것은 에페타이가 재판하지 않은 아레오파고스 법정이 존재했다는 사실을 의미한다. 솔론 이전에 에페타이가 아레오파고스에서 재판을 담당했다고 보는 베스테르만(Westermann)과 립시우스(Lipsius)는 솔론의 〈사면법〉에서 에페타이와 별도로 언급되는 아레오파고스는 예외적인 재판소[32]로 에페타이가 재판한 아레오파고스 법정과는 다른 것이라고 보았다.[33] 여기서 사건 중요도에 따라 재판관이 달랐고, 중요한 사건에 대해서는 에페타이가 아닌 재판관들이 아레오파고스에

서 재판관으로 임했던 것으로 볼 수 있다. 후대 루키아노스(A. D. 2C)가
전하는 바에 따르면 아레오파고스에서 재판관 수는 범죄에 따라 달랐다고
한다. 34

아레오파고스에서의 중요한 사건은 에페타이가 아닌 재판관들이 담당
했다. 많은 사가들은 아레오파고스에서 아레오파고스 의원들이 재판했다
고 추정했다. 35 그러나 솔론의 〈사면법〉에서 에페타이와 별도로 언급되
는 것은 '아레오파고스 의원들'이 아니라 '아레오파고스'이다. 이에 대해
레들은 솔론 이전에 아레오파고스에서 열린 의회에 참석했던 사람들은 아
직 '아레오파고스 의원들'이 아니라 그냥 '의원들'이라고만 불렸기 때문에,
〈사면법〉에서도 '아레오파고스 의원'이 아니라 그냥 '아레오파고스'라고
만 명명된 것이라고 보았다. 36 그러나 '에페타이'가 아닌 재판관들이 아레
오파고스 의원들〔혹은 아레오파고스 집회에 참석하던 장로의원들(gerontes)〕
만으로 구성되었음을 증명하는 것은 없다. 립시우스는 아레오파고스에서
살인사건을 재판하던 재판관들이 반드시 정치적 사무를 담당하던 장로의

---

32 참주의 권력을 잡으려고 시도했다가 실패하여 신전으로 피신한 킬론 일당을 살해
한 알크메오니다이(Alkmeonidai) 가문 일족에 대해 재판한 300인 재판관의 경우
가 그 예이다.

33 Westermann, "Das Amnestiegesetz des Solon". *Berichte wber die Verhandlung
der Sachsischen Akademie der Wissenschaft*(1849). I, 156~158: J. H. Lipsius,
Das attische Recht und Rochtsverfahren(Darmstadt, 1905~1915), p. 23 ff.

34 Lukianos, 29. 12.

35 참조, U. V. Wilamowitz-Mollendorff. *Aristoteles nd Athen*, vol. 1. p. 199.

36 A. Ledl, *Studien zur alteren athenischen Verfassungsgeschichte*, p. 319 ff. 레들
에 따르면, 솔론이 400인 의회를 창설하여 기존의 아레오파고스에서 열리던 의회
가 구분되어 다른 호칭이 필요할 때까지, 아레오파고스에서 열린 의회는 그냥 '의
회' 혹은 '의원들'로 불렸다고 한다.

원(*gerontes*)들로만 구성되었다고 볼 필요는 없다는 의견을 개진했다.[37] 아레오파고스 재판소와 정치적 사무를 토론한 의회는 동일한 제도가 아니라고 보기 때문이다. 오레스테스의 재판 관련 신화에서는 아레오파고스 의원이 아니라 12신(神)이 아레오파고스에서 재판했다.[38] 적어도 기원전 4세기 아테나이인들은 중요한 살인사건의 재판에 아레오파고스 의원들만이 재판했다고 보지는 않았다는 것이 증명된다. 에페타이가 아니면서 아레오파고스에서 재판했던 자들은 꼭 아레오파고스 의원들이어야 할 필요는 없으며, 경우에 따라 이해당사자들, 혹은 그들이 지명한 이들이 재판한 것으로 보인다.

이렇듯, 아레오파고스는 살인사건을 재판하던 하나의 성스러운 장소였다. 아레오파고스 재판소에서 아레오파고스 의원이나 에페타이만이 재판관일 필요는 없으며, 사건의 종류에 따라서 또 다른 재판관이 재판할 수 있었다. 후대의 루키아노스(A. D. 2C)에 의하면, 아레오파고스의 재판관은 전체 아테나이인들 중에서 재산 정도에 따라서 모집되었다고 한다.[39]

그 후 솔론이 정치적 기구인 아레오파고스 '의회'에 다시 살인사건 재판의 기능을 첨가하였다. 이 사실은 그전부터 에페타이나 에페타이가 아닌 재판관들이 아레오파고스에서 행하던 재판의 기능을 반드시 말살시켰음을 의미하는 것은 아니다. 그러므로 솔론 이후 시기에 아레오파고스에서는 여러 종류의 살인사건 재판소가 존재했을 가능성이 있다. 에페타이의

---

37 J. H. Lipsius, *Das attische Recht und Rechtsverfahren*, pp. 20~23. Lipsius는 솔론 이전 시기에 아레오파고스의 재판관들은 에페타이이거나 특별한 경우 '귀족 성원(*Mitglieder der Adelsgeschlechter*)'으로 구성된다고 보았다.

38 Demosthenes, 23. 66.

39 Lukianos, 29. 4.

재판, 40 에페타이가 아닌 재판관의 재판, 아레오파고스 의원들의 재판 등이 그러하다.

데모스테네스는 〈아리스토크라테스를 비난하여〉에서 살인사건의 재판과 관련하여 아레오파고스 '의회'와 아레오파고스 '재판소'를 별도로 언급했다. 41 《아테나이 정치제도》에서도 살인과 관련된 재판을 다루는 곳에서 아레오파고스(en Apeio pago)와 아레오파고스 '의회'를 다음과 같이 별도로 언급했다.

계획적으로 죽이거나 상해함과 관련하여 살인과 상해 재판이 아레오파고스 (en Apeio pago)에서 있다. 그리고 약물을 주어서 죽임과 관련하여 약물 재판, 그리고 불에 타는 것(burnig)에 관한 재판이 있다. 이것은 오직 의회 (boule)만이 재판한다. 42

후대의 루키아노스는 아레오파고스 언덕의 재판소와 아레오파고스 의회를 따로 언급하면서 아레오파고스에서의 재판관은 전체 아테나이인들 중에서 재산 자격에 의해 소집되는 반면 아레오파고스 의회에서는 아레오파고스 의원들이 재판관이 되는 것으로 묘사했다. 43 이렇게 아레오파

---

40 참조, 일부 학자는 Demosthenes, 23. 27과 〈드라콘법〉(IG, I³. 104, line. 26〜29)에서 에페타이가 계획적 살인사건도 함께 재판했던 것이 나타난다고 본다. G. Gilbert, "Beitrage zur Entwicklun des griechischen Gerichtsverfahrens", Jahrbücher für Klassische Philologie, Suppl. 23(1896), 490; E. Drerup. "Über die beiden attischen Rednern eingelegten Urkunden", Jahrbücher für Klassische Philologie, Suppl. 24(1898), 273.

41 Demosthenes, 23. 24, 23. 65.

42 Aristoteles, Athenaion Politeia, 57. 3.

고스의 재판관들은 반드시 아레오파고스 의원이었던 것은 아닌 것으로 보인다. 또한 아레오파고스의 재판관 수는 범죄 종류에 따라 달랐을 가능성도 있다.

한편, 에페타이의 구성에 관하여 다른 견해들이 있다. 즉, 에페타이가 아레오파고스 의원들로 구성되었는지에 관한 문제이다. 아레오파고스 의원들에 의한 재판관과 관련하여 필로코로스가 전하는 바는 다음과 같다.

그 후에 아레오파고스 의회(he ex Apelou pagou boule)가 더 잦아졌다. 이에 에우파트리다이(eupatridai · 좋은 혈통 가문) 이외에도 부유하고 덕망 있는 이, 명성이 있는 이들 51명으로 구성되었다.[44]

일부 학자들은 이 사료에서 언급되는 51명의 아레오파고스 의원 재판관들이 바로 51명의 에페타이였다고 추정한다. 51명이라는 수효가 일치하기 때문이다. 따라서 에페타이는 아레오파고스 의원들로부터 구성되었다고 주장했다.[45] 그러나 사료에서 51명의 아레오파고스 의원 재판관들

---

43 Lukianos, 29. 4, 37. 19.
44 Philochoros, *FGH*. 328, F. 20b.
45 J. W. Headlam, "Notes on Early Athenian History", CR, 6(1892), 252; S. B. Smith, "The Establishment of the Public Courts at Athens", *TAPhA*, 56(1925), 110; G. Smith. "Dicasts in the Ephetic Courts", *The Administration of Justice from Homer to Aristotle*, vol. 1(Chicago, 1930), pp. 99~100; U. Kahrstedt, "Untersuchungen zu athenischen Behorden, i Areopag und Epheten", Klio, 30(1937), 15; P. Treston, *A Study in ancient Greek Blood-Vengence*, p. 269 ff. (R. J. Bonner, G. Smith, *The Administration of Justice from Homer to Aristotle.* v. 1. p. 100에서 재인용). Kahrstedt와 Treston은 솔론 이전 시기 아레오파고스 의원과 에페타이 사이에 구별이 없었다고 본다. Kahrstedt는 당시 이들은 아직 아레오파고스 의원이라고 불리지 않았다고 보았다. R. J. Bonner, G. Smith(*Ibid.*

이 에페타이였다는 사실은 언급되지 않는다. 46 아레오파고스 의원이 에페타이 재판관이 될 수 있다는 것은 부인할 수 없지만 모든 에페타이가 아레오파고스 성원들만으로 구성되었다는 것을 증명하는 것은 아무것도 없다. 모든 사료에서 아레오파고스 의원과 에페타이는 상호 연관이 없이 별도로 언급되므로 아레오파고스 의원뿐만 아니라 다른 아테나이인도 에페타이 재판관이 될 수 있다고 보아야 할 것이다.

클레이데모스(Kleidemos) 47가 전하는 바, 아르고스인들을 실수로 죽였던 아테나이인들을 재판한 팔라디온의 에페타이는 아르고스인 50명과 아테나이인 50명으로 구성되었다. 이 50명의 아르고스인은 아레오파고스 성원이 아니었던 것이 분명하다. 이 수효는 신화 전설에 불과한 것이므로 가치가 없을지 모르나, 적어도 후대인들이 에페타이에 대해 어떤 개념을 가지고 있었는지를 보여 준다.

이렇듯, 에페타이가 아레오파고스 의원들만으로 구성되었음을 증명하

---

p. 275)는 후기에 에페타이는 더 이상 아레오파고스 의원들로부터 구성되지 않았는데, 이러한 변화는 Ephialtes와 Perikles의 개혁과 기원전 409/8년 사이에 발생했다고 보았다. Kahrstedt는 Prytaneion 재판소에서는 이미 솔론 이전에, 그리고 Delphinion, Palladion, En Phreato에서는 기원전 461~405년 사이에 ephetai Heliaia 재판관(Heliastai)들에 의해 대체되었다고 주장했다.

46 참조, D. M. MacDowell. *The Athenian Homicide Law in the Age of the Orators* (Edinburgh. 1963), p. 52. MacDowell은 한편으로 Philochoros의 사료(*FGH.* n. 328, F. 20b)에 언급되는 명칭 '아레오파고스 의원 재판관들(Areopagital dikastai)'과 '아레오파고스 의회(he ex Apreiou pagou boule)' 간에 차이점이 없다고 보았다. 다른 한편 이 사료에 언급되는 51명의 아레오파고스 의원 재판관들이 에페타이인지는 불확실하고, 또 에페타이가 아레오파고스 의원들로부터 구성되었는지 여부도 증명되지 않는다고 보았다.

47 Kleidemos, *FGH.* 323, F. 20.

는 것이 아니다. 필로코로스(Philochoros)가 전하는 51명의 아레오파고스 의원 재판관들은 반드시 에페타이일 필요는 없으며, 사료에 기술된 대로, 아레오파고스 의원들로 구성된 재판관들이었다. 더구나 이 사료에 언급되는 아레오파고스 의원 재판관들은 살인사건 재판에만 관여한 것이 아니라 또 다른 종류의 사건에도 관련했을 가능성을 내포한다. 이 단편 기록과 상호 연관이 있는 것으로 보이는 또 다른 자료(FGH, 328, F. 20)에서 아레오파고스 의원들이 거의 모든 과실과 위법 사항을 재판했다고 기록되어 있기 때문이다. 이 두 사료는 야코비(Jacoby)에 의해, 확실한 것이 아니라는 유보하에, 기원전 594/3년. 즉 솔론 전후 시기로 추정되고 있다.

지금까지 서술한 바에 의해 다음과 같은 결론이 도출된다. 정치적 기구로서의 아레오파고스 의회와 살인사건을 재판한 아레오파고스 재판소가 드라콘 이전 시기부터 별도의 제도로 존재했다. 솔론 이전 시기에 아레오파고스 의원들로 구성된 의회는 살인사건 재판을 담당하지 않았고, 아레오파고스 재판소에서의 살인사건을 에페타이나 '에페타이가 아닌 재판관'들이 재판했다. 에페타이나 '에페타이가 아닌 재판관'들이 아레오파고스 의원만으로 구성되었다는 증거는 없고, 다른 아테나이인으로도 구성될 수 있었다. 후에 솔론은 아레오파고스 의원의 의회를 또 하나의 다른 살인사건 재판소로 첨가했고, 여기서 아레오파고스 의원들이 재판관으로 임했다.

3. 아레오파고스에서 재판된 살인사건의 종류

1) 살인사건의 분류

지금까지의 통설에 따르면 아레오파고스는 계획적 살인사건을, 팔라디 온는 비계획적 살인사건을, 델피니온은 정당구실에 의한 살인사건 등을 재판했다. 그리고 왕이 각각의 살인사건이 어떤 종류에 속하는 것인지 결정하여 재판소를 지정했던 것으로 보았다. 48 그러나 이런 식의 사건 분류는 모든 가능한 살인사건의 경우를 다 포괄하는 것이 아니다. 49 최 근에 가가린(M. Gagarin)은 현존하는 미국 법률과 고대 아테나이에서 보이는 살인사건의 종류를 상호 비교했다. 50 미국 법률에서 살인사건 종 류는 다음과 같다.

    a. 계획적 살인사건(*deliberate homicide*)
    b. 의식적이기는 하나 미리 계획된 것은 아닌 살해 혹은 상해
       (*homicide with intent to kill or harm, but without deliberation*)
    c. 자발적 살해: 계획된 것은 아니나 극도의 자극에 의해 야기된
       의식적인 것(*voluntarymanslaughter-non-deliberate but intentional*
       homicide with severe provocation)

---

48 U. V. Wilamowitz-Möllendorff, "Die erste Rede des Antiphon", *Hermes*, 22(1887). 196~197, n. 1.

49 참조, G. Busolt & H. Swoboda, *Griechische Staatskunde*, p. 811 ff. n. 1 (p. 813). "mangelnde. Strafrechtliche Unterscheidung." 이들은 〈드라콘법〉 에 "계획적 살인(*ekousios phonos*)"이나 "비계획적 살인(*akousios phonos*)" 등의 용 어가 사용되지 않고 오직 살인(*phonos*)만이 언급된다는 것을 강조하였다.

50 M. Gagarin, *Drakon and Early Athenian Homicide Law*. p. 3 ff.

d. 비자발적 · 무의식적 살해
　(*involuntary manslaughter-unintentional homicide*)
e. 정당방위 살해 (*justified homicide*)
f. 사고에 의한 살해 (*accidental homicide*)

　가가린은 이상의 살인사건의 종류를 고대 아테나이의 경우와 비교하면
서 a, b는 고의 살인사건 (*intentional homicide*) 으로 아레오파고스에서, d,
f는 비고의 살인사건 (*unintentional homidcide*) 으로 팔라디온에서, 그리고
c, e는 합법적 살인사건 (*lawful homicide*) 으로 델피니온에서 재판받는다
고 보았다.

　가가린의 살인사건 종류 구분은 과거의 단순했던 분류 (고의적/비고의
적, 정당구실 등) 보다는 훨씬 세분된 것이다. 그러나 그의 분류 방법도. 원
고와 피고가 일정한 살인사건의 성격 규정 (계획적이었는지 비계획적이었는
지 등) 에 동의하지 않고 있고, 또 원고 혹은 피고 측의 주장을 증명할 만한
뚜렷한 증거가 없는 경우에는, 사건이 어느 재판소에서 재판받아야 하는
가를 결정하는 데 도움이 되지 않는다. 이런 경우에는 어떤 살인사건이 계
획적인 것이었는지 여부. 혹은 정당방위 여부 등은 재판소에서 판결 날 때
까지는 쉽게 규정될 수 없다. 물론 피고가 사실을 인정하는 경우나 혹은
사실에 대한 유력한 증거가 있어서 왕의 결정으로 충분하고, 더 이상 사건
의 종류 판정과 관련한 재판이 필요 없는 경우는 예외일 것이다. 살인사건
재판에서는 살인의 계획성 여부, 정당성 여부 등에 대한 원고와 피고 간의
견해 차이가 자주 드러난다.[51] 이 경우 살인의 성격 규정은 최종 판결이 날

51　Lysias 1, 37, 40, 45: 3. 41: 4. 5~6: Aristoteles, *Magna Moralia*, 1188b 31 ff.
　　참조, A. Ledl, "Zum drakontischen Blutgesetz", *WS*, 33 (1911), 4, 7~8.

때까지 유보된다.

아리스토텔레스는 《수사학》에서 재판에서 원고와 피고 간 의견 불일치에 대해 다음과 같이 서술했다.

피고는 사실이 그러한가 아닌가, 또는 사건이 일어났는가 아닌가를 진술하는 것 이상은 허용되지 않는다는 것이 명백하다. 사건이 큰가 작은가 혹은 정당한가 정당하지 않은가 하는 것은 입법가가 관여할 문제가 아니라 재판관이 결정해야 하며, 입법가는 피고에 대해 직접 관여하지 않는다. [52]

그리고 데모스테네스는 재판의 필요성에 대해 다음과 같이 적었다.

아직 죄인(*sawws*)인 것으로 증명되지도 않았고, 또한 사건을 저질렀는지 아닌지 또는 비계획적이었는지 계획적이었는지도 가려지지 않았는데 … . [53]

이 구절로부터 재판에 의해 마침내 살인사건의 계획성 여부가 가려지게 된다는 것을 알 수 있다.

그러므로 원고와 피고가 살인사건의 성격 규정에 대해 의견이 일치하지 않을 때는 계획적, 비계획적, 정당구실의 살인 등의 구분 방법으로는 재판소를 지정할 수 없다. 이로부터 이미 20세기 초 레들은 혐의 사실에 대한 피고 측의 의견 불일치를 감안하여 살인사건의 종류와 그에 따른 재판소를 다음의 표와 같이 분류하였다. [54]

---

52 Aristoteles, *Rhetorike*, 1354a 26~31.
53 Demosthenes, 23, 79.
54 A. Ledl, *Studien zur alteren athenischen Verfassungsgeschichte*. p. 332: *Ibid.* "Zum drakontischen Blutgesetz", 2, 27.

레들의 살인사건 종류와 재판소 분류

범죄	피고의 변명	법정
계획적 살해	살해하지 않았다	아레오파고스
계획적 상해	상해했으나 계획적이 아니었다	아레오파고스
계획적 살해의 원인	살해의 원인이 아니다	아레오파고스
계획적 살해	살해했으나 계획한 것이 아니다	팔라디온
계획적 살해	다른 사람의 지시에 의해 살해했다	팔라디온
비계획적 살해	살해하지 않았다	팔라디온
비계획적 살해의 사주(원인)	살해의 원인이 아니다	팔라디온

주: 레들이 분류한 델피니온(Delphinion)과 '엔 프레아토(en Phreato)' 관련 살인사건의 종류는 여기서 생략한다.

레들이 주장하는 바와 같이 한 사건이 어떤 재판소에 회부되어야 하는 가를 결정하는 데는 왕의 견해나 증거 자료뿐만 아니라 원고나 피고의 주장도 중요한 요소가 되었다. 특히 고대 아테나이의 살인에 관한 재판(*dike phonou*)은 국가권력의 공소와 형법(*poinike dioxe*)에 의거한 재판이 아니었다. 반대로 살인에 관한 재판(*dike phonou*)은 원고 측의 고소로 시작되며 재판이 일어나기 전에 원고와 피고는 각각의 주장이 옳다는 것을 맹세로서 보증한다.[55] 특히 원고는 만일 자신의 주장이 거짓으로 드러나면 자신과 가문과 집안이 멸족될 것이라고 맹세하며, 이 같은 위험부담을 안고 재판에 임한다.[56]

이렇듯, 고대 아테나이 법률에서 재판의 안건과 관련하여 "만일 누가 죽었는지〔if (whether) anyone killed (ean tis kteinei)〕"란 표현은 피고가 살해한 사실이 재판받기 전에 증명되었다는 것을 의미하는 것이 아니라,

---

[55] Antiphon, 5. 11; Demosthenes, 23, 67~68; Polydeukes, 8, 117.
[56] Antiphon, 5. 11; Demosthenes, 23, 67~68.

죽였는지 여부를 가리기 위해 재판이 열린다는 사실을 뜻한다. 또한 "만일 누가 고의로 죽였는지〔if (whether) (anyone) killed deliberately (ean ek pronoias apokteivei)〕"란 표현은, 피고가 계획적으로 살해한 사실이 재판받기 전에 증명되었다는 것이 아니라, 계획적으로 살해했는지 여부와 관련하여 재판이 열린다는 것을 의미한다. 즉, 재판의 안건과 관련하여 법률에서 사용되는 이러한 표현들은 원고의 고소에 의한 혐의 사항으로 이미 증명된 사실을 의미하는 것이 아니다. 57

2) 아레오파고스에서 재판된 사건의 종류

아레오파고스에서 재판된 사건의 종류를 전하는 중요한 사료는 다음 세가지이다.

아레오파고스 재판소는 아테나이인의 계획적 살인과 상해, 불에 탄 것 (burning). 그리고 약물을 주어서 죽인 데 관해 약물사건을 재판했다. 58

(아레오파고스) 의회는 살인 (phonos) 과 계획적 상해 (trauma ek pronoias), 59 불에 탄 것, 그리고 (약물을) 주어서 죽인 것에 관하여 (ean tis apokteinei dous) 약물사건을 재판한다. 60

---

57 참조, Demosthenes, 23. 219.
58 Polydeukes, 8. 117.
59 "(ten boulen dikazein) phonou kai traumatos ek pronoias (phonos 'and' trauma)".
60 Demosthenes, 23, 24,

(왕의 권한에 대한 설명에서) 살인사건의 재판소는 왕에 의해 결정되고 혐의
자는 법에 규정하는 바에 따른 격리처분을 당한다. 계획적으로 죽이거나 상해
한 사실과 관련하여〔if (anyone) deliberately killed or hurted〕[61] 아레오파고
스(en Areio pago) 에서 살인과 상해 재판이 있다. 〔약물을 주어서 죽인 사건
과 관련하여(*ean apokteinei dous*)〕 약물 재판, 그리고 '불에 탄 것'에 대한 재
판이 있다. 이것은 오직 (아레오파고스) '의회(*boule*)'만이 재판한다. [62]

이상의 사료들로부터 아레오파고스가 재판한 안건 종류는 다음과 같이
추정할 수 있다.

1. 계획적 살해
2. 계획적 상해
3. 약물을 주어서 죽인 것에 관해(ean apokteinei dous) 약물 재판
4. 불에 탄 것(*burning*)
5. 예외적인 경우

전거에서는 이 네 가지 종류의 사안이 살인에 관한 것들(*phonika*) 이라
불린다. 이 네 가지 사안은 분명히 에피알테스가 아레오파고스로부터 정
치적 권력을 박탈한 후에도, 그전과 같이 아레오파고스에서 여전히 재판
되었던 것으로 보인다. 위의 전거들에서 '계획적'이란 표현이 위의 가가
린의 분류 a, b의 경우에만 사용되지만, c, d의 경우도 또한 계획적 살인
혐의와 관련되었을 가능성이 있다. 즉, 후자도 계획적 살해혐의와 관련

---

61 "ek pronoias apokteinei e trosei(delibrately kill or hurt)."
62 Aristoteles, *Athenaion Politeia*, 57. 3.

된 사건으로 아레오파고스에서 재판받았을 가능성이 없지 않다는 것이다. 이들 사건들의 재판에 관한 아레오파고스의 법은 "(유죄) 살인에 관한 법들(phonikoi nomoi)"이라고 불렸다. 63

(1) 계획적 살인혐의 재판 (dike phonou)

위에서 언급한 법조문에서 분명히 알 수 있듯이 계획적 살해혐의가 있는 이는 아레오파고스에서 재판받았다. 데모스테네스는 '살인(phonos)과 계획적 상해'라고 하고, 《아테나이 정치제도》에서는 "계획적으로 살인했는가(if(whether) (anyone) killed deliberately)에 대해 살인사건의 재판이 있다"고 기록했다. 64 다시 말해, 데모스테네스가 아레오파고스 의회(boule)에서 재판된 것으로 언급한 사건은 "누가 죽었는가 여부(if (whether) (anyone) killed)"에 관한 것인 반면, 65 《아테나이 정치제도》가 아레오파

---

63 Demosthenes. 23, 22

64 Demosthenes, 23. 22, "(ten boulen dikazein) phonou kai traumatos ek pronoias (phonos 'and' trauma)"에서, '계획적으로(ek pronoias)'가 후자 '상해 (trauma)'뿐만 아니라, 전자 '살해(phonos)'에 걸릴 가능성도 있다. 그러나 영역 Loeb 판본에서는 "homicide, intnetional wounding"이라고 하여 '계획적으로'를 '살해'가 아닌 'trauma'에만 걸리는 것으로 해석했다. 또 이 문장 다음에 바로 이어서 Demosthenes, 23. 25~26에서는 "if anyone kills (ean apokteinei)"라고만 하고, '계획적으로(ek pronoias)'의 표현을 생략했다. 반면, Aristoteles, Athenaion Politeia, 57. 3에서는 "ek pronoias apokteinei e trosei (delibrately kill or hurt)"라고 되어 있다. 반면, 여기에는 '계획적으로(ek pronoias)'가 앞에 나와 있고, 그 뒤에 '죽이다(apokteinei)'와 '상해하다(trosei)'가 '혹은(e)'으로 연결되어 있다. 그 뜻은 앞의 '계획적으로'가 후자의 '상해하다'에도 걸리는 것임을 뜻하는 것이라 하겠다. 반면 위의 Demosthenes 문장에서는 '혹은(e)'이 아니라 '그리고(kai)'로 연결되어 있는 점도 '계획적으로(ek pronoias)'를 전자 아닌 후자에만 걸리도록 해석하게끔 하는 요인이 된다.

고스(en Areio pago)에서 재판된 것으로 언급한 사안은 "계획적으로 죽였는가[if(whether) deliberately (anyone) killed]"라는 것이다.

데모스테네스(23. 25~26)가 언급한 "누가 죽였는가[if (whether) anyone killed]"에 대한 재판에서는 피고가 살해했다는 사실을 부정함으로써 피고가 살해자인지 아닌지에 대해 재판이 벌어지는 경우를 포함한다. 그러나 《아테나이 정치제도》가 언급하는 "if (whether) deliberately (anyone) killed"의 사건에서는 피고가 죽였다는 사실을 인정하고, 66 다만 그 살해가 계획적이었는지 여부에 대해 원고와 피고의 견해가 일치하지 않는 경우를 포함한다. 이렇듯, 아레오파고스에서 계획적 살해혐의와 관련된 재판의 안건은 크게 두 종류로 구분할 수 있겠다.

(i) if [whether] anyone killed (cf. Demosthenes, 23. 25~26, 215)

(ii) if [whether] (he) killed deliberately (cf. Aristoteles, *Athenaion Politeia*(《아테나이 정치제도》). 57. 3)

리시아스는 안도키데스를 비난하는 연설문에서 다음과 같이 적었다.

그 사람들은 비난받고 있는 사실을 부정하고, 이 사람은 했다는 것을 인정합니다. 성스럽고 정의로운 아레오파고스 재판소(en Areio pago … dikasterio)에서는 부당했음을 고백하는 자는 사형에 처해지고 만일 불확실하면 조사를 받는데 많은 사람이 부당하지 않다는 것이 증명되었습니다. 이렇게 부정하는 사람과 고백하는 사람들을 같이 취급해서는 안 되겠습니다. 만일 누가 사

---

65 Demosthenes, 23. 25~26. 참조, Aischines, 1. 91~92.
66 참조, Lysias, 6. 14ff. 바로 아래 내용 인용.

람의 몸이나 머리나 얼굴이나 팔이나 다리를 때리면 아레오파고스로부터의
법에 의해 죄를 범한 도시를 떠나야 하며 만일 되돌아와서 고발된 자는 죽음
에 처해집니다. 67

이 구절에서 두 종류의 사건이 구별되고 있다. 피고가 피소된 행위를
저질렀다고 인정하는 경우와 부정하는 경우가 그것이다. 피고가 사건을
저질렀다는 것을 인정하고 또 부당했음을 고백하는 경우는 아레오파고스
의 재판에 의해 사형에 처해진다. 반대로 이러한 것들이 불확실한 경우에
는 조사를 받고 아레오파고스에서 무죄 석방될 가능성도 있는 것이다. 계
속하여 연설문에서는 혐의 사실을 인정하는 자와 부정하는 자는 달리 취
급되어야 한다는 것이 강조되고 있다.

피고가 계획성 없이 살해했다고 주장하고 원고가 살해가 계획적이었다
고 비난하는 경우, 또 피고의 비계획적 살해였다는 주장의 근거가 희박하
다면, 사건은 아레오파고스에서 재판되지, 레들이 주장하는 바처럼 팔라
디온68에서 재판되지 않는다. 이렇게 하여 아레오파고스에서 계획적 살
해혐의와 관련하여 두 가지 종류의 사건이 존재한다는 것이 명백하다.

---

67 Lysias, 6. 14~15. 일부 학자들은 이 연설문이 리시아스가 쓴 것이 아니라고 본
    다. 참조, A. Lesky, *A History of Greek Literature* (Engl. Trans) (London,
    1966). p. 506; G. Gernel, *Lysias*, vol. 1 (Budé, Paris, 1924), pp. 91~93.

68 레들(*Studien zur alteren athenischen Verfassungsgeschichte*, p. 332; idem.
    "Zum drakontischen Blutgesetz", 2, 27)은 계획적 살해혐의가 있는 피고가 살
    해 사실을 부인할 때 아레오파고스에서 재판된다고 보았다. 반면에 죽였다는 사
    실을 인정하고 다만 계획적이 아니었다고 주장할 때에는 팔라디온에서 재판된다
    고 주장하였다. 그러나 레들("Zum drakontischen Blutgesetz", 3)은 계획적 상
    해혐의가 있는 피고가 상해했으나 계획성이 없었다고 주장하는 경우에는 아레오
    파고스에서 재판받았다고 보았다.

(i) 피고가 살해 사실을 부정하는 경우

(ii) 피고가 살해 사실을 인정하나 그것이 계획적이었다는 것을 부정하
는 경우

어쨌든 안건이 아레오파고스에 회부되기 위해서는 왕이 피고가 계획적
으로 살해한 혐의가 있다는 것을 인정해야 하며 사건의 진위에 대한 최종
적 판결은 물론 아레오파고스가 하게 된다.

(2) 계획적 상해혐의

계획적 상해혐의와 관련한 재판에 대해 두 가지 다른 견해가 있다. 일부
사가들은 계획적 상해사건은 피고가 상해를 통해 살해할 목적이었으나
그 목적을 달성하지 못한 것과 관련된다고 본다. 69 그러나 다른 학자들은
피고가 오직 상해했다는 것만이 문제가 되며 살해의 목적이 있었느냐는
문제는 관련되지 않는다는 견해를 제시했다. 70

첫 번째 견해는 리시아스가 언급하는 다음 구절에 근거를 두고 있다.

어떤 사람이 죽으려는 목적이 없이 상해했다면 나는 상해가 계획적이었다
고 보지 않습니다. 어느 바보가 그의 적을 상해하려고 오래전부터 계획할까
요! 이와 달리 상해에 관해 입법한 사람들은 우연히 서로 싸워서 머리를 때
린 자들이 조국을 떠나야 한다고 생각한 것이 아니라는 것이 명백합니다.

---

69 J. H. Lipsius, *Das attische Recht und Rechtsverfahren*, p. 605ff.

70 Von Heraldus, *Animadversiones in ius Atticum et Romanum*, p. 343 (J. H.
Lipsius, *Das attische Recht und Rechtsverfahren*, p. 605ff 에서 재인용) ; H.
Gleve, *De Homicidarum in Areopago Atheniensi indicios* p. 23 ff.

만일 그랬다면 많은 사람들이 추방되었을 것이기 때문입니다. 반대로 입법자들은 죽이려는 목적을 가지고 상해하였으나, 죽이지 못했던 자들에 대해 크게 징벌하도록 규정했고 재판이 행해져야 한다고 생각했습니다. 71

이 사람(원고)이 말하기를, 내가 그를 살해하려고 와서 강제로 그의 집에 침입했다고 합니다. 그러면 그때 내가 그를 제압하고 또 그 여자72를 장악할 만큼 그보다 우선적 지위에 있었는데 왜 그를 죽이지 않았을까요? 그로 하여금 당신들(재판관들)에게 설명하도록 하지요. 그러나 할 말이 없지요. 그리고 당신들은 누구도 칼에 의한 상처가 주먹에 의한 것보다 더 빨리 죽음을 초래한다는 것을 모르지 않지요. 원고는 우리가 무엇을 가지고 침입했다고 말하지 않고 질그릇 조각으로 상처를 입었다고 말하고 있습니다. 이 사이 말하는 것으로부터 이미 사건이 계획적이 아니었다는 것이 명백합니다. 왜냐하면 내가 그를 죽이려 했다면 그의 집에서 그를 죽이는 데 사용할 질그릇 조각이나 그 외의 것을 구할 수 있는지가 확실치 않기 때문에, 그냥 그 집에 들어가지 않고 무엇인가를 가지고 들어갔을 것이기 때문입니다. 73

이상 리시아스의 두 연설문에서 원고는 피고에 대해 자신을 죽이기 위해 상해했다고 비난한다. 여기서 계획적 상해혐의는 피고가 상대를 죽이

---

71 Lysias, 3. 41~42. 시몬(Simon, 원고)과 피고는 함께 플라타이아 출신의 한 소년 테오도토스(Theodotos)를 사랑하였다. 피고의 주장에 따르면 원고와 피고 사이에 격투가 벌어진 다음 더 이상의 충돌을 피하기 위해 피고는 테오도토스를 데리고 한동안 국외로 피신하였다. 다시 귀국하던 날 시몬과 그의 친구들이 소년을 낚아채려 하였으므로 그들 사이에 다시 격투가 벌어졌다.
72 cf. 한 노예 여자. 이 여자의 소유권 때문에 피고와 원고가 다투었다.
73 Lysias, 4, 5~6.

려는 의도를 가지고 있었던 경우와 관련된다는 것이 드러난다.

이와 반대로 두 번째 견해를 지지하는 글뢰(H. Gleue)는 상해사건에서 피고는 살해의도와는 관계없이 오직 상해 그 자체와 관련된다고 주장했다.[74] 이러한 글뢰의 주장은 위에서 언급한 바와 같은 리시아스의 연설문의 또 다른 언급에 기반한다. 여기서 피고는 상대를 때리기는 했지만 죽이려는 의도는 없었다는 식으로 변명하지 않는다. 반대로 상해혐의에서 죄가 없음을 주장하고, 나아가 리시아스의 변론 3에서 피고는 자신이 아니라 오히려 원고가 죄인임을 역설한다. 글뢰가 그의 이론의 근거로 제시하는 구절은 다음과 같다.

시몬(원고)이 모든 벌어진 사태에 대한 원인입니다.[75]

소년은 그(원고)의 옷을 떨치고 달아났습니다. 이들(시몬과 그 무리들)이 그를 뒤쫓아 갔을 때 나는 다른 길로 달아났습니다. 여기서 어느 편이 벌어진 사건에 대해 죄가 있다고 보십니까? 달아난 편입니까? 아니면 잡으려고 한 자들입니까? 내가 생각하기로는 분명히 도망간 이들은 그 자신들을 위해 겁을 낸 자들이고, 추적한 자들은 나쁜 짓을 하려고 원한 자들입니다. 사건이 달리 판명될 것으로 보이지 않습니다. 그들은 소년을 길에서 강제로 잡아냈고, 내가 그들을 만났을 때 나는 그들에게 손대지 않고 소년을 손에 넣었습니다. 그때 그들은 소년을 강제로 낚아챘고 저를 구타하였습니다.[76]

---

74 참조, H. Gleue, *De Homicidarum in Areopago Atheniensis ludicio*, pp. 21~31.
75 Lysias, 3. 20.
76 Lysias, 3. 35~37.

그러므로, 의회 여러분, 나는 내가 벌어진 사건에 아무 책임이 없다는 것을 충분히 증명했다고 봅니다. 77

글뢰가 주장하는 바와 같이, 여기서 피고는 상해혐의에 죄가 없다고 주장한다. 즉, 상해한 사실이 있으나, 죽이려는 '의도'가 있었는지 여부와 관련하여 변명하는 것이 아니다. 이런 사실로부터 글뢰는, 여기서 말하는 상해혐의란 피고가 계획적 혹은 비계획적으로 상해했는지 여부에 관한 것이지, 계획적 살해 의도가 있었는지 여부와 관한 것이 아니라고 결론지었다.

여기서 같은 연설문의 사료에 바탕을 두는 이 두 가지 상반된 견해를 올바르게 이해하려면 계획적 상해혐의와 관련하여 두 가지 다른 종류의 사건이 존재했다는 것을 고려할 필요가 있다. 앞에서 언급한 바, 살인혐의와 관련하여 두 가지 종류, 즉 "누가 죽였는가?"와 "계획적으로 죽였는가?"의 다른 경우의 사건이 존재했듯이, 상해혐의에서도 "누가 상해의 죄가 있는가? (if (whether) anyone hurted)"와 "계획적으로 상해했는가? (if (whether) deliberately hurted))"의 다른 경우가 있을 수 있기 때문이다. 데모스테네스(23, 25~26)가 전하는 바대로 아레오파고스 의회에서 재판된 사건에서는 누가 행위를 저질렀는지 여부 자체가 명백하지 않다. 78 반면, 《아테나이 정치제도》에서 언급되는 바와 같이, 아레오파고스에서 재판된 상해혐의 "계획적으로 상해했는가?"에서 피고는 상해했다는 사실을 인정하고 다만 상해가 계획적 살해를 목적으로 했다는 사실을 부인하는 경우를 포함하는 것으로 볼 수 있다.

---

77 Lysias, 3. 40.
78 Demosthenes, 40. 32. 참조, Demosthenes, 54. 28.

위에서 언급한 대로, 글뢰는 피고가 상해사건에 죄가 없다고 변명하고 있는 데서 상해혐의는 단순한 상해사건과 관련된다고 보았다. 그러나 이러한 글뢰의 견해와 반대로 이러한 피고의 변명으로부터 상해혐의가 단순한 상해사건과 관련된다는 결론을 이끌어 낼 수는 없다. 즉, 피고가 상해사건에 무죄함을 주장할 때 그의 주장은 상해뿐만 아니라 살해를 목적으로 한 상해혐의에도 무죄하다는 것을 함께 내포한다. 리시아스의 두 연설문에서 피고들은 먼저 자신들이 상해사건에 유죄가 아니고, 오히려 원고가 유죄라는 사실을 다음과 같은 이유로 주장했다.

① 원고와 피고가 상호 간에 격투하였음(3, 42).
② 두 편 중 누가 먼저 치기 시작했는지 알 수 없음(4, 11).
③ 두 편 모두 맑은 정신 상태가 아니었고, 술에 취하거나, 놀이(*game*) 중이거나, 상호 비난 중이거나, 사랑하는 사람을 차지하려고 싸우는 등의 특별한 고려가 요구되는 일련의 상황에 있었음(3, 43).
④ 폭행사건이 자기방어를 위해 일어났음(48).

계속하여 피고는 이러한 상황에서 계획적 살해의 목적은 개재될 수 없으며, 또한 상해사건에도 죄가 없음을 주장한다. 이러한 이들의 주장은 피고가 상해했다는 사실을 인정하면서 단지 살해 의도가 없었다고 변명하는 경우와 다르다. 어쨌든 이 두 가지 다른 경우는 모두 같이 원고의 피고에 대한 "살해를 목적으로 한 상해"라는 비난과 관련되어 있다. 이 사실은 위에서 인용한 리시아스의 두 연설문[79]에서 증명된다. 아레오파고스에서 재판된 상해사건에서는 언제나 원고가 피고에 대해 계획적 살해 의

---

[79] Lysias, 3. 41~42, 4. 5~6.

도를 가지고 상해했다고 비난하지만, 지금까지 언급한 바와 같이, 피고가 상해에 죄가 있다는 사실을 인정하는 경우와 그렇지 않은 경우에 따라 종류가 구분된다. 만일 원고가 피고에 대해 계획적 살해의도와 관련 없이 상해 사실만으로 비난하는 경우 사건은 아레오파고스가 아니라 팔라디온 80이나 다른 재판소에 회부된다.

이렇듯, 아레오파고스에 회부된 상해사건은 다음과 같이 두 종류가 있다. 원고는 언제나 피고에 대해 계획적 살해 의도를 가지고 상해했다고 주장하지만 피고의 변명은 다음과 같이 다를 수 있다.

① 상해혐의에 아무런 죄가 없다.
② 상해 사실을 인정하나, 계획적 살해 의도는 없었다.

(3) (약물을) 주어서 누가 죽었는가에 관한 약물 재판

학자들은 아레오파고스에서 재판된 약물사건이 안티폰의 변론 1과 6에서 다루어지는 바와 같이 누가 몰래 상대를 독살한 경우와 관련된다고 생각했다. 81 그러나 다수 학자들은 안티폰에서의 이 두 재판이 아레오파고스가 아니라 팔라디온에서 열린 것으로 간주한다. 82 왜냐하면 이 연설문들에서 재판관들이 "의회 여러분(o boule)"이 아니라 그냥 "여러분(o andres)"

---

80 참조, J. H. Lipsius, *Das attische Recht und Rechtsverfahren*, p. 606; D. MacDowell, *Athenian Homicide Law*, pp. 45~46.

81 P. Forchhammer, *De Areopago* (Kiliae, 1828), p. 30, n. 14; A. Philippi, *Der Areopag und die Epheten* (Berlin, 1874), p. 41, n. 56; W. Passow, *De Crimine Bouleuseos*, p. 4 ff.

82 안티폰의 연설문 1과 6에 대해서는 cf. P. Forchhammer, *De Arropago*, p. 30, n. 14; A. Philippi, *Der Areopag und die Epheten*, p. 41, n. 56. 연설문 6에 대해서는 참조, H. Gleue, *De Homicidarum in Areopago Atheniensi Iudicio*, p. 37.

으로 호칭되기 때문이다. 나아가 일부에서는 아레오파고스에서 재판되는 약물사건에 대한 구절, "약물을 주어서 누가 죽였는가(ean tis anokteinei dous)"에서 '주어서(dous)'의 의미를 강조하면서, 아레오파고스에서는 약물을 자기 손으로 직접 가져다주어서 살해한 자만을 재판한다고 보았다. 그리고 안티폰의 변론 1과 6에서는 피고가 직접 손으로 약을 가져다주지 않고 다른 사람을 시켰으므로, 83 아레오파고스가 아니라 팔라디온에서 재판받은 것이라고 주장했다. 84

이런 견해와 달리, 파소우(W. Passow)는 약물사건이 독약을 손으로 직접 가져다준 자뿐만 아니라 약물을 주도록 명령했거나 몰래 약을 타 놓은 자 등을 모두 포함한다고 보았다. 85 파소우는 '살인(phonos)'과 '모의

---

83 안티폰의 변론 1에서는 의붓어미가 의붓자식으로부터 그녀의 남편이자 의붓자식의 아버지 되는 이를 독살했다는 혐의로 고발되었다. 고발된 경위에 따르면 그 남편이 해외 여행을 떠나기 전 친구 집에서 식사를 했다. 그때 전부터 남편의 사랑을 되찾으려 애쓰던 그녀는 시녀를 시켜 사랑을 돌이키는 약을 식탁에 가져다주게 했고, 그 약을 먹은 그의 남편과 그 친구가 죽었다는 것이다. 변론 6에서는 합창단의 단원 한 명이 지휘자의 시종이 가져다주는 목소리를 좋게 하는 약물을 마시고 죽었다. 그래서 그 지휘자가 그 약물을 주도록 지시했는지 여부를 가리는 문제로 고발되었다.

84 P. Forchhammer, *De Areopago*, p. 30, n. 14; A. Philippi, *Der Areopag und die Epheten*, p. 41, n. 56.

85 W. Passow, De Crimine Boulcioews, pp. 34~40. cf. J. H. Lipsius, *Das attische Rechtund Rechtsverfahren*. p. 124. Lipsius는 Aristoteles, *Athenaion Politeia*, 57. 3에 열거되는 살인과 관계되는 모든 종류의 사건의 직접 죽인 자뿐만 아니라 죽이려는 의도를 가진 자들도 포함한다고 전제하면서, 약물사건도 직접 손으로 가져다준 자뿐만 아니라 그 원인이 되는 자를 포함하는 것이라고 보았다. 그리고 그의 이러한 주장을 뒷받침하는 것으로 Demosthenes, 23. 37(참조, *IG*. I3. 104, line. 26)의 구절 "합법적으로 은거하고 있는 살해자(androphonos)를 '죽이거나(kteinei)' '살인(phonos)'의 원인이 된다면"에서 구분된 언급을 강조했다.

(*bouleusis*)' 사이의 개념을 구분하면서 살인은 폭력적이고 유혈적인 살해이지만 모의는 비밀스럽고 교묘한 꾀에 의한 살해와 관련된다고 규정했다. 86 이렇게 모의는 언제나 교묘한 계획에 의한 것이므로 아레오파고스에서 재판받았다고 전제하면서, 안티폰의 변론 1과 6에서의 사건들은 모의와 관련되는 것이므로 팔라디온이 아니라 아레오파고스에서 재판된 것이라는 의견을 냈다. 87

다른 한편 글뢰는 만일 피고가 상대를 독살하면 사건은 '약물사건'이 아니라 살인혐의로 재판받는다는 것을 강조했다. 88 따라서 글뢰는 약물사건은 독약에 의한 살인사건에 관한 것이 아니라 사랑의 마약에 관계되는 것이라고 주장하였다. 즉, 약물사건은 상대를 독약으로 죽이려는 의도를 가진 사람에게 해당하는 것이 아니라 (이것은 글뢰에 따르면 살인사건에 해당함) 사랑의 마약으로 상대의 사랑을 되찾으려 한 사람과 관련된 것이라고 보았다. 글뢰는 사랑의 마약이 자주 죽음을 초래하기 때문에 이를 사용하는 것을 금지하기 위해 약물 재판이 행해지는 것이라고 생각했다.

글뢰가 바르게 주장하는 것처럼 독약에 의한 살인도 살인사건의 재판

---

86 W. Passow, *De Crimine Bouleuseos*, p. 40. J. H. Lipsius (*Das attische Recht und Rechtsverfahren*, p. 607) 도 또한 살인 (*phonos*) 이란 살해자가 직접 (*autocheira*) 폭력적이고 유혈적인 살해를 자행한 것을 뜻하는 것이라고 본다.

87 W. Passow, *De Crimine Bouleuseos*, p. 34. 안티폰의 변론 1과 6에서 재판관들이 아레오파고스 의회에서 사용되는 "의회 여러분 (*boule*)"으로 불리지 않고 그냥 "여러분 (*andres*)"으로 불리는 사실에 대해 파소우는 아레오파고스의 재판관도 "여러분 (*andres*)"으로 불릴 수 있다는 의견을 냈다.

88 H. Gleue, *De Homicidarum in Areopago Atheniensi ludicio*, p. 37. 살인 (*phonos*) 이 약물에 의한 살해를 포함한다는 견해에 대해서는 참조, J. H. Thiel, "De Antiphontis oratione prima". *Mnemosyne*, II, 56(1928), 390~ 394; D. MacDowell, *Athenian Homicide Law*, p. 45.

과 관련될 것이므로 약물사건이라고 따로 언급될 필요가 없다. 그러나 약물사건이 독살에 관계되는 것이 아니라 사랑의 마약에만 관계된다는 글뢰의 주장은 올바른 것이 아니다. 피고가 사랑의 마약을 주었지 죽이려한 것이 아니었다고 주장한다 하더라도 그의 주장은 사실이 아닌 경우가있기 때문이다. 또 원고가 피고의 이런 주장을 부정하고 피고에 대해 살해할 목적이었다고 비난할 수도 있기 때문이다. 이 같은 경우 재판은 피고가 살해할 목적이었는지, 아니면 사랑을 되찾으려 했는지 여부를 둘러싸고 행해진다. 이 경우 사랑의 마약에 관계되는 재판은 독살과는 관계없는 것이라고 단정할 수 없게 되는 것이다.

다만, 글뢰의 사랑의 마약에 관한 견해에서 매우 중요한 하나의 사실이있다. 그것은 피고가 언제나 살해된 자에게 사랑의 마약을 주었다고 인정한다는 것이다. 여기서 《아테나이 정치제도》(57. 3)과 《데모스테네스》(23. 22)의 약물사건과 관련한 법조문에서 언급하는 '주어서(dous)'란 단어의의미를 찾아볼 수 있다. '주어서'란 표현은 피고가 어떤 기정의 약물을 상대에게 주었다는 사실을 인정한다는 뜻이다. '주어서'는 주었는지 아닌지 식의 가정적 접속사에 걸리지 않기 때문이다. "ean tis anokteinei dous"에서 'ean'(if (whether))은 오직 죽였는지 여부(apokteinei)에만 관계되는 것이지, 주었다는 사실(dous)에 관계되는 것이 아니다. 즉, 피고는 약물을 주었다는 사실을 인정하나 살해했다는 사실을 부정하는 것이다. 그러므로재판은 약물을 주었는지 여부(ean dido)에 관한 것이 아니라 살해할 목적이있었는지 없었는지, 죽이려 했는지 여부(ean apokteinei)에 관한 것이 된다. 또한 '주어서'란 표현은 피고가 그 손으로 직접 가져다주었는지 여부와는전혀 관계가 없다. 반대로 피고가 약물이 주어진 데 대해 책임이 있고, 그래서 주었다고 인정하는 경우이다.

이렇듯, 약물 혐의는 글뢰가 주장하는 바와는 달리 사랑의 마약에만 한정되는 것이 아니라 약물에 의한 여러 가지 치료와 관계되는 경우를 광범하게 포함한다. 이 경우 피고는 언제나 약물이 주어진 데 대한 책임이 있음을 인정한다. 피고는 한편으로 약물을 주었다는 것을 인정하지만, 다른 한편, 살해혐의에 유죄라는 것을 부정한다. 상대를 죽이려 한 것이 아니라 치료하려 했기 때문에 살해혐의에 유죄가 될 수 없기 때문이다.

아리스토텔레스의 《대윤리학(Magna Moralia)》에서 사랑의 마약을 주었다는 것을 인정하는 한 피고 여인이 아레오파고스에서 재판받은 예가 다음과 같이 기록되어 있다.

어떤 여인이 사랑의 마약을 어떤 사람에게 마시도록 주었는데 마신 사람이 이 약으로 인해 죽었다. 그래서 그 여인은 아레오파고스에서 재판받았는데 무죄 석방되었다. 계획적으로 죽이려 한 것이 아니라 사랑의 마약으로 그의 정을 돌이키려 한 것으로 생각되었기 때문이다. 89

치료를 목적으로 사용된 약물에 의해 죽음이 초래된 경우에 대해 안티폰은 다음과 같이 적었다.

실제로 의사의 지시에 따르다가 죽었다 하더라도, 살해당한 것이 아닌 것으로, 의사는 사망한 자에 대한 살해자가 아니다. 그래서 법이 그를 석방한다. 90

---

89 Aristoteles, *Magna Moralia*, 1188b 32~35.

90 Antiphon, 4c 5. 참조, Platon, *Politikos*, 298c, "우리는 허약자를 위해 약물과 의료기구들을 사용해야만 한다."; Homeros, *Ilias*, scholia, 30, 515a, "상처를 수술하고 약물을 줄 것을 생각했다. 수술과 약물은 옛사람들이 발명한 것이라고 들 한다. … 의사(Machaon)가 상처를 수술하여 약을 발랐다."; Philo Ioudaius (Philon Alexandreus), 3, 82, 17, "병자는 약물과 수술과 식이요법으로 치료되는 것이지, 말로써 치료되는 것이 아니다."; Sextus Empeirikus. *Adversus*

이렇듯, 아레오파고스에서 재판된 약물사건은 안티폰의 두 연설문에서
의 재판과는 다른 종류이다. 왜냐하면 이 두 연설문에서 피고들은 독약이
나 일정한 약물을 '주었다(dous)'는 사실을 인정하지 않는다. 아레오파고
스의 살인에 관한 법은 모든 약물사건이 아레오파고스에서 재판되어야 한
다고 규정한 것이 아니라 약물을 준 것을 피고가 인정하고 다만 죽였는지
여부가 불확실한 경우에만 한정한다.

(4) '불에 탄 것'에 관한 혐의

'불에 탄 것(burning)'에 대해서도 두 가지 다른 견해가 있다. 하나는 '불
에 탄 것'이 단순히 방화죄에 해당하는 것, 91 다른 하나는 불에 의해 사람
이 살해되는 것에 관한 것이라고 보는 것이다. 92 그러나 '불에 탄 것'을 포
함하는 법조문이 전체적으로 살인에 관한 것(phonika)을 언급하므로 '불
에 탄 것'도 살해혐의와 관련된 것으로 볼 수 있다.

Mathematicos, 1. 95. "의료법은 식이요법, 수술, 약물과 관련이 된다고들 하며,
약물은 또한 다른 방법들과 연관이 되는 것이었다."; Galenos, vol. 15. p. 425.

91 M. H. E. Meier, G. F. Schomann, *Der attische Process* (Halle, 1824),
pp. 314~315: A Philippi, *Der Areopag und die Epheten*, p. 161: cf. D.
MacDowell. *Athenischen Hominicide Law*, p. 44.

92 G. Gilbert, *Handbuch der griechischen Staatsaltertamer*, vol. 1 (Leipzig,
1893), p. 362, n. 1; G. Busolt, *Griechische Geschichte*, vol. (Gotha, 1893),
p. 415; K. F. Hermann, Th. Thalheim, *Lehrbuch der griechischen Rechts-
alterthiümer*, p. 42, n. 2; W. Passow. De Crimine Bouleuseos, pp. 24~25;
cf. R. J. Bonner, G. Smith, The Administration of Justice from Homer to
Aristotle, vol. 1, p. 258. 파소우는 모든 '불에 탄' 사건이 아레오파고스에서 재판
된다고 보지 않고, 교묘한 방법으로 은밀하게 '불에 탄 사건'이 발생할 때 아레오
파고스에서 재판되고, 폭력적이고 유혈적으로 '불에 탄' 사건은 팔라디온에서 재
판한다고 보았다.

다수 학자들은 이 '불에 탄 것'이 불에 의해 은밀하게 살해되는 경우에 해당한다고 생각하였다. 그러나 앞에서 약물사건과 관련하여 언급한 것과 같은 논리로 만일 불로 사람을 죽였다면, 이것은 살인사건에 관계되며 구태여 '불에 탄 것'이라는 다른 규정이 있을 필요가 없다. 약물사건에 관한 설명에서 '주어서'라는 표현과 관련하여 언급한 것처럼 '불에 탄 것'이라는 표현도 가정적 접속사(ean)와 연결되지 않는다는 사실을 주의할 필요가 있다. 피고는 불에 탄 사건을 초래한 것을 인정하고 '불에 탄 것'은 더 이상 비밀스러운 행위가 아니라는 것을 알 수 있다. 이러한 것은 약물사건에서와 같이 피고가 불로써 공공연하게 치료하려 했고 살해할 목적이 없었던 경우를 생각할 수 있다. 93 '불에 탄 것'의 사건은 피고가 불로써 공공연히 치료하려 했으나 결과적으로 사망이 초래된 경우로 피고는 '불에 탄 것'이 치료를 위한 것이었으므로 자신은 살해혐의에서 유죄가 아님을 주장한다.

(5) 예외적인 경우

위에서 아레오파고스에 회부되는 것으로 언급한 사건의 종류들은 기원전 4세기 아테나이의 법제와 관련된 것들이다. 피고가 죄가 있음을 인정하는 살인사건의 경우는 사건이 아레오파고스에 회부되지 않고 아르콘들이나 다른 민중재판소에서 재판받고 처벌된다. 이 사실은 다음의 사료들에서 알 수 있다.

---

93 Antiphon, 4. c. 5; Galenos, Hippocratis de Acutorum Morborum VictuLiber et Galeni Commentarius. 취하는 물질에 의한 치료를 식이요법이라 하고, 해부나 불에 태우는 것(kauseon)과 다른 손으로 조작하는 방법 등을 수술이라고 하며, 세 번째로 약물법이 있는데 약물을 통해 치료하는 것이다.

도적질한 자나 간음한 자, 살인한 자 혹은 큰 잘못을 범한 이러한 것을 몰래 저지르는 경우 재판을 받을까요? 현행범으로 잡힌 자가 죄를 고백하면 즉각 사형에 처해지고, 비밀히 하고 저지른 바를 인정하지 않는 자는 재판소에서 재판을 받는데 진실은 증거에 의해 결정된다. [94]

11인은 무엇인가: 나쁜 짓에 관계되는 도둑, 유괴·인신매매자, 살인자 등을 체포한다. 그리고 고백하는 자들은 사형에 처하고, 혐의가 불확실한 자는 재판소에 회부한다. [95]

그러나 예전부터 아레오파고스에서는 위에서 언급한 종류의 사건 이외에 또 다른 경우의 사건도 재판했을 가능성이 있다. 폴리데우케스는 솔론 이전 시기와 관련해 "계획적 살해와 상해 … " 등이 아레오파고스에서 재판되었다고 전한다. 그러나 《데모스테네스》와 《아테나이 정치제도》의 기원전 4세기 기록에서는 "누가 죽었는지"와 "누가 고의로 죽였는지 혹은 상해했는지"의 경우가 언급된다. 폴리데우케스의 언급보다 《데모스테네스》와 《아테나이 정치제도》의 것은 더 구체적이고 한정적이다. 이처럼 다른 모습의 기록은 살인사건의 재판이 시기에 따라 변화했음을 드러내는 것으로 볼 수 있다. 즉, 옛적에는 위에서 언급한 일정한 종류의 사건들 이외에 또 다른 경우의 사건도 아레오파고스에서 재판되었을 것이라는 점이다. 《데모스테네스》(20. 157)가 솔론 시기와 관련하여 전하는 바에 따르면 "살인이 상호 간에 연속되는 것을 방지하기 위해 이례적으로 아레오파고스 의회(he boule he en Areio pago)가 구성되었다"고 한다. 즉, 특

---

94 Aischines 1. 91.
95 Lexica Segueriana, Lexeis Rhetorikai.

별한 경우의 살인사건에 대해 아레오파고스가 재판하였음이 드러난다.

모친을 살해했던 오레스테스는 아레오파고스에서 재판받았던 것으로 전한다. 그러나 기원전 4세기 아테나이에서 이러한 종류의 살해사건은 아레오파고스에서 재판되지 않았을 가능성이 있다. 왜냐하면 피고가 살해했다고 인정하고 또 살해가 유죄라는 것을 인정할 때는 아레오파고스에서 재판되지 않고 아르콘들이나 다른 민중재판소에서 재판받고 처벌이 결정되었기 때문이다. 그리고 아레오파고스에서 재판받는 경우가 있다고 해도, 오레스테스의 경우와 달리, 피고는 무죄 석방되지는 않았을 수도 있다. 왜냐하면 후대에 모친살해는 법적으로 금지되었기 때문이다. **96**

옛적 오레스테스가 아레오파고스에서 재판받고 무죄 석방된 사실은 이전의 아레오파고스가 기원전 4세기보다 훨씬 더 큰 권한을 가졌음을 보여주는 것이라고 할 수 있다. 기원전 4세기의 아레오파고스는 다소간 기존의 법을 준수하여 재판했다.

아레오파고스의 권한은 후대로 가면서 더 줄어들었지만, 특별한 경우에는 다른 여러 종류의 살해사건을 여전히 재판했던 것으로 보인다. 기원전 740년경 스파르타와 메세네 사이에 전쟁이 벌어졌을 때 메세네의 왕 안티오코스는 스파르타인에게 그들 사이에 일어난 살해사건은 아르고스 동맹체와 아테나이의 아레오파고스에서 재판받도록 하자고 제의했다. 그이유는 아레오파고스가 예로부터 살인사건을 재판했기 때문이라는 것이었다. **97** 그 후 로마 시대에 아시아를 지배하던 로마인 총독 돌라벨라 (Dollabella)는 두 번째로 결혼한 남편과 그들 사이에 난 자식을 살해한 한 여인을 재판했다. **98** 이 여인이 이들을 살해한 이유는 두 번째 남편이 자

---

96   참조, Isokrates. 12. 122
97   Pausanias, 4. 5. 2.

신과 이 여인 사이에서 난 자식과 함께 모의하여, 이 여인이 첫 번째 남편과의 사이에서 얻은 두 자식을 살해했기 때문이었다. 돌라벨라는 이 여인에 대해 판결을 내리기 어려워 아레오파고스에 재판하도록 위임하였다. 아레오파고스는 유죄 판결도, 그렇다고 무죄석방도 할 수 없어서, 그녀에게 백 년 뒤에 다시 재판소에 출두할 것을 명하고 그때 다시 재판하겠다고 결정하였다.

3) 아레오파고스 의회와 아레오파고스 재판소

사건의 중요도에 따라 아레오파고스의 재판관들이 어떻게 달랐는지를 보여 주는 사료는 많지 않다. 앞에서 살펴본 바와 같이, 폴리데우케스가 전하는 바에 따르면, 솔론 이전 시기 아레오파고스의 재판관은 아레오파고스 의원들만으로 구성되었다고 볼 수 없으며 아레오파고스 의원이 아닌 사람들도 재판관이 되었다. 또한 매우 후대인 기원후 2세기경의 루키아노스에 따르면, 아레오파고스의 재판관 수는 사건의 중요도에 따라 달랐으며 재판관들은 모든 아테나이인들 중에서 추첨으로 선출되었다고 한다. 99 따라서 고전 시기의 아테나이에서도 사건의 중요도나 종류에 따라 재판관의 수나 출신 성분이 달랐을 가능성이 있다. 100

---

98 Aulus Gellius, *Noctes Atticae*, 12. 7; Valerius Maximus 8. 1, amb 2.
99 Lukianos, 29. 12~17.
100 에페타이가 계획적 살해나 비계획적 살해사건과 관련되는 사건을 함께 재판했음을 보여 주는 사료는 다음과 같다. Demosthenes. 23. 37 (cf. *IG*, I³. 104, line. 26~29). cf. G. Gilbert, "Entwicklungsgeschichte des griechischen Gerichts verfahrens und des griechischen Rechtes", 490; E. Drerup, "Bei den attischen Rednern Eingelegten Urkunden", 273.

또 몇 가지 사료에서 살인사건의 재판과 관련하여 두 가지 다른 명칭이 존재한다. 아레오파고스 재판소(to en Apeio pago dikasterion)와 아레오파고스 의회(he boule en Apeio pago 혹은 he boule he ex Areiou pagou)가 그것이다. 〈아리스토크라테스를 비난하여〉에서 데모스테네스는 아레오파고스 의회(boule) 101와 아레오파고스 재판소(to en Areio pago dikasterion) 102를 따로 언급했다. 아레오파고스 의회에서는 누가 살해자인지 아직 밝혀지지 않은 사건이 재판된다. 한편 아레오파고스 재판소에서 재판받는 사건은 피고가 사람을 죽였다는 것이 명백한 경우이다. 예를 들면 군신(軍神) 아레스의 살해사건에 대한 재판103과 모친을 살해한 오레스테스에 대한 재판이 그것이다. 또 계속하여 판결이 나기 전에 이미 유죄라는 것이 명백한 경우도 언급되는데 이러한 경우에도 개인의 보복 행위는 금지되고, 법에 의해 처리되어야 한다는 것이 강조된다.

《아테나이 정치제도》에서도 아레오파고스 의회와 아레오파고스(en Areio pago)의 두 가지 명칭이 언급된다. 아레오파고스 재판소에서는 피고가 계획적으로 사람을 죽였는지 여부, 혹은 계획적으로 상해했는지 여부를 판가름한다. 이 경우는, 위에서 언급한 대로 피고가 죽였다는 사실을 인정하나 살해가 계획적이었다는 것을 부정하는 경우이다. 그러나 그다음의 누가 약물을 주어서 죽였는가와 불에 탄 것(pharmakon, ean apokteinei dous, kai purkaias)은 아레오파고스 의회만이 재판한다고 되어 있다. 이 두

---

101 Demosthenes, 23. 22.
102 Demosthenes, 23. 65.
103 포세이돈의 아들 할리로티오스(Halirrhothios)가 아레스의 딸 알키피스(Alkippis)를 범하였고, 화가 난 아레스가 할리로티오스를 죽였기 때문에 아레오파고스에서 재판을 받게 되었다. cf. Suda, s. v. Apeios pagos.

경우는, 사람이 죽은 경우에도, 피고는 스스로 살해했다는 사실 자체를 인정하지 않는다. 104

여기서 리시아스(6. 13~15)가 언급한 바를 다시 한번 상기할 필요가 있다. 피고가 저지른 사실을(poiesai) 인정하지만, 사건이 정당한지 아닌지 불확실할 때(ean amphisbetei) 아레오파고스 재판소(en Apeio pago dikasterion)에서 재판받는다는 것이다. 105 계속하여, 사실을 인정하는 자와 부정하는 자는 달리 취급되어야 한다는 것을 강조한다. 주로 피고가 살해 사실을 인정하고 그 살해의 계획성 여부가 문제시될 때는 아레오파고스 재판소(to en Apeio pago dikasterion)에서 재판한다. 반면 피고가 살해 사실을 부정할 때는 아레오파고스 의회가 아레오파고스에서 재판했던 것으로 보인다.

위에서 언급한 《데모스테네스》(23. 22)와 《아테나이 정치제도》(57. 3), 두 사료는 모두 아레오파고스에서 재판된 사건의 종류를 전한다. 그렇지만 《데모스테네스》에서는 아레오파고스 의회에 회부된 사건만 언급하고, 《아테나이 정치제도》에서는 아레오파고스 의회와 아레오파고스 재판소에서 재판된 사건을 함께 언급한다. 《아테나이 정치제도》에서는 아

---

104 이 글의 앞부분 계획적 살인, 계획적 상해 부분 참조.

105 '했다'는 사실을 인정(roungal)하나 그 정당성 여부가 불확실(ean amphisbetei)한 경우에 대한 언급의 예는 Lysias, 1. 25, 28~29에서 보인다. "정당하지 않게 행한 것(me ta dikaia prattontes)", "정당하게 행한 것(kata ton ta dikaia prattonton)" (Ibid. 1. 28) ; "여러분, 그(간음하다가 살해된 자)는 정당성 여부에 대해 조금도 의심 없이 잘못했다는 것을 인정하였습니다(ouk emphesbetei, o andres, all' homologei adikein)."(Ibid. 1, 29) ; "여러분, 나는 정당하게 했다고(간음한 자를 죽인 사실) 생각합니다(o andres, dikaian men an poiein egoumen)." 여기서 피고는 간음한 자를 죽인 것이 계획적 살해가 아니었기 때문에 정당한 살해였다고 주장한다(Ibid. 1. 37~46) ; 정당한 살해에 대한 델피니온의 재판은 참조, Aristoteles, Athenaion Politeia, 57. 3.

레오파고스 의회에서 재판하는 모든 종류의 사건(즉, 누가 죽였는지 아닌지의 경우)을 언급하지 않고 다만 약물사건과 '불에 탄 것'만을 서술한다. 그 이유는 《아테나이 정치제도》에서는 모든 종류의 아레오파고스에서 재판된 사건을 기록한 것이 아니라 재판받아야 할 재판소에 대한 왕의 결정권과 관련된 사항만이 언급했기 때문이다. 즉, 왕은 다음과 같은 경우에 재판소를 결정하고 혐의자로 하여금 합법적으로 은거하도록 명하는 권한을 갖는다. 피고의 살해나 상해사건이 계획적이었는가, 비계획적이었는가. 피고가 준 약물이나 불에 의한 치료로 사람이 죽었을 때 피고는 살해혐의에 유죄인가, 아닌가. 《아테나이 정치제도》가 언급하는 이러한 종류의 사건들은 아레오파고스 의회가 재판했든 아레오파고스 재판소가 재판했든 간에 한 가지 공통점이 있다. 그것은 피고가 살해 사실을 인정하거나 혹은 살해한 사실을 부정한다 해도 살해의 결과를 초래한 약물이나 불을 사용했음을 인정한다는 점이다.

반면, 데모스테네스는 아레오파고스 의회에서 재판된 사건의 종류를 모두 기록한다. "누가 살해했는가 혹은 상해했는가 아닌가"라는 혐의에서는 피고는 살해나 상해한 사실을 부인하고 어떠한 죄도 없다고 주장한다. 또한 약물과 불에 의한 사건에서도 피고는, 그가 사용한 약물이나 불에 의해 사람이 죽었다 하더라도, 살해할 목적으로 사용한 것이 아니므로 살해 혐의에 죄가 있다는 것을 부정한다. 그러므로 데모스테네스가 언급하는 사건의 종류들은 피고가 살해한 사실을 부정한다는 점에서 공통점이 있다. 원고가 피고에 대해 계획적으로 사람을 죽였다고 비난하고 피고가 살해한 사실을 인정하지 않는 경우, 사건은 아레오파고스 의회가 재판한다.

그렇지만 예외적인 경우에는 위에서 언급한 것과 같이, 아레오파고스 의회가 모든 종류의 사건을 재판할 수도 있다. 따라서 보통의 경우 아레오파고스재판소에서 재판되는 사건들도 아레오파고스 의회가 재판할 수 있다는 말이다. 이러한 예는 오레스테스에 대한 재판에서 찾아볼 수 있다. 아이스킬로스는 오레스테스 사건의 재판소를 "이 땅을 보호하는 의회"[106]라고 호칭하였다. 기원전 4세기, 데모스테네스는 오레스테스에 대한 재판이 열두 신에 의해 아레오파고스 재판소(to ev Apeio pago dikasterion)에서 이루어졌다고 적었다. 예로부터 아레오파고스 의회는 예외적인 경우로 어떤 종류의 살해사건도 재판할 수 있었던 것으로 보인다.

그러나 이러한 예외적 경우를 재판할 아레오파고스 의회에서는 아레오파고스 의원들만 참석한 것 같지 않으며 사건의 성질이나 중요도에 따라 구성원이나 재판관의 수효가 달랐던 것으로 보인다. 바로 위에서 언급한 오레스테스에 대한 아레오파고스 의회(bouleuterion)의 재판이 그 예다. 이 재판은 비록 신화 전설에 불과한 것이지만, 적어도, 기원전 4세기 아테나이인들이 아레오파고스 의회에서 절대적으로 아레오파고스 의원들만이 재판을 담당했다고 생각하지 않았다는 것을 보여 준다. 드라콘의 무리들을 합법적 절차를 거치지 않고 죽인 사건에 대해 300인 재판관이 알크메오니다이 가문 일족을 재판했을 때 이 재판이 아레오파고스에서 일어났는가 아닌가 하는 것은 사료에 전하지 않는다.

그러나, 일부 사가들의 견해와 같이 이 특수한 경우의 살해사건을 재판한 많은 수의 재판관이 정치적 사무를 토론했던 아레오파고스 의원들로만 구성되었다고 볼 수는 없다. 이와 관련하여 솔론의 〈사면법〉에서 에페타이에 의한 재판과 별도로 언급되는 아레오파고스 재판이 "에페타이 재판관들"이란 표현과 달리, "아레오파고스 의원들(Areopagitai)"이라고 언급되지 않고 아레오파고스라는 장소로 표현되었다는 사실을 주의할

---

106 Aischylos, *Eumenides*, 704ff. bouleuterion phrourema ges.

필요가 있다. 즉, 아레오파고스 재판소에서 아레오파고스 의원들만이 재판했던 것은 아니라는 의미일 수 있다. 어쨌든 기원전 4세기 아레오파고스 의회가 가진 살인사건의 재판권은 옛적의 아레오파고스 의회보다 훨씬 더 제한된 것으로 보이며 재판한 살인사건의 종류도 더 한정되었던 것으로 보인다.

4. 나오며

솔론 이전 시기에 아레오파고스 의회가 존재했는지 여부에 대해서는 학자들의 견해가 일치하지 않는다. 이 시기에 아레오파고스 의회가 존재하지 않았다고 보는 학자들은 솔론이 전직 아르콘들을 아레오파고스 의회에 참석시켰다는 플루타르코스의 기록이나 솔론이 아레오파고스 의회에 살인사건의 재판권을 부여하였다는 폴리데우케스의 기록 등에 근거를 둔다. 반면, 솔론 이전에 아레오파고스 의회가 존재했다고 보는 이들은 아리스토텔레스의 《정치학》(1273b 40)이나 《아테나이 정치제도》(3. 6, 4. 4, 8. 4) 등에 근거를 두고, 위에서 언급한 플루타르코스나 폴리데우케스의 기록을 부정확한 것으로 간주한다.

그러나 솔론의 기록은 아레오파고스 의회제도 자체의 창설을 의미하는 것이 아니라 기존의 아레오파고스 의회에 처음으로 아르콘이 참가하게 되었다는 것을 의미할 수 있다. 즉, 솔론 이전까지는 부유한 귀족 출신들이 아레오파고스 의회에 참가하였으나 솔론 때부터 전 아르콘들이 함께 참가하게 되었다는 것으로 해석할 수 있다.

또한 폴리데우케스가 전하는 바, 솔론이 아레오파고스 의회에 살인사건 재판의 기능을 부여했다는 것은 아레오파고스 의회가 솔론 이전에107

존재하지 않았던 것을 의미하는 것이 아니라 솔론 이전에는 아레오파고스 의회가 살인사건을 재판하지 않았는데, 솔론 때부터 재판하기 시작했다는 것을 의미하는 것이라 볼 수 있다. 그리고 이미 드라콘 시기에 살인사건을 재판하는 다섯 종류의 재판소가 있었는데 여기에 다시 아레오파고스도 포함된다고 하는 폴리데우케스의 기록은, 위에서 언급한 솔론 시기의 아레오파고스 의회의 살인사건 재판권 획득과 모순되는 것이 아니다. 이것은 바로 솔론 이전부터 아레오파고스와 관련하여 두 가지 다른 기능의 기구가 존재했음을 의미한다. 아레오파고스 의회와 살인사건을 재판한 아레오파고스 재판소가 그것이다. 그 후 폴리데우케스가 전하는 바와 같이 솔론이 아레오파고스 의회 (*he boule he ex Areiou pagou*) 에도 살인사건을 재판하는 기능을 부여하였다.

솔론 이전 시기에 아레오파고스 재판소의 재판관들은 아레오파고스 의원들만으로 구성된 것 같지는 않다. 드라콘이 아레오파고스 재판소에서도 살인사건을 재판하도록 했던 51명의 에페타이가 아레오파고스 의원들이었다는 증거는 없다. 기원후 2세기에 살았던 루키아노스는 아레오파고스 재판소의 재판관들이 모든 아테나이인들 중에서 추첨에 의해 뽑혔다고 전한다. 또한 아레오파고스 재판소의 재판관들의 수효는 사건의 중요도에 따라 달랐을 가능성도 있다. 이와 같은 아레오파고스 재판소의 모습은 보통의 경우 일정한 아레오파고스 의원들로 구성되는 아레오파고스 의회와는 다른 것이었다. 예전부터 정치적 의회로 존재했던 아레오파고

---

107 cf. A. Philippi, "Das Amnestiegesetz des Solon und die Prytanen der Naukraren zur Zeit des Kylonischen Aufstandes", 1 ff ; "Der Athenische Volksbeschluss von 409/8", 578~601; K. J. Beloch, *Griechische Geschichte*, vol. 1, part 2 (Strassburg: Trubner. 1913). p. 324.

스 의회는 솔론 시기부터 몇 가지 종류의 살인사건을 재판하는 기능을 함께 가지게 되었다. 아레오파고스 의회나 재판소가 가지는 정치적 기능과 살인사건 재판 기능 등은 아레오파고스 언덕에서 행해지는 한 '아레오파고스에서 일어난 것들(*ta en Areioo pago gignomena*)'이라고 불릴 수 있고, 통틀어 "아레오파고스" 제도로 호칭될 수 있다.

아레오파고스가 관장한 살해혐의 관련 재판은 계획적 살인, 계획적 상해, 약물사건, 불에 탄 것 등이었다. 계획적 살인 관련하여 대부분 연구자들은 아레오파고스가 계획적으로 살인한 피고를 재판한 것이라고 보았다. 그러나 기원전 4세기 법조문과 사례 등에 따르면, 아레오파고스는 계획적으로 살인한 사실이 이미 증명된 피고가 아니라 다음과 같은 두 가지 종류의 경우를 재판했다. 하나는 원고가 피고에 대해 계획적으로 살해했다고 비난하지만 피고는 살해한 사실이 없다고 주장하는 경우다. 다른 하나는 원고가 피고에 대해 계획적으로 살해했다고 비난하지만, 피고는 살해하였으나 계획된 것이 아니었다고 주장하는 경우다. 계획적 상해와 관련하여 일부에서는 이것이 계획적 살해 의도를 가지고 상해하였으나 그 목적을 달성하지 못한 경우라고 보며, 다른 일부에서는 계획적 살해 의도와 관련 없이 단순히 상해한 경우에 해당한다고 본다.

그러나 기원전 4세기에 아레오파고스에서 재판된 상해사건에 관한 연설문에서는 바로 피고가 계획적 살해 의도가 있었는지 여부에 대해 원고와 피고의 견해가 일치하지 않음이 드러난다. 따라서 아레오파고스가 계획적 살해 의도를 가지고 상해한 피고를 재판했다거나, 그러한 의도와 관련 없이 단순히 상해한 피고를 재판했다고 보는 견해들은 옳지 못하다. 위에서 언급한 살인사건의 재판에서와 같이 상해사건에서도 두 가지 경우가 아레오파고스에서 재판되었다고 할 수 있다. 두 가지 경우 모두 원고는 언제나 피고에 대해 계획적 살해 의도를 가지고 상해했다고 비난하지만, 피고의 주장은 다를 수 있기 때문이다. 하나는 피고가 상해한 사실에 죄가 없다고 주장하는 것, 다른 하나는 상해한 사실을 인정하나 그것이 계획적 살해 의도를 가진 것이 아니었다고 주장하는 경우이다.

약물사건에 대해서도 다른 견해들이 존재한다. 이것은 피고가 독약으로 은밀하게 살해한 경우라고 보는 것이 일반적 견해이다. 그러나 이와 달리, 피고가 약물로 독살한 경우는 구태여 약물사건으로 달리 규정할 필요 없이 일반 살인사건에 포함하여 처리하면 되는 것이지만, 약물사건이란 특별히 사랑의 마약으로 상대의 사랑을 돌이키려 하다가 죽인 경우에 해당한다고 보는 견해가 있다.

그러나 피고가 몰래 독살하려 했는지 여부, 혹은 피고가 사랑의 마약을 주었다고 주장하는 경우에도 계획적 살해 의도가 있었는지 여부에 대해 원고와 피고의 견해가 일치하지 않는 경우가 있으므로 위의 두 가지 견해가 다 놓치고 있는 것이 있다. 약물사건은 치료를 위해 약을 사용하는 과정에서 환자가 죽은 경우에 해당하는 것으로 볼 수 있으나, 이때 원고와 피고의 주장은 각기 다르다. 원고는 피고에 대해 계획적으로 살해한 죄가 있다고 주장한다. 반면, 피고는 약을 주었다는(즉, 약을 은밀하게 준 것이 아니라는) 사실은 인정하나, 그것이 치료하려는 것이었으므로 살해 혐의에서 유죄가 아니라고 주장한다.

끝으로 '불에 탄 것'에 관해서도 두 가지 다른 견해가 있다. 하나는 이것이 단순한 방화에 해당한다고 보는 것, 다른 하나는 몰래 방화하여 사람을 죽이려 한 경우로 보는 것이다. '불에 탄 것'이 살인과 관련된 법조문에 언급되므로 우선 살인과 관련이 있다고 볼 수 있다. 그러나 은밀하게 방화하여 살해했다면 이것도 살인사건에 포함되므로 구태여 달리 '불에 탄 것'에 관한 규정이 마련될 필요가 없었을 것이다. 반대로 이것은 약물사건의 경우와 같이 불로 치료하는 과정에서 환자가 죽은 경우에 해당하는 것이라 하겠다. 즉, 원고는 피고가 계획적으로 살해했다고 주장하고, 피고는 불을 사용하였다고(즉, 은밀하게 방화한 것이 아니라고) 인정하나 그것이 치료를 위한 것이었으므로 살해한 죄가 없다고 주장하는 것이다.

이상에서 서술한 바에 의해 아레오파고스에서 재판된 살인과 관련한 사건에서는 언제나 원고가 피고에 대해 계획적으로 살해하거나 그러한 의도를 가지고 상해하였다고 주장한다. 반면에 피고의 변명은 크게 두 가지로 구분된다. 살해하거나 상해 사실에 죄가 없다고 주장하는 경우(약물 사건과 '불에 탄 것'도 여기에 해당함)와 다른 한편 살해하거나 상해하였으나 그것이 계획적인 것이 아니었다고 주장하는 경우가 그것이다.

보통 전자의 경우, 즉, 피고가 살해나 상해 사실에 죄가 없다고 주장하는 경우는 아레오파고스 의회가 재판하고, 후자, 즉 피고가 살해나 상해 사실을 인정하나 그것이 계획적이 아니었다고 주장하는 경우는 아레오파고스 재판소에서 재판한 것으로 보인다. 그러나 후자의 경우에도 사건의 비중이 크거나 또한 그 외 예외적인 경우의 살인사건은 모두 아레오파고스 의회에서도 재판할 수 있었던 것으로 보인다.

〈에우크라테스법〉과 아레오파고스*

1. 들어가며

1952년 미국 고고학 연구소는, 카이로네이아(Chaeroneia) 전투가 끝난 후 기원전 337/6년의 것으로 추정되는 대리석 금석문을 아테나이의 아고라(Agora)에서 발견하였다.[1] 이 금석문에는 아리스토티모스(Aristotimos)의 아들로 페라이에우스 출신 에우크라테스(Eukrates Peiraieus)가 제안하여 민중에 의해 가결된 조령이 있다. 이 조령에 따르면, 참주정을 위해 민중에 반대하여 폭동을 일으키거나, 참주정에 가담하거나, 민중이나 민주정을 해체하는 자가 있으면, 그를 죽이는 자는 무죄이다. 그리고 민중이나 민주정이 해체되는 경우 아레오파고스 의원들(*bouleutes from the Areopagos*)은 아레오파고스에 올라가지 못하며, 집회(*synedrion*)에 참가

---

* 참조, 최자영, 에우크라테스(Eukrates)의 법과 아레오파고스, 〈대구사학〉 43권(1992), 169~191에 게재.

1 B. D. Meritt, "Law against Tyranny", in "Greek Inscriptions", *Hesperia*, 21 (1952), 355~359: 참조, P. Mackendrick, *The Atherian Aristocracy 399 to 31 B. C.* (Cambridge, Mass, 1969), p. 21.

하지 못하며, 어떤 문제에 대해서도 토론하지 못한다. 또한 이것을 어기는 아레오파고스 의원들은 그 자신과 그 자손이 자격 상실당하고(atimos) 그 재산은 몰수된다.

메리트(B. D. Meritt)에 따르면, 카이로네이아 전투에 패배한 후 마케도니아(Macedonia)의 왕 필리포스(Philippos) 2세는 아테나이에 참주정을 수립하거나 민주정을 해체하려 했는데, 이 조령은 이러한 시도를 근절하기 위해 공포된 것이었다. 따라서 메리트는 이 법을 〈반(反) 참주법〉이라고 명명했다

오스트왈드(M. Ostwald)는 이 법을 자신이 반(反) 참주적 성격을 지녔다고 본 그 전 시대의 다른 법들과 비교하였다. 2 솔론의 〈에이산겔리아(eisangelia · 탄핵) 법〉, 3 기원전 411/410년의 〈데모판토스(Demophantos)법〉, 4 히페레이데스(Hypereides)가 전한 〈에이산겔리아에 관한 법〉5 등이 그것이다. 오스트왈드에 따르면, 솔론의 〈에이산겔리아법〉에서는 참주정의 지지자는 재판을 받게끔 되어 있는데 반해, 〈데모판토스법〉과 〈에우크라테스법〉에서는 재판 절차에 대한 언급이 없이 어떤 시민이라도 참주정 지지자를 죽일 수 있도록 허용한다. 살해자는 어떤 처벌도 받지 않으며, 살해된 참주정 지지자의 재산은 몰수된다.

그러므로 오스트왈드는 데모판토스와 에우크라테스의 법이 솔론의 에이산겔리아(eisangelia) 관련 법에서 유래한 것이 아니라, 솔론 이전의 관습 — 아마 드라콘 시대의 — 에서 유래한 것이라 추정했다. 즉, 이 시대

2 M Ostwald. "The Athenian legislation against tyranny and subversion", *TAPhA*, 86(1955), 103~128.
3 Aristoteles, *Athenaion Politeia*, 8. 2.
4 Andokides, 1. 96 ff.
5 Hypereeides, 3〔In Defence of Euxenipus〕. 7~8.

에는 참주정 지지자는 '아티미아(*atimia* · 자격박탈)'에 처해져 추방당했다는 것이다. 그에 따르면, 솔론 이전 시대, 즉 드라콘 시대에 '아티미아'는 추방의 의미를 포함했으나, 솔론 시대 이후에는 '시민권 상실'만 의미하게 되었다.6 오스트왈드는, 어떤 시민이라도 참주정 지지자를 죽일 수 있고, 어떤 처벌도 받지 않으며, 살해된 자의 재산은 몰수된다는 〈데모판토스법〉의 규정이 드라콘 시대 참주정 지지자가 추방되던 관습과 유사하다고 보았다. 그 뒤 30인 참주정 붕괴 후 참주정 지지자에 대한 재판 절차가 부활했는데 이것이, 오스트왈드에 따르면, 히페레이데스7가 전한 〈에이산겔리아에 관한 법〉에서 나타난다고 본다. 즉, 이때 〈데모판토스법〉은 폐지되고 솔론의 〈에이산겔리아법〉이 재현되었다고 했다. 그런데 카이로네이아에서 패전 후 〈데모판토스법〉의 규정이 〈에우크라테스법〉에서

---

6 M. Ostwald, "The Athenian Legialation against Tyranny and Subversion", 107 ff. ; 참조, M H. Hansen, *Apagoge. Endeixis and Ephegesis against Kakourgoi, Atimoi, and Pheugontes*(Odense. 1976), p. 79. 그러나 최근에 M. Gagarin ("The thesmothetai and the earliest Athenian tyranny Law", *TAPhA*, 111 (1981), 71~77) 은, 솔론이 처음으로 참주정 지지자에 대한 재판철차를 창설했다는 오스트왈드의 견해를 부정하면서, 아테나이 법률의 점진적 발전을 강조하였다. 즉 그에 따르면, 킬론의 반란 때 참주정의 음모자에 대한 재판이 있었고 테스모테타이는 이에 관한 재판 절차를 마련하였다. 그 후 솔론이 에이산겔리아(*eisangelia*) 법을 제정함으로써 참주정의 음모자에 대한 재판 철차가 완성되었다고 본다. 또한 그는 솔론 시대에 'atimia'의 의미가 '추방'에서 '시민권 상실'로 변화하기 시작한 것이라 생각했지만, 이러한 의미의 변화는 점진적으로 일어났으며, 솔론은 아직도 그의 〈사면법〉에서 'atimia'를 '추방'의 의미로 사용하고 있다고 간주하였다. 솔론은 반(反) 참주적 경향을 강하게 지니고 있으므로 참주에 대한 처벌을 약화시키려 하지 않았을 것이기 때문이라는 것이다. 따라서 가가린(Gagarin) 은 반참주적 성격을 가진 이 법이 솔론 시기뿐 아니라 그 이전 시기로부터 유래하는 것이라고 하였다.

7 Hypereides, 3〔In Defence of Euxenipus〕, 7~8.

다시 부활된 것이다.

〈에우크라테스법〉에 민중이나 민주정이 해체된 경우 아레오파고스 의원들이 아레오파고스에 올라가지 못하도록 하는 규정이 있다. 이에 대해 오스트왈드는 아레오파고스의 권한이 4세기에, 특히 카이로네이아 패전 이후 강화되었고, 아레오파고스 의원들이 친(親) 마케도니아적 경향을 지녔기 때문에, 이들의 권한을 제한하기 위해 만들어진 것이라고 설명했다.

이와 같이 학자들은 〈에우크라테스법〉이 반참주적 성격을 띤다고 본다. 더구나 오스트왈드는 솔론의 〈에이산겔리아법〉, 〈데모판토스법〉, 히페레이데스가 전한 〈에이산겔리아에 관한 법〉 등이 반참주적 성격에서 〈에우크라테스법〉과 공통점을 가진다고 본다. 그런데 〈데모판토스법〉과 〈에우크라테스법〉에서는 참주정 수립에 대한 공포뿐만 아니라 '민중이나 민주정의 해체'에 대한 두려움도 함께 언급된다는 점을 유의할 필요가 있다. 〈데모판토스법〉의 중간과 〈에우크라테스법〉의 서두에서 정체에 위협이 되는 요소로 '참주정'과 '민중과 민주정의 해체'가 함께 언급되었다. 더구나 〈데모판토스법〉의 서두와 〈에우크라테스법〉의 후반부에는 '민중과 민주정의 해체'에 대한 염려가 다시 강조되었다. 만일 '민중의 해체'가 '참주정'과 똑같은 의미를 가진 것이라면 반드시 나란히 사용될 필요는 없을 것이다.

이 글에서는 먼저 '민중의 해체'라는 개념이 '참주정'과 똑같은 개념으로 파악할 수 없다는 점을 논한다. 그리고 이로부터 〈에우크라테스법〉에 언급되는 "민중이나 민주정이 해체되는 경우 아레오파고스 의원들은 아레오파고스에 올라가지 못하고, 집회(synedrion)에 참가하지 못하며, 어떤 문제에 대해서도 토론하지 못 한다"라는 구절도 반드시 참주정의 위협에만 관련된 것은 아니라는 점을 밝히고자 한다.

2. '참주정'과 '민중 해체'

오스트왈드는 '민주정의 해체'가 '참주'보다 더 넓은 개념이라고 보았다. [8]
즉, 전자는 후자뿐만 아니라, 〈데모판토스법〉에서 후자와 함께 언급되
고 있는 '과두정'의 개념까지 포함하기 때문이라는 것이다. 그는, 솔론의
〈에이산겔리아법〉에 있는 '민중의 해체'라는 언급과 관련하여, '민중의 해
체'라는 개념이 불분명한 것이지만, 솔론이 정체를 전복시키려는 음모를
방지하기 위해 이에 대한 에이산겔리아(공소) 절차를 아레오파고스에 마
련한 것은 사실이라고 본다. 이어서 그는, 솔론 시대 정체에 대한 위협은
'민중의 해체'로 표현되었으나 〈데모판토스법〉은 기원전 411/10년 400인
정부가 붕괴한 후 공포되었기 때문에 이와 관련하여 '참주정'에 관한 것이
구체적으로 언급된 것이라고 했다. 그에 따르면 '민중의 해체'라는 개념
이 '참주'와 다른 것은 전자가 정부를 전복하려는 주모자뿐만 아니라 그의
동료들을 함께 포함하기 때문이라는 것이다.

'민중의 해체'가 '참주정'보다 더 광범한 의미를 가진 것으로 '과두정'의
개념까지 포함한다는 오스트왈드의 견해는 타당성이 있다. 그러나 〈데
모판토스법〉의 참주에 대한 언급이 400인 과두정부에 대한 혐오에서 기
인한다는 그의 견해는 지지할 수 없다. 400인 정부는 참주정보다 과두적
성격을 더 많이 지니기 때문이다. 400인 과두정부의 수뢰는 오스트왈드
가 의미하는 바의 참주가 아니라, '과두정의 주모자'이다. [9] 400인 과두정

---

8 M. Ostwald, "The Athenian legislation against tyranny and subversion", 113;
참조, G. Busolt & H. Swoboda. *Griechische Staatskunde* (Miinchen, 1920/6),
p. 849 (p. 848, n. 3ff.); C. Hignett. *A History of the Athenian Corutitution*
(Oxford, 1952), p. 168.

부는 과두정으로 불리고 참주정으로도 불리는 기원전 404/3년의 30인 정부와는 다른 성격을 지녔다. 10

400인 정부 지지자들이 원했던 정체는, 그대로 실행된 적은 없지만, 《아테나이 정치제도》11에 전해지는 법률 속에 남아 있다. 이 법률에는 400인 의회 구성과 완전한 시민권을 가진 5천 인 명부 작성 절차에 관한 내용이 있다. 이어서 정부 관리 수당의 점진적 폐지 등이 언급되었다. 12 그리고 이 법률의 가결은 물론 400인 정부의 수립과 폐지 등이 모두 참주의 권력을 장악하려는 불법적 반란이 아니라, 합법적 집회에 의해 추진되었다. 400인 정부에서 권력을 장악한 것은 400인 대표들이었고, 전거에서는 이 정부의 성격이 '과두정체' 혹은 '민중의 해체'로 규정되었지만 참주정으로 불리지 않는다. 13

---

9 일리에아(Iliea)에서 발견된 금석문에서, '참주', '민중의 해체'와 함께. "leader of the oligarchy (*ton hegemona tes oligarchias*)"란 언급이 나온다. 참조, F. Bleckmann. *Griechirhe lnschriften zur griechischen Staatskunde* (Bonn, 1913), p. 9.

10 바로 아래 설명 참조.

11 Aristoteles, *Athenaion Politeia*, 30~31.

12 Aristoteles, *Athenaion Politeia*, 29. 5 ff. cf. A. Fuks, *The Ancestral Constitution* (London. 1953). p. 109.

13 Thucydides, 8. 47. 2, "(페르시아 관할 영토 소아시아에 가 있던) 알키비아데스가 (사모스에 있는 이들에게) 전하기를, 자신은 과두정부하에서 아테나이에 귀환하길 원하며, 자신을 추방한 교활한 (민주) 정체하에서는 그러길 원치 않는다고 했다. 사모스에 있던 아테나이인 선장들(*trierarchoi*)과 영향력 있는 이들은 민주정을 해체(*to katalysai ten demokratian*)하려고 시도했다."; *Ibid.* 8. 54. 4, "페이산드로스(Peisandros)는 그전에 도시에서 재판관직이나 다른 관직에 봉사한 적이 있는 모든 이들을 방문하여 공모자를 모으고, 함께 뭉쳐 계획하여 민주정을 해체하자고 (*katalysousi ton demon*) 권유했다"; *Ibid.* 8. 98, "이런 변화(400인 정부가 붕괴하고 5천 인 정부가 수립되는) 가운데 페이산드로스와 알렉시클레아스(Alexikleas)와

404/3년의 30인의 집권은 이러한 400인 정부와는 다르다. 30인은 펠로폰네소스 전쟁에서 승리한 스파르타인의 세력과 군사력(용병도 포함)에 의지하였다.[14] 그리고 소수의 정치가들이 참주와 같이 권력을 행사했으므로 400인 정부와는 큰 차이점이 있다. 그런데 30인 정부의 초기에는 두 가지 다른 정치적 경향이 존재하였다. 공모자들이 처음에는 모두 전통적 법(patrios nomos)을 부활시키고자 하는 데 동의했으나,[15] 후에 분열이 일어

과두정에 참여했던 이들(hosoi esan tes oligarchias)은 누구든지 데켈레이아(Dekeleia)로 달아났다. 그리고 아테나이에서는 과두정부와 분쟁은 끝났다"; Lysias, 20. 13, "과연 시민의 수효를 증가시키려 한 이가 민중을 해체(katalysai ton demon)하려 한 것이 아니라, 오히려 많은 수의 시민을 줄이려 한 이가 그런 것이죠."; 참조, T. H. Thalheim, "Eisangelie-Gesetz in Athen", Hermes, 41(1906), 305.

14 Xenophon, Hellenika. 2. 3. 41, "나(테라메네스)는 그들(크리티아스 일당을 중심으로 한 30인)이 대중의 무장을 해체하려 할 때 반대했소. 왜냐하면 도시의 힘을 약화시킬 필요가 없다고 생각했기 때문에 …"; Ibid. 2. 3. 42, "또한 수비대를 고용하는 것이 나를 언짢게 했소. 우리가 안전하게 지배권을 확립할 때까지 우리 시민들 가운데 같은 수효의 사람을 이용할 수 있다고 보았기 때문이오"; Ibid. 2. 3, 55, " … 'Satyr'와 같이 무시무시한 이들이 의회장 주변을 둘러싸고 있고, 의회장 앞쪽에 수비대들이 들어차 있는 것을 보았으며, 또 이들이 단검을 소지하고 있다는 것을 알고 있었기 때문에. 의회는 잠잠했다."; Aristoteles, Politika, 1320b. 30~33 "민주정 가운데 제일 마지막 종류에서와 같이, 과두정 가운데 가장 전제적이고 참주적인 것에서는 못된 것일수록 그만큼 더 많은 수비대를 필요로 한다."

15 Xenophon, Hellenika. 2. 3. 2, "민중은 30인이 선출되어 이들이 법을 기록하고, 이 법에 따라 통치된다는 점을 결정했다. 그래서 다음과 같은 사람들이 선출되었다: 폴리카레스(Polychares), 크리티아스, 멜로비오스(Melobios) …"; Aristoteles, Athenaion Politeia, 34, " … 전통의 정체(patrios politeia)를 원하였다. 이 중에는 … 또 다른 사람들이 있었으나 테라메네스가 주로 앞장을 섰다. 리산드로스(Lysandros)가 과두파의 편을 들었으므로, 민중은 부득이 과두정에 찬성했다"; Ibid. 35. 2, "처음에는 온건파가 주도했고 전통의 정체(patrios politeia)에 합당하

났다. 정치적 노선 대립으로 마침내 온건파였던 테라메네스(Theramenes)
가 처형되었다. 죽기 전에 그가 한 크리티아스(Kritias)와의 대화는 상반된
정치적 경향의 특색을 잘 반영한다. 크리티아스는 테라메네스에 대해 '참
주'라고 비난하지 않고 '민중을 해체한 이'로 매도한 반면, 테라메네스는
크리티아스에 대해 과두정을 참주적인 것으로 만들려 한다고 비난했다. 16
이 참주적인 30인의 집권은 411/10 년의 400인의 집권과는 성격이 다르며
〈데모판토스법〉에서 '민중의 해체'에 관한 언급은 '참주정'보다 '과두정'의
위협에 더 직접적으로 관련된다고 볼 수 있다.

'민중의 해체'라는 개념은, 오스트왈드가 주장하듯이, 참주정의 위협을
함께 포함하는 것일 수 있다. 과두정뿐만 아니라 참주정도 민중의 이익을
훼손시킬 수 있기 때문이다. 17 그러나 전거에서 이 두 가지 표현이 별도로

게 통치할 것으로 자처했다." cf. R. J. Bonner & G. Smith, *The Administration
of Justice from Homer to Aristotle*, v. 1 (Chicago, 1930), p. 277; C. Hignett, *A
History of the Alhenian ConstituJion*, p. 288.

16   Xenophon, *Hellenica*, 2. 3. 28, 48, 크리티아스는 테라에네스에 대해 "스파르타
인을 믿고 사랑하면서 민중을 해체하기 시작한 이"라고 비난하였다. 반면, 테라
스메네는 크리티아스에 대해 다음과 같이 주장했다. "나는 소수의 참주에 의해 도
시가 지배되기 전에는 좋은 과두정이 아니라고 생각하는 자와 적대적이었다." 따
라서 테라메네스는 과두정이 참주정의 성격을 띨 수 있음을 시사하면서 이에 반
대하였다.

17   Andokides, 1. 95, "이 법은 30인 정부에 가담했던 에피카레스(Epichares)를 비
난하기 위해 인용되고 있다." "법에 따르면 … 민주정이 해체될 경우 관직에 임하
는 이는 살해당해도 보복할 권한이 없으며, 그를 살해한 자는 죄가 없고 죽은 이의
재산을 차지한다"; Isokrates, 12. 148. " … 그(Peisistratos)는 데마고고스가 되
어 도시에 많은 피해를 끼쳤고 시민 가운데 선량한 이들을 과두파로 몰아 추방했
고, 민주정을 해체하고 자신이 참주로 군림하였다"; Demosthenes, 17. 10. "펠
로폰네소스반도의 아카이아(Achaia) 인들은 민주정을 실시하였는데, 이제 이 가

언급되고 있으므로, 두 개념은 서로 다른 의미를 가지기도 하는 것으로 보아야 할 것이다. 위에서 언급하였듯이, 〈데모판토스법〉 중 "아테나이인의 민주정을 해체하거나 민주정이 해체된 후 관직에 임하거나, 참주정을 꾀하거나, 참주에 동조하거나"18와 〈에우크라테스법〉 중 "만일 누가 참주정을 수립하기 위해 민중에 대해 반란을 꾀하거나 참주정에 가담하거나 민중이나 민주정을 해체하는 이가 있으면"에서 두 용어는 별도로 언급되었다. 리코르고스도 "만일 누가 참주정을 도모하거나 도시를 배반하거나 민중을 해체한다면 이를 죽인 사람은 무죄라는 것을 가결하고 맹세했다"고 언급했다. 19 헬리아이아(Heliaia) 법정의 맹세에서도 '민중의 해체'와 '참주'의 위협이 별도로 언급되었다. "참주나 과두정을 지지하지 않을 것이며, 누가 아테나이 민중을 해체하거나, 민중에 반하여 발언하거나 찬성하여 투표한다면 동의하지 않을 것이다."20

실제로 '민중의 해체'라는 개념은 '참주'와는 무관하게 400인 집권을 전후한 사건들과 관련하여 사용되었다. 21 리시아스22가 전하는 폴리스

운데 팔레네(Pallene)에서는 마케도니아 왕이 민주정을 해체하고 시민 중 다수를 추방하였다. 그리고 이들의 재산을 종속(소작)인들에게 나누어 주었으며 씨름선수 카이론(Chairon)을 참주로 세웠다"; 참조, Demosthenes, 17. 14. " … 민주정 대신 참주정을 수립하고 정체(politeia)를 해체한 자 이들 … ."

18 Andokides, 1, 97.
19 참조, M. N. Tod, *A Selection of Greek Historical Inscriptions*, v. 2 (Oxford, 1948, 1st ed. /1933]), n. 144, line. 24~26 (362/1 B. C.) "만일 누가 아티카를 해치거나 민중을 해체하거나 참주나 과두정을 수립하거나 … ." n. 147, line 27~ 29 (361/0 B. C.), "만일 누가 전쟁 시 아테나이인의 도시를 해치거나 아테나이 민중을 해체한다면 … ."
20 Demosthenes, 24. 149.
21 Thucydides, 8. 47. 2, 54. 4.
22 Lysias, 20. 13.

트라토스(Polystratos)라는 한 피고는 민중을 해체했다는 혐의를 받았는데, 그는 "5천 인 대신 9천 인 명부를 작성하였으며, 자신과 같이 시민의 수를 늘리려 한 자가 아니라 줄이려 한 자가 민중을 해체하는 것"이라고 변명하였다.

안도키데스[23]와 투키디데스[24]는 시켈리아 원정(415 B. C)이 행해지기 조금 전에 일었던, 엘레우시스(Eleusis) 비의를 조롱한 사건, 그리고 시켈리아 원정군이 출발하기 전날 밤 일어났던 헤르메스(Hermes)상 단두(斷頭) 사건[25]과 관련하여 '민중의 해체'라는 표현을 사용하였다. 전자는 알키비아데스(Alcibiades)가 속한 한 집단이 금지된 엘레우시스의 비의를 은밀하게 모방하여 행하면서 조롱하였다가 발각된 사건이다. 후자는 원정군 출발 당일 아침 아테나이 시내 곳곳에서 헤르메스상의 목이 절단된 채 발견된 사건으로 알키비아데스도 이 사건의 혐의자로 지목되었다. 또한 이소크라테스(Isocrates, 16, 6)도 엘레우시스 제식을 조롱한 사건과 관련하여 '민중을 해체'하는 것과 유사한 것으로 언급했다. 즉, 알키비아데스가 새로운 음모를 꾸미려고 집단을 형성하고 풀리티온(Pulytion)의 집의 만찬에서 은밀히 제식을 거행하였다는 것이다.

---

23 Andokides, 1. 36.

24 Thucydides, 6. 27. 3, 28. 2.

25 위에서 설명한 30인 참주정의 경우 참조, Thucyddes, 6. 60. 1, "(헤르메스상을 파괴한 집단을 비난하면서) 모든 것이 이들(아테나이인)에게는 과두파나 참주파와의 결탁하에 이루어진 것처럼 보였다."

3. 카이로네이아 전투 이후 아테나이 정치가들

과두파가 과두정부를 수립하기 위해 민주정을 해체할 때 참주와 같은 권력을 행사하는 경우도 있을 것이다. 그러나 과두파가 언제나 참주적 권력을 행사했던 것은 아니다. 더구나 과두파에 의한 민중의 해체가 언제나 정치체제의 변화와 관련이 있었던 것도 아니다. 26 과두파는 정치체제를 변화시키지 않고도 그들의 이익을 도모하고 민중의 이익을 저해할 수 있는 또 다른 방법을 가지고 있었다. 다시 말하면, 과두정이나 참주정의 수립 등과 같은 직접적 정체 변화와 관련 없이, 민중을 해체하는 경우가 있을 수 있다는 것을 주의해야 한다는 것이다. 27

카이로네이아 패전 후에 가결된 〈에우크라테스법〉에서는 민중이나 민주정이 해체되는 경우, 아레오파고스 의원들이 아레오파고스에 올라가서는 안 된다는 것을 강조했다. 하지만 이 시기 아테나이에는 과두파나 참주파에 의한 정부 전복의 위협이 아직 크게 존재하지 않았던 것으로 보인다. 모세(C. Mosse)는, 메리트와 오스트왈드와는 달리 카아로네이아 패전 후에 참주파나 과두파에 의한 정부 전복의 위협이 존재했다는 견해를 부정한다. 또한 이 시기 아테나이가 마케도니아의 세력에 의해 위협받고 있었다는 견해도 거부한다. 아테나이와 마케도니아 사이의 관계는 우호

---

26 헬리아이아의 맹세(Demosthenes, 24. 149)에 '참주정', '과두정', '민중의 해체'가 각기 언급되었다. 일리에아(Iliea)에서 발견된 금석문(cf. F. Bleckmann, *Griechische Inschriftien*, p. 9)에도 '참주', '과두정의 지도자', '민주정을 해체한 이'가 별도로 언급되었다. 따라서 이 세 가지 개념은, 서로 연관되는 경우도 있지만, 완전히 동일한 것으로 볼 수 없으며, 서로 다른 점이 있는 것으로 구분되어야 할 것이다.

27 위의 책 참조.

적이고 평화적이었으며, 필리포스는 정체를 바꾸거나 빚을 취소하거나 토지를 재분배하지 않겠다고 약속하였다는 것이다. 28 뿐만 아니라 모세는 아레오파고스가 친마케도니아적이었다는 견해도 부정한다. 아레오파고스는 카이로네이아 전투 이전에 데모스테네스의 정책을 지지했다는 것이다. 또한 민중이 델로스 성사(聖事)에 대한 '신디코스(*syndikos* · 사신의 일종)'로 아이스키네스를 선출하였는데, 후에 이에 관한 권한을 민중들로부터 위임받은 아레오파고스 의회는 아이스키네스가 친페르시아적 경향이 있다는 혐의를 두고, 그 대신 히페레이데스(Hypereides)를 파견했다는 것이다. 당시 에우불로스(Eubulos) 같은 온건한 정치가들도 정체의 변화를 원하지 않았고, 다만 국외 정책에 관심을 가졌다고 했다. 모세에 따르면, 카이로네이아 전투 이후 아테나이 정체의 위협은 아테나이인들 자신(아레오파고스 의원들을 포함한) 혹은 마케도니아의 필리포스로부터 존재하지 않았다고 본다. 그래서 〈에우크라테스법〉에 나타나는 정체 전복에 대한 공포는 실제적 위협에 대한 대응이 아니라는 것이다.

모세에 따르면, 아레오파고스는 실제로 위협적인 요소가 아니었지만, 아테나이인들은 기원전 5세기 말 의회가 두 차례의 과두정부 수립에 협조한 점을 상기하고, 카이로네이아 패전 이후 아레오파고스 의회에 정부를 전복시키지 말라고 경고했다는 것이다. 더 나아가 모세는 〈에우크라테스법〉이 반마케도니아파가 아니라 친마케도니아파에 의해 공포되었을 가능성이 있다고 본다. 이들이 과거에 존재했던 법(〈데모판토스법〉 등)을 형식적으로 재현시키면서 자신들이 정부를 전복할 의사가 없다는 것을

---

28 C. Mosse, "A propos de la Joi d'Eucrates sur la tyrannie, 337/6 av. J. C.", *Eirene*, 8 (1970), 71~78. 모세에 따르면. 데모스테네스(17. 13)는 현재의 안일함이 미래의 파국을 초래할 것이라고 경고했다.

과시하려 했을 것이라는 추측이다. 29

 그러나 이러한 모세의 견해는 〈에우크라테스법〉의 제안자였고 마케도 니아에 대항하여 싸운 라미아(Lamia)에서의 패전(322 B. C.) 이후 마케도 니아에 의해 처형되었던 에우크라테스의 정치적 노선과 잘 부합하지 않는 다. 여기서 카이로네이아 전투 이후 아테나이에서는 마케도니아에 대한 정책에서 크게 두 가지 상반된 경향이 있었음을 강조할 필요가 있다. 하나 는 평화적·우호적인 것이며 다른 하나는 호전적·독립적인 것이다.

 전자와 관련하여 아테나이인은 코린토스 동맹과 반페르시아 동맹에 가 담했다. 30 또한 필리포스를 찬양하고 그에게 시민권을 부여했으며, 31 다 른 중요한 마케도니아인이나 마케도니아에 호의적인 이들에게 '명예영사 (프록세니아·proxenia)'의 권한을 부여했다. 32 나아가 필리포스를 살해하 려 한 이가 아테나이에 망명했을 경우 이를 인도할 것, 33 필리포스의 신상 을 아고라에 설치할 것34 등에 동의했다. 알렉산드로스 대왕이 죽기 조금 전 데모스테네스 자신이 신상 건립을 제안했다. 35 이런 것들은 아테나이

29 C. Mossé, "A propos de la Joi d'Eucrates sur la tyrannie, 337/6 av. J. C.", pp. 75~76. 에우크라테스에 관해서는 바로 다음 설명 참조.

30 H. Bengtson, Die Staatsverträge des Altertums, v. 2 (Die Verträge der griechisch-römischen Welt von 700 bis 338 av. v. Chr. (München/Berlin, 1962), n. 403.

31 Plutarchos, *Demosthenes*, 22. 3.

32 C. Mossé, "A Propos de la loi d'Eucrates sur la tyrannie, 337/6 zv. J. C.", 73, n. 10.

33 Diodoros Sikeliotes, 16, 91. 1~2.

34 Pausanias, 1. 9. 4; 참조, C. Mosse, "A propos de la loi d'Eucrates sur la tyrannie, 337/6 av. J. C.", 73.

35 Hypereides, 5[Against Demosthenes], col. 32.

정치가들의 시기 영합적 태도를 잘 보여 준다. 마케도니아에 대한 평화주의는 특히 에우불로스와 포키온(Phokion) 등에 의해 추진되었다. 마케도니아 측에도 필리포스는 그리스 여러 도시의 독립과 정체를 존중할 것을 약속하고, 코린토스 동맹 내의 도시들로 하여금 토지 재분배나 부채 말소, 정체 변화나 노예 해방 등을 추구하지 않을 것이라는 취지의 맹세를 하게끔 했다. 36 필리포스는 아마도 대(對)페르시아 전쟁에 주력하여 그리스 내에서의 소란을 원치 않았으므로 평화적 노선을 택했는지도 모른다.

다른 한편으로, 아테나이에는 민주파에 의한 강력한 반마케도니아 경향도 있었다. 이런 노선을 대표하는 정치가들은 데모스테네스, 히페레이데스, 히메라이오스(Hymeraios), 아리스토니코스(Aristonikos), 에우크라테스 등이다. 37 알렉산드로스 대왕이 죽은 후 이들은 대(對)마케도니아 전쟁을 감행했다. 에우크라테스는 반마케도니아 주의의 선봉에 섰다. 마케도니아의 안티파트로스는 322년 라미아 전쟁이 끝난 후 언급한 다른 이들과 함께 에우크라테스의 처형을 명령했다. 그런데 카이로네이아 전투 이후, 마케도니아인들은 필요한 경우 그리스 도시 내정에 간섭했지만, 아테나이 내정에는 여전히 간섭하지 않았다. 카이로네이아에서 패전했지만 아테나이는 여전히 독립적 지위를 상실하지 않았다.

이 시기 아테나이와 마케도니아의 관계가 평화적·우호적이었다는 점을 강조하는 모세의 견해와 달리 아테아이네는 반마케도니아 세력이 있었다. "민중이나 민주정이 해체될 경우" 아레오파고스 의원들이 아레오파고스에 올라가지 못하도록 한 〈에우크라테스법〉은 이들 반마케도니아

---

36 Demosthenes, 17. 10, 15.
37 Luckianos, Demosth. Enkom. 31. 참조, J. Kirchner, *Prosopographia Attica* (Berlin, 1901/3), n. 5762.

경향의 민주파 정치가들에 의해 제안되었다. 물론 이 법은 반드시 마케도니아로부터의 직접적 간섭, 즉 참주정이나 과두정의 수립과 관련한 것은 아니다. 반대로 반마케도니아 민주파는 민중의 이익을 해치는 범법자나 조국을 등지는 자들에게 경고하면서, 어려운 때 모든 아테나이인의 협조와 힘을 모으려 했다. 특히 전통 가문 출신이나 부자들이 적지 않은 비중을 차지했던 아레오파고스 의원들의 민중에 대한 배신행위는, 도시국가가 위기에 처했을 때, 방어력을 크게 저해하는 요소가 될 것이다. 따라서 이들이, 친마케도니아 경향을 띠지 않았다 하더라도, 민중을 위한 정책에 협조하지 않는다면 아테나이의 이익을 해치고 마케도니아의 위치를 강화시키는 결과를 가져오게 될 것이다.

따라서 "'민중'이나 '민주정체'가 해체될 경우"에 관한 〈에우크라테스법〉은 카이로네이아 패전 후 마케도니아에서 어떤 위험을 가해오더라도 도시의 독립을 보호하고 민주정을 존속시키기 위한 한 방법으로서, 부유하고 영향력 있는 시민들이 민중을 배신하는 행위를 지양하도록 했던 민주정치가들의 의도를 엿볼 수 있다.

4. 다양한 의미의 '민중 해체'

실제로 기원전 4세기의 많은 저술 속에서 '민중 해체'란 용어는, 정체를 전복시키려는 음모와 무관하게, 시민의 부정이나 범법행위에 사용되었다. 그리고 민중의 이익이나 도시의 단결을 해치는 위법 사실뿐만 아니라, 도시의 공공 문제에 무관심한 행위도, 민중에 대한 적대적인 행위로서, '배반'이나 '민중 해체'로 간주되었다. 먼저, 500인 의원이 하던 맹세나 히페레이데스가 인용한 〈에이산겔리아법〉에서 참주나 과두파의 위협에 대해 언급하지 않고, '배반'이나 '민중의 해체'에 대해 언급하는 것도 이러한 관점에서 이해할 수 있다. 즉, 500인 의원이 하던 맹세에서는 '도시에 대한 배반', '민중 해체', '세금 미납' 등이,38 그리고 히페레이데스가 인용한 〈에이산겔리아법〉에서도 '민중의 해체'와 '(도시에 대한) 배반' 등의 용어를 함께 언급한다.39

변론가들은 '민중의 해체'라는 용어를 실제의 여러 가지 국가에 대한 범죄나 민중의 이익을 저해하는 행위와 관련하여 사용했는데, 이런 사례는 크게 두 가지로 나눌 수 있다. 하나는 공권력의 잘못된 행사나 민중의 이익을 훼손시키는 부정행위이고, 다른 하나는 민주정치에 무관심하거나 소극적이어서 간접적으로 민중의 이익을 해치는 것이다.

첫 번째 범주로 다음과 같은 것을 들 수 있다. 30인 참주 시기에 과두파가 함대를 적에게 양도하고 성벽을 허물고, 3천 인에 속하지 않은 시민의 무장을 해제하려 한 것은, 오스트왈드에 따르면, '민중의 해체'에 해당한다.40 이러한 것은 30인 참주정 시기뿐 아니라 그 후 기원전 4세기에도 염려의 대상이 되었다.41

또한 크세노폰에 따르면, 아리스타르코스는 오이노에를 보이오티아인

---

38 Demosthenes, 24. 144. " … 법에 다음과 같은 조항이 있다. 나는 자신이 속한 계층에 알맞은 납세 의무를 완료하는 세 사람의 보증인을 앉힌 아테나이인은, 도시를 배반하거나 민중을 해체한 죄가 있거나, 혹은 세금 청부자나 보증인 혹은 수세인 중 누가 세금을 납부하지 않는 경우를 제외하고는, 어떤 아테나이 시민도 억류하지 않는다." 데모스테네스는 이 법이 솔론의 것이라고 전했다(참조, Demosthenes, 24. 148).

39 Hypereides, 3 [In Defence of Euxenipus], 7~8.

40 M. Ostwald, "The Athenian legislation against tyranny and subversion", 119; 참조, Lysias, 13. 28.

41 참조, Hypereides, 3 [In Defence of Euxenipus], 7~8.

에게 넘겨주었기 때문에 '민중을 해체'하고 '배반'한 것으로 비난받았다. 42 알렉산드로스 대왕을 피해 도주해온 마케도니아인 하르팔로스(Harpalos)로부터의 수뢰 사건43에서 '뇌물'을 받은 정치가들은 '정체를 해치는 자 (Din. I, 3)', '조국을 해치는 이', 44 '조국의 이익을 무시하는 이'45로 간주되었고, 이들을 옹호하는 이들은 '정체에 대한 적'46으로 간주되었다.

테오프라스토스, 히페레이데스, 그리고 사전편찬자(lexicographos) 들은 변론가들에 의한 '민중 해체' 위협을 언급하고, 정체 전복과는 무관한 여러 가지 범법행위를 함께 서술했다. 47 그들에 따르면, 민중을 해체하거나 민중에게 최선의 것을 충고하지 않는 변론가에 대해 공소가 이루어진다. 변론가들에 의한 '민중의 해체'가 반드시 참주파나 과두파에 의한 직접적인 정부 전복의 시도와 관련된다고 볼 필요는 없다. 데이나르코스48는, 하르팔

---

42 Xenophon, *Hellenika*, l. 7. 28. 아리스타르코스(Aristarchos) 는 민중 해체를 주도했고, 그 후 오이노에(Oinoe) 를 적군인 테베에 넘겨준 이다.

43 참조, Deinarchos, 1. 26, 29, 66, 103. 107 : 3, 8. 12, 18.

44 Hypereides, 5, col. 38

45 Deinarchos, 1. 99. 107.

46 Deinarchos, I. 112.

47 *Lexikon Rhetoricum Cantabrigiense*. s. v. *eisangelia*〔참조, Krateros, FGH (*Die Fragmente der griechischen Historiker*, ed. F. Jaooby) , 342. F. 11a〕. "테오프라스토스는 법에 관한 그의 네 번째 저서에서 언급하기를, 변론가가 민중을 해체하거나 돈에 매수되어 좋은 것을 권고하지 않는다든가, 또 누구라도 땅이나 함선이나 육군을 적에게 넘겨주거나, 적의 땅에 이주하거나 적군에 가담하거나 뇌물을 받는 것에 관한 것이다."; Polydeukes, 8. 52. '에이산겔리아(*eisangelia*)'는 테오프라스토스가 법에 관한 그의 저서에서 언급했듯이 민주정을 해체하거나 민중에게 좋은 것을 말하지 않는 변론가들, 사명 없이 적에게 넘어가는 자, 기지나 군대나 함선을 (적에게) 넘겨주는 이 등에 관한 것이다. ; 참조, Hypereides, 3〔In Defence of Euxenipos〕, 7~8.

로스로부터 뇌물을 받은 혐의가 있는 데모스테네스를 비난하는 연설에서, 돈을 받고 도시의 이익을 저해하는 변론인, (정치) 지도자, 선동정치가(데마고고스) 들이 있음을 언급했다.

두 번째 범주에는 다음과 같은 사례가 속한다. 리코르고스는 그의 변론, 〈레오크라테스를 비난하여〉[49](330 B. C.) 에서 레오크라테스를 '배반'과 '민중 해체'라는 죄목으로 비난하였다. 그 이유는 레오크라테스가 카이로네이아 패전 후 어려운 상황에서 아테나이를 떠났고, 아테나이에 있는 그의 재산을 팔아 로도스섬과 메가라 등지에서 살다가, 8년이 지난 후 아테나이로 다시 돌아왔기 때문이다. [50]

리코프론(Lycophron) 은 어떤 결혼한 여자와 관계를 가졌기 때문에 '민중의 해체'란 죄목으로 비난받았다. [51] 칼리메돈(Kallimedon) 은 메가라에 망명한 자들과 공모했다(324 B. C.) 고 하여 '민중을 해체'한 것으로 비난

---

48 Deinarchos, 1. 98.
49 Lycurgos, 1. 24.
50 Lykurgos, 1 (Against Leokrates), 124 (330 B. C.) ; 참조, *Ibid.* 1. 18, 21. 89. 121. 법정 투표는 가부 동수였다. 만일 유죄 투표가 한 표만 더 많았어도 레오크라테스는 국외로 추방될 뻔했다. 이와 유사한 경우에 대한 아테나이인의 염려를 보여주는 것으로는 다음 참조. Xenophon, *Athenaion Politeia*, 3. 5. " ··· 군역을 피하거나 어떤 다른 예기치 못한 부정이 발생하거나 누가 부도덕한 오만을 저지르거나 불경죄를 범할 때 재판이 행해져야 한다. "; Hypereides, 4〔Against Athenogenes〕, 29, " ··· 전쟁 시에 이주하여 나간 이가 다시 돌아오면 고발(endeixis) 되고 구인 (apagoge) 된다는 규정의 법을 위반했다. " 참조, 이 글 아래 설명.
51 Hypereides, 1 (In Defence of Lykophron), 12, "당신은 내가 법을 위반함으로써 민중을 해체하는 데 관한 공소(*eisangela*) 법에 저촉된다고 비난하고 있습니다. "; Lykurgos, F. 70, C. 11~12 (Against Lykophron), "민주정의 바탕을 이루는 성문법을 비난하고 또 다른(즉 새로운) 악행의 선구자요 행위자를 처벌하지 않고 가만두는 것은 좋지 않습니다. "

받았다. 52 이 공모가 어떤 성격이었는지는 불확실하나, 반드시 정체의 전복과 관련되어 있다는 결론을 지을 수는 없다. 위에서 언급하였듯이 당시 아테나이의 민주정부가 반정부적 음모에 의해 크게 위협받았던 것으로 보이지 않기 때문이다.

지금까지 언급한 바에 따르면, '민중의 해체'라는 용어는 자주 '배반'이라는 죄목과 함께 동일한 사건에 적용되었다. 또한 리쿠르고스(1. 127)는, 〈데모판토스법〉에서 "아테나이 민주정을 해체하거나 민주정이 해체된 상황에서 관직에 임하거나, 누가 참주를 꾀하거나 참주에 동조하거나 하는 자를, 나는 내 힘이 자라는 대로, 말로써, 행동으로써 투표를 동하여, 그리고 내 손으로 그를 죽일 것이다"라는 구절 대신에 "조국을 배신하는 이를 말로써 행동으로써 투표를 통하여 그리고 내 손으로 직접 죽일 것이다"로 바꾸어 적었다. 53 따라서 배반의 죄도 어느 정도 '민중의 해체'와 관련 있는 것으로 간주할 수 있다.

실제로 '배반'이라는 죄목이 '민중의 해체'란 표현 없이 단독으로 사용되는 경우에도 과두파나 참주파 등의 정부 전복의 시도와 관련되지 않았다. 배반의 죄와 관련한 것으로는 다음과 같은 사례들이 있다. 필론(Philon)은 30인 참주 시기에 아테나이를 버리고 아티카의 국경 너머 오로포스에서 살았으므로, 30인 참주정 붕괴 후 '배반자'로 비난받았다. 54 또 카이로네이아 전투 후 민중은 전시 중에 아이들과 부인들을 도시의 성

---

52 Deinarchos, 1. 94.
53 Lycurgos, 1. l27.
54 Lysias, 31. 13, "이 사람(필론)은 한 편만을 배반한 것이 아니라 두 편 모두를 배반하여, 도시 측(즉 아테나이의 30인 참주)에도 가담하지 않았고 … 페이라이에우스에 있는 이들(민주파)에게도 가담하지 않았습니다."

벽 안으로 이주시킬 것, 그리고 장군들이 필요에 따라 아테나이 시민이
나 도시 내의 다른 거주자들을 방위병으로 호출할 수 있으며, 도시가 위
기에 처했을 때 도주한 자들을 배반자로 처벌할 수 있다는 것 등을 표결
하였다. 55

아에스키네스에 의하면, 한 아테나이인은 아테나이가 곤경에 처한 시
기에 사모스로 건너가려고 시도하다가 그날 당장 아레오파고스 의회에
의해 '배반자'로 처형되었다. 56 아에스키네스는 이 일화를 리쿠르고스가
'배반'과 '민중의 해체'라는 죄목과 관련하여 언급한 레오크라테스의 경우
와 함께 서술하였다. 57 아레오파고스 의원이던 아우톨리코스(Autolykos)
는 배반자로 유죄 선고를 받았는데, 그 이유는 카이로네이아 패전 후 부
인과 아이들을 국외로 피난시켰기 때문이다. 58 또한 이와 유사한 사례로,
아테노게네스(Athenogenes)는 전쟁 중에 조국을 떠남으로써 군역을 회
피했기 때문에, 전쟁 중 이주를 금지하는 법에 저촉되어서 고발되었다고
한다. 59

---

55 Lykurgos, 1. 16. 53.
56 Aischines, 3. 252.
57 Aischines, 3. 252.
58 Lykurgos, 1. 53; 참조, F. 9(Against Autolikos). 아우톨리코스가 아레오파고스
   의원이었다는 기록에 관해서는 참조, Aischines, 1. 83.
59 Hypereides, 4(Against Athenogenes), 29, "필리포스와의 전쟁 당시 전투가 일
   어나기 조금 전에 도시를 떠나 전투에 참가하지 않고 트로이젠(Troizen)에 이주
   하였기 때문에 '전쟁 시 이주해 나간 자가 다시 돌아오면 고발되고 체포된다'는 법
   에 저촉됩니다."

5. 국가와 사회 문제에 소극적인 시민들

이상에서 언급한 바에 따라, 카이로네이아 패전 이후, 참주나 과두파의 정체에 대한 위협과 관련 없이, '민중의 해체'나 '배반'의 경향이 존재했다는 사실을 알 수 있다. "민중의 해체는 반드시 직접적인 정부 전복의 시도가 아니라, 그 반대의 경향, 즉 상류 계층의 국가권력으로부터의 이탈적 경향과 민주적 정책에 대한 무관심 등과도 관련된다. 개인의 이익을 위해 부자들이 사회의 공동 문제에 무관심하거나,60 재산을 탕진하는 것도 국가의 권력을 약화시키고 민중의 이익을 손상시키는 것이었다. 따라서 아테나이인은 자주 사욕을 위해 재산을 낭비하는 부자들을 비난하고,61 도시의 이익에 헌신하는 "훌륭한 사람들(kaloi kagathoi)"을 찬양했다.62 그러나 그 이면에는 도시의 정치에 무관심한 것이 미덕인 양 자랑했던 자들도 있었다는 것을 기억해 둘 필요도 있다.63 이는 바로 당시의 사회에 상반된 가치관이 존재했던 사실을 반영한다.

부자들의 사회에 대한 무관심은 플라톤이나 아리스토텔레스의 저서에서도 언급되었다. 플라톤은 과두정에 대해 "마음대로 부를 처리하고 무질서한 것"64으로 표현했고, 과두정체에서는 자신의 금고를 가지고 있는 부자들이 정체를 훼손시킨다고 기록했다.65 아리스토텔레스는 과두적 생활

---

60 국가에 세금 납부를 게을리하는 것도 중요한 처벌 대상이 되었다 참조, Andokides, 1, 93; Demosthenes, 24. 144.

61 Lysias, 27. 10; Demosthenes, 3. 21, 27. 52, 48, 55, 58. 40; 참조, P. Mackendrick, *The Athenian Aristocracy 399 to 31 B. C.*, p. 3 ff.

62 P. Mackendrick, *The Athenian Aristocracy 399 to 31 B. C.*, p. 6 ff.

63 Lysias, 19. 55; Demosthenes, 58. 65.

64 Platon, *Politeia*, 291e.

상을 귀족정과 달리 방탕한 생활상과 연관시켰다. 아리스토텔레스에 따르면 과두정은 부자들이 정치적 권한을 가지는 정체이다. 66 그런데 부자들은 보통 국가나 법의 지배를 회피하려는 경향을 지니며, 과두파의 아내들은 사치스럽다고 규정하였다. 67 아리스토텔레스는 솔론 이전의 아테나이 과두정을 통제되지 않은 것이라는 의미에서 'akratos'라는 형용사로 수식하는데, 이 용어는 조화로운 상태를 뜻하는 'eukratos'와 반대되는 의미를 가진 것으로 보인다. 68 솔론 이전 시기의 부유한 과두파의 독립적

---

65 Platon, *Politeia*, 550d ff. "… 금으로 채워진 각 개인의 금고는 정체를 파괴시킨다. 첫째, 그들은 지출을 원하는 대로 하고, 이런 목적으로 법을 위반하며 그들 자신과 그들의 부인들이 법을 지키지 아니한다."; *Ibid.* 551a, "승리나 명예 대신에 고리대금업자나 구두쇠가 되고, 부자를 숭배하며 그들을 관직에 임명하고 가난한 자는 멸시한다."

66 Aristoteles, *Politika*(정치학), 1200b 2.

67 Aristoteles, *Politika*, 1300a 4~8, "유아 감독자나 부인들의 교육 담당자, 그 밖에 이와 유사한 종류의 다른 관리들은 귀족적 성격으로, 민주정적인 것도 아니고 (어떻게 가난한 자의 아내들이 바깥으로 나가는 것을 금지할 수 있을 것인가?) 과두정적인 것도 아니다(과두파의 아내들은 사치스럽기 때문이다)."

68 아리스토텔레스는 솔론이 "매우 극도(*akraton*)의 과두정"을 폐기하고 '폴리테이아'를 섞어 민주정을 수립했다고 했다(*Politika*, 1272b 36 ff.). 반면에 그는 "적절(*eukraton*)하고 제일가는 과두정은 'politeia'라고 부르는 것과 유사한 것이다"(*Politika*, 1320 b 21~22)라고 한다. 플라톤은 과격한 민주정의 부정적인 측면을 설명하면서, 'akraton'을 '무제한'의 의미로 사용했다(*Politeia*, 562c~d, "민주정의 도시가 자유를 갈구하여 술에 취한 나쁜 지도자를 만나게 되어 필요 이상으로 지나치게 과도한(*akraton*) 자유에 취하면 자못 고분고분하지 못하거나 자유를 많이 허용하지 않는 관리들을 죄인이나 과두파로 처벌한다"). 참조, P. Shorey (ed.), *Plato, Republic*, v. 2(Loeb Class. Lib., Cambridge, Mass., 1935), p. 305, n. b, Seneca de Beneficis는 'akraton'을 "male dispensata libertas"(나쁜 성향의 자유)로 번역했다.

경향은, 이미 솔론 시기에 제정된 것으로 전해지는 〈중립금지법〉에서 당시 아테나이인이 국가 위기 시 시민들의 무관심을 경계하는 데서도 드러난다.[69] 이 법은 내란의 경우 중립적 입장에 서는 것을 금지하고 어느 편이든지 가담할 것을 권장한다. 이를 통해 이 시기 시민들의 정치에 대한 무관심이 정치 참여로 인한 파쟁의 발생과 같은 정도로 사회적 문제를 발생시켰음을 알 수 있다. 《아테나이 정치제도》에서는 솔론이 이 법을 제정한 원인과 관련하여 다음과 같이 기록하였다.

> 그(솔론)는 도시에 자주 파쟁이 일어나는데 일부 시민이 자신을 사랑하여 이에 무관심한 것을 보고, 이들과 관련하여 이 법을 제정했다.

이러한 보수적 경향은 솔론 시기 참주정 수립에 대한 공포가 컸다는 사실로부터도 엿볼 수 있다.[70] 즉, 참주에 대한 공포는 특히 제한받지 않고 자유로운 정치체제를 지향하고 도시국가의 권력이 약화되기를 원했던 보수파들 가운데서 강하게 나타났다. 보수파의 반참주적 분위기는 후대에도 계속되었다. 이는 참주 중 한 사람인 히파르코스(Hipparchos)를 죽인 귀족 출신 아리스토게이톤(Aristogeiton)과 하르모디우스(Harmodius)를 참주정 타도에 공이 많았던 자로 숭배하고 있었다는 점에서도 나타난다.[71]

---

69 Aristoteles, *Athenaion Politeia*, 8. 5.

70 참조, Plutarchos, *Solon*, 19. 3.

71 참조, Aristophanes, *liaz Ekklesiazusai*, 681 ff. ; Aristoteles, *Rhetorike*, 1368a 17; Aristoteles, *Althenaion Politeia*, 58. 1; Idomeneus, *FGH*, 338, F. 3 : Marmor Parium, *FGH*, 239A 45; Athenaios, 15. 695a; Diodoros Sikeliotes, 10. 17(참조, Ephoros); Pausanias, 1. 8. 5; Arrianos, *Anabasis*, 3. 16. 8; Plinius, *Naturalis Historia*, 24. 17; Timaimaios, *Lexikon Platonikon*, . s. v.

이러한 경향은 클레이스테네스를 참주정 축출에 공이 있는 것으로 보는 민주적 전통과는 대조적인 것이다.

솔론 시기에는 후대보다 온건했던 것으로 추정된다. 솔론의 〈중립금지법〉에서는 내란과 같은 상황에서 정치에 무관심한 자들만이 처벌 대상이 되었다. 그런데 후에 민중의 권한이 더 강화되었을 때는 내란뿐만 아니라 외적과의 전쟁이나 평화 시기 여러 가지 민주적 정책에 협조하지 않고 기피하려 했던 자들까지 처벌 대상이 되었다. 즉, 패전 후 도시를 버리고 떠나는 자들이나 세금 연체 혹은 미납 등도 '민중의 해체'와 유사한 범죄로 간주된 것이다.

30인 참주정 몰락(403 B.C.) 이후, 드라콘이나 솔론의 법을 원칙으로 하여 법이 재정비되고 온건한 민주정이 부활되었을 때 아레오파고스의 기능도 강화되었다.72 이때 아테나이인은 민중에게 최종적 결정권을 부여했지만,73 아레오파고스 의회에 관리들이 법을 준수하는지 여부를 감독하는

---

orchestra. 참조, V. Ehrenberg ("The origin of democracy", *Historia*, I, 1950, 526 ff. ; "Das Harmodioslied", *WS*, 69, 1956, 68) 는 'isonomia'란 개념이 참주정에 반대하는 귀족들에 의해 발달한 것이라 보았다; A. W. Gomine, *Historical Commentary on Thucydides* (Oxford, 1956), v. 2, pp. 100~110, 347, 379, 380; v. 3. p. 542; B. Borecky, "Die politische isonomie", *Eirene*, 9 (1971), 24; C. W. Fomara, "The cult of Harmodios and Aristogeiton", *Philologus*, 94 (1970), 179~180. 페이시스트라토스의 참주정도 민중의 세력에 기반을 두었다. 강력한 행정력을 구사하는 참주정과 민주정이, 원심적 경향이 강한 과두파가 주류를 이루는 과두정과는 다르다는 점에 관해, 참조, Herodotos, 3. 81, "참주의 전횡을 벗어나면 민중의 방자한 전횡에 의해 지배되는 것은 참으로 견딜 수 없는 일이다."; *Ibid.* 3. 82, "(과두파의) 모든 개인이 각각 상위를 점하고자 하고 자신의 의견을 관철시키려 하기 때문에, 상호 간에 큰 적의가 발생하게 되며 이 때문에 분쟁이 일어나고 분쟁으로 인해 살인이 빚어지게 된다."

72 cf. Andokides, 1. 82 ff.

권한을 부여했다. 기원전 4세기의 정체는 5세기 후반보다 온건해졌으나, 아레오파고스의 기능이 강화되면서 국가권력으로부터 벗어나려는 부유한 과두파의 원심적 경향에 따른 위협도 커졌다. 이들은 개인의 이익을 우선 시하고, 전쟁에 수반되는 부과금 부담을 기피하며, 가능한 한 평화가 지속되기를 원했다.[74] 이들에 대한 민중의 경계심 때문에 기원전 4세기의 사료에서는 참주정에 대한 공포보다는, 히페레이데스가 전하는 〈에이산겔리아법〉과 같이, 민중의 해체, 배반, 세금 미납 등에 대한 의구심이 더 자주나타난다.

6. 나오며

이상에서 살펴보았듯이, 기원전 4세기 아테나이에는 크게 두 가지 상반된 경향이 존재했다. 한편으로 민주파의 능동적·호전적 경향, 다른 편에 보수파의 소극적·평화적 경향이 그것이다. 이러한 상반된 경향은 개인에 따라서뿐만 아니라, 한 개인이나 같은 제도 내에서도 상황에 따라

---

73 참조, Aristoteles, *Athenaion Politeia*, 41. 2.

74 평화를 추구하고 수세를 회피하려 하는 보수적 집단에 대해서는 참조, cf. Plutarchos, *Phokion*, 36. 4; Xenophon, *Athenaion Politeia*, 4, "지금 아테나이인 가운데 농사짓는 이들과 부자들은 오히려 적에게 동조하는 반면, 민중은, 아무 것도 불태울 것이나 잘려 나갈 것이 자신에게 없다는 것을 잘 알고 있기 때문에, 제멋대로 살며 적에게 굽히지 아니한다."; Theophrastos, Characteres, 26. 6, "… 그리고 제식이나 삼단노선주 부담(*trierarchia*)으로부터 언제쯤 벗어날까라고 말하고 데마고고스를 미워하면서, 테세우스가 도시에 처음으로 악덕 발생의 원인을 제공한 것이라 한다." 참조, P. Mackendrick. *The Aristocracy 399 to 31 B. C.*, p. 4.

달리 나타날 수 있다. 즉, 한 개인이나 한 정치기구가 경우에 따라 평화적이기도 하고 호전적이기도 했다는 것이다.

이소크라테스에게서 그 한 예를 찾아볼 수 있다. 아테나이가 비교적 번영하던 시기에 그의 연설문 〈축제에 부쳐(Panegyrikos)〉에서는 호전적인 분위기가 지배적이다. 반면에 동맹국 전쟁(368~365 B.C.) 말기의 어려운 상황에서 작성된 〈아레오파고스에 부쳐(Areopagitikos)〉75와 〈평화에 대하여(On the Peace)〉에서는 평화적이고 보수적인 분위기가 강해졌고 동시에 그 자신이 민주정을 싫어하는 과두파로 비치지 않을까 염려를 나타냈다. 데모스테네스는 마케도니아에 계속 대항하기를 원했지만, 전비 각출을 위한 과중한 수세제도에는 반대하고 민주정은 참주적이어서는 안 된다고 강조하였다. 76

보수적 정치기구에 속하는 아레오파고스 내에도 상반된 경향이 존재하였다. 아레오파고스는 조국에 대한 배반자를 처벌하고, 친마케도니아 혐

75 〈아레오파고스론(Areopagitikos)〉의 작성 연대에 대해서는 여러 가지 의견이 있다. Ed. Meyer〔Geschichte des Altertums, v. 5 (Stuttgart, 1902), pp. 493~494〕와 Fr. Miltner〔"Die Datierung des Areopagitikoe des Isokrates", MVPhW, I(1924). 42~46〕에 따르면 동맹국 전쟁이 끝나기 조금 전에, 반면 W. Jaeger ("The date of Isokrates' Areopagiticus and the Athenian opposition", in Athenian Studies presented to W. S. Ferguson, N.Y., 1973, p. 439)에 따르면, 동맹국 전쟁이 일어나기 전에 쓰였다고 한다. Isokrates의 변론 6(평화에 대하여)은 동맹국 전쟁이 끝날 무렵 쓰인 것이라고 본다(cf. W. Jaeger, Ibid. p. 424).

76 Demosthenes, 20. 159, "포르미온(Phormion)이 언급한 바, 데모판토스의 (법 조문이 쓰인) 기둥, 즉 만일 누가 민주정을 수호하다가 어떤 일이라도 당한다면, 하르모디우스와 아리스토게이톤에 주어진 것과 같은 보상을 받는다고 기록하고 맹세하는 법기둥을 기억하신다면, 〔렙티네스(Leptines)가 제안한〕이 법을 기각하십시오."

의를 받은 아이스키네스 대신 히페레이데스를 델로스 성사(聖事)의 사신 (syndikos)으로 파견했다. 또한 데모스테네스의 호전적 정책을 지지하였다. 데모스테네스는 자신이 하르팔로스로부터 수뢰한 혐의를 받았을 때, 아레오파고스 의회가 이 사건의 진상을 조사할 것을 제의했다.[77] 그러나 후에 아레오파고스 의회가 데모스테네스를 유죄로 판단하자, 데모스테네스는 아레오파고스가 민중의 이익을 도모할 수 없는 과두적인 정치기구라고 비난했다.[78] 반면, 히페레이데스는 이러한 데모스테네스를 비난하면서, 아레오파고스를 민주적 정치기구라며 옹호했다.[79] 아레오파고스에 대한 이들 두 정치가의 상반된 평가는 당시 아레오파고스 의회에 대해 여러 가지 평가가 존재하였음을 보여 준다.

실리(R. Sealey)와 월리스(R. W. Wallace)는 아레오파고스 의회가 반마케도니아적 · 친데모스테네스적 경향을 가진 것으로 간주하였다. 그리고 〈에우크라테스법〉은 아레오파고스의 국외 정책과 관련되는 것이 아니라고 보았다.[80] 이들에 따르면, 이 시기 아레오파고스는 배반자나 범법자 등을 처벌하는 권한을 가지고 있었는데, 〈에우크라테스법〉은 바로 보수적 정치기구인 아레오파고스의 권한이 이렇듯 강화되는 데 대한 두려움 때문에 그러한 권한을 박탈하려는 데 목적이 있었다는 것이다. 그러나 지금까지 언급한 바에 따르면, 〈에우크라테스법〉은 조국이나 민중에 대한 배반자나 범법자를 처벌하는 권한을 아레오파고스로부터 박탈하려 한 것이 아니라, 반대로 민주정체가 위기에 처할 경우 부유한 아레오

---

77 Deinarchos, 1. 3.
78 Deinarchos, 1. 63.
79 Hypereides, 5, col. 5.
80 R. Sealey, "On penalizing Areopagites", *AJPh.* 79 (1958), 71~73: R W. Wallaoe. *The Areopagos Council. to 307 B. C.* (London, 1989). pp. 18~34.

파고스 의원들의 민중에 대한 배반 행위와 비협조를 방지하려 한 것으로 볼 수 있다.

카이로네이아 패전 후 아테나이인들은, 시켈리아 원정 실패 후 400인 과두정부가 수립되었듯이, 과두파로 인해 민중의 지배권이 이완되고 도시의 정권이 약화되지나 않을까 근심하였다. 뿐만 아니라 어떤 형태의 배반이나 불법행위에 의한 국가와 민중의 불이익을 방지하려 했고 민주정부는 여전히 건재하였다. 여기서 〈데모판토스법〉의 서두와 〈에우크라테스법〉의 후반부에 '민중의 해체'에 대한 우려만이 다시 강조되고 있으며, 〈에우크라테스법〉에서 민중이나 민주정이 해체되는 경우 아레오파고스 의원들81로 하여금 아레오파고스에 올라가거나 어떤 것에 대해서도 토의하지 못하도록 금지한 이유를 알 수 있다. 그것은 다수가 부유한 자들로 구성되었을 아레오파고스 의원들이, 민주정부가 위기에 처했을 때, 개인의 이익을 우선하여 민주정책에 적극적으로 협조하지 않는 경우를 염려하였기 때문일 것이다.

---

81 the bouleutes of the boule from the Areopagos.

아레오파고스 의회의 구성*

1. 아레오파고스 의회 구성에 관한 이견들

솔론 이전 시기 아레오파고스(Areopagos) 의회의 구성에 대해 두 가지 다른 견해가 존재한다. 하나는 아레오파고스 의원이 당시만 해도 수행감사를 통과한 전직 아르콘들이 아니라 전통 가문의 출신들로 구성되었다는 것이다.[1] 이러한 견해는 주로 플루타르코스(*Solon*, 19. 1)가 전하는 바로,

---

* 참조, 최자영, "아레오파고스 의회의 구성", 〈서양고전학연구〉, 6권 (1992. 9), 97~128에 게재; 참조, 최자영, 《고대 아테나이 정치제도사: 아레오파고스와 민주정치》, 신서원, 1995, pp. 73~108.

1 O. Müller, *Aeschylos Eumeniden* (Göttingen, 1833), p. 152f. ; G. F. Schömann, "Die Epheten und der Areopag", *Neue Jahrbücher für Philologie und Paedagogik*, 111 (1875), 161; K. J. Beloch, *Griechische Geschichte*, 2nd ed. (Strassburg, 1913), v. 1, part, 2, p. 324; U. Kahrstedt, "Untersuchungen zu athenischen Behörden, i. Areopag urid Epheten", *Klio*, 30 (1937), 16; F. Jacoby, *FGH (Die Fragmente der Griechischen Historiker)*, IIIb, Supple. i (Leiden, 1954), pp. 115~116; *Ibid*. Supple. ii (Leiden, 1954), p. 111, n. 44, p. 108, n. 33; C. Hignett, *A History of the Athenian Constitution* (Oxford, 1952), p. 99. 참조, L. Lange ("Die Epheten und der Areopag vor Solon", *Abhandlungen der*

솔론이 처음으로 해마다 아르콘들이 아레오파고스 의회에 참가하도록 했다는 기록에 근거를 두었다. 이 견해는 아리스토텔레스의 《아테나이 정치제도》가 발간된 1890년 이전에 유행하였다.

두 번째 견해는 《아테나이 정치제도》가 발간되면서부터 유행하였는데, 솔론 이전부터 이미 수행감사를 통과한 전직 아르콘들이 아레오파고스 의회를 구성하였다는 것이다. 2 이 견해는 《아테나이 정치제도》(3. 6)에 있는 문장을 "아르콘의 선출은 능력(aristinden) 과 부(ploutinden) 에 따

Sächsischen Akademie der Wissenschaften zu Leipzig, Philologisch-Historische Klasse, 17, Leipzig, 1874, 210~217), R. J. Bonner & G. Smith(The Administration of Justice from Homer to Aristotle, v. 1, Chicago, 1930, pp. 90~91) 등은 솔론 이전 시기 9명의 아르콘은 아레오파고스 의원들 가운데서 선출되었는데, 솔론 시기 아르콘의 선출 방법이 변화하면서부터 전직 아르콘들이 아레오파고스 의원이 되었다고 본다.

2 U. V. Wilamowitz-Möllendorf, Aristoteles und Athen (Berlin, 1893), v. 2, p. 41, 49~50: Ed. Meyer, Geschichte des Altertums, v. 2 (Stttgart. 1893), p. 354: The Thalheim, "Areios Pagos", RE, II, part, 1, 69: G. Buslot & H. Swoboda, Griechische Staatsiunde(München, 1920/6), pp. 795~796; H. T. Wade-Gery, "Eupatddai, Archon and Areopagus", CQ, 25 (1931), 78ff. ; 참조, A. R. W. Harrison, The Law of Athens, v. 2 (Procedure)(Oxford, 1971), p. 23; P. J. Rhodes, A Commentary on the Aristotelian Athenaion Politeia(Oxford, 1981), p. 108 참조, Wilamowitz 와 Busolt & Swoboda는 아레오파고스 의원들은 처음에 장로였는데, 아르콘직이 생기고 그 임기가 1년이 차면서부터(683 B, C. 이후 (Wilamowitz)) 전직 아르콘들에 의해 구성되었다고 보았다. 한편, G. de Sanctis (Atthis, 2nd ed. , Torino, 1912, p. 145), G. Beloch (Griechische Geschichte, v. 1, part, 2, p. 321) 등은 솔론이 갑자기 아레오파고스 의회의 구성을 변화시킨 것이 아니라 전직 아르콘들이 아레오파고스 의원이 되는 과거로부터의 관습을 제도화했거나, 그러한 관습을 처음으로 소개(Sanctis) 했다고 본다.

라 이루어졌고, 이들로부터 아레오파고스 의원들이 구성되었다"라고 해석하는 데 바탕을 두었다.

솔론의 개혁 이후 시대에는 이상에서 언급한 플루타르코스의 기록에 근거하여 9명의 전직 아르콘들이 아레오파고스 의회를 구성했다는 견해가 유력하다. 많은 학자가 이에 동의함으로써 전통적 학설이 되었다.[3]

또 다른 문제점은 전직 아르콘과 같이 현직 아르콘도 아레오파고스 의원이 되었는지 여부이다. 립시우스(J. H. Lipsius)는 데모스테네스[4]와 리시아스[5]에 근거하여, 수행감사를 통과한 전직 아르콘뿐만 아니라 현직 아르콘들도 아레오파고스에 함께 참석하였다고 주장했다.[6] 반면, 대부분의 학자들이 지지하는 전통 학설에 따라, 맥도웰(D. M. MacDowell)은 현직 아르콘이 아니라 오직 수행감사를 통과한 전직 아르콘들만 아레오파고스 의원이 되었다고 본다.[7] 그 근거로 리시아스(7. 22)의 표현 "9명 아르콘 혹은 아레오파고스로부터의 다른 이들"[8]은 리시아스의 견해와는 반대로 현직 아르콘들이 "아레오파고스로부터의 다른 이들"에 속하지 않았다는 사실을 증명한다고 보기 때문이다.

---

3   참조, Cicero, *De Officiis*, 1. 75.
4   Demosthenes, 59. 80~83.
5   Lysias, 7, 25, 26. ll-12.
6   J. H. Lipsius, "Die Archonten im Areopag", *Leipziger Studien zur Klassischen Philologie*, 4 (1881), 15I f ; *Ibid. Das Atti1che Recht und Rechtsverfahren* (Darmstadt, 1905~15), p. 122.
7   D. M. MacDowell, *The Athenian Homicide Law in the Age of the Orators* (Edinburgh, 1963), p. 40. cf. L. Cohn, Berliner Philol. Wochenschr. 44 (1893), 1397; G. Busolt & H. Swoboda, Griechische Staatskunde, p. 795, n. 3.
8   Lysias, 7. 22. tous ennaea archontas epegages e allous tinas ton ex Areiou pagou (nine archons or some others from the Areopagos).

다시 말해, 립시우스는 "9명 아르콘(현직 아르콘들)"이 "다른 이들"과 마찬가지로 "아레오파고스로부터의"에 관계된다고 보지만, 맥도웰은 "9명 아르콘"은 "아레오파고스로부터의"에 걸리지 않는다고 보았다.

이렇듯, 아레오파고스 의회의 구성에 관해 견해가 일치하지 않기 때문에, 다음과 같은 점들을 재고할 필요가 있다.

1) 솔론 이전 시기 아레오파고스 의원은 어떤 자격의 소유자로 구성되었는가?
2) 솔론 이후에는 누가 아레오파고스 의원이 되었는가?
3) 현직 아르콘들은 아레오파고스 의회와 어떤 관련이 있었는가?

2. 솔론 이전 시기의 아레오파고스 의원들

솔론 이전 시기의 아레오파고스 의원들이 수행감사를 통과한 전직 아르콘들에 의해서 구성되었는가 아닌가 하는 문제는 분명히 해결되지 않았다. 위에서 언급하였듯이, 플루타르코스(*Solon*, 19. 1)와 《아테나이 정치제도》(3. 6), 두 사료가 전하는 내용이 서로 모순된 것처럼 보이기 때문이다.

《아테나이 정치제도》의 기록에 근거하여, 솔론 이전에도 전직 아르콘들이 아레오파고스 의원을 구성하였다고 보는 학자들은 솔론이 아르콘 출신들로 하여금 아레오파고스 의회에 참석토록 하였다는 플루타르코스의 기록을 믿지 아니한다. 그런데 《아테나이 정치제도》가 발견되기 이전에도 랑에(L. Lange)는 솔론 이전에 이미 아레오파고스 의원들은 전직 아르콘들이었다는 의견을 개진했다.[9] 그 이유는, 만일 솔론이 처음으로 전직 아르콘들로 하여금 아레오파고스 의원이 되도록 하는 제도를 창출했다면 과거의 아레오파고스 의원을 갑자기 전직 아르콘들로 교체하는 것이 어려웠을 것이라 생각했기 때문이었다.

또한 플루타르코스는 솔론이 전직 아르콘들로 하여금 아레오파고스 의회에 참석토록 했다고 전했으나, 이때 솔론이 과거의 아레오파고스 의원을 폐기했다고 전하는 사료는 없다. 따라서 많은 학자가 아레오파고스 의원들이 이미 솔론 이전부터 수행감사를 통과한 9명의 아르콘이었을 것이라고 믿는다. 한편, 일부 학자들이 솔론 시기의 변화를 다음과 같이 설명한다. 솔론 이전에는 아레오파고스 의원이 될 9명 아르콘은 에우파트리다이[10] 신분으로부터 나왔는데, 솔론의 개혁으로 부유한 자(*pentakosiomedimnoi*)로부터 나오게 되었다는 것이다. [11]

그러나 솔론 이전부터 아레오파고스 의원들이 수행감사를 통과한 전직 아르콘이었다는 견해를 가진 대부분의 학자들이 근거로 삼는《아테나이 정치제도》(3. 6)의 기록은 이런 견해를 지지하는 데 약간의 문제점을 지니고 있다. 학자들은 드라콘 이전 시대에 대한《아테나이 정치제도》의 구절을 다음과 같이 해석한다.

> 아르콘의 선출은 능력(*aristinden*)과 부(*ploutinden*)에 따라 이루어졌고, 이들로부터 아레오파고스 의원들이 구성되었다. [12]

---

9 랑에는 솔론 이전에 아레오파고스 의원이 60명이었다고 본다. 이에 관한 것은 참조, 최자영, "고대 아테나이 아레오파고스에서의 살인재판", 《혁명, 사상, 사회변동》(공저, 벽봉 오주환 박사 화갑기념 서양사 논총 1), 경북대학교 출판부, 1991, p. 354, 주 10.

10 *eupatridai*. '좋은 가문(혈통) 출신'이란 뜻이다.

11 L. Lange, "Die Epheten und der Areopag vor Solon", 210 f; H. T. Wade-Gery, "Eupatridai, Archons and Areopagus", 78.

이들은 "from whom"이 선행사 "the archons"를 받는다고 봄으로써 이 관계절이 전직 아르콘들로부터 아레오파고스 의원들이 구성된 것을 의미하는 것이라고 생각하였다. 그러나 만일 "from whom"이 선행사 "the archons"를 받는다면, 전직 아르콘뿐만 아니라 현직 아르콘들도 아레오파고스 의원이 된다는 사실을 배제할 수 없게 된다. 아르콘들이 임기를 끝냈다거나 수행감사를 통과했다는 등의 표현이 문장에 없기 때문이다. 13

또 다른 문제점은 《아테나이 정치제도》 3. 6과 8. 2에 있는 문장 내용의 상관관계에 관한 것이다. 《아테나이 정치제도》 8. 2에는 솔론 시기 9명 아르콘의 임명 방법이 솔론 이전과 달리 변화했다는 점을 언급하면서 다음과 같이 서술했다.

이렇게 솔론은 9명의 아르콘들에 대해 입법하였다. 그런데 솔론 이전에는 아레오파고스 의회(*the boule in the Areopagos*)가 소집되어 적당하다고 생각되는 자들을 매해 관리로 임명하였다.

여기서는 솔론 이전 시대에 아레오파고스 의회가 9명 아르콘을 포함한 여러 관리들을 임명하는 권한을 가졌다고 언급했다. 솔론 이전부터 9명 전직 아르콘이 아레오파고스 의원이 되었다고 보는 학자들 가운데는 《아테나이 정치제도》 8. 2의 구절을 신빙성이 없는 것으로 보는 이도 있다.

---

12 아리스토텔레스, 《아테나이 정치제도》(*Athenaion Politeia*, 3. 6.) "(Because) the election of the archons was by birth (aristinden) and by wealth (ploutinden), from whom the Areopagites were appointed (kathistanto)."

13 전직이라는 것을 분명하게 표현하는 예로, 참조, Aristototeles, *Politika*, 1272a 31~35, "전직 코스모스(kosmos)로부터(kekosmekoton)"; *Ibid.* 1297b 13~14, "전직 호플리테스(hoplites)로부터(ek ton hopliteukoton)".

이것은 위에서 언급한 《아테나이 정치제도》 3. 6의 내용과 상반되는 것으로 생각했기 때문이었다.

립시우스는 《아테나이 정치제도》 8. 2에 있는 "9명 아르콘에 대해(*peri ton ennea archonton*)"란 표현이 "관직들에 대해(*peri ton archon*)"로 수정되어야 하고, 따라서 "솔론 이전에 아레오파고스 의회는 9명 아르콘을 제외한 다른 관직을 선출했다"는 뜻이 된다고 주장했다. 14 또한 부솔트와 스보보다(G. Busolt & H. Swoboda)는 이 구절이 기원전 4세기 아티스 역사가인 안드로티온(Androtion)으로부터 유래하는 것으로서, 이소크라테스의 집단에 속했던 안드로티온이 과거 아레오파고스 의회의 중요성을 과장하려 한 것이라고 보았다. 15

다른 한편 웨이드-제리(H. T. Wade-Gery)는 위에서 언급한 《아테나이 정치제도》의 두 구절을 조화시키려고 했다. 16 즉, 그는 "아레오파고스

---

14 Lipsius, *Das Attische Recht und Rechtsverfahren*, p. 13 및 n. 48. 이런 립시우스의 견해는 반드시 타당한 것은 아니다. 왜냐하면 '관직(*arches*)'이란 표현에는 9명 아르콘도 포함될 수 있기 때문이다. 참조, U. V. Wilamowitz-Möllendorff, *Aristoteles und Athen*, v. l, p. 49, n. 15; Th. Thalheim, *Philol. Wochenschr.* 30/31 (1908), Supple. 977; J. E. Sandys, *Aristotle's Constitution of Athens*, 2nd ed. (London, 1912) : G. Busolt & H. Swoboda, *Griechische Staatskunde*, p. 796 및 n. l. Wilamowitz는 "9명 아르콘들에 대해(*peri ton ennea archonton*)"란 표현이 없어져야 한다고 보았다. 그 이유는 그 앞에서 9명 아르콘뿐만 아니라 회계관들(*tamies*)에 관한 것도 언급되기 때문이다. G. Kaibel (*Stil uml Text der Atkenaion Politeia des Aristoteles*, Berlin, 1893, pp. 140~141)은 Wilamowitz의 견해에 회의적이다. P. J. Rhodes (*A Commentary on the Aristotelian Athenaion Politeia*, p, 149)는 이 표현을 없애야 할 필요는 없다고 본다. 회계관들에 대한 언급은 9명 아르콘들을 설명하기 위해 인용되며, 그 내용이 언제나 9명 아르콘에 대한 것이라는 것이다.

15 G. Busolt - H. Swoboda, *Griechische Staatskunde*, p. 796 및 n. 2.

에서의 의회(the boule in the Areopagos)가 소집되어"란 표현은 아레오파고스 의원들만 모였다는 것이 아니라, 모종의 정치적 권한을 가지고 있었던 다른 이들로 에우파트리다이(eupatridai, 좋은 가문 사람들)도 함께 모였다는 것을 의미한다고 본다. 그리고 솔론 이전에도 전직 아르콘 출신이 아레오파고스 의원이 되었다고 전제하면서 다음과 같이 설명하였다. 전직 아르콘인 아레오파고스 의원들은 아레오파고스에 소집된 에우파트리다이 가운데서 미래에 아레오파고스 의원이 될 9명의 아르콘을 선출했다.

이와 같이 《아테나이 정치제도》 3. 6의 문장은 전직 아르콘들이 아레오파고스 의원이 되었다는 사실을 정확히 표현하고 있지 않다. 위에서 서술한 바와 같이 이 문장에는 아르콘들이 임기를 끝낸 전임자들이란 것이 표현되어 있지 않기 때문이다. 더구나 9명의 아르콘 출신이 아레오파고스 의원이 된 것으로 이 문장을 해석한다면, 이러한 사실은 《아테나이 정치제도》 8, 2에 있는 "아레오파고스 의원들이 아르콘들을 선출하였다"는 내용과 잘 부합하지 않는다는 것이 지적되어 왔다.

그런데 사반티디스(G. P. Sabbantidis) 교수에 따르면, 《아테나이 정치제도》(3. 6)의 문장은 지금까지 학자들이 해석해 온 것과는 다르게 해석될 가능성을 지니고 있다. 첫째, 관계대명사 "from whom"이 "the archons"에 걸리지 않고 부사인 "by birth (aristinden) and by wealth (ploutinden)"를 받을 수 있다는 것이다. 이들 부사로부터 도출되는 명사적 용법의 형용사 "the aristocratic and the rich", 즉 의미를 딴 관계대명사(schema kata to nooumeno)의 한 형태로 볼 수 있다는 것이다.

둘째, 학자들이 수동의 의미(were appointed)로 해석한 동사 "kathistanto"

---

16 H. T. Wade-Gery, "Eupatridai, Archons and Areopagus", 77~78.

는 수동의 뜻뿐만 아니라, 중간태로서 목적격을 요구하는 능동의 의미로 사용될 수 있다는 점이다. 17 그렇다면, 이 문장은 "the election of the archons was by birth (aristinden) and by wealth (ploutinden), from whom (즉 the aristocratic and the rich) the Areopagites appointed (the archons)"가 된다. 이때 관계절의 의미는 "아레오파고스 의원들이 아르콘들로부터 임명되었다"라는 뜻이 아니라, 반대로 "아레오파고스 의원들이 (아르콘들을) 임명하였다"는 뜻이 된다. 이러한 해석은 《아테나이 정치제도》 8. 2의 "아레오파고스 의회가 소집되어 관직에 적당한 자들을 선출하였다"는 내용과도 잘 부합한다. 이와 같이 《아테나이 정치제도》(3. 6)의 문장은 9명 아르콘이 수행감사를 통과한 후 아레오파고스 의원이 되었다는 사실을 의미하는 것으로 볼 수 없다.

이 문장 첫 부분에는 원인을 표현할 때 주로 사용되는 단어 'gar'가 있다. 그 앞부분에서 아레오파고스 의회의 권한이 컸음을 언급했으므로, 'gar'가 있는 문장은 그 앞 문장과 관련하여 아레오파고스의 권한이 얼마나 컸는지를 보충 설명하는 것이다. 즉, 아레오파고스 의원들이 아르콘을 임명하는 권한을 가졌으므로 아레오파고스의 권한이 강하였다는 것을 보충 설명하는 것으로 볼 수 있다.

그런 다음, "이 때문에 여러 관직 중에서 오직 이 관직 (아레오파고스 의원) 만이 종신직으로 지금까지 (아리스토텔레스의 시대까지) 남아 있다"라는

---

17 동사 'kathistamai'가 능동의 의미로 사용되는 예는 참조, Aeschylus, *Eumenides*, 704~706, "이 의회체를 … 땅의 수비군으로 임명한다 (touto bouleuterion … phrourema ges kathistamai)"; Xenophon, *Anabasis*, 3. 1. 39, "마땅한 이들로 아르콘들을 임명하고 … 다른 군인들도 모으십시오 (katastesesthe tous archontas, kosous dei, … kai tous allous stratiotas syllegete)".

문장이 있다. 로데스(R. J. Rhodes)는 인과적 관계를 나타내는 낱말 '이 때문에(dio)'가 사용되지만, 왜 아레오파고스 의원들이 종신직으로 남아 있는지 그 이유는 분명히 언급되지 않았다고 했다.18 그리고 아마 그리스 인들이 전직 아르콘으로 구성된 의회는 종신직이었던 것으로 생각하였을 것이라고 가정했다. 그러나, 앞에서 언급한 바와 같이 그 앞의 문장은 아 레오파고스 의원이 전직 아르콘들로 구성되었다는 것을 분명하게 의미하고 있지 않다.

펠레키데스(Ch. Pelekidis) 교수는 'gar'로 시작되는 문장이 조금 틀렸을 가능성이 있다고 본다. 즉, 처음에는 "아르콘의 선출은 출생과 부에 의 했고, 그들로부터 아레오파고스 의원들이 '종신으로' 임명되었고, 이 때문에 여러 관직들 가운데서 이 관직만이 지금까지 남아 있다"19였는데, 생략 필법(haplographia)에 의해 앞의 '종신으로(for life)'를 생략했을 가능성이 있다는 것이다. 그러나 이러한 해석들은 'appoint (kathi 1tanto)'라는 동사를 수동으로 해석하지 않고 능동의 의미로 목적격을 요구하는 중간태 동사로 본다면, 그 의미를 상실한다.

여기서 왜 아레오파고스 의원만이 종신직으로 남아 있게 되었는지에 관해 새로운 해석의 가능성이 있다. 그 앞의 내용을 전체적으로 훑어보면,

---

18 P. J. Rhodes, *A Commentary on the Ari$totelian Athenaion Politeia*, p. 108. "Despite dio, *Athenaion Politeia* has not explained why membership of the Areopagus should be for life: Presumably we must supply the normal Greek assumption that councils of ex-magistrates do serve for life."

19 The election of the archons was by birth (aristinden) and by wealth (ploutinden), from whom the Areopagites were appointed 'for life', for this reason only this (magistrate) among the magistrates remains for life until now.

"이 때문에 여러 관직 중에서 이 관직만이 (*dio kai mone ton archon*)"란 표현이 관직 테스모테타이 (*thesmothetai*) 와 관련해서도 사용되었다는 것을 알 수 있다. 즉, "이 때문에 여러 관직 중에서 테스모테타이만이 1년 임기 이상으로 된 적이 없다"는 것이다 그 이유는 그 앞에서 설명해온 다른 관직, 즉 바실레우스(*basileus*), 폴레마르코스(*polemarchos*), 수석 아르콘(*archon eponymos*) 들과의 관련하에서 드러난다. 다시 말해, 다른 세 아르콘은 과거에 종신직이었다가, 나중에 10년 임기로, 그 후 다시 1년 임기로 변화했다. 그러나 테스모테타이만은 이들 다른 관직들이 1년 임기로 변한 다음 생겨났기 때문에, 1년 임기 이상으로 된 적이 없다는 것이다.

같은 표현 "이 때문에 오직 이 관직만이 (*dio kai mone ton archon*)"가 아레오파고스 의원만이 종신직으로 남아 있는 사실에 대해서도 사용되었다. 그 이유도, 위에서 언급한 테스모테타이의 경우처럼, 이 문장의 앞에서 설명된 9명 아르콘들과의 관계에서 생각할 수 있다. 즉, 그 앞에서 9명 아르콘의 임기가 어떻게 1년이 되었는지 설명했으므로, 아레오파고스 의원만이 종신직으로 남아 있게 된 이유는 바로 그 앞에서 설명한 다른 9명 아르콘의 임기가 1년직으로 바뀌었기 때문인 것이다.

이상에서 서술한 바를 종합하면, 《아테나이 정치제도》 3. 6은 솔론 이전에 전직 아르콘들이 아레오파고스 의원이 되었다는 것을 증명하는 것이 아니라, 반대로 아레오파고스 의원들이 아르콘들을 부귀한 자들로부터 선출하였다는 것을 의미할 수도 있다. 이런 해석은 그 뒤 《아테나이 정치제도》(8. 2) 의 내용과도 부합한다. 즉, 솔론 이전 시기에 아레오파고스 의회가 소집되어, 9명 아르콘을 포함한 다른 관직자들을 매해 임명하였다는 것이다. 뿐만 아니라 솔론이 9명 아르콘으로 하여금 아레오파고스 의회에 참석토록 하였다는 플루타르코스(*Solon*, 19. 1) 의 내용과도 모순이 없어진다. 따라서 솔론 이전 시기에 아레오파고스 의원들은 부귀한 출신이었을 것이나 이들이 모두 전직 아르콘이었다는 사실을 분명히 증명하는 사료는 없다. 그 후 솔론이 9명 아르콘으로 하여금 아레오파고스 의회에 참석토록 했다.

3. 솔론 이후의 아레오파고스 의원

플루타르코스에 따르면, 솔론이 아레오파고스에서 열리는 의회(the boule in the Areopagos)에 해마다 아르콘들이 참석하도록 했다(systesamenos)고 한다. 일부 학자들은 이 문장이 솔론에 의해 아레오파고스 의회가 창설된 것을 의미한다고 보기도 한다. 20 그러나 이 문장은 반드시 아레오파고스 의회제도 창설을 의미하는 것으로 보긴 어렵다. 분사 'systesamenos'는 의회제도의 창설이라기보다, 아레오파고스 의회의 구성 방법의 변화를 의미하는 것으로 볼 수도 있다. 즉, 솔론 이전에는 '좋은 가문(Eupatridai)' 출신들로 의회가 구성되었으나 솔론 이후에는 매해 아르콘 출신들이 이 의회에 참석하게 되었음을 의미한다는 것이다. 21 또 'systesamenos'란 표현은 반드시 과거의 아레오파고스 의원들이 솔론 이후 자격을 상실하였음을 의미하는 것은 아니다. 이들이 해마다 아르콘들과 함께 아레오파고스 의회에 참석하였던 가능성을 배재하고 있지 않다는 말이다. 22

---

20 cf. N. Wecklein, "Der Areopag, die Epheten und die Naukraren", *Sitzungsberichte der Philosophisch-philologichen und Historischen Klasse der Königs Bayerischen Academie der Wissenschaften*, 3 (1873), 18~19, 32 ff. ; 최자영, "고대 아테나이 아레오파고스에서의 살인 재판", p. 352 ff.

21 cf. F. Jacoby, *FGH*, 3b, Supple. i, pp. 115~116: *Ibid.* Supple. ii, p. 111, n. 44, p. 108, n. 33.

솔론 때부터 매해 아르콘들이 아레오파고스 의회에 참석함으로써, 이 의회의 성격이 변화하게 되었다. 아르콘들은, 솔론 이전에는 부귀한 이들 가운데서 아레오파고스 의회에 의해 임명되었으나, 솔론 이후에는 새로운 선출 방법으로 임명되었다. 《아테나이 정치제도》(8. 1)에 의하면 각각의 부족이 10명의 후보자를 선출하고 이들 가운데서 9명의 아르콘이 추첨되었다. 피선거 기준도 달라져, 과거의 부귀한 이들이 아니라 주로 재산을 기준으로 하여, 제 1 소득 계층(pentakosiomedimoi, 500메딤노스 소득) 혹은 제 2 소득 계층(hippeis, 기병 300메딤노스 소득)을 포함한 이들 가운데서 선출되었다. 아레오파고스 의회에 참석할 수 있는 자격이 솔론 이후에는 더 확대된 것이다. 또한 아르콘들의 출신이 모든 부족을 아울렀기 때문에 각 부족의 이해가 비교적 골고루 반영되었다.[23] 따라서 솔론의 개혁은 아레오파고스 의회 내에서 관습적 특권에 기반하던 전통적 유수 가문의 세력을 약화시키는 것이었다. 어쨌든 부귀한 전통 가문 출신의 아레

---

22 G. F. Schömann ("Die Epheten und der Areopag", 161)에 따르면, 솔론 이전에 아레오파고스 의원이던 이들은 종신으로, 솔론 이후에 아레오파고스 의원이 되기 시작한 전직 아르콘들과 함께 의회에 참석했다고 한다. 로마의 원로원에 두 종류의 의원들이 있었던 것에 대해서는 참조, 이 글, II, 끝부분.

23 솔론은 9명 아르콘이 각 부족에서 똑같은 수효로 뽑힌 후보자들 가운데서 추첨되도록 했다. 그러나 솔론 이전에 아레오파고스 의원이나 에페타이가 각 부족에서 똑같은 수효로 구성되었다는 O. Müller(*Aeschylus, Eumeniden*, p. 160, n. 17)와 L. Lange("Die Epheten und der Areopag vor Solon", 208~213)의 견해는 전거에 기초한 것은 아니다. Müller는 처음에 에페타이는 각 부족의 대표자로 모두 12명이었는데, 후에 각 부족으로부터 12명씩 모두 48명(혹은 바실레우스와 함께 49명)이었고, 그 후 클레이스테네스의 개혁으로 각 부족으로부터 5명씩 전체 50명(혹은 바실레우스와 함께 51명)이 되었다고 본다. Lange는 솔론 이전에 아레오파고스 의원이 60명으로 각 부족에서 똑같은 수효로 모집되었다고 본다.

오파고스 의원들의 영향력이 줄어들기는 했지만, 이들이 솔론의 개혁 이후 의원으로서의 자격을 박탈당하였는지 여부는 분명치 않다. 아리스토텔레스24에 따르면, 솔론은 과두적 요소로서 솔론 이전부터 존재한 아레오파고스 의회, 고귀한25 요소로서 선출된 관직들, 그리고 민주적 민중 재판소 등의 복합적 요소로 정체를 구성했다고 함으로써, 아레오파고스 의회가 가진 전통의 성격이 존속했음을 밝혔다.

기원전 4세기 저술가였던 이소크라테스(7. 37)는 지난날 아레오파고스 의원들의 특성에 대해서 "좋은 가문 출신이며 덕과 지혜가 출중한 자들"이었다고 적었다. 이소크라테스는 이러한 과거의 아레오파고스 의회를 아르콘 출신자들이 참가한 당시의 것과 비교하면서 다음과 같이 서술하였다.

그리고 누구든지 오늘날 행해지고 있는 것으로부터 과거에 이 제도가 어떠했던가를 짐작할 수 있다. 지금 관리 선거와 관리의 자격심사에 관한 모든 것이 무용지물이 됨으로써 다른 사무에서는 참을 수 없을 정도로 일 처리하는 관리들도 아레오파고스에 올라갈 때는 그들의 본성을 억제하고 자신의 나쁜 성질보다 합법성에 준하는 것을 볼 수 있다. 두려움이 이 비천한 이들을 지배하는데 이것은 이 장소에 남겨진 덕과 지혜에 대한 기억으로부터 나온다. 26

---

24 Aristoteles, *Politika*(정치학), 1273b 35~1274a 3.
25 aristokratikon. 이 용어는 흔히 '귀족적'으로 번역되나, 사회적 특권계층으로서의 귀족이 아니라 덕성과 사회적 봉사를 통해 존경받는 이들을 가리키므로, 여기서는 '고귀한'으로 번역했다.
26 Isokrates, 7. 38.

이 언급에서 이소크라테스의 시기에 아르콘들이 아레오파고스 의회에 참석하고 있었던 것을 알 수 있다. 하지만, 이것은 '좋은 가문' 출신의 아레오파고스 의원이 이 시기에 존재하지 않았다는 것을 분명히 의미하는 것은 아니다.

즉, "관리들이 아레오파고스에 올라갈 때"라는 표현은 반드시 이들만이 아레오파고스 의회에 참석했다는 사실을 뜻하는 것은 아니다. 이와 관련하여 현존하는 전거들이 아레오파고스 의원들의 특징과 관련하여, 전직 아르콘이라는 것이 아니라 부귀나 덕을 강조한다는 점에 주의할 필요가 있다. 그 사료는 다음과 같다.

내가 생각하기로 아레오파고스 의회를 보는 사람은 더 이상의 고귀한 인상을 주거나 더 이상의 명예를 가진 것이 없다고 말할 것이다. [27]

키프로스(Kypros)에 있는 모든 군주들은 아첨하는 좋은 가문 출신(*eugenes*)이 유용한 것이라는 것을 인정한다. 이들을 소유하는 것은 완전히 참주적인 것이다. 그리고 아무도 저명한 아레오파고스 의원들 이외에 누가 아레오파고스 성원인지 그 수도 그 모습도 알지 못한다. [28]

… 다음과 같은 것을 아는 것이 필요하다. 아레오파고스 의회는 모든 사람들로 구성된 것이 아니라 아테나이인들 가운데서 가문과 부와 덕에 있어 월등한 자들로 구성되었다. [29]

---

27 Aristides, 13. 193.
28 Athenaios, Deipnosophistes, 6. 255 f.
29 Maximus Homologetes, Prologos eis ta tou Agiou Dionysiou, *Patrologia Graeca*, v. 4, pp. 16~17.

차이가 있다. 그리고 아레오파고스 의원은 엄한 얼굴을 하고 매우 위풍이 있고 조용하다.30

아레오파고스 의원들의 부귀나 덕성, 위엄 등에 대해 언급하고 있는 이상의 전거들은 로마(Rome) 시기와 비잔틴(Byzantine) 시기에 쓰인 것들이므로 이러한 특성들이 정확히 어느 시기와 관련하는지는 말하기 어렵다.

그런데 기원후 7세기 비잔틴 시기의 한 신부인 막시무스(Maximus Homologetes)가 기원전 4세기경에 저술하였던 안드로티온과 필로코로스의 것으로 인용하는 단편(FGH, 328, F. 20)에서는 아레오파고스 의원들의 재판관으로서의 역할과 관련하여 다음과 같이 기록되어 있다.

"아테나이에서는 9명 아르콘에 임명된 사람들로부터 아레오파고스 의원 재판관들이 구성되어야 한다"31고 안드로티온이 그의 《아티스 역사》 두 번째 책에서 언급하였다(FGH, 324, F. 4). 그 후 아레오파고스로부터의 의회 (the boule from the Areopagos)가 더 많아져서(pleionon gegonen) 이에 잘 알려진 사람 51명으로 구성되었는데, 이것은 에우파트리다이 이외에도, 알려져 있듯이, 부와 덕성에서 월등한 이들로부터 나왔다고 필로코로스32가 그의 《아티스 역사》 세 번째 책에서 전하였다.

---

30 Suda, s. v. Areopagites.
31 Philochoros, *FGH*, 328, F. 20b, ek gar ton ennea kathistamenon archonton Athenesin, tous Areopagitas edei synestanai dikastas.
32 Philochoros, *FGH*, 328, F. 20b.

이 내용이 어느 시기와 관련하는지는 분명치 않다 야코비(Jacoby)에 따르면, 안드로티온의 두 번째 《아티스 역사》는 (덕성으로서의) 귀족 정부와 콜레이스테네스(Kleisthenes)의 정체를,[33] 그리고 필로코로스의 세 번째 《아티스 역사》는 크레온(Kreon, 683/2) 혹은 솔론 시기부터 기원전 462/1년까지 서술하였다.[34] 야코비는 위의 두 작가들의 단편이 확실성이 없다는 점을 인정하면서 기원전 594/3년경으로 추정하였다.

필로코로스가 전하는 안드로티온의 단편 "ek gar ton ennea kathista-menon archonton Athenesis, tous Areopagitas edei synestanai dikastas"[35] 를 해석하는 데에도 어려움이 있다. 대과거(*parakeimenos*)의 부정사인 "synestanai(구성했다)"는 목적격을 요구하는 경우(임명한다, 선출한다) 도 있고, 그렇지 않은 경우(임명된다, 선출된다)도 있다. 또한 부정사 'synestanai'의 주어가 무엇인가에 대해서도 의견이 다를 수 있다. 따라서 해석은 다음과 같이 세 가지 경우가 가능하다.

먼저 'synestanai'가 목적격을 요구하는 경우로, 첫째, 'synestanai'의 주어가 '아레오파고스 의원들(Areopagitas)'일 수 있는데, 이때 해석은 "아테나이에서 아레오파고스 의원들이 재판관들을 선출된 9명 아르콘들 로부터 임명하여야 한다"[36]가 된다.

---

33 F. Jacoby, *FGH*, 3b, Supple. i, p. 104.

34 F. Jacoby, *FGH*, 3b, Supple. i, pp. 253~254.

35 이 문장의 해석은 다음에서 설명하는 바와 같이 세 가지가 가능하다. ① "아테나이에서 아레오파고스 의원들이 재판관들을 선출된 9명의 아르콘들로부터 임명하여야 한다", ② "아테나이에서는 아테나이인들이 아레오파고스 의원들을 재판관으로 9명 아르콘에 임명된 사람들 가운데서 임명하여야 한다", ③ "아테나이에서 아레오파고스 의원 재판관들은 임명된 9명 아르콘들 가운데서 구성되어야만 하였다"이다.

둘째, 의미상의 주어로 부정대명사 "어떤 사람(들) [tina(s)]", 즉 "아테나이인들"이 내포되어 있다고 보고 "아테나이에서는 아테나이인들이 아레오파고스 의원들을 재판관으로 9명 아르콘에 임명된 사람들 가운데서 임명하여야 한다"로 해석된다. 이렇게 '재판관(dikastas)'들은 첫 번째 해석에서는 부정사 'synestanai'의 목적어가 되며, 두 번째 해석에서는 'synestanai'의 목적어인 'Areopagitas'의 술어(kategoroumeno)가 된다.

셋째, 동사 'synestanai'가 목적격을 요구하지 않는 것으로 보고, 그 주어는 '아레오파고스 의원 재판관들(tous Areopagitas … dikastas)'로 두는 것이다. 그러면 해석은 "아테나이에서 아레오파고스 의원 재판관들은 임명된 9명 아르콘들 가운데서 구성되어야만 하였다"가 된다.

필자는 세 번째 해석을 받아들인다.[37] 그 이유는 이 단편을 인용하고 있는 저자 막시무스는 아레오파고스 의원 디오니시오스(Dionysios)의 행적을 기록하는 가운데서 그의 재판관 역할이 훌륭했다는 점과 일반적으로 아레오파고스 의원들의 재판권이 컸다는 사실을 함께 언급했기 때문이다.[38]

---

36 야코비(F. Jacoby, FGH, 3b, Supple. ii, p. 108, n. 32)는 막시무스가 아레오파고스 의원들이 9명 아르콘 중에서 재판관들을 임명했다는 것을 표현하려 했으나, 이것을 9명 아르콘이 임기를 끝낸 후 아레오파고스 의원이 됐다는 사실과 혼동하고 있다고 보았다. 또한 그는 막시무스가 아레오파고스 의회를 에페타이가 구성했다고 믿었으나 이는 잘못된 견해라고 주장했다. 에페타이는 아레오파고스 의원과는 아무런 관련이 없으며, 라테(K. Latte, "Mord", RE, 16, part, 1, 1933, p. 281)의 견해를 쫓아 에페타이는 아레오파고스 의원들의 권한을 제한하기 위해 생겨난 제도라고 보았다.

37 cf. J. W. Headlam, "Notes on early Athenian History", CR, VI (1892), 252: R. J. Bonner & G. Smith, The Administration of Justice from Homer to Aristotle, v. 1, p. 100.

38 Maximos Homologetes, Prologos eis ta tou Agiou Dinysiou, Patrologia Graeca, 4, pp. 16~17. 아레오파고스 의원이 의원(bouleutes)이나 재판관(dikastes)으로서 달리 활동하였다는 것은 아레오파고스 의원이던 디오니시오스의 행적과

랑에는 비잔틴 시기의 한 신부에 의해 기록된 이 전거는 정확성이 없다고 보았다. 39 그에 따르면 안드로티온의 언급은 솔론 때부터 해마다 새로운 아르콘들에 의해 아레오파고스 의원들이 증가하게 된 것을 묘사하는 것이며, 그 뒤 필로코로스가 언급한 51명의 수효는 솔론 이전 시대 51명의 에페타이와 관련 있다고 했다. 그는 솔론 이전에 아레오파고스 의원은 60명이었는데, 그중에서 9명 아르콘이 임명되었고, 나머지 51명이 에페타이 재판관이 되었다고 주장했다. 40

랑에의 견해와는 반대로 이 전거에서는 처음에 아레오파고스 의원의 수효가 일정했다는 사실은 거론되지 않는다. 필로코로스가 언급한 51명의 수효는 "아레오파고스 의원 재판관들이 9명 아르콘에 임명된 사람들로부터 구성되었다"는 사실보다 더 후기에 속한 것으로 되어 있다. 또 랑에의 견해와 달리, 안드로티온이 전하는 것은 아레오파고스 의원 전체가 전직 아르콘으로 구성되었다는 것을 의미한다고 보기 어렵다. "9명의 아르콘에 임명된 자"라는 표현에는 현직인지 전직인지 분명한 구분이 없으며, 수행감사를 통과했다는 사실도 언급되어 있지 않다. 41

한편 다음과 같은 경우도 생각해 볼 수 있다. 만일 전체 아레오파고스

관련하여, "위대한 디오니시오스는 아레오파고스 의원으로 활동했을 때, 의원이나 재판관으로서 공명정대했다"는 기록에서 유추할 수 있다.

39 L. Lange, "Die Epheten und der Areopag", p. 202 ff.

40 참조, 최자영 "고대 아테네 아레오파고스에서의 살인재판", p. 354, 주 10.

41 R. W. Wallace (*Areopagos Council, to 807 B. C.*, pp. 14~15)에 따르면, 이 단편은 처음에 아레오파고스 의원들이 전직 아르콘이 아니라 현직 아르콘들(혹은 그들 중 일부)로 구성된다는 것, 그리고 드라콘이 의원들의 수효를 51명으로 늘렸는데, 이때 아직 이들은 전직 아르콘 출신이 아니라 부귀한 이들이었다고 보았다. 아레오파고스 의원이 증가해 51명이 되었다는 견해는 참조, D. M. MacDowell, *Athenian Homicide Law in the Age of Orators*, pp. 51~52.

의원이 9명 아르콘 출신이었다면 아레오파고스 의원 재판관이 9명 아르콘에 임명된 사람들로부터 구성된다는 사실이 '되어야 한다[edei (must)]'라는 단어로 강조될 필요가 없었을 것이다. 이런 표현은 아레오파고스 의원들 가운데 9명 아르콘에 임명된 적이 없는 사람들도 있었음을 암시하는 것이라고 볼 수 있다. 여기서 안드로티온이 언급하는 바, 9명 아르콘에 임명된 사람들로 구성된 '아레오파고스 의원 재판관'들이 전체 아레오파고스 의원들이었는지, 아니면 그 일부였는지는 분명치 않다는 점을 고려할 필요가 있다.

필로코로스의 단편과 관련하여, 일부 학자들은 그가 아레오파고스 의원들과 51명의 에페타이를 혼동하여 기록하였거나, 혹은 에페타이 재판관이 51명이었으므로 필로코로스가 전하는 51명의 아레오파고스 의원이 바로 에페타이였다고 간주한다. 42 그러나 아무 데도 에페타이가 아레오파고스 의원(혹은 의원 재판관)들과 관련이 있었다고 전하는 사료는 없으며 이 두 가지는 엄연히 구분되어야 할 것이다. 43

맥도웰은 필로코로스의 단편에 언급되는 51명 재판관이 에페타이였다는 견해를 부정한다. 44 이 전거에는 에페타이에 대한 언급이 전혀 없기 때문이다. 그러나 맥도웰은 이 전거가 아레오파고스 의원들이 처음에는 더 소수였는데 점차 증가되어 51명이 된 것을 증명한다고 보았다. 이러한 그의 견해는 다른 어떤 건거에 의해서도 증명되지 않는다. 또한 '많아

---

42 솔론 이전 시기에 에페타이가 아레오파고스 의원과 같은 것이라고 보거나 혹은 그 일부라고 보는 견해에 대해서는 참조, 최자영, "고대 아테나이 아레오파고스에서의 살인재판", p. 360 f.

43 F. Jacoby, *FGH*, 3b, Supple. ii, p. 108, n. 32; D. M. MacDowell, *Athenian Homicide Law in the Age of the Orators*, p. 52.

44 D. M. MaeDowell, *Athenian Homicide Law in the Age of the Orators*, p. 52.

졌다(*pleionon gegonen*)'의 주어는 맥도웰이 해석하는 바와 같은 "아레오파고스 의원"이 아니라, "아레오파고스로부터의 의회(*the boule from the Areopagos*)"라는 사실에 주의할 필요가 있다. 증가된 것은 아레오파고스 의원들이 아니라 "아레오파고스 의회였다는 점이다. 즉, 이 문장은 아레오파고스 의원들이 증가되었다는 것이 아니라 아레오파고스 의회가 더 잦아지게 되었다는 것을 의미한다고 해석할 수 있다. 그리고 51이란 수효는 전체 아레오파고스 의원이라기보다 그 일부로 볼 수 있다. 아레오파고스 의회가 잦아져 매번 많은 아레오파고스 의원이 모일 수 없었으므로 소수의 위원회가 구성되었을 수 있다는 것이다

이미 카일(B. Keil)은, 이 전거와 관계없이 아레오파고스 의회가 소위원회나 소수 대표자들에 의해 자주 그 기능을 행사하였다고 보았다. [45] 그 이유는 아레오파고스 의회가 500인 의회(*boule*)의 소위원회인 '프리타니스(*prytanis*)' 같은 것을 갖고 있지 않았기 때문이다. 카일은 아레오파고스의 소위원회나 대표자들의 예로 다음과 같은 세 가지 사료를 들었다.

1) 에피알테스가 정체를 해체하려 한다는 구실하에, 그 음모를 밝히기 위해 테미스토클레스(Themistocles)가 (아레오파고스) 의원들 가운데 '뽑힌' 이들을 에피알테스의 집으로 인도하였다(Aristoteles, *Athenaion Politeia*, 25. 3).

2) (리시아스의 〈올리브나무에 대한 변명〉에서 피고는 원고에 대해 다음과 같이 말한다.) 당신이 말하고 있듯이 내가 신성한 올리브나무를 뽑는 것을 당신이 보았을 때 9명 아르콘과 또 다른 '약간의 아레오파고스로부터

---

45 B. Keil, *Beiträge zur Geschichte des Areopags* (Leipzig, 1920), p. 76, n. 113.

의 사람들'을 데리고 왔다면 … (Lysias, 7. 22).

3) 모든 젊은 시절은 감독자(*sophronistes*)와 '청년을 위한 아레오파고스의
(소)위원회'의 감독을 받는다(Platon, *Axiochos*, 367a). **46**

월리스(R. W. Wallace)에 따르면, 데모스테네스(54. 28)에서도 아레오
파고스 의회의 소위원회가 보인다. **47** 상해혐의와 관련해 원고는 피고가 피
고 자신의 무죄를 증명하기 위한 아무런 조처도 하지 않았다고 비난한다.
원고에 따르면, 피고는 자신의 노예를 심문받도록 허락하고 아레오파고스
의원들 중 몇 명을 불렀어야 했다고 주장한다. 그 이유는 만일 원고가 죽었
다면 재판은 아레오파고스 의원들에 의해 행해졌을 것이기 때문이다. **48**

이와 같이 경우에 따라 아레오파고스 의회의 소위원회가 활동한 점을
감안하면, 안드로티온과 필로코로스의 단편들은 다음과 같은 의미로 볼
수 있다. "과거에 아레오파고스 의원 재판관들은 아레오파고스 의원들 가
운데서 9명의 아르콘에 임명된 적이 있는 자들로부터 구성되었다. 그 후
필로코로스가 전하듯이 아레오파고스 의회가 잦아지게 되자, 에우파트리

---

46 카일(B. Keil, *Ibid*)은 금석문(*IG²*, II-III, 1990, line. 19)에서도 아레오파고스
의 소위원회의 존재 가능성을 제시하였다.

47 R. W. Wallace, *The Areopagos Council*, *to 307 B. C.*, p. 122.

48 월리스는 Demosthenes, 18. 135에서도 아레오파고스의 소위원회의 예가 나타난
다는 의견을 개진했다. 여기서 데모스테네스는 아에스키네스(Aeschines)를 비난
하면서, "아레오파고스 의회는 민중들로부터 델로스(Delos) 성사(聖事)를 돌보
도록 권한을 위임받고는, 사신(*syndikos*)이었던 아에스키네스를 히페레이데스
(Hypereides)로 교체하였다고 한다. 이때 이 문제와 관련하여 의논했던 사람들
(*synedreusantes*) 가운데 4명의 증인 이름이 열거되는데, 월리스는 이들이 아레오
파고스 의원들이었다고 보는 것이다. 어쨌든 이 부분은 후대인이 첨가한 것으로
서, 그 진위 여부가 의심받기 때문에, 간행자는 이것을 〔 〕로 묶어 두었다.

다이(고귀한 가문의 출신)이거나, 그 밖에도 부와 덕에 있어 월등한 이들로부터 51명의 아레오파고스 의회(소위원회)가 형성되어 기능을 발휘했다." 그렇다면, 안드로티온과 필로코로스의 단편은 모든 아레오파고스 의원들이 전직 아르콘이었다는 사실을 증명하지 않는다. 반대로 아레오파고스 의원들은 '에우파트리다이'이거나 부귀한 자들이었음을 증명하는 것이다.

이상의 전거들이 언급하는 아레오파고스 의원들의 부귀와 덕성에 관한 특성들은 전직 아르콘들에게 완전히 부합하는 것은 아니다. 아르콘 선출 방법이 변화한 솔론 이후에도 상당 기간 동안 다수 아르콘이 계속 상류층 출신이었다는 사실을 인정한다 하더라도, 점차 더 광범한 사회계층에서 나오게 되었다. 기원전 487/6년에는 민중(demos)이 선출한 후보자들 500명 가운데서 아르콘들이 부족별로 추첨되었다. **49** 기원전 457년에는 아르콘의 후보 자격이 제우기타이(제 3 계층)에게로 확대되었다. **50** 《아테나이 정치제도》**51**에 따르면, 기원전 4세기에 아직 테테스(제 4 계층)가 관직에 임하는 것을 금지하는 솔론의 법이 형식적으로 유효하였지만, 가난한 자들은 아무도 테테스 출신이라는 것을 밝히지 않았다고 한다. 따라서 후대에는 모든 아르콘 출신자들이 부귀하거나 덕성을 가진 것은 아니었으므로, **52** 부귀나 덕성을 언급하는 이상의 전거들은 아르콘 출신자들

---

49 참조, Aristoteles, *Athenaion Politeia*, 22, 5.

50 참조, Aristoteles, *Athenaion Politeia*, 26. 2.

51 Aristoteles, *Athenaion Politeia*, 7. 4, 47. 1.

52 S. B. Smith, "The Establishment of the Public Courts at Athens", *TAPhA*, 56(1925), 113~114; H. T. Wade-Gery, "Eupatridai, Archon and Areopagus", 80~81; J. Day, M. Chambers, *Aristotle's History of the Athenian Democracy*, pp. 129~130, 180, 201; P. J. Rhodes, *The Athenian Boule* (Berkeley/Los Angeles, 1962), p. 200.

과 관련하는 것이라고 보기 어렵다. 53

이런 관점에서 주목할 만한 한 가지 사실은 현존하는 대부분의 전거에 서 전직(혹은 현직) 아르콘들이 아레오파고스 의회(혹은 의원들)에 단순히 '올라갔다(*anebainon*)', '합쳐졌다(*prosetithento*)' 혹은 '동참했다(*meteichon*)' 등 표현이 쓰인다는 점이다. 반면, 전직 아르콘들이 아레오파고스 의원이 되었다는 것을 분명히 언급하는 사료는 많지 않다. 감사를 통과한 전직 아르콘들은 항상 아레오파고스 의회에 참석할 권한이 있었다는 의미에서 아레오파고스 의원(Areopagites)으로 간주될 수 있다. 그러나 당대의 아테나이인은 이들이 아레오파고스 의원이 되었다고 표현하지 않고, 보통 (감

---

53 아레오파고스 의원들이 도시의 행정에 참가한 것을 보여 주는 한 사료가 있다. *Athenaion Politeia*. 25. 2에 전하는 바, "에피알테스는 헌정 개혁(462/1 B. C.) 이전에 이미 많은 아레오파고스 의원들 개개인에 대해 그들의 행정에 대해 비난하면서 이들은 제거하였다(혹은 사형시켰다)"는 것이다 H. T. Wade-Gery는 아레오파고스 의원들의 행정에 대한 비난은 임기를 마친 아르콘들의 감사와 관련된 것이라고 주장하였다. 그러나 이 견해는 타당성이 없다. 만일 전직 아르콘들이 아르콘으로서의 행정 과실 때문에 유죄로 판결되면, 아레오파고스에 올라갈 수 없게 되므로, 아레오파고스 의원으로 간주될 수 없다. 따라서 《아테나이 정치제도》의 언급은 전직 아르콘의 감사와 관련된 것이 아니다. G. Busolt(*Griechische Geschichte*, v. 3, part, 1, p. 263, n. 1)는 어떤 아레오파고스 의원이, 아레오파고스 의회로부터 부과되는 아테나 여신전에 납부될 벌금을 징수하는 책임을 위임받은 경우, 혹은 건축에 관한 아레오파고스 소위원회의 구성원으로 금전을 취급하는 경우, 공금횡령죄로 고발되는 경우가 있을 수 있다고 보았다. 그러나, Wilamowitz(*Aristoteles und Athen*, v. 2, p. 94)와 Hignett(*A History of the Athenian Constitution*, p. 195) 등이 주장하는 것처럼, 이 구절은 반드시 아레오파고스 의원으로서의 책임에 대한 과실이 아니라, 다른 일반적 행정에 대한 책임과 관련된 것일 수도 있다. 따라서 이 구절은 아레오파고스 의원들이 다른 사람과 마찬가지로 도시 행정에 참여하였음을 보여 주는 것이며, 전직 아르콘이 아레오파고스 의원이 되었다는 사실을 증명하는 것이 아니다.

사를 통과한 전직) 아르콘들이 아레오파고스 의회에 (혹은 의원들이 되어) '올라갔다', '합쳐졌다', 혹은 '동참했다'고 표현했다. 전직 아르콘이 아레오파고스 의원이 되었다고 기술하는 전거는 두 가지인데 이것은 둘 다 후대에 기록된 주석(Scholia)들이다.[54]

아레오파고스 의회에 (혹은 의원들이 되어) '올라갔다', '합쳐졌다' 혹은 '동참했다' 등 표현들은 이들만으로 아레오파고스 의회가 구성되었다는 것을 의미하는 것이 아니라, 기존의 아레오파고스 의원들의 존재를 전제한다. 기존의 아레오파고스 의원들 가운데는 그 전해까지의 전직 아르콘들이 포함된다고 할 수 있다. 그러나 적어도 솔론의 입법 당시, 즉 처음으로 매해 아르콘들이 아레오파고스 의회에 참석하기 시작했을 때, 기존의 아레오파고스 의원들은 전직 아르콘들로만 구성된 것은 아니었다. 그리고 솔론 입법 당시 전직 아르콘 출신이 아닌 아레오파고스 의원들이 폐기되었다는 기록이 전하지 않으므로, 이들이 솔론 이후 시대에는 존재하지 않았다고 확실히 규정할 수 없는 것이다.

이상에서 서술한 바와 같이, 아르콘 출신자들이 아레오파고스 의회에 동참했던 솔론 이후 시대에, 아레오파고스 의회가 이들만으로 구성되었는지 혹은 아르콘 출신이 아닌 다른 부귀한 출신 의원들이 있었는지는 분명치 않다. 그런데 후에 로마 시대에 관한 몇몇 사료는, 아레오파고스 의원이 감사를 통과한 전직 아르콘들과 반드시 관계가 있는 것은 아님을 보여 준다.

키케로[55]에 따르면, 로마 시민들도 아레오파고스 의원에 임명되었던 것으로 나타난다. 기원후 343년 하메리오스[56]는 아카이아(Achaia)의 프

54 Demosthenes, 20, *Scholia*, 484. 14; Aischines, *Scholia*, 1. 19.
55 Cicero, *Pro Balbo*, 30.
56 Himerios, Logos, 27.

로-콘술(*pro-consul*)이었던 "스킬라키오스(SkylakIos)에게 감사하는 글"에서 자신을 아레오파고스 의원에 임명해 준 스킬라키오스에게 감사했다. 따라서 기원후 4세기 중엽 아레오파고스 의원들은 아카이아의 프로-콘술에 의해 임명되기도 했다는 사실을 알 수 있다. 한 로마인 갈리에누스(Gallienus)는 아테나이의 아르콘으로 있었는데, 아테나이 시민권을 얻기를 원했고 또한 아레오파고스 의원이 되기를 원했다. 57 이러한 사실은 전직 아르콘이 감사를 통과한 후 의결로 아레오파고스 의원이 된 것은 아니라는 것을 의미한다. 프로-콘술이었던 두 로마인, 기원후 225~250년 경의 클라우디오스 일리리오스(Klaudios Illyrios) 58와 4세기 말 루피오스 페스토스(Rhouphios Phestos) 59는 아레오파고스 의원이었다.

또한 마르쿠스 아우렐리우스(Marcus Aurelius) 황제가 아테나이인에게 보낸 서신(A. D. 174/5)이 금석문으로 남아 있는데, 여기에는 아레오파고스 의원이 가문이나 부에 따라 선출된 것이 드러난다. 60 '3세대 원칙(*trigonia*)'에 적합한 자여야 하는데 이러한 원칙이 "예로부터의 관습"으로 언급되었다. '3세대 원칙'은 조부나 부친이나 자신이 '해방인'이 아니어야 한다는 것이다. 마르쿠스 아우렐리우스 황제는 합법적으로 아레오파고스 의원이 되었다는 것을 증명하지 못한 노스티모스 디오니시오스(Nostimos Dionysios)가 아레오파고스 의원으로 계속 남아 있을 것인가에 대해, 당시 아카이아의 로마인 총독인 퀸틸리우스(Quintilius) 형제가 결정하도록 지시했다.

---

57 Trebellius Pollius, *Gallieni duo*, 11. 3~5 (A. D. 306년경)

58 *IG*, II-III², 3689/3690.

59 *IG*, II-III², 4222.

60 참조, J. H. Oliver, *Greek Constitutions of Early Roman Emerors from Inscriptions and Papiri* (Philadelphia, 1989), n. 184, line. 27~30, 57~81, 특히 58~60.

한편 학자들이 콤모두스(Kommodus) 통치기(A. D. 180~196)의 인명
목록 금석문 자료61를 바탕으로 추정하는 바에 따르면, 이때 아레오파고
스 의원의 수효는 91~104명 사이였다.62 사가들은 이 수효가 전직 아르
콘들의 가상적 수효와 일치하지 않는다는 것에 동의한다. 만일 아레오파
고스 의원들이 전직 아르콘들로 구성되었다면 그 수효는 더 많았을 것이
기 때문이다.

이러한 로마 시대의 사료들에도 불구하고 학자들은 여전히 아레오파고
스 의원은 전직 아르콘 출신이었다고 주장하고 있다.63 카일은 콤모두스
통치 시기의 인명목록에 근거하여, 로마 시대 아레오파고스 의원은 모든
전직 아르콘이 아니라 수석(首席) 아르콘과 바실레우스, 두 아르콘만으
로 구성되었을 가능성이 있다고 보았다.64 그는 플루타르코스65가 전하
는 바, "9명 아르콘들이 예부터 추첨되었고(klerotai … hesan), 추첨된 후
자격심사를 받은 이들이 아레오파고스에 올라갔다(anebainon)"에서 '추첨
되었고'와 '올라갔다'의 표현들이 과거 시제로 사용되고 있음을 강조했다.
다시 말하면, 이 사실은 플루타르코스가 생존했던 로마 시대에 적용되는
것이 아니라는 것이다.

한편 올리버(J. H. Oliver)는 카일의 견해와 달리 로마 시대에도 계속 아

61 D. J. Geagan, *The Athenian Constitution after Sulla. Hesperia*, Supple. XII
    (Princeton, 1967), pp. 164~170 (참조, IG², II-III, 1999, 2003, 2339),

62 cf. D. J. Geagan, *The Athenian Constitution after Sulla.* pp. 56~57.

63 W. S. Ferguson, "Researches in Athenian and Delian Documents, III", *Klio*,
    9 (1909), pp. 328~330; B. Keil, *Beiträge zur Geschichte des Areopags* (Leipzig,
    1920), pp. 82~87; J. H. Oliver, "Areopagites", *Hesperia*, 27 (1958), p. 46.

64 B. Keil, *Beiträge zur Geschichte des Areopags*, pp. 82~87.

65 Plutarchos, *Pericles*, 9, 3~4

레오파고스 의원은 감사를 통과한 모든 전직 아르콘들로부터 구성되었다고 가정하였다. **66** 위에서 언급한 인명목록의 금석문 자료를 바탕으로 유추되는 91~104명의 수효와 관련하여, 올리버는 6명의 테스모테타이는 보통 고령자로 퇴직 후 오래 생존하지 못하였으므로, 아레오파고스 의원들은 주로 나머지 3명 아르콘들로 구성되었을 것이라고 전제하였다. 어쨌든 이런 전거들의 추측과 달리 로마 시대 아레오파고스 의원이 전직 아르콘 출신이었다는 사실을 증명하는 사료는 존재하지 않는다.

지금까지 서술한 바를 종합하면, 솔론 이전이나 로마 시대에 아레오파고스 의원은 반드시 전직 아르콘이 아니라 가문이나 부 등의 기준에 따라 구성되었다. 솔론 이후 고전(classic) 시대에 아르콘 출신자들이 아레오파고스 의회에 참석하였지만 아레오파고스 의회가 이들만으로 구성되었는지는 분명치 않다. 플루타르코스가 전하는 바 "솔론이 해마다 아르콘들을 아레오파고스 의회에 참석시켰다"는 것을 제외하고는 아레오파고스 의회 구성의 변화를 전하는 사료가 없기 때문이다. "참석시켰다"라는 표현이 반드시 전직 아르콘들만으로 아레오파고스 의회가 구성되었음을 의미하는 것이라고 보기는 어렵다. 또 아레오파고스 의원들의 특성에 관한 여러 전거 — 어느 시대에 관한 것인지 정확히 알 수 없지만 — 에서 부귀나 덕을 언급하며, 전직 아르콘이었다는 사실을 간과한 것은 주목할 만하다.

덧붙여, 로마 시대의 사례를 비교 차원에서 들고자 한다. 로마의 원로원 의원들에 대한 공식적 칭호는 '파트레스 콘스크립티(*patres conscripti*)'였다. 모밀리아노(A. Momigliano)에 따르면, 이 명칭은 로마 원로원 내에 두 가지 다른 종류의 의원들이 존재하였다는 것을 의미한다. '파트레

---

66 J. H. Oliver, "Areopagites", p. 46.

스(*patres*)'와 '콘스크립티(*conscripti*)'가 그것이다. '파트레스'는 전통적 유수 가문 출신이고, '콘스크립티'는 일정한 관직을 지내고 행정 과실로 유죄 선고를 받지 않은 자들 중에서 선출되었다.[67] 로마 공화정이 발달하면서 원로원이 될 수 있는 관직의 종류가 더 다양해지고 '콘스크립티'의 수효가 증가했지만 '파트레스'는 사라지지 않고 존속하였다.

4. 현직 아르콘과 아레오파고스 의회의 관계

다수 학자들은 플루타르코스(*Solon*, 19. 1)가 전하는 바, "(솔론이) 아레오파고스에서의 의회(*the boule in the Areopagos*)를 매해[each year (*kat' eniauton*)]의 아르콘들로 함께 구성했고, 또 솔론 자신이 아르콘직에 있었으므로 아레오파고스에 함께 참석하였다"는 기록은 솔론 시기 전직 아르콘이 아레오파고스 의원이 된 것을 의미한다고 생각하였다.[68] 그러나 "매해[each year (*kat' eniauton*)]"라는 표현은 반드시 임기를 끝냈다거나 수행감사를 통과했다는 의미를 내포하는 것이 아니다. 즉, 이 구절은 전직 아르콘들만이 아니라 현직 아르콘들도 아레오파고스 의회에 참가했다는 사실을 배제하지 않는다.

데모스테네스의 22번째 변론, 〈안드로티온을 비난하여〉와 함께 전하는 해제(*Hypothesis*)에 다음과 같은 내용이 실려 있다.

---

67 A. Momigliano, *Entretiens sur l'antiquite classique*, 13(1966), p. 2024 ff. 참조, H. Volkmann, "Senatus" in *Kleine Pauly*, v. 5, p. 105에서 재인용.

68 참조, 이 글 서두.

1) 일부 변론가들이 말하듯이 매해〔each year (kat' etos)〕 9명 아르콘이 아레오파고스 의회 (the boule in the Areopagos)에 첨가되었다. 그러나 다른 일부 변론가들은 그중 6명의 법무장관(테스모테타이)만이 첨가되었다고 한다.

2) … 법무장관(테스모테타이)들은 … 1년 동안〔a year (ton eniauton)〕 통치한다. 그리고 다시 1년 후에〔after the year (meta ton eniauton)〕 잘 통치했는지 여부를 심사받고, 잘 통치한 것으로 인정된 이는 아레오파고스 의원들의 의회로 첨가된다.

첫 번째 인용문은 현직의 9명의 아르콘들(혹은 6명의 테스모테타이들)이 아레오파고스 의회에 동참하였음을 의미하며, '매해(kat' etos)' 9명 아르콘들이라고 표현했다. 반면, 두 번째 인용문은 임기를 끝내고 감사를 통과한 테스모테타이(법무장관)들이 아레오파고스 의회에 첨가되었다는 것을 언급하면서 '1년 후에(meta ton eniauton)'라는 표현을 사용했다. 또한 폴리데우케스(8. 118)에는 "매해(kath' hekaston eniauton) 아르콘들이 감사를 받은 뒤에 아레오파고스 의원들에 첨가되었다"라고 했다. "감사를 받은 뒤에"라는 표현에서 임기를 끝낸 아르콘이라는 것을 알 수 있으나, '매해'라는 표현 자체는 반드시 임기를 끝낸 것을 의미하는 것이 아니다. 따라서 플루타르코스(Solon, 19. 1)에서 아레오파고스 의회에 동참한 '매해' 아르콘이란 감사를 통과한 전직뿐만 아니라 현직 아르콘들도 함께 포함한다고 볼 수 있다.

전직뿐만 아니라 현직 아르콘들도 아레오파고스 의회에 참석하였다는 관점에서 주목할 만한 사실은, 몇 가지 전거에서 아레오파고스에 참석한 아르콘들에 대해 "감사를 통과한 전직 아르콘"이라 하지 않고 "(관리임용의) 자격심사를 거친 이들(dokimasthentes)"이라고 표현했다는 점이다. 크세노폰69에 재판소로서의 기능과 관련하여, "아레오파고스 의회는 (관리 임용의) 자격심사를 받은 이들(dokimasthentes)로부터 구성되지 않습니까?"라는 구절이 있다. 플루타르코스70에는 "그(페리클레스)는 아르콘이나 테스모테타이나 바실레우스(왕)나 폴레마르코스(국방장관)에 추첨된 적이 없었기 때문에 아레오파고스 의회에 동참하지 못했다. 이 관직들은 예부터 추첨되었고, 추첨된 후 (관리임용의) 자격심사를 거친 자들이 아레오파고스 의회에 올라갔다"라고 되어 있다. 71 자격심사(dokimasia)는 임기를 시작하기 전에 자격이 합당한지 여부를 심사하는 것72이므로 임기를 끝낸 후의 '수행감사(euthyne)'와는 다르다. 그러므로 이상의 두 사료에서 언급되는 아르콘들은 반드시 전직 아르콘이 아니라 현직 아르콘도 포함된다고 볼 수 있다.

리시아스(26. 11)의 연설문에 수석 아르콘이 된 에우안드로스(Euandros)의 임용자격 심사와 관련하여 "'이후' 언제까지나 아레오파고스에서 모든 중요한 사무에 대해 주도권을 행사할 것입니다"라는 구절이 있다. 립시우스는 이 변론이, 아르콘의 임용자격심사와 관련되어 언급되었으므로, 이 구절은 현직 아르콘도 아레오파고스 의회에 참석했던 것을 증명한다고 지적했다. 73

또 이소크라테스(7. 38)에 따르면, 당시 "아르콘들의 선출과 자격심사에 관한 법들이 소홀히 되어, 74 관리들은 다른 사무에서는 참을 수 없을

---

69 Xenophon, *Memorabilia*, 3. 5. 20.

70 Plutarchos, *Pericles*, 9. 3~4.

71 그 외에도 참조, Demosthenes(20). *Scholia*, 484. 14.

72 참조, *Athenaion Politeia*, 55. 2.

73 J. H. Lipsius, "Die Archonten im Areopag", 152.

74 참조, Aristoteles, *Athenaion Politeia*, 7. 4, 47. 1, 55. 3.

정도로 일처리를 하는데도, 아레오파고스에 올라갈 때는 그들의 좋지 못한 성질을 억제하고 그곳에 남겨진 덕과 지혜를 존중한다"라고 했다. 이 구절에서도 아레오파고스에 올라간 아르콘들이 '임기를 끝낸 전직자'란 언급이 없이 관리로 선출되고 임용자격 심사를 거친 사람들과 관련되어 있다. 로데스(R. J. Rhodes)는 '임용자격심사(dokimasia)'라는 표현을 직접 쓰지는 않았지만, 어쨌든 여기서 언급되는 아레오파고스에 올라간 아르콘들은 현직 아르콘일 가능성이 있다고 보았다. 75

현직 아르콘이 아레오파고스와 관련된 구체적 예는 살인사건 재판에 관한 아르콘 바실레우스의 권한에서 찾아볼 수 있다. 바실레우스는 고의적 살인혐의 사건을 아레오파고스에 회부하고 재판했다. 76 이때 바실레우스가 투표 권한이 있었는지, 77 없었는지78에 대해서는 학자들의 의견이 갈린다.

한편 리시아스(26. 12)의 변론에서는 수석 아르콘이 될 에우안드로스의 임용자격심사 관련하여 " … 살인사건을 재판하는 사람이 그 자신이 바로 아레오파고스 의회에 의해 재판받아야 한다는 것, 그리고 더구나 이 사람이 관을 쓰고 재산 상속인과 고아들에 대한 ─ 그 자신이 다소간 고아 발생의 원인이 되었음에도 ─ 결정권을 가지는 것을 민중들이 안다면 어떻게 될까요?"라고 했다. 여기서 "살인사건을 재판하는 사람"이 현직 아르콘과

---

75 R. J. Rhodes, *Commentary on the Aristotelian Athenaion Politeia*, p. 675.

76 Aristoteles, *Athenaion Politeia*, 57. 4; Polydeukes, 8. 90; 참조, Antiphon, 6. 42; J. W. Headlam, "Notes on early Athenian History", *CR*, VI (1892), p. 297; J. H. Lipsius, *Das Attische Recht und Rechtsverfahren*, pp. 17~18; D. M. MacDowell, *Athenian Homicide Law in the Age of the Orators*, p. 38. 팔라디온(Palladion) 재판소에서 왕이 주관하는 재판에 관해서는 참조, Demosthenes, 47. 68~69.

77 J. H. Lipsius, *Das Attische Recht und Rechtsverfahren*, pp. 17~18.

78 D. M. MacDowell, *Athenian Homicide Law*, p. 38.

관련하는지, 아니면 임기를 끝낸 후 권한과 관련하는지는 분명치 않다.

어쨌든 그 뒤의 고아에 관한 권한은, 《아테나이 정치제도》(56. 6~7)에서도 나타나듯이, 현직 수석 아르콘의 직무이다. 앞에서 언급했듯이 이 구절이 현직 아르콘도 아레오파고스 의회에 참석하였다는 것을 증명하는 것이라고 본다면, "살인사건을 재판하는 사람"이라는 표현도 현직의 수석 아르콘의 기능과 관련되었을 가능성이 있는 것이다. 여기서 위에서 언급한 크세노폰(Memorabilia, 3, 20)의 구절을 다시 한번 상기할 필요가 있다. 즉, 재판의 기능과 관련하여 아레오파고스 의회는 (임용자격의) 심사를 받은 자(dokimastkentes)로 구성된다는 것이 그것이다.

립시우스에 따르면, 데모스테네스(59. 83)도 현직 아르콘이 아레오파고스에 참석한 것을 증명한다.[79] 9명 아르콘이 종교적 제식과 관련하여 아레오파고스로 올라갔는데 거기서 테오게네스(Theogenes)의 신성모독에 관한 문제가 거론되었다. 테오게네스는 바실레우스를 지냈는데, 적법한 아테나이 시민 출생이 아닌 네아이라(Neaira)의 딸을 부인으로 삼았고 그녀로 하여금 제식을 관장토록 하였으므로, 고발되었다. 테오게네스는 부인의 출생을 알지 못하였다고 변명하고 아레오파고스에서 내려오는 즉시 부인을 집에서 쫓아냈고 그를 기만한 스테파노스(Stephanos)를 모종의 위원회로부터 축출했다. 립시우스에 따르면, 테오게네스는 아레오파고스에서 내려왔을 때 아직 스테파노스를 축출할 권한을 갖고 있었으므로 전직이 아니라 현직 아르콘이었다는 것이다.

이렇게 현직 아르콘들도 전직 아르콘과 같이 아레오파고스 의회에 참석했지만, 이것은 반드시 "아레오파고스 의원"이란 명칭으로 불렸다는 것

---

79 L. Lipsius, "Die Arehonten im Areopag", *Leipziger Studien zur Klassichen Philologie*, 4 (1881), 152.

을 의미하는 것은 아니다. 즉 아레오파고스 (의회)에 '올라간다(*anabaino*, *aneimi*)', '동참한다(*metecho*)', '합쳐진다(*prostithemai*)' 등의 표현들은 반드시 주체가 아레오파고스 의원이라거나 그러한 신분을 획득한다는 사실을 의미하는 것이 아니라, 단순히 아레오파고스(의회)에 참석한다는 것을 의미할 수 있다는 것이다. 이러한 표현들이 사용되는 전거들을 다음과 같이 세 범주로 나누어 볼 수 있다. 즉, ① 전직 아르콘에 관한 것, ② 현직 아르콘에 관한 것, ③ 전직인지 현직인지 여부가 불분명한 것이다.

1) 전직 아르콘에 관한 것

〔테스모테타이(법무장관)들은〕1년 후에 다시 그해 잘 통치했는가에 대해 심사를 받고, 만일 바르게 통치한 것으로 드러나면 아레오파고스 의원들의 의회에 첨가된다. [80]

9명의 아르콘은 매해 수행감사를 통과한 후 아레오파고스 의원들의 의회에 합쳐진다. 노천에서 (살인사건을) 재판한다. [81]

아레오파고스에 관하여: 이것은 살인에 관한 재판, 그리고 약물과 불에 탄 것 등을 재판하는데 여기에는 잘 통치한 테스모테타이(법무장관)로서 감사를 통과한 이들이 올라갔다. [82]

---

80 Demosthenes, 22, *Hypotheses*.
81 Polydeukes, 8. 118.
82 Demosthenes, 22, *Hypothesis*.

2) 현직 아르콘에 관한 것

일부 변론인들이 말하듯이 매해 9명 아르콘이 여기(아레오파고스 의회)에 합쳐졌다. 반면, 다른 일부에서는 오직 6명 테스모테타이(법무장관)만이 합쳐졌다고 한다.[83]

(즉 불법적인 것으로 문제시된 법률과 관련하여) 만일 당번 행정관(프리타네이스·*Prytaneis*)들이 규정대로 민회를 소집하지 않거나 의장들이 규정대로 치리하지 않을 때, 당번 행정관들은 각각 1천 드라크메의 벌금을 아테나 신전에 바쳐야 하고 의장들은 100드라크메의 벌금을 아테나 신전에 바쳐야 한다. 그리고 이들에 대한 고발은, 관리 중 누가 공적 채무가 있으면서 관직에 있는 경우와 같이 테스모테타이들(법무장관)에게 행해진다. 테스모테타이들은 고발된 자들을 법에 따라 재판소로 이양하는데 이것을 게을리하면 법의 수정을 방해한 자로 간주되어 아레오파고스에 올라가지 못한다.[84]

한편으로는, 관리들 중 누가 비난받게(*apocheirotonia*) 되면 당장 집무를 중지하고 관리가 쓰는 관을 벗게 된다. 다른 한편으로는, 테스모테타이(법무장관)들은 아레오파고스에 올라갈 수 없게 되고 당신들(민중재판소의 재판관)의 결정에 복종해야만 한다.[85]

제식이 거행되어 9명 아르콘이 정해진 날에 아레오파고스에 올라갔을 때, 곧바로 그곳에 아레오파고스(에서의) 의회(*the boule in the Areopagos*)가, 신성(神聖)에 관한 다른 모든 사무에도 도시에 중요한 위치에 있음으로 해서 ….[86]

---

83 Polydeukes, 8. 118.

84 Demosthenes, 24. 22.

85 Demosthenes, 26. 5.

아르콘들이 관을 쓰고 아레오파고스로 올라간다. 법률수호자들(*nomophylakes*)
은 흰 두건을 두르고 9명 아르콘들 반대편 자리에 앉아서 아테나 여신에 대
한 제식을 주관한다. 87

3) 전직인지 현직인지 여부가 불분명한 것

아르콘은 1년간의 산물(올리브기름)을 모아서 아크로폴리스(Akropolis)의
회계관들에게 납부한다. 그리고 모든 양을 회계관들에게 납부하기 전에는 아
레오파고스에 올라가지 못한다. 88

(솔론은) 매해 아르콘들이 아레오파고스 의회에 참석하도록 했으며 솔론 자신
도 또한 아르콘으로 있었으므로 이에 동참했다. 89

(민중을) 이용하여 아레오파고스 의회를 공격했는데, 그(페리클레스)는 추

---

86 Demosthenes, 59. 80.
87 Philchoros, *FGH*, 328, F. 64 W. S. Ferguson ("The Laws of Demetrius of
Phalerum and their Guardians", *Klio*, 11 〔1911〕, 275, n. 4)은 "관을 쓴" 아르콘
들은 전직 아르콘을 뜻한다는 의견을 개진했다. 실제로 아테나이인들이 직무를 훌
륭히 완수한 아르콘들에게 관을 수여하기도 했다. 그러나 아테나이인들은 관을 여
러 가지 경우에 썼고, "관을 썼다"는 사실이 반드시 전직을 의미하는 것은 아니다.
축제 때 관을 쓴 경우는, Phanodemos, *FGH*, 325, F. 11, 또 관을 쓴 현직 아르콘
의 경우는 참조, Aristoteles, *Athenaion Politeia*, 57. 4. 왕은 재판할 때 관을 벗는
다; Demosthenes, 26. 5, "… 아르콘 중 누가 고발당하면, 즉각 직무를 그만두고
관을 벗는다. …"; Aischines, 1. 19, "아테나이인 중에서 누가 간음하면, 9명 아르
콘이 될 수 없다. 내 생각에 그 이유는 이 관직이 관을 쓰는 것이기 때문이다."
88 Aristoteles, *Athenaion Politeia*, 60. 3.
89 Plutarchos, *Solon*, 19, 1

324

첨을 통해 (수석) 아르콘이나 테스모테타이나 바실레우스나 폴레 마르코스를 지낸 적이 없었으므로 아레오파고스 의회에 동참하지 못했다. 이 관직들은 예부터 추첨으로 뽑혔고 자격심사를 받은 자들은 아레오파고스로 올라간다. 90

만일 그(에우안드로스)가 이 관직(수석 아르콘)에 오르면 자의로 통치할 것이며 이후 언제까지나 아레오파고스에 참가하여 모든 중요한 사무에서 통제권을 행사할 것입니다. 그러므로 당신들은 다른 관직에서보다 이 관직의 자격심사(dokimasia)를 더 엄격하게 해야 할 것입니다. 91

오, 페리클레스! 아레오파고스 의회에는 (임용) 자격심사를 받은 이가 참가하는 것 아닌가?92

지금 관리선거와 자격심사에 관한 것이 무용지물이 됨으로써 다른 사무에서는 참을 수 없을 정도로 일 처리를 하는 관리들도 아레오파고스에 올라갈 때는 그들의 본성을 억제하고 그들 자신의 나쁜 성질보다 합법성에 의거하는 것을 볼 수 있다. 공포가 이 비천한 자들을 지배하는데 이것은 이 장소에 남겨진 덕과 지혜에 대한 추억으로부터 나온다. 93
… (스파르타의) 리쿠르고스(Lykurgos)는 모든 사무를 감독하는 장로의 선출이, 그들이 말하듯이, 우리들(아테나이인) 조상들이 아레오파고스에 올

---

90 Plutarchos, *Pericles*, 9. 3~4.
91 Lysias, 26. 11.
92 Xenophon, *Memorabilia*, 3, 5, 20.
93 Isokrates, 7. 38.

라가는 사람들에 대해 시행한 것과 같이, 신중하게 이루어지도록 입법하였
으며. 더구나 우리들의 의회 (즉 아테나이의 아레오파고스 의회) 가 가지고 있
는 것과 같은 세력을 이들 장로들에게 부여하였다. 94

이상에서 열거한 바와 같이 "올라간다", "동참한다", "합쳐진다"의 표현
들이 특히 현직 아르콘들에 대해 사용될 때는, 반드시 이들이 아레오파고
스 의원이라는(혹은 되었다는) 것을 의미하는 것은 아니다. 이것은 아레
오파고스에 '올라간다'란 표현이 전직이나 현직 아르콘에게만이 아니라
일반 시민들에게도 사용되는 것으로부터도 증명된다. 리시아스(Lysias,
10, 11)에서 한 원고는 부친을 살해했다고 비난함으로써 고발한 피고에
대해, "이 사람은 태만과 무기력으로 인해 (살인사건 재판 관련하여) 아레
오파고스에 올라가지도(anabebekenai) 않았던 것으로 나(원고)는 생각합
니다"라고 말한다. 또 '올라간다'라는 동사는 아레오파고스뿐만 아니라
아크로폴리스에 대해서도 사용된다. 95

실제로 현직 아르콘과 아레오파고스 의회 사이의 협력을 보여 주는 예들
이 있다. 리시아스96에 의하면 "9명 아르콘과 또 다른 아레오파고스로부터
의 사람"들이 신성한 올리브나무를 보호하는 권한을 가지고 있었다. 데모
스테네스(59, 80)에 따르면, 9명의 아르콘들이 제식과 관련하여 아레오파
고스에 올라갔을 때 아레오파고스 의회 (the boule in the Areopagos)가 열렸
고 거기서 테오게네스의 신성모독의 문제가 거론되었다. 또 훗날 헬레니
즘(Hellenism) 시대와 로마 시대에 속하는 금석문에는 현직 아르콘들과

---

94 Isokrates, 12. 154.
95 Demetrius Phalereas, *FGH*, 228, F. 5; Philochoros, *FGH*, 828, F. 67.
96 Lysias, 7. 22; 참조, Aristoteles, *Athenaion Politeia*, 60. 2~3.

"아레오파고스 의회로부터의 사신"들이 함께 기록되었다. 97 이것은 현직 아르콘과 아레오파고스 의회 간의 모종의 협력이 이루어졌음을 보여 준다.

한 가지 덧붙이자면, 아레오파고스에는 전직이나 현직아르콘뿐만 아니라 법률수호자(nomophylakes) 들98이나 일반 시민들이 올라가기도 했다는 사실이다. 필로코로스99에 따르면, "아르콘들은 관을 쓰고 아레오파고스에 올라갔다. 법률수호자들은 흰 두건을 두르고 아르콘들의 맞은편에 앉아서 아테나 여신에 대한 제식을 주관한다.

아노니무스 아르겐티넨시스(Anonymus Argentinensis) 의 필사본에서도 테스모테타이들과 법률수호자들은 분명치는 않지만 아레오파고스와 어떤 관계를 가졌던 것으로 보인다. 100

더구나 기원전 4세기 후반에 일반 시민들이 아레오파고스 의원들과 함께 회합한 예가 있다. 아이스키네스101에 따르면, "아레오파고스(에서의) 의회(the boule in the Areopagos) 가 일반 시민들과 자리를 함께했다." 여기서 아레오파고스 의원이었던 아우톨리코스(Autolykos) 가 연설하는 가운데 시민들이 조롱하면서 웃었을 때 피란드로스(Pyrrhandros) 가 시민들을

---

97 SIG³, 697: IG, II-III², 1077, 1717, 1718, 1720, 1721, 1722, 1723, 1728, 1736.

98 Philochoros, FGH, 328, F. 64.

99 Philochoros, FGH, 328, F. 64

100 B. Keil, Anonymus Argentinensis (Strassburg, 1902). 참조, U. Wilken, "Der Anonymus Argentinensis", Hermes, 42 (1907), p. 412에서 재인용. Wilcken은 테스모데타이(법무장관들) 가 아레오파고스에 참석했다고 본다. J. Starker(De Nomophylacibus Atheniensium, Breslau, 1880, p. 11 ff. ; W. S. Ferguson, "The Laws of Demetrius Phalerum and their Guardians", p. 275, n. 4에서 재인용) 는 테스모데타이(단수 테스모데테스) 와 법률수호자들이 아레오파고스에 올라갔다고 본다(Philochoros의 단편(FGH, 328, F. 64) 에 의거함).

101 Aischines, 1. 81~84.

질책하면서 다음과 같이 말했다. "아레오파고스(로부터의) 의회(*the boule from the Areopagos*)가 함께 자리하는데 웃다니 부끄럽게 생각하지 않습니까?" 아레오파고스(로부터의) 의회와 일반 시민들이 합석한 이 회의의 장소가 어디였는지는 문제가 될 수 있다. 주의할 점은 민회는 반드시 프닉스(Pnyx)에서만 열렸던 것은 아니고 다른 장소에서도 열리곤 했다는 것이다. "민중을 향하여 함께 자리했다(*prosodon poioumenes pros ton dcmon*)"라는 표현은 반드시 아레오파고스 의회가 민중의 민회가 열리는 장소로 갔다는 의미가 아니라 단순히 합석하였다는 의미이다.

따라서 이들이 합석한 집회의 장소는 아레오파고스였을 가능성도 있는 것이다. "아레오파고스에서(*in the Areopagos*)"라는 표현이 바로 그런 사실을 뒷받침한다. 반대로 아레오파고스로부터의 의회(*the boule from the Areopagos*)가 민회가 열리는 곳으로 가서 함께 참석한 경우에는 "민중이 있는 곳에서(*in the demos*) 아레오파고스로부터의 의회를 가졌다"라고 하여 "in the demos"라고 표현되기 때문이다. 102

후대 《신약성경》의 〈사도행전〉 17장(19:21~22, 33~34)에 전하는 바에 따르면, 아테나이인들은 바울(Paul)이 새로운 종교에 대해 하는 연설을 듣기 위하여 아레오파고스로 올라갔는데 이들 중에는 한 아레오파고스 의원 디오니시오스와 여인 다마리스(Damaris) 등이 있었다고 전한다.

---

102 Plutarchosos, *Phokion*, 16. 3. "Having the boule from the Areopagos in the demos (ten ex Areiou Pagou boulen echontes en to demo)".

5. 나오며: 유동적이고 역동적인 제도로서의
아레오파고스 의회

전통 학설에서는 아레오파고스 의회가 전직 아르콘들로 구성되었다고 생각했다. 그러나 솔론 이전이나 로마 시대에 전직 아르콘만이 아레오파고스 의원이 되었다는 사실을 증명하는 사료는 없다. 전직 아르콘이 아레오파고스 의회에 참석하였지만, 아레오파고스 의회는 이들로만 구성된 것은 아니었다고 보인다. 솔론 입법 당시 그전부터 존재한 아레오파고스 의원들이 근절되었는지 여부는 확실치 않다. 솔론 이후에는 전직 아르콘뿐만 아니라 경우에 따라 현직 아르콘이나 법률수호자들도 아레오파고스 의회에 참석하였다.

그래서 아레오파고스 의회는 퇴직한 전직 관리들로만 구성된 것이 아니라, 권력을 행사하는 현직 아르콘이나 그 외에도 이해당사자들이 참가하여 여러 가지 문제를 해결한, 좀 더 유동적이고 역동적인 제도였다고 볼 수 있다. 아레오파고스가 가진 여러 기능은 물론 각 시대마다 차이가 있다. 그 기능의 시대적 변천에 대해서는 다른 곳에서 다루었으므로 참고할 수 있다. [103]

---

103 최자영, 《고대 아테네 정치제도사: 아레오파고스와 민주정치》, 신서원, 1995, pp. 109~233.

아레오파고스 의회의 여러 가지 명칭*

1. 아레오파고스'로부터의' 의회와 아레오파고스'에서의' 의회

아레오파고스 의회는 아래와 같이 여러 가지 명칭이 있다.[1]

1) 아레오파고스'로부터의' 의회

   〔The boule from the Areopagos (he boule e ex Areiou Pagou)〕

2) 아레오파고스 의원들의 의회

   〔The boule of the Areopagites (he boule ton Areopagiton)〕

3) 아레오파고스'에서의' 의회

   〔The boule in the Areopagos (he boule e en Areio Pago)〕

4) 아레오파고스 곁의 의회

   〔The boule beside the Areopagos (he boule ep Areiou pagou)〕

5) 상급 의회 〔The boule of the above (he ano boule)〕

---

* 최자영, "아레오파고스에 대한 여러 가지 명칭", 〈대구사학〉 42권, 1991, pp. 109~ 118 게재; 최자영, 《고대 아테네 정치제도사: 아레오파고스와 민주정치》, 신서 원, 1995, pp. 177~188.

1 cf. G. Busolt & H. Swoboda, *Griechische Staatskunde* (Miinchen, 1920/6), p. 795, n. 2.

많은 학자들의 전통적 견해에서는 이러한 명칭들이 일반적으로 아레오파고스 의원들의 회합을 가리키는 것으로서, 서로 간에 차이가 없는 것으로 생각했으므로, 이에 큰 관심을 기울이지 않았다.

다만, 일부에서는 드라콘이나 솔론 이전에는 이 의회가 아직 '아레오파고스 의회'가 아니라 그냥 '의회'라고만 불렸다는 견해를 제시했다. 2 '아레오파고스 의회'란 명칭은, 드라콘이나 솔론 시기에 생겨난 다른 의회, 즉 401인(드라콘 시기)이나 400인(솔론 시기) 의회로부터 이 전통 의회를 구분하기 위해 생겨난 것이라는 것이라고 보았기 때문이다.

그러나, 이와 같은 견해와 달리, 기원전 4세기의 사료에서는 드라콘과 솔론 이전 시기와 관련해서도 아레오파고스'로부터의' 의회(the boule from the Areopagos), 아레오파고스 의원들의 의회(the boule of the Areopagites), 아레오파고스'에서의' 의회(the boule in the Areopagos) 등의 명칭이 사용되었다. 3 나아가 '의회(boule)'란 명칭은 '아레오파고스 의회'를 지칭하는 말로써 기원전 4세기 이후에 대해서도 사용되었다. 4 아테나이인들은 '의회'와 '아레오파고스 의회'란 명칭이 시대에 따라 다르게 사용되었다는 개념을

2 U. V. Wilamowitz-Möllendorff, *Aristoteles und Athen* (Berlin, 1893), v. 2, p. 200; H. Gleue, *De Homicidarum in Areopago Atheniensis Iudicio* (Gottingae, 1894), p. 16; J. Lipsius, *Das Attische Recht und Rechlsverfahren* (Darmstadt, 1905~1915), p. 14; A. Ledl, *Studien zur Ältern Athenischen Verfassungsgeschichte* (Heidelberg, 1914), pp. 321~322 : G. Busolt & H. Swoboda, *Griechische Staatskunde*, p. 795; F. Jacoby, *Atthis* (Oxford, 1949), p. 36.

3 Aristoteles, *Athenaion Politeia*, 3. 6, 4. 4, 8. 2; Aristoteles, *Politika*, 1273b 35 ~1274a 4.

4 Aristoteles, *Athenaion Politeia*, 25. 1~3; Deinarchus, 1. 3 ff, 12 ff, 50. 53~59; 참조, Cicero, *De natura deorum*, 2. 29. 74; Athenaios, *Deipnosophistai*, 4. 171e.

가지고 있었던 것처럼 보이지 않는다.

필자는 이와 같은 시기적 구분에 따른 차이가 아니라, 구성이나 기능의 측면에서 이들 명칭 사이에 공통점이나 차이점을 발견할 수 있다고 본다. 아레오파고스 의회와 관련하여 사료에서 비교적 자주 사용되는 명칭은 아레오파고스로부터의 의회, 아레오파고스 의원들의 의회, 아레오파고스에서의 의회 등이다. 이 중 앞의 두 개는 마지막 아레오파고스'에서의' 의회와 다소간 차이점이 있다는 것이다.

전직이나 현직 아르콘들이 아레오파고스 의회에 참가할 때는 '아레오파고스에서' 혹은 '아레오파고스로'라는 표현이 쓰인다.[5] 또한 법률수호자들(nomophylakes)이 아레오파고스에 참가할 때도 '아레오파고스로'[6]라는 표현이 사용된다.[7] 따라서 아레오파고스'에서의' 의회(the boule in the Areopagos)에는 고귀한 태생의 아레오파고스 의원들이나 전직 아르콘 출신들만이 아니라, 경우에 따라 현직 아르콘이나 법률수호자들도 참가하였다. 즉, 아레오파고스'에서의' 의회는 아레오파고스 의원이 아닌 다른 사람들도 참가할 수 있었기 때문에 그 구성원이 일정하지 않고 유동성이 있는 하나의 제도였다.

---

5   아레오파고스'에서'(혹은 아레오파고스'로') [in (혹은 to) the Areopagos (en Areio Pago 혹은 eis Areion Pagon)]'. 전직 아르콘에 관하여, 참조, Bekker, *Anecdota Graeca*, 1. 311. 9; Demosthenes, 22, Hypotheses : Poll\I] [8, 118. 현직 아르콘에 관하여 cf. Demosthenes, 22, Hypothesis, 24. 22, 26. 5, 59. 80; Philochoros, *FGH*, 328, F. 64. 전직인지 현직인지 구분이 모호한 경우에 대해 참조, Aristoteles, *Athenaion Politeia*, 60. 3 : Plutarchos. *Solon*, 19. 1; idem. *Pericles*, 9. 3~4; Lysias, 26. 11; Xenophon, *Memorabilia*, 3. 5. 20; Isocrates, 7. 38, 12. 154.
6   'to the Areopagos (eis Areion Pagon)'.
7   참조, Philochoros, *FGH*, 328, F. 64.

반면에 아레오파고스'로부터의' 의회 (*The boule from the Areopagos*) 는 자주 '아레오파고스 의원들의 의회 (*the boule of the Areopagites*)'와 같은 의미로 사용된다. 8 즉, 이것은 아레오파고스 의원들로 구성된 하나의 일정한 제도로서 다른 정치적 기구들과 분명히 구분된다. 아레오파고스 의회가 500인 의회나 민중들로부터 구분될 때는 흔히 아레오파고스'에서의' 의회 (*the boule in the Areopagos*) 라는 표현보다는, 아레오파고스'로부터의' 의회가 쓰인다. 9

아레오파고스'에서의' 의회는 경우에 따라 집회 구성원의 성분이 변화할 수 있다는 점에서, 구성원이 일정한 아레오파고스 의원들이 중심이 된 아레오파고스'로부터의' 의회와 구분된다. 아레오파고스'에서의' 의회 구성과 관련하여 사료에서는 다음과 같이 언급한다.

> 옛적에는 아레오파고스'에서의' 의회 (*the boule in the Areopagos*) 가 소집되어 (*anakalesamene*), 각각의 아르콘직에 적당한 자를 골라 1년 임기로 임명, 파견했다. 10

> 살인사건이 연쇄적으로 일어나지 못하도록, 이를 위해 예외적으로 감독자인 아레오파고스'에서의' 의회 (*the boule in the Areopagos*) 가 구성되었다 (*tetaktai*). 11

---

8   참조, Aischines, 82~84; Aristoteles, *Athenaion Politeia*, 4. 4, 41. 2; Diodorus Sikeliotes, 11. 77. 6.

9   참조, D. Geagan, *The Athenian Constitution after Sulla* (Princeton, 1967), p. 140 ff.

10   Aristoteles, *Athenaion Politeia*, 8. 2.

11   Demosthenes, 20. 157.

민중의 이익에 반하여 뇌물을 받은 자가 재판을 받는 것을 원치 않고, 당신들 신체의 안전을 위한 공동의 방벽 — 그것을 위해 아레오파고스'에서의' 회합(the meeting in the Areopagos)[12]이 구성되고 있는(tetaktai) — 을 없애 버리려 하고 도시의 모든 정의를 허물어 버리려 하는 이 … .[13]

의회의 회합(the meeting of the boule). 아레오파고스를 말한다. 지금은 재판 소이고 과거에는 의회(bouleuterion) 였다. 이 때문에 정치체제를 지배하기 위해 집회(synedrion) 를 소집했다(ekalese). … 아레오파고스'에서의' 〔의회 의〕 〔(boule) in the Areopagos〕 … .[14]

한편, 'Areopagos', 'synedrion(meeting)', 'boule(of the Areopagos)' 등 의 명칭[15]이 사용될 때는 아레오파고스'로부터의' 의회(the boule from the Areopagos),[16] 즉 아레오파고스 의원들의 의회(the boule of the Areopagites)[17]

---

12 to en Areio Pago synedrion.
13 Deinarchos, 1. 112.
14 Aristeides, *Scholia*, 194. 8.
15 'boule(의회)', 'bouleutes(의원들)'의 명칭에 관해 이 글 앞부분 참조; Cicero, *De natura deorum*, 2. 29. 74, 만일 누가 정부는 의회에 의해(consilio) 통치된다고 말 한다면, 그것은 '아레오파고스'를 생략하여 말하는 것이다. 참조, 'Areopagos〔혹 은 to the Areopagos (eis Areion Pagon)〕'은, Athenaios, *Deipnosophistai*, 13. 566 f. ; Aristeides, *Scholia*, 194. 8; Demosthenes, 24. 22, 26. 5, 58. 29, 59. 80~83; idem. *Epistolai*, 3. 42; Diogenes Laertios, 2. 116; Isocrates, 12. 154; Lucianos, 25. 46, 27. 7, 29. 4, 12, 13~24; Lysias, 10. 11; Philochoros, *FGH*, 328, F. 64. 'bouleuterion'은, Aischines, 1. 91~92; Aischylos, *Eumenides*, 681~706. 'synedrion'은 Aischines, 1. 91~92; Aristeides, *Scholia*, 194. 8. '상원 (e ano boule)'은, Plutarchos, *Solon*, 19.
16 Aeschines, 1. 91~92; Aristoteles, *Athenaion Politeia*, 25. 1~26. 1; Deinarchos, 1. 50~52. 53~59, 61~63; Lukianos, 37. 19; Hypereides, 5, col. 2~6.

를 가리키기도 하고, 또 아레오파고스 의원들 이외의 다른 사람들도 참가할 수 있는 아레오파고스'에서의' 의회〔the boule (혹은 'synedrion' 혹은 'bouleuterion') in the Areopagos〕18를 가리키기도 한다. 아레오파고스'로부터의' 의회 (the boule from the Areopagos) 까지 포함하여, 아레오파고스에서 일어난 모든 종류의 집회는 아레오파고스'에서의' 의회 (the boule in the Areopagos), 아레오파고스'에서의' 집회〔to synedrion (the meeting) in the Areopagos〕〔Deinarchos, 3. 7〕, 아레오파고스'에서' 의회에서 행해진 것들 (the things occurred in the Areopagos) 19 등으로 표현될 수 있다.

반대로, 아레오파고스 의원들이 아레오파고스가 아니라 다른 장소에서 의회를 가진 경우가 있었는데, 이때는 "아레오파고스'에서' (in the Areopagos)" 란 명칭을 사용할 수 없게 되고 언제나 "아레오파고스'로부터' (from the Areopagos)"로 불린다. 아레오파고스 의원들이 다른 곳에서 의회를 가진 예는, 왕의 스토아 (stoa of the king) 20와 엘레우시스 (Eleusis) 21 등 두 가지 사례가 전한다. 22

---

17 Athenaios, *Deipnosophistai*, 13. 566 f. 〔참조, Hypereides, F. 138 (ed. Ch. Jensen)〕; Aristoteles, *Athenaion Politeia*, 25. 1~26. 1; Deinarchos, 1. 50~52; Diogenes Laertios, 2. 116; Lukianos, 37. 19.

18 Aeschylus, *Eumenides*, 681~706; Aristides, *Scholia*, 194. 8; Demosthenes, 24. 22, 26. 5, 58. 29, 59. 80~83: idem. *Epistolai*, 3. 42; Isocrates, 12. 154; Lukianus, 29. 4, 12. 13~24; Philochoros, *FGH*, 328, F. 64.

19 Lukianos, 37. 19. ta en Areio Pago gignomena.

20 Demostbenes, 25. 23. en te basileio stoa.

21 *SIG³*, 796B, lines, 14. 36.

22 비슷한 구분을 엘레우시스와 관련해서도 살펴볼 수 있다. "from the Eleusina 〔Eleusinothen (*SIG³*, 83, line. 11, n. 4)〕"와 "in the Eleusina (Eleusini, *IG*, I², 311, line. 12)".

2. 아레오파고스'로부터의'(혹은 아레오파고스 의원의) 의회와 아레오파고스'에서의' 의회의 권한

아레오파고스의 권한은 크게 법률수호23와 정치적 사무24와 관련한다. 그리고 이러한 권한들은 여러 가지 분야에 확대되어 적용된다. 도시 안전, 25 기부금 제공, 26 불경(不敬), 27 풍기문란, 28 악덕(惡德), 29 태만 (怠慢), 30 건축물 규제, 31 여성에 관한 법, 32 청년 교육, 33 도시에 대한 배반이나 불법행위34 등이다.

그런데, 'the boule from the Areopagos (of the Areopagites)'는 주로 법률이나 정체 수호, 도시 안전을 위한 기부금 제공 등과 관련되어 언급되었다. 그리고 공적 사무35뿐만 아니라 개인 사생활에도 관여했는데 사생활의 도

---

23 Andocides, 1. 83~84; Aristoteles, *Athenaion Politeia*, 3. 6~4. 1, 4. 4, 8. 4; Deinarehos, 1. 61~63; Philochoros, *FGH*, 328, F. 64.

24 Aristoteles, *Athenaion Politeia*, 23. 1~4, 41. 2 : Demosthenes, 22, *Hypothesis*; Diodoros Sikeliotes, 11. 77. 6; Lysias, 26. 11~12.

25 Aristoteles, *Athenaion Politeia*, 23. 1 f. ; Kleidemos, *FGH*, 323, F. 21 (참조, Plutarchos, *Themistokles*, 10. 6); Lysias, 12. 69; IG^2, Ⅱ-Ⅲ, 479.

26 *Ibid*; 참조, IG, Ⅱ-Ⅲ², 1118.

27 Demosthenes, 59. 80~83; 참조, Aristoteles, *Athenaion Politeia*, 60. 2~3; Lysias, 7. 21, 22. 7. 25.

28 Athenaios, *Deipnosophistai*, 4, 167d~e. 4, 168a~b; Isocrates, 7. 37~38.

29 Plutarchos, *Ciceron*, 24. 7; IG, Ⅱ-Ⅲ², 1013.

30 Plutarchos, *Solon*, 22. 3.

31 Aeschines, 1. 81~84; Herakleides Pontikos, *Ek ton Herakleidou peri politeion*, 1. 10 (참조, Aristoteles, F. 611. 7).

32 Philochoros, *FGH*, 328, F. 65 (cf. Athenaios, *Deipnosophistai*, 6. 245c).

33 [Platon], *Axiochos*, 367A.

34 Aischines, 3. 252; Lykurgos, 1. 52.

덕성 문제는 광범한 의미에서 법률수호 개념에 포함되는 것이다.

반면에 'the boule in the Areopagos'는 정치적 문제와 관련되어 더 자주 나타난다. 36 특히 페르시아 전쟁37이나 펠로폰네소스 전쟁38 등 외적과 대항할 때 아레오파고스에서의 의회가 활동하였다. 위기를 맞아 아레오파고스 의회에는 아레오파고스 의원들뿐만 아니라 현직 아르콘 등 위기를 타개하는 데 책임이 있거나 기여할 수 있는 유능한 사람들이 함께 모여 논의하였을 가능성이 있다.

다음에서는 이런 관점에서 아레오파고스'로부터의' 의회 (the boule from the Areopagos). 아레오파고스 의원들의 의회 (the boule of the Areopagites) 그리고 아레오파고스'에서의' 의회 (the boule in the Areopagos) 가 언급되는 전거들을 각각 구분하여 나열하였다.

1) 아레오파고스'로부터의' 의회 혹은 아레오파고스 의원들의 의회

법률수호나 정치적 사무와 관련한 아레오파고스'로부터의' 의회 기능을 언급하는 사료는 다음과 같다.

법이 만들어지면, 관리들이 제정된 법을 적용하는지에 관해 아레오파고스 '로부터의' 의회가 감독한다. 39

---

35 참조, Aristoteles, *Athenaion Politeia*, 41. 2 ; Diodoros Sikeliotes, 11. 77. 6.

36 Aristoteles, *Athenaion Politeia*, 23. 1~4 ; Aristoteles, *Politika*, 1273b 35~1274a 4, 1304a 17~24 : Demosthenes, 22, Hypothesis ; Lysias, 12. 69. 26, 11~12.

37 Aristoteles, *Athenaion Politeia*, 23. 1~4 ; Aristoteles, *Politika*, 1304a 17~24.

38 Lysias, 12. 69.

39 Andocides, 1. 84.

청년들의 모든 시기는 감독자들(*sophronistes*)과 젊은이들을 위해 아레오파고스'로부터의' 의회로부터 뽑혀진 소(小)위원회의 감독하에 둔다. **40**

아레오파고스'로부터의' 의회(*the boule from the Areopagos*)는 법률수호자이며, 관리들이 법률에 따라 통치하는지를 감독한다. 부당한 처우를 받은 자들은 아레오파고스 의원들의 의회(*the boule of the Areopagites*)에 고발(*eisangelein*)할 수 있다. **41**

여섯 번째 정체의 변화로서, 페르시아 전쟁 이후 아레오파고스'로부터의' 의회(*the boule from the Areopagos*)가 권위를 가지고 있었다. 그 후 일곱 번째(정체 변화)가 있었는데 아리스테이데스(Aristeides)가 계획을 세웠고, 에피알테스가 아레오파고스 의원들의 의회(*the boule of the Areopagites*)를 격하시킴으로써 완성하였다. **42**

아레오파고스'로부터의' 의회가 풍기를 단속하도록 했다. **43**

그때 한 남자가 사모스(Samos)로 건너가려고만 했는데 조국을 배반한 자로 그날로 아레오파고스'로부터의' 의회에 의해 사형에 처해졌다. **44**

---

40 Platon, *Axiochos*, 367A.
41 Aristoteles, *Athenaion Politeia*, 4. 4.
42 Aristoteles, *Athenaion Politeia*, 41. 2.
43 Isocrates, 7. 37.
44 Aischines, 3, 252.

그러나, 오, 데모스테네스! 당신이 과거에 이 사람들(잘못을 저지른 사람들)과 다른 아테나이인들에 대해 아레오파고스'로부터의' 의회가 전통적 법에 따라 법을 위반한 자를 처벌할 권한을 가지도록 제안하지 않았습니까?[45]

그(에피알테스)는 민중선동가(demagogos)였고 민중을 선동하여 아레오파고스 의원들을 비난한 자로, 민중들로 하여금 아레오파고스'로부터의' 의회의 권한을 줄이는 데 찬성하게 하고, 또 전통적이고 명성이 있는 법들을 제거하도록 설득하였다.[46]

그(솔론)는 아레오파고스'로부터의' 의회로 하여금 사람들 각각이 합당한 생활수단을 기지도록 감독케 하고 태만한 자를 벌하도록 조치했다.[47]

그(키케로)는 크라티포스 페리파테티코스(Kratippos Peripatetikos)로 하여금 이미 카이사르(Cesar)가 아르콘으로 있던 해에 로마에 체류하도록 했고, 또 아레오파고스로 하여금 그가 아테나이에 머물면서 도시를 교화하는 사람으로서 청년들에게 강의하는 데 동의하도록 했다.[48]

··· 아레오파고스'로부터의' 의회(the boule from the Areopagos)도 감독하고, 나쁜 짓을 한 자에 관한 법을 통해 이것(도량형)에 대해 잘못을 범한 이를 처벌한다.[49]

---

45 Deinarchus, 1. 62.
46 Diodoros Sikeliotes, 11, 77. 6.
47 Plutarchos, *Solon*, 22. 3.
48 Plutarchos, *Ciceron*, 24. 7~8.

도시 안전을 위한 기부금 납부와 관련해서는 다음과 같은 사료가 있다.

아리스토텔레스에 따르면, 공금이 없었기 때문에 아레오파고스'로부터의' 의회가 병선의 군사들 각각에게 8드라크메씩 지불했다고 한다. **50**

아레오파고스'로부터의' 의회가 제공했다. ⋯ 민중의 안녕을 위하여 ⋯ 아레 오파고스'로부터의' 의회가 ⋯ 은을 제공했다. **51**

아레오파고스 의원들의 의회 (*the boule of the Areopagites*) 는 법률이나 정 체의 수호와 관련하여 자주 언급되며, 정치적인 것뿐만 아니라 개인의 사 생활에도 관련하였다.

아레오파고스 의원들의 의회는 법을 수호하는 권한을 가지고 있었다. **52**

그(솔론) 는 아레오파고스 의원들의 의회로 하여금 법률을 수호하는 권한을 부여하였다. **53**

⋯ 페르시아 전쟁 이후 17년 동안 정체 (*politeia*) 는 아레오파고스 의원들의 지배하에 있었는데, 그 후 점차 그 세력이 약화되었다. ⋯ 그(에피알테스) 는

---

49   참조, *IG*, Ⅱ-Ⅲ², 1013, ⋯ line. 59 ff.
50   Kleidemos, *FGH*, 323, F. 21 (Plutarchos, *Themistokles*, 10. 6) ,
51   참조, G, Ⅱ-Ⅲ², 479, line. 66 ff.
52   Aristoteles, *Athenaion Politeia*, 3. 6.
53   Aristoteles, *Athenaion Politeia*, 8. 4.

(아레오파고스 의원들의) 의회를 공격했다. … 그 후 키몬(Cimon)이 아르콘으로 있던 해에 이 의회로부터 정체를 수호하던 모든 부가적 권한을 박탈하였다. … 그(테미스토클레스)는 한편으로, 이 의회가 그(에피알테스)를 체포하려 한다고 에피알테스에게 말했다. 그리고 다른 한편으로, 아레오파고스 의원들에게는 정체를 해체하려 하는 공모자들을 고발하겠다고 말하였다.[54]

여섯 번째 정체 변화로서, 페르시아 전쟁 이후 아레오파고스'로부터의' 의회(the boule from the Areopagos)가 권위를 가지고 있었다. 그 후 일곱 번째 (정체 변화)가 있었는데 아리스테이데스(Aristeides)가 계획을 세웠고, 에피알테스가 아레오파고스 의원들의 의회(the boule of the Areopagites)를 격하시킴으로써 완성하였다.[55]

아레오파고스 의원들은 거의 모든 부정과 위법을 재판했다.[56]

여성법은 아레오파고스 의원들을 통하여 결혼이나 다른 제식 때에 집안의 모임을 감독한다.[57]

그(에피알테스)는 민중선동가(demagogos)였고 민중을 선동하여 아레오파고스 의원들을 비난한 자로, 민중들로 하여금 아레오파고스'로부터의' 의회 (the boule from the Areopagos)의 권한을 줄이는 데 찬성하게 하고, 또 전통

---

54 Aristoteles, *Athenaion Politeia*, 25. 1 ff.
55 Aristoteles, *Athenaion Politeia*, 41. 2.
56 Androtion, *FGH*, 324, F. 3.
57 Philochoros, *FGH*, 328, F. 65,

적이고 명성이 있는 법들을 제거하도록 설득하였다. 58

그(Demetrios Phalereas의 아들 Demetrios)는 코린트의 여자 아리스타고라(Aristagora)를 사랑하여 사치스럽게 생활하였다. 아레오파고스 의원들이 그를 소환하여 올바르게 살아가기를 명하자, "지금도 자유롭게 살고 있소"라고 대답했다. ⋯ 59

그리고 다른 많은 이가 전하는 바에 따르면, 과거에 아레오파고스 의원들은 낭비하는 자와 재산 없이 사는 이들을 벌하였다. 메네데모스(Menedemos, 350~278 B.C. 경)와 아스클레피아데스(Asklepiades)는 젊은 철학자이며 가난했는데, (아레오파고스 의원들로부터의) 사신들이 와서 어떻게 온종일 철학자들과 함께 시간을 보내고 아무런 수입이 없으면서 몸이 그렇게 좋은가 하고 물었다. 그들은 어떤 방앗간 사람을 호출할 것을 요청하였다. 그가 와서는 이 두 사람이 밤마다 방앗간에서 방아를 찧고 둘이서 2드라크메씩 받는다고 했다. 아레오파고스 의원들은 경탄하고 200드라크메로 이들을 포상하였다. 60

2) 아레오파고스 '에서의' 의회

아레오파고스 '에서의' 의회〔the boule (혹은 'synedrion', meeting) in the Areopagos〕가 (도시의) 안전을 위해 활동했습니다. 61

---

58 Diodoros Sikeliotes, 11. 77. 6.
59 Athenaios, *Deipnosophistai*, 4. 167e, 167a~168b.
60 Phanodemos, *Philochoros*.

이 관직(수석 아르콘)에 임한다면 자의로 통치할 것이고, 후에 아레오파고스'에서의' 의회의 성원으로서 언제까지나 중요한 사무들에 대해 통제권을 행사할 것입니다. 그러므로 당신들은 이 관직에 대한 자격심사를 다른 관직들보다 더 엄격하게 해야만 할 것입니다. 62

페르시아 전쟁 이후에 아레오파고스'에서의' 의회가 다시 강해져 도시를 지배하였다. 합법적 결정에 의해 지배권을 획득한 것이 아니라 살라미스 해전을 수행한 공로 때문이었다. 63

어떤 이들은 법만 제정하고, 또 어떤 이들은 정치체제도 정초했는데, 솔론과 리쿠르고스가 그러하다. … 솔론은 극단적 과두정을 해체하고 민중을 예속에서 풀려나게 했으며, 64 전통 체제(*politeia*)를 잘 복합하여 민주정체65를 수립했다. 아레오파고스'에서의' 의회는 과두적66 요소, 선출된 관리들은 귀족적67인 것, 재판소는 민주적68인 것이다. 69

---

61 Lysias, 12. 69, 참조, 펠로폰네소스 전쟁 말기.
62 Lysias, 26. 11,
63 Aristoteles, *Athenaion Politeia*, 23. 1.
64 douleuonta ton demon pausai.
65 demokratia.
66 oligarchikon.
67 aristokratikon. 아리스토텔레스는 선출된 관리를 'aristokratikon'의 것으로 정의한다. 이 용어는 흔히 '귀족' 혹은 '귀족적'으로 번역된다. 그러나 이것은 '고귀한 덕성'이라는 뜻의 형용사일 뿐, 흔히 말하는 정치적 혹은 사회경제적 기득의 특권계층을 뜻하는 것이 아니다. 그래서 일단의 집단을 의미하는 '족(族)'이란 표현은 쓰지 말아야 한다. 이 표현은 단순히 '좋은 전통 가문 태생(*eugenes*)', 고귀한 속성을 가진 개인 혹은 제도 등을 의미한다. 이 예문의 경우는 제도의 속성을 지칭한다.

과두정 혹은 민주정 혹은 '폴리테이아(politeia, 좋은 민주정)'로 바뀌는 것은 도시의 관직(archeion)이나 부서(morion)가 명성을 얻거나 그 세력을 증가함에 의한 것이다. 그러한 예로 아레오파고스'에서의' 의회는 페르시아 전쟁에서 명성을 얻음으로써 정치체제를 더욱 엄하게 한 것 같았고, 다시 해병 무리가 살라미스의 승리를 가져오는 데 기여했으므로, 그 해상지배권을 통하여 민주정체를 더욱 강화했다.[70]

이 제식들이 거행되고 9명 아르콘이 정해진 날에 아레오파고스로 올라갔을 때, 다른 사안은 물론 도시의 신성(종교제식) 사무와 관련하여 아주 중요한

이것이 일정한 사회경제적 계층을 의미하는 것이 아님은 '좋은 전통 가문 태생'이 반드시 부자를 뜻하는 것이 아니라, 그들 가운데는 경제적으로 빈한한 계층도 있다는 점에서 반증된다고 하겠다. 또 유지 혹은 부(ploutos)를 소유한 이들이 있었는데, 이들은 특권층이 아니라, 그 부에 따라 누진적으로 폴리스(도시국가)에 필요한 의무를 경제적으로 부담해야 했으므로 특권층이 될 수 없었고, 오히려 사회에 유용한 덕성을 실천하는 이로 이해되는 것이 적합하다. '좋은 전통 가문 태생'은 물론 부를 가진 이들도, 그 속성이 개인의 특권과 이득을 추구하는 데 이용되는 것이 아니라, 자의 반 타의 반, 다소간에 사회를 위한 덕성(arete)의 실천으로 이어지도록 정치·사회적 구조가 구성되어 있었다. 더구나 선출된 관리들은 전통적으로 무급으로 봉사한 것이 그런 맥락에 있다. 훗날, 아테나이가 델로스 해상동맹의 맹주로서 군림하게 된 기원전 5세기 후반, 페리클레스에 의해 각종 공직에 대한 수당이 도입될 때까지 공직은 무급 봉사였다. 페리클레스에 의해 도입된 공직 수당은, 추첨 등으로 선출된 공직자뿐만 아니라, 민회 혹은 민중재판소에 참석하는 시민들에게도 보편적으로 주어졌던 것이다. '좋은 전통 가문 태생' 혹은 부자 유지들에 대한 사회적 부담의 누진적 가중은 근대국가와 같은 대의적 정부권력이 아니라, 자유 시민으로 구성된 민회가 최종 결정권을 행사하는 민주정체에서 가능했다.

68 demotikon.

69 Aristoteles, *Politika*, 1273b 32~39,

70 Aristoteles, *Politika*, 1304a 17~24,

위치를 점하는 아레오파고스 의회71가 바로 테오게네스의 아내가 누구인지를 검토하여 사실을 확인하기에 이르렀습니다. 제식의 신성함을 고려하여, 재량 가능한 한도에서 최대의 벌을 테오게네스에게 매기려 했으나, 제한되고 온건한 선에서 그쳤어요. 그들(아레오파고스 의원들)은 아테나이인에게 원하는 만큼의 처벌을 내릴 수 있는 권한을 가지고 있지 않았거든요. 72

500인 의회는 아레오파고스'에서의' 의회와 다른 것이다. 이들 사이의 차이점은 세 가지이다. 첫째, 500인 의회는 공무를 집행하고 아레오파고스'에서의' 의회는 살인사건만 취급한다. 만일 누가 아레오파고스'에서의' 의회가 공무를 집행한다고 말한다면, 큰 필요가 있을 때만 공무에 관여한다는 것을 의미한다. … 매해 9명 아르콘이 아레오파고스'에서의' 의회에 합쳐졌다. 73

아레오파고스'에서의' 의회는 … 전쟁 시에 조국을 버리고 떠난 자들을 잡아서 죽였다. 74

티마르코스(Timarchos)가 제안한 조령에 따라, 프닉스(Pnyx) 언덕의 가옥들에 관하여, 아레오파고스'에서의' 의회가 민중과 합석하여 열렸다. 75

---

71 아레오파고스 의회는 고의 살인혐의 등 주요 사건에 대한 재판소 기능을 가지고 있었다. 참조, Demosthenes, 23. 65; Aristoteles, *Athenaion Politeia*, 57. 3.
72 Demosthenes, 59. 80,
73 Demosthenes, 22, Hypothesis, 참조, 1년 임기를 마친 후 수행감사를 받고, 잘 통치하고 또 바르게 일한 것으로 보이면 아레오파고스 의원들의 의회(*the boule of the Areopagites*)에 합쳐진다.
74 Lykurgos, 1. 32.
75 Aeschines, 1. 81.

아티모이와 페우곤테스*

1. 들어가며

살인 관련 법조문 등에서 동사 '페우고(pheugo)'와 그것에서 파생된 분사형 '페우곤테스(pheugontes)'가 쓰인다. 이 단어를 많은 학자들은 각기 '추방되다'와 '추방자'로 해석하고 있으나, 사전적 의미로는 '피고가 되다'와 '피고'라는 의미도 있다. 또한 피고로서 재판이나 판결의 집행을 피하여 달아난 자를 의미하기도 한다. 단어 'pheugo'와 그 파생어들이 단순하게 '추방되다'라는 의미로 해석해서는 안 될 곳에서 그렇게 해석함으로써 다소간 개념상 오류가 발생하는 경우가 있다. 다음에서 논하는 것이 그 한 예이다.

안도키데스[1]에는 기원전 405/4년 파트로클레이데스(Patrokleides)가 제안한 조령이 나온다. 여기서는 기원전 400년 페르시아인의 침공을 목

---

* 참조, 최자영, "아티모이(atimoi)와 페우곤테스(pheugontes)", 〈대구사학〉, 45권, 1993, 127~138에 게재〔"Pheugontes in Andokides I, 80 and 107", *Dodone* 〔*Δωδώνη*〕 21(1992), 35~46(Greece: Ioannina, 1995 발간)〕.

1 Andokides, 1. 78~79.

전에 둔 아테나이 시민들의 단합을 도모하기 위하여 통과된 〈사면법〉이 전해진다. 안도키데스의 말에 따르면, 그 내용은 '아티모이 (*atimoi* · 자격 상실자)'의 권한을 회복시켜 '에피티모이 (*epitimoi* · 자격소유자)'로 하며 다만 법에 명시된 조항의 '페우곤테스'는 제외된다는 것이다. 2 그 후 다시 '페우곤테스'에게까지 사면의 특혜를 넓히게 되었다. 3 학자들은 흔히 페우곤테스를 '추방자'로 해석한다. 4 안도키데스(1. 78~79)의 법조문에는 다음과 같은 내용이 나온다.

… 400인에 속했던 이들, 과두정체하에서 어떤 활동을 한 것으로 기록된 이들 등이 사면 대상이 된다. 다만, 다음에 속하는 사람은 사면에서 제외된다. 즉, 아레오파고스나 에페타이 (*ephetai*) 로부터나 프리타네이온(Prytaneion), 혹은 델피니온(Delphinion)에 의해서 재판을 받거나, 왕(*basileus*)에 의해서 살인죄 (*phonos*) 나 살육(*sphagae*) 5이나 참주 혐의로 이 땅을 떠나 있거나(혹은 도주하거나) 6 사형을 선고받은 이로, 이름이 기둥에 포고되고 이 땅에 머물지 않는 사람은 사면에서 제외된다. …

이 법의 취지를 설명하면서 안도키데스(1. 80)에서는 사면에서 제외된 사람을 페우곤테스라고 규정한다.

최근에는 한센(M. H. Hansen)이 안도키데스(1. 80 및 107)의 내용에 근

---

2   참조, Andokides, 1. 80.
3   참조, Andokides, 1. 80, 107.
4   다음에서 언급되는 한센의 견해 참조.
5   '살인(포노스 · *phonos*)'과 '죽임(스파가이 · *sphagai*)'은 다 같이 사람을 죽이는 것이나, 그 의미가 어떻게 다른지는 견해 차이가 있다.
6   *esti phyge.*

거하여, 아티모이는 '시민권을 상실했으나 아티카(Attica) 내에 그대로 머물러 있도록 허용된 사람을 의미하는 것'이라고 말하였다. 7 안도키데스 (1.78~79)에는 페르시아의 막강한 군대가 침입하자 아테나이 사람들은 페우곤테스도 받아들이고 아티모이도 에피티모이로 했다고 기술되어 있다. 한센은 이 문장에서 아티모이는, 아티카를 떠난 사람들인 페우곤테스와 대조적으로 쓰였기 때문에, 아티카 내에 머물러 있었던 사람을 의미하는 것이라고 규정했다.

또 이 사료에 근거하여 한센은 아티모이의 의미가 과거에는 더 과격한 조처를 의미하는 것이었으나 후대에 이르러 완화되었다고 주장하였다. 8 즉, 원래는 시민권 상실뿐만 아니라, 추방되고 법에 의해 보호받을 권리를 박탈당한 사람(epikekerygmenos)이라는 과격한 의미를 가졌으나, 후대에는 '시민권을 상실한 사람'으로 바뀌었다는 것이다. 한센은 위에서 언급한 〈사면법〉에서 아티모스(복수형 아티모이)가 후대에 완화된 의미로 쓰였다고 보고, 아티모이(atimoi)의 의미가 변화한 연대를 기원전 510년

---

7   M. H. Hansen, *Apagoge, Endeixis and ephegesis against Kakourgoi. atimoi and pheugontes*, Odense U. Classical Studies, 8 (Odense, 1976), pp. 75~82. 특히 78~81, 86. 이와 유사한 견해를 가진 사가는 참조, S. Swoboda, "Arthmios von Zeleia", *Archäologisch: Epigraphische Mittheilungen*, 16. 1 (1893), 49~68, "Beiträge zur griechischer RecGriechische Stdatslrundehtsgeschichte," Z. Sav. 24 (1905), 163; G. Busolt & H. Swoboda, *Griechische Stdatslrunde* (München, 1920/6), pp. 230~233; E. Ruschenbusch, Untersuchungen zur Geschichte des athenischen Strafrechts, Graezistische Abhandlungen, 4 (Köln, 1968), passim; M. Ostwald, "The Athenian Legislation against Tyranny and Subversion", *TAPhA*, 86 (1955), 103~128.

8   M. H. Hansen, *Apagoge, Endeixis and ephegesis against Kakourgoi. atimoi and pheugontes*, pp. 75~82, 특히 pp. 78~81.

경으로 추정했다. 9

　한편 한센은 기원전 4세기에도 아티모이에 '추방된 사람(*epikekerygmenos*)'
이라는 전통적 의미가 그대로 남아 있는 경우도 있었는데, 살인에 관한
법(Demosthenes, 23. 62)과 수뢰 관련 법(Demosthenes, 21. 113) 등에서
그러하다고 보았다. 10 전자 살인에 관한 법(Demosthenes, 23. 62)에서는
신체와 재산이 아티미아(자격상실)에 처해지는 경우가 언급되었다. 그리
고 데모스테네스의 법조문에는 재산권을 보유한 채11 추방된 살인자를 국
경을 넘어서까지 쫓는 것은 시민을 죽이는 것과 같은 죄에 해당된다고 되
어 있다. "재산권을 보유한 채"라는 대목에서 한센은 재산권은 가지고 있
으나(*epitima*), 신체는 아티미아에 처해 있다는 사실을 지적하면서, 이들

9　M. H. Hansen, *Apagoge, Endeixis and ephegesis against Kakourgoi. atimoi and
　　pheugontes*, p. 77ff. 참조, 아티미아(*atimia*·권한의 상실)의 의미가 변화한 연대
　　에 관해 학자마다 견해가 조금씩 다르다. S. Swoboda("Beiträge zur griechischer
　　Rechtsgeschichte", 163; 참조, M. Ostwald, "The Athenian Legislation against
　　Tyranny and Subversion", 107 ff.)는 솔론보다 약간 이른 시기라고 보았다. 그 이
　　유는 《아테나이 정치제도》(8. 5)가 전하는 솔론의 〈중립금지법〉에서 이 용어가 '시
　　민권 상실'이라는 새로운 의미로 사용되었다고 보았기 때문이다. E. Ruschenbusch
　　(*Solonos Nomoi*, Wiesbaden, 1966, p. 7)는 460년경에 변화가 일어났을 것이라
　　고 보았다. 460년경의 것으로 추정되는 "젤레이아 출신 아르트미오스(Arthmios
　　from Zeleia)"의 조령에서는 아직도 아티모스(*atimos*·자격상실자)가 전통적인
　　추방의 의미로 사용되었다고 보기 때문이다(cf. 그러면서도 Ruschenbusch(*Ibid.*
　　pp. 22~23)는 법률상이 아니라 구어체에서는 완화된 의미가 이미 솔론 시대에 탈
　　영이나 부모 학대 등의 경우에 적용되었다고 보았다. 그리고 후대에도 완화된 의미
　　는 구어체에서만 통용되었다고 했다]. 그런데 한센은 아티미아의 의미가 변화한
　　연대를 더 후대로 추정했다. 그는 《아테나이 정치제도》(8. 4)에 기록되어 있는 솔
　　론 시대의 〈중립금지법〉에서 아티모스가 시민권 상실자라는 완화된 의미로 쓰이는
　　데 이 법은 그 진위 여부가 의심스럽다고 보았다.

살인법은 아티미아에 처해진 자가 추방된 것을 보여 주는 예라고 생각하였다. 또 데모스테네스(23. 28)의 법조문에서도 추방된 살인자의 경우에 관한 내용이 나온다. 이 법은 살인자를 위협하여 금전을 우려내는 행위를 금지하기 때문이다. 법조문의 내용은 다음과 같다.

금지된 지역인 국내에서 발견된 살인자는 죽이거나 체포하여 관리에게 넘길 수 있다고 첫 번째 법기둥에 쓰여 있다. 그러나 그를 학대해서는 안 되고 금전을 알거내도 안 되며, 만일 그렇게 하는 자는 행한 바의 두 배의 벌을 받게 된다. …

반대로 솔론의 〈사면법〉(Plutarchos, *Solon*, 19. 4)과 기원전 6세기 중엽의 〈반 (反) 참주법〉(*Ibid*. 16. 10)에서는 아티미아가 여전히 전통적 추방의 의미로 쓰이고 있다고 보면서, 한센은 《아테나이 정치제도》의 저자인 아리스토텔레스가 오해하여 〈중립금지법〉에서 아티모스가 솔론 시대에 이미 온건한 의미로 쓰인 것처럼 생각한 것이라고 주장하였다. 그런데 안도키데스(1. 78~79)에 전하는 페르시아 전쟁 전야에 통과된 〈사면법〉에서는 아티미아가 온건한 의미, 즉 추방이 아니라 '시민권의 상실'이라는 의미로 사용되었다고 보면서, 한센은 아티미아의 의미가 변화한 연대를 페이시스트라투스 집안의 참주정이 끝난 후인 510년경으로 추정했다. 기원전 460년경의 "젤레이아 출신 아르트미오스(Arthmios)" 조령에 대해서 한센은 아티모스(*atimos*)가 과격한 전통적 의미로 쓰이지 않았다는 점을 강조하였다. 그에 따르면, 이 조령에는 "atimos kai polemios"(자격상실자이며 적(敵))이라는 표현이 합쳐져서 추방되고 법적 보호를 박탈당한 사람이라는 의미를 갖지만, 'atimos'라는 단어만으로는 그런 것을 의미하지 않는다고 보았다. 한센은 이 조령에서 'atimos'는 온건한 '시민권 상실자'의 의미로 쓰였다고 보았다.

10 M. H. Hansen, *Apagoge, Endeixis and ephegesis against Kakourgoi. atimoi and pheugontes*, p. 80ff.

11 Demosthenes, 23. 44. hon ta chremata epitima.

이렇게 한센은 자신이 아티모이가 완화된 의미로 사용되었다고 보는 후대에도 과격한 의미의 아티모이가 여전히 법률상 용어로 쓰였다는 점을 알고 있었다. 파올리(U. E. Paoli)[12]와 해리슨(A. R. W. Harrison)[13]은 고전기에 두 가지 의미의 아티미아(*atimia* · 권한의 상실)가 있었다고 주장한다. '보통의 아티미아(*atimia normale*)'와 '특별한 아티미아(*atimia proscritta*)'가 그것이다. '보통의 아티미아'는 시민권의 상실을 의미하며, '특별한 아티미아'는 추방, 재산몰수, 법적 보호의 박탈 등을 포함하는 과격한 것이라고 한다.

여기서 필자는 아티마아의 의미가 원래 과격했다가 온건하게 변화하였다는 견해는 그 근거가 확실치 않다는 점을 지적하려 한다. 아티미아는 시민권의 상실로부터 추방, 법적 보호의 상실 등에 걸쳐 여러 가지 정도의 차이를 언제나 가지고 있었으며, 전대나 후대로 그 의미 변화를 구분하기 어렵다는 점을 피력하려는 것이다. 이를 위해 아티미아가 후대에 온건한 의미로 변화하여, 추방이 아니라 시민권의 상실만을 의미했다고 보는 학자들이 증거로 삼는 안도키데스(1. 80 및 107)에 나타나는 아티모이와 페우곤테스의 관계는 이들의 생각과 달리 이러한 견해를 증명하지 않는다는 점을 다음에서 살펴볼 것이다.

---

12 U. E. Paoli, *Studi di Diritto Attica* (Firenze, 1930), p. 307.
13 A. R. W. Harrison, *The Law of Athens*, II (Procedure) (Oxford, 1971), p. 169.

2. '피고'로서의 페우곤

한센은 안도키데스(1. 80 및 107)에서 아티모이가 페우곤테스와는 대조적 의미로 쓰였다고 보았다. 즉, 페우곤테스가 추방된 사람을 의미하므로 그와 대조적으로 쓰인 아티모이는 추방된 사람이 아니라 국내에 머물러 있으면서 시민권을 상실한 사람을 가리키는 것이라는 의견을 개진했다.

그런데 페우곤테스가 추방된 모든 종류의 사람을 의미하는 것으로 보기 어려운 사료가 있다. 그것은 데모스테네스(23. 44)의 법조문과 그에 관하여 부연 설명한 언급(23. 45)에서 나타난다. 해당 법조문은 다음과 같다.

> 만일 누가 '재산권을 보유한 채 추방된 조국을 떠나 있는' 살인자를 국경을 넘어선 지역에서 추적하거나 잡거나 끌고 오면, 국내에서 그러한 행위를 한 것과 같은 처벌을 받는다.

한센은 이 법조문에서 언급된 '조국을 떠난 사람'은 추방이라는 전통적 의미의 '아티미아'가 기원전 4세기에 법조문에도 그대로 남아서 쓰인 예로 간주했다.[14] 그런데 기원전 4세기에 생존한 데모스테네스(23. 45)는 앞(23. 44)에서 소개되어 있는 법에 대해 부연 설명하면서, 이 법에 언급되는 바, '재산권을 보유한 채 추방된(조국을 떠나 있는) 살인자'는 페우곤테스와는 다른 것으로 구별한다. 따라서 안도키데스 변론(1. 80 및 107)에 언급되는 페우곤테스도 모든 추방자를 의미하는 것이 아니라, 적어도 '재산권을 보유한 채 추방된(조국을 떠나 있는) 자'는 제외된다고 볼 수 있다. 즉,

---

14 M. H. Hansen, *Apagoge, Endeixis and Ephegesis against Kakourgoi, Atimoi and Pheongontes*, p. 80 ff.

안도키데스(1. 80 및 107)에 페우곤테스가 추방된 자를 의미하는 것으로, '아티카 내에 그대로 머물면서' 시민권을 상실한 것을 의미하는 '아티모이'와 구분된다고 하는 한센의 주장은 그대로 받아들이기 어렵다. 페우곤테스의 의미가 모든 종류의 추방자들을 다 포함하는 것은 아니기 때문이다.

여기서 동사 '페우고(pheugo)'가 지닌 여러 가지 의미에 유의할 필요가 있다. 그중에서 특히 이 문제와 관련된 것으로 두 가지 의미를 들 수 있다. 하나는 '조국을 떠나다'라는 의미이고, 다른 하나는 재판에서 '피고가 되다', 혹은 '피고로서 재판을 회피하여 도망치다'라는 의미다. [15]

동사 페우고(pheugo · 피고가 되다)가 디오코(dioko · 원고가 되다)와 대조적으로 쓰인 예는 다음과 같다.

그들은 내가 혐의를 받고 있는(peri tes aitias es ego pheugo) 사안에 대해 맹세의 의식을 치르지 않았으므로, 보증할 능력이 없습니다. [16]

원고(diokon)는 피고(pheugon)가 사람을 죽인 사실이 있음을 맹세했다. [17]

지금 저는 명예훼손 사안에서 원고가 되어 있지만(dioko), 그 같은 판결에서 아버지를 살해한 혐의 관련해서는 피고(pheugo)의 입장에 있습니다. [18] 악행자로 피소되었음에도 불구하고 살인사건 재판소에서 재판을 받고 있습니다(phonou diken pheugo). [19]

---

15 H. G. Liddell & R. Scott, *Greek Lexikon*, s. v. pheugo.

16 Lysias, 4, 4.

17 Lysias 10. 12.

18 Lysias, 10. 31.

19 Antiphon, 5. 9.

사형을 선고받은 사람에 대해 (*andros peri thanatou pheugontos*) … . **20**

내가 이런 사안의 재판에서 피고가 되어 (*phygoimi*) 멜레토스 (Meletos) 와 다투지 않았으면! **21**

… 누군가가 재판정에서 피고가 되거나 (*pheugon*) 원고가 되어 (*diokon*) 많은 시간을 허비할 뿐만 아니라 … . **22**

이상의 경우에 '페우고' 동사는 '어떤 장소를 떠나다'라는 의미를 가지지 않고, 죄인으로 '피고가 되다'라는 의미를 가진다. 이러한 관점에서 다음과 같은 두 가지 중요한 사료도 첨가할 수 있다. 그것은 금석문에 남아 전해지는 살인 관련 〈드라콘법〉(I. G.) **23**와 《데모스테네스》(23. 53) 이다. 이 두 사료에서 '페우고'라는 동사가 쓰이는데, 사가들은 이것을 '추방되다'로 해석한다. 그러나 필자는 이것을 '추방되다'가 아니라 '피고가 되어 재판받다'라는 의미로 해석하고자 한다.

금석문(I. G.) 의 살인 관련 〈드라콘법〉에 있는 문장은 흔히 "어떤 사람이 다른 어떤 사람을 비고의적으로 죽였다 해도 그는 '추방된다'"로 해석된다. **24** 그런데 필자는 이 문장을 "어떤 사람이 다른 어떤 사람을 비고의

---

20 Antiphon, 5. 95.

21 Platon, *Apologia*, 19c.

22 Platon, Politeia, 405b.

23 *I. G.* I², 115 (I. G. I³, 104) , line. 11.

24 M. Gagarin, *Drakon and Early Athenian Homicide Law* (New Haven/ London, 1981) , p. xvi; D. M. MacDowell, *Athenian Homicide Law in the Age of the Orators* (Edinburgh, 1963) , p. 119.

적으로 죽였다 해도 그는 재판받는다(*pheugon*)"로 해석하고자 한다. 왜냐하면 바로 다음 문장에 "왕이 살인죄(*phonos*)인가 … 살인을 도운 죄(*bouleusis*)인가를 판단하며, 에페타이가 결정한다"는 내용이 나오기 때문이다. 곧이어 비고의적 살인의 경우 피해자 측과 가해자 측 간의 화해와 타협의 가능성에 관한 내용이 나오기도 한다. 이러한 절차를 거쳐 타협이 이루어지지 않을 때 비고의적으로 살인한 죄가 있는 사람은 추방되는 것이다. 비고의적으로 사람을 죽였을 때 바로 추방되는 것이 아니라 재판과 타협 절차를 거쳐 여의치 못할 때에 추방되는 것이므로, 이러한 절차가 일어나지 않았을 때는 피고 입장에서 재판을 기다리게 될 것이기 때문이다.

이와 비슷한 내용으로 《데모스테네스》(23. 53)에 비고의적으로 사람을 죽인 경우에 관한 법조문이 나온다. 그것은 운동경기 중이나, 길에서 도적을 만나 싸우다가, 혹은 전쟁을 하다가, 또는 아내나 누이, 딸, 자유인 아들을 가진 정부와 간음하는 경우 사람을 죽이는 것, 즉 계획 없이 살해하게 되는 것을 말한다. 여기서도 동사 '페우고'가 쓰이는데, 로엡고전총서(Loeb Classical Library)의 《데모스테네스》3권[25]에 "이것(비고의적 살인) 때문에 사람을 죽인 자는 추방되지 아니한다"로 해석되어 있다. 그러나 앞에서 언급하였듯이 비고의적으로 사람을 죽였을 경우에 모두 추방되는 것이 아니라 피해자와 타협이 여의치 못할 때에 추방되므로, 이들에 대하여 일반적으로 '추방되지 아니한다'라고 할 수 없다.

오히려 필자는 이 문장이 "이것(비고의적인 살인) 때문에 사람을 죽인 자는 재판받을 필요가 없다"로 해석되어야 한다고 본다. 앞에서 소개한

---

25 J. H. Vince, *Demosthenes*, III (변론 21~26) (Cambridge, Mass., 1935, 1st pr./1978), p. 249.

〈드라콘법〉에서 규정하듯이, 비고의적으로 사람을 죽였다고 하더라도 재판을 받아야 하나, 다만 《데모스테네스》(23. 53)에 열거한 경우에 한해서는, 가해자가 계획성 없이 사람을 죽이게 된 것이 확실한 이상 재판을 받을 필요가 없다는 말로 해석할 수 있다. 이러한 경우 물론 추방될 필요는 없는 것이다.

3. '도망자'로서의 페우곤

'피고'로서의 페우곤(pheugon)은 살인사건 재판의 경우에 재판이 일어나기 전이나 혹은 마지막 재판이 있기 전에 도주할 수 있는 기회가 합법적으로 주어졌다.[26] 이것은 아마 피고가 불리하다고 판단하는 경우에 도주함으로써 판결을 회피할 수 있는 기회를 주고자 한 것으로 보인다. 피고가 도주하게 되면 판결하는 쪽에서도 원고와 피고 중에서 거짓된 자를 가려내야 하는 어려움, 한쪽을 꼭 처벌해야 하는 난처함으로부터 해방될 수 있을 것이다. 그런데 이때 도주한 피고는 재판을 받지 못한 피고로 언제나 남아 있게 되며 그런 상태로 도망자가 된다. 이러한 상태의 페우곤은 합법적 재판 절차를 거쳐 추방된 사람과는 다르다. 이 경우에는 오히려 '도망자'라는 표현이 더 적합하며, 자진하여 도주함으로써 종신추방형에 처해지는 결과를 낳게 된다.

더구나 플라톤의 《법률》[27]에는 다음과 같은 내용이 나온다.

---

26 cf. Antiphon, 5. 13, 재판이 일어나기 전이나 도중에 도주할 권한이 합법적으로 주어진다.

27 Platon. *Nomoi*, 871d～e.

만일 죄인(살인자)이 달아나서(*phygon*) 판결을 회피하면, 종신추방에 처해진다. 만일 이런 사람이 살해된 자가 있던 지방에 나타나면, 살해된 사람의 친척이나 시민 중 제일 먼저 그를 발견한 사람이 그를 죽일 수 있으며 이로 인해 처벌받지 아니한다. 또는 그를 묶어 해당 사건을 재판한 관리들에게 넘겨 죽이도록 할 수 있다.

여기서는 재판에서 판결을 받고도 이를 회피해 도망한 사람의 경우를 'phygon'이라 하여 페우고 동사를 사용하고 있음을 볼 수 있다.

4. 〈사면법〉에 보이는 페우곤테스

파트로클레이데스의 조령에 전하는 〈사면법〉에서 제외된 사람들을 가리켜 안도키데스(1. 80)는 페우곤테스(*pheugontes*, 단수 페우곤)라 칭하였다. 그런데 〈사면법〉의 내용에서 "사형을 선고받고는 이름이 포고되어 이 땅에 머물지 않는 사람"은 분명히 사형선고를 받았으나 형 집행을 하기 전에 달아난 사람도 포함하는 것이 된다. 이들은 재판을 받고 판결에 따라 추방된 자와는 개념이 다르다. 또한 "살인죄(*phonos*)나 살육(*sphagai*)이나 참주 혐의로 이 땅을 떠나 있거나(*esti phyge*) (혹은 도주하거나)"에서 'esti phyge'는 합법적 철차에 의해 추방되었다는 말인지, 위에서 소개한 바와 같이 아레오파고스의 경우에 마지막 판결이 나기 전에 자진하여 도주하는 경우를 포함하는 것인지 불분명하다. 아니면 이 두 가지 경우를 다 포함하는 것일 수도 있다.

따라서 〈사면법〉에서 제외된 페우곤테스가 합법적 절차에 따라 재판을 받고 추방된 사람도 포함하는지는 알 수 없다. 그러나 피고의 입장에서 재판을 받기 전이나 받는 도중, 혹은 판결이 난 후 형이 집행되기 전에 자의적으로 도주한 경우를 포함하는 것은 분명한 것으로 보인다.

5. 추방뿐 아니라 자발적 도주자도 포함하는 페우곤테스

안도키데스는 페르시아 전쟁 전야에 가결된 〈사면법〉을 설명하면서, 아티모이(단수형 아티모스)는 사면받지만 페우곤테스(단수형 페우곤)는 제외되었다가(1. 80) 페르시아 대군의 침입을 받은 아테나이인들은 마침내 페우곤테스까지 사면하게 되었다(1. 107)고 전하였다. 안도키데스(1. 80 및 107)에 근거를 두고 한센은 아티모이와 페우곤테스의 의미에 대해, 전자는 '국내에 머물도록 허용된 시민권 상실자'이며, 후자는 '조국 땅을 떠난 자'로서, 두 용어가 대조적인 것으로 보았다. 그러나 필자는 페우곤테스가 모든 종류의 추방자를 포함하는 용어가 아니므로, 권리 상실자인 아티모이도 '국내에 머물러 있는' 것만을 의미하는 것은 아니라고 본다.

이 〈사면법〉에서 언급되는 '이름이 포고되어 이 땅에 머물지 않는 사람'으로서의 페우곤테스 중에는 재판을 받고 판결에 따라 추방된 것이 아니라 자의적으로 재판을 받기 전, 혹은 받는 중에 도주하거나, 사형선고 등의 판결을 받았으나 형이 집행되기 전에 조국을 떠난 사람들이 포함되어 있다. 페우곤테스는 합법적 판결에 의해 '추방된 사람들'뿐 아니라 오히려 자발적으로 도망한 사람들도 포함하는 것이다. 더구나 데모스테네스(23. 44)에 따르면 페우곤테스는 '재산권을 보유한 채 추방된(조국을 떠나 있는) 살인자'와는 다른 것으로 나타난다.

따라서 페우곤테스는 모든 종류의 추방자를 포함하는 것이 아니라 일정한 부류의 추방자를 의미하는 것이라고 결론지을 수 있다. 더구나 사면에서 제외된 페우곤테스는 모든 종류의 '페우곤테스'를 포함하는 것인지는 불확실하다. 〈사면법〉에 열거된 경우에 해당하고, 또한 "이름이 기둥에 포고되고 이 땅에 머물지 않는 경우에 해당되는 사람들"이라고 되어 있기 때문이다. 이런 점을 고려할 때, 이 사료에서 아티모이는 "권한을 상실하였지만 아티카 내에 남아 있었던 사람들"을 지칭하며, 페우곤테스는 '추방된 사람들'을 나타내는 것으로 양자가 대조적 의미로 쓰였다고 보는 한센의 견해는 타당성이 없다. 페우곤테스는 모든 '추방된 사람'을 의미하는 것이 아니기 때문이다.

이와 같이 안도키데스(1. 80 및 107)에 나오는 아티모이와 페우곤테스는 서로 배타적 범주의 죄인을 언급하는 것으로 보기 어렵다. 즉, 아티모이는 자격(시민권)을 상실했으나 국외로 추방되지 않고 국내에 머물렀던 사람이며, 페우곤테스는 국외로 추방된 사람을 가리키는 것이라고 규정할 수 없다는 말이다. 따라서 아티모이의 의미가 추방이나 법적 보호 박탈 등의 과격한 것에서 온건하게 자격상실로 점차 변화했다는 견해를 가진 사람들이 후대의 온건한 의미로 쓰인 예로 삼는 안도키데스(1. 80 및 107)의 〈사면법〉에 관한 설명은 이러한 견해를 뒷받침해 주지 못한다.

기원전 4세기에 아티모이가 국외로 추방되지 않고 국내에 머물러 있었던 사람만을 의미하였다는 것을 분명히 증명하는 사료는 없다. 아마 아티모이는 여러 종류가 있었을 것이며 추방된 사람도 이에 속해 있었을 것이다. 한센 자신도 살인죄와 수뢰에 관한 법률에서 추방된 아티모이가 후대까지 언급되고 있음을 인정한다.

앞에서 언급한 바와 같이 파울리와 해리슨은 기원전 4세기에도 '보통의 아티미아'(권한의 상실)와 '특수한 아티미아'가 있었다고 구분하면서 '특수한 아티미아'는 추방이나 법적 보호권 박탈 등을 의미한다고 규정하였다. 여기서 필자는 아티미아의 의미가 과격한 것에서 온건한 것으로 시대가

흐름에 따라 변화하였다고 보는 학자들의 견해는 근거가 확실치 않음을 지적하려 한다. 오히려 아티미아를 언제나 여러 가지 종류를 포함하는, 폭넓은 개념으로 파악하려 하기 때문이다. 여기서 필자는 탈하임28과 립시우스29가 이미 아티미아의 의미가 시대적으로 변화한 것은 아니라는 견해를 지지하였다는 점을 덧붙인다. 아티미아의 의미가 변화했다고 보는 한센이 후대에 해당 표현이 완화된 의미로 사용된 근거라고 주장하는 사료(Andokides 1. 80, 1. 107)는 그의 견해를 지지하지 못한다.

28 Th. Thalheim, *RE*, s. v. alimia kai atimos.
29 J. H. Lipsius. *Das attische Recht und Rechtsverfahren*, p. 375 및 n. 4, pp. 930 ~931 및 n, 2.

데모스테네스 변론 원제목의 그리스어 표기

I. 올린토스 변(辯) I, *Ὀλυνθιακὸς α* (1).

II. 올린토스 변(辯) II, *Ὀλυνθιακὸς β* (2).

III. 올린토스 변(辯) III, *Ὀλυνθιακὸς γ* (3).

IV. 필리포스를 비난하여 I, *Κατὰ Φιλίππου α* (4).

V. 평화에 대하여, *Περὶ τῆς Εἰρήνης* (5).

VI. 필리포스를 비난하여 II, *Κατὰ Φιλίππου β* (6).

VII. 할론네소스에 대하여, *Περὶ Ἀλοννήσου* (7).

VIII. 케르소네소스 사태에 대하여, *Περὶ τῶν ἐν Χερρονήσῳ* (8)

IX. 필리포스를 비난하여 III, *Κατὰ Φιλίππου γ* (9).

X. 필리포스를 비난하여 IV, *Κατὰ Φιλίππου δ* (10).

XI. 필리포스의 서신에 대한 답신,

   Πρὸς τὴν Ἐπιστολὴν τὴν Φιλίππου (11)

XII. 필리포스의 서신, 〔*Φιλίππου*〕 *Ἐπιστολή* (12).

XIII. 급여에 대하여, *Περὶ Συντάξεως* (13).

XVI. 납세분담조합에 대하여, *Περὶ τῶν Συμμοριῶν* (14).

XV. 로도스인의 자유를 위하여, *Ὑπὲρ τῆς Ῥοδίων Ἐλευθερίας* (15).

XVI. 메갈로폴리스인들을 위하여, *Ὑπὲρ Μεγαλοπολιτῶν* (16).

용어 해설

거류외인 (*metoikos*, 복수형 *metoikoi*)

거류외인은 다른 지역에서 옮겨와서 함께 거주하는 사람이라는 뜻이다. 이
때 '다른 지역'이 반드시 오늘날의 해외 혹은 국외를 의미하지는 않는다. 같
은 아테나이 내에서도 본향이 아닌 다른 지역으로 옮겨가면 그곳의 거류외인
이 되기도 한다. 다만 그전에 살았던 지역에서 시민이었던 사실을 옮겨간 지
역에서 인정받는 경우 새 주거지에서도 시민의 자격을 인정받을 수 있었다.
거류외인 중 아테나이에 공헌한 바가 있는 것으로 인정받은 경우 아테나이인
과 같은 비율로 세금을 내거나(동일세 납부) 몇 가지 한정된 사안에서 시민
과 동등한 권리를 부여받았다. 리시아스는 아테나이에서 태어났으나, 그 부
친이 시켈리아의 도시 시라쿠사이에서 이주해왔으므로 거류외인 신분에 속
했으며 그중에서도 동일세 납부 자격, 혹은 한정된 사안에서 동등한 권한을
누리는 거류외인(*isoteles metoikos*)이었다.

고발, 고소, 기소

고대 아테나이에서는 고발, 고소, 기소 등 개념은 호환적으로 쓰인다. 이것
이 현재 한국 법제도와 다른 점이다. 한국의 경우, 첫째, 고소는 이해당사
자, 고발은 제3자가 이의를 제기하는 것이지만, 고대 아테나이에서는, 이 같
은 구분 없이, 자타의 구분을 막론하고 문제를 제기할 수 있었다. 둘째, 현
재 한국에서는 검사가 기소독점권을 갖고, 일반 시민들에게는 기소권이 없
다. 그러나 고대 아테나이에서는 검사 등 국가 공권력이 따로 존재하지 않았

고, 시민들 개개인이 모든 정치(최고 의사결정기구인 민회의 구성원), 사법(재판소의 재판관), 군사(시민병) 등의 결정권자가 되었다. 기소도 공적 기관이나 공직자가 하는 것이 아니라, 개인이 했다. 살인사건이 발생해도 고소, 고발, 기소 등을 하는 이가 없으면, 애초에 사건이 성립하지 않았다. 이와 같은 국가 공권력 혹은 관료가 아닌 시민에 의한 사법적 주도권은 민주사회의 한 상징이며, 민주주의 전통이 강한 서구 여러 나라에 지금도 존재한다. 예를 들어, 영국은 검사 기소가 아니라, 원천적으로 시민 개인이 기소권을 갖는다. 그 외에도 독일, 프랑스 등에서는 검사가 기소하지 않을 경우, 개인이 민사뿐만 아니라 형사에서도 보충적 기소권을 갖고 있다. 고대 아테나이의 고발, 고소, 기소 등 조치에는 프로볼레, 아포파시스 아포그라페, 아파고게, 엔데익시스, 그라페 파라노몬 등 여러 가지가 있었다. 이에 관해서는 다음을 참조하라. 최자영, 《고대 그리스 법제사》, 아카넷, 2007, 578~580, 590~598쪽; 리시아스, 《리시아스 변론집》, 나남, 2021, 부록 3; M. H. Hansen, *Eisangelia*: *The Sovereignty of the People's Court in the Fourth Century and Polititions*, *Odense University Classical Studies*, VI. Odense, 1975, pp. 9, 38 ff.

관극기금 (*theorikon*, 복수형 *theorika*)

관극기금은 기원전 5세기 후반 아테나이의 페리클레스가 빈곤한 사람이 공공축제에 참가할 수 있도록 마련한 수당에서 비롯된 것으로 알려져 있다. 기원전 4세기에 들어서는 도시의 각 기관에서 각종 경비 혹은 군사 자금 등으로 쓰이기도 했거나 혹은 그런 제안이 있었다. 기원전 354년경 관극기금 관리자 중 한 사람이었던 에우불로스는 법안을 발의하여 잉여 세수금 전체를 관극기금 등 공공축제에 쓰도록 하고, 전쟁비용은 비상 징세 혹은 특별세(*eisphora*)로만 충당하도록 했다. 기원전 350년 혹은 349년경, 〈올린토스 변 3〉이 발표되기 조금 전, 관극기금의 용도 변경 시도에 대해 '불법제안 혐의의 고발(*graphe*

paranomon)'이 있었고, 에우불로스는 테오리콘 기금의 전용을 제안하는 것만
으로도 사형죄로 다스리도록 하는 법을 제안했던 것으로 전한다. 이 같은 금지
에도 불구하고 빈민에게 수당으로 지급되는 테오리콘에 대한 불만은 존재했
다. 이같이 상반된 입장이 존재하는 상황에서 데모스테네스는 관극기금의 전
용을 금지하는 법에 유감을 표하고, 그 기금을 군사적 용도로 전용하자는 입장
에 있었다(참조, Demosthenes, 1. 19, 3. 11). 참고로, 당시 해마다 새 법이
필요한지 민회에서 결정하고, 필요하다고 결정하면 입법자(*nomothetai*)를 임
명한다. 입법자들은 시민이 제안한 법 등을 검토하여 투표에 부친다.

그라페 (*graphe*)

공적 이해관계가 걸린 사안에 관한 특별 기소절차로, 단어의 뜻은 '기록한
다'이다. 기소가 기각되거나, 재판정에서 5분의 1의 지지표를 얻지 못하면
고발인은 1천 드라크메의 벌금을 물며, 벌금은 국가 공공기관으로 들어간다
(Demosthenes, 21. 47). 이렇게 고발인이 엄청난 위험부담을 지므로 그라
페의 절차로 기소된 사건은 그 비중이 크다. 다음을 참조하라. 최자영, 《고
대 그리스 법제사》, 아카넷, 2007, 578~580, 599쪽; 리시아스, 《리시아
스 변론집》, 나남, 2021, 부록 3.

그라페 파라노몬 (*graphe paranomon*)

불법행위 혹은 불법제안에 대한 고발로, 이 경우에 사건은 먼저 테스모테
테스(법무장관) 앞으로 제출되고 근거가 있다고 판단되면 재판에 회부된
다. 정치적으로 정적을 제거하기 위해서 자주 이용되는 경향이 있었다.
아리스토폰이라는 사람은 자신이 75번이나 이 절차로 고발되었다고 호언
하였다.

납세분담조합 (*symmoria*)

기원전 378~377년 이후 전쟁세금(*eisphora*), 그리고 357년 이후 전선인 삼단
노 선주의 부담을 지기 위해 '분담조합(*symmoria*)'을 구성했다. 이는 납세분
담단체로서 부유한 아테나이인들로 구성된다. 이때 1,200명의 부유한 시민
들이 목록에 오르고 각 부족당 2개씩 20개 집단을 이루며, 각 집단이 60명의
성원으로 구성된다. 각 조합은 비상기금으로 전쟁세금과 삼단노 선주 부담
등 국가추진 사업 등의 경비를 부담한다. 국가추진 사업 중 전선(戰船)인 삼
단노 선의 선주의 부담은 분담조합원 1,200명이 책임지는 것이다. 그 외 국가
사업에 따른 경비 부담은 4계층으로 구분된 일반 시민들이 지며, 그 중 최하
극빈자는 제외된다. 때로 제일 부유한 제1계층이 국고에 선납하고 나중에
덜 부유한 시민들로부터 일정액을 거두기도 한다. 여기서 비리가 발생하곤
했으므로 기원전 340년 데모스테네스의 제안으로 그 개선책이 소개되었다.

디케 (*dike*)

디케는 흔히 정의, 혹은 정의의 여신 등으로 알려져 있으나, 고대 그리스에서
디케는 사적 소송, 자신의 몫을 찾기 위한 소송 등을 뜻했다. 디케(私訴)의 대
조적 개념은 공소(公訴)인데, 이때 공소는 여전히 개인의 기소에 의한 것이
다. 공소에는 그라페(공소), 에이산겔리아(탄핵) 등의 절차가 있다. 고대 아
테나이에서는 시민이 정치의 주체가 되었으며, 사법을 실현하는 주체도 개인
으로서의 시민이었다. 사소와 달리, 공소는 상대적으로 사안의 비중이 더 크
고 공적 성격을 가진 것으로서, 패소할 경우, 5분의 1 지지표도 얻지 못하면
벌금(1,000 드라크메)을 물어야 했다. 예외적으로, 부모 학대 등 벌금을 면제
받는 공소도 있었던 것으로 전한다. 이런 경우는 패륜, 악덕의 혐의가 있는데
도 벌금이 겁나서 고소하지 못 하는 일이 없도록 하기 위한 것이다. 반면, 사소
(私訴)의 재판에서 5분의 1 지지표도 얻지 못할 경우, 패소한 이가 승소한 피
고에게 분쟁에 걸린 금액의 6분의 1(에포벨리아, *epobelia*)의 벌금을 지불한다.

데모스 (*demos*)

데모스는 민중, 민회, 촌락(행정구역) 등 세 가지 의미를 가지는 용어로서, 문맥에 따라 의미가 다르게 쓰인다.

도시 (*asty*, 아테나이 도심)

'폴리스(*polis*)'와 '아스티(*asty*)'는 다 같이 '도시'로 옮길 수 있으나, 그 의미는 다르다. '폴리스'는 '나라'라는 뜻으로 두 가지 의미로 쓰인다. 광역 아테나이 도시 전체, 즉 아티카반도에 걸쳐 있는 데모스〔區〕를 지역을 뜻하기도 하고, 또 협소한 의미로, 다른 데모스를 제외한, 아티카의 중심 지역의 아테나이 지역공동체를 뜻하기도 한다. 반면 '아스티'는 '정치적 공동체' 개념이라기보다, 협소한 지역적 의미로서, 아테나이 도심 시가지를 뜻한다. 이 시가지 아테나이는 함께 아테나이 폴리스에 속하는 항구인 페이라이에우스와 대조적인 의미를 갖는 공간이다. 특히 이 경우 '도시'에 있던 사람이란 30인 참주정에 동조하거나 그를 묵인한 사람들로서, 추방되어 페이라이에우스 항구를 통해 들어온 이른바 페이라이에우스의 민주파와 대조적 의미를 갖는다. 아테나이 도심으로서의 '*polis*' 혹은 '*asty*'의 용법에 대해서는 다음을 참조하라. 최자영, 《고대 그리스 법제사》, 아카넷, 2007, 부록 1, 687~701쪽.

명도소송 (明渡 訴訟, *dike exoules*)

점유자를 쫓아내기 위해 제기하는 소송.

법 (*nomos*)과 조령 (條令, *psephisma*)

법과 조령은 서로 연관이 있고 호환적으로 쓰이지만, 차이가 있다. 조령은 물론 광의의 법의 일부이다. 법은 조령보다 더 포괄적이고 지속적인 개념으로 쓰이고, 조령은 구체적 사안과 관련한 시행령으로서의 의미를 갖는다. 조령으로 변역한 '*psephisma*'는 '투표하다'라는 의미의 동사 '*psephizo*'에서 나온다. 조령은 민회 등에서 표결을 통해 이루어진 일반의 법 혹은 구체적 사안 관련 시행령 등을 뜻한다. 그러나 법(*nomos*)는 제정법뿐만 아니라 불문법을 포괄하는 광범위한 개념으로 쓰인다.

보호자 (*prostates*)
시민권이 없는 이방인 출신 거류외인의 권리를 대변하며 보호와 감독의 역할을 하는 사람으로, 거류외인의 공적·사적 거래를 보증한다.

부족장 (*phylarchos*)
아테나이 10개 각 부족(*phyle*, 군사조직으로는 *tagma*에 상응)의 수장이다. 군사적으로는 기병장교들로 그들 산하에 아테나이 기병이 소속된다. 이 10명의 기병장교 위에 2명의 기병대장이 있어 이들을 관할한다.

수행감사 (*euthyne*)
모든 공직자는 1년 임기를 마친 다음 민회 등에서 수행감사를 받게 되며, 그에 따른 책임을 져야 한다. 공금에 손실을 초래했을 경우, 사비로 물어내야 하며, 그 공적 채무를 갚지 못하면 재산이 강제 몰수되거나, 갚을 때까지 시민권을 박탈당한다.

아레오파고스 의회 (*boule*)
고의적 살인이나 계획적 상해, 신성모독 등 중대한 사안은 일반 재판정이 아닌 아레오파고스 의회에서 재판했다. 아레오파고스 의회는 전직 아르콘 등 명망 있는 사람들을 중심으로 구성되는 아테나이의 권위 있는 전통적 회의체다. 주요 국사(國事)나 살인죄 등 중대 현안에 대한 재판소로 기능했으며, 각 부족 혹은 지역에서 일정 수로 구성되는 400인 혹은 500인 의회와 구성 방법이 다르다.

아르콘 (*archon*)

아테나이 민주정에는 9인(서기를 합하여 10인)의 아르콘(장관)이 있었다. 본디 유명 가문 출신 중에서 선출되었으나, 기원전 487년 이후에는 유명 가문 출신뿐만 아니라 모든 아테나이인을 대상으로 추첨해서 선발했다. 아르콘의 임기는 1년이었다. 이 중 서기를 제외한 9인의 직책 및 구성은 다음과 같다.

수석(명칭) 아르콘 혹은 명칭(수석) 아르콘(*eponymos archon*): 폴리스를 대표하며 행정을 관장하는 서열 1위의 아르콘으로서, 한 해의 이름을 그해 선출된 수석 아르콘의 이름으로 명기한다고 하여 명칭 아르콘으로 불렸다. 수석 아르콘의 관할에는 고아와 후견관리에 관한 일도 포함된다.

바실레우스: '왕'이라는 뜻으로, 오랜 옛날부터 전통적으로 종교와 제의를 관장해온 서열 2위의 아르콘이다.

폴레마르코스: 국방장관. 원래 국방 관련 사무를 관장하였으나 기원전 5세기 이후부터는 이방인, 거류외인, 피해방자유인 등에 관한 재판관의 기능을 맡은 서열 3위의 아르콘이다.

테스모테테스: 수석(명칭) 아르콘, 바실레우스, 폴레마르코스를 제외한 6인(복수형 '테스모테타이')을 말한다. 민사소송의 재판을 담당하는, 오늘날로 따지면 법무장관과 유사한 직책이었다.

아티메톤 (*atimeton*)

재판관들이 책정하지 않고 법 규정에 따라 부과되는 벌금.

아티모스 (*atimos*)

불법, 위법, 배반 등의 혐의로 재판을 받고 권리의 전부 혹은 일부를 박탈당한 이를 뜻한다. 흔히 '시민권 박탈'로 번역하지만, 여기서는 두 가지 점을 고려하여 '자격박탈'로 옮겼다. 첫째, 시민권이라는 개념 자체가 일정하지 않고 유동적인 데가 있기 때문이다. 완전 시민권자, 불완전 시민권자 등의 개념이 그러한데, 18세 이전의 아동이나 군대에 복무하기 어려운 노인은 불완전 시민권자에 속한다. 둘째, 권리 박탈 정도도 언제나 일정한 것이 아니라 경우에 따라 유동성이 있었기 때문이다. 아티모스(자격 박탈당한 이)의 반대 용어는 자격을 유지한 상태에 있는 에피티모스(*epitimos*)이다.

아티미아 (*atimia*)

아티모스(*atimos*)에 처해진 상대를 뜻한다. '아티모스' 항목 참조.

아파고게 (*apagoge*)

현행범, 혹은 기타 혐의가 있다고 생각되는 경우 11인 등 공직자나 민간인이 직접 혐의자를 체포 구인하는 절차를 말한다.

아포그라페 (*apographe*)

주인이 불분명한 재산을 조사하여 공공재산으로 편입하여 목록을 작성하는 것이다. 주로 11인이 담당했다. 또한 몰수되는 공적·사적 재산 혹은 생산물의 목록으로 재판정에 제출되는 목록 그 자체를 일컫기도 한다.

에이산겔리아 (*eisangelia*)

그라페(공소, *graphe*)와 마찬가지로 공직 이해가 걸린 비리에 관한 것으로, 공적 중요성이 클 때 밟는 '탄핵' 절차이다. 처음에는 중대한 사안 위주로 적용되었으나 후에는 비중이 상대적으로 작은 사안에도 적용되었다. 이것은 피고뿐만 아니라 원고에게도 위험부담이 있는 절차로, 5분의 1의 지지표를 얻지 못하는 원고는 처벌받았다. 그라페와 에이산겔리아 둘 다 공적 이해관계가 걸린 사안에 대한 고소·고발 절차라는 공통점이 있다. 또 고소인이나 고발인이 법정에서 5분의 1의 지지표도 얻지 못할 경우 1천 드라크메의 거액을 벌금으로 내야 해서 고소인이나 고발인에게 위험부담이 돌아가므로 이런 절차에 호소한다는 것은 쉬운 일이 아니었다. 그라페와 에이산겔리아가 서로 어떻게 다른가에 대해서는 여러 가지 이론(異論)이 있다. 다음을 참조하라. 최자영, 《고대 그리스 법제사》, 아카넷, 2007, 569~580쪽; 리시아스, 《리시아스 변론집》, 나남, 2021, 부록 3.

에포니모스 아르콘 (*eponymos archon*)

'eponymos archon(에포니모스 아르콘)'은 '명칭장관'이란 뜻이며, 9명 장관〔명칭(*eponymos*) 장관, 왕(*basileus*), 국방장관(*polemarchos*), 6명 법무장관(*thesmothetai*)〕에 속한다. 한 해의 명칭을 명칭장관 이름을 따서 표기하므로, 9명 장관 가운데 으뜸으로, 수석장관으로 불린다. 이때 '명칭'과 '수석'은 호환되며, 맥락에 따라 그 의미가 달라질 수 있다. 예를 들어, 어느 해에 누가 장관으로 있었다고 할 때는 명칭(수석)이 되고(그해 장관 이름을 따서 어느 해인지 분간하는 것이므로), 맡은 직무, 기능을 말할 때는 수석(명칭)이 된다. 그래서 명칭(수석) 혹은 수석(명칭)의 표기를 병용했다. '아르콘' 항목 참조.

에포벨리아 (*epobelia*)

1드라크메당 1오볼로스(6오볼로스)의 비율의 벌금이나 이자를 계산하는 것이다. 아테나이에서는 사소(私訴)의 재판에서 5분의 1 지지표도 얻지 못할 경우, 패소한 이가 승소한 피고에게 벌금을 지불한다. 이 사건에서 데모스테네스는 아포보스에게 10탈란톤을 청구했으므로. 6분의 1(에포벨리아) 비율로 계산하면 100므나(1만 드라크메)가 된다.

에피티모스 (*epitimos*)

권리를 박탈당하지 않고 자격을 갖춘 이. '아티모스' 참조.

엔데익시스 (*endeixis*)

혐의 내용이나 혐의자의 소재 등에 대한 정보를 제공하는 고발조치이다.

예비심사 (*probouleuma*)

예비심사란 민회 (*ekklesia*) 에서 논의될 사항을 의회 (*boule*) 에서 미리 심사를 하는 제도이다. 의회의 예비심사에서 민회 토의 안건으로 적합하다고 판단 되면, 민회로 보내어 토의 (*bouleuma*) 가 이루어지도록 한다. 반대로 의회가 부적합하다고 판단하면 보내지 않는다. 의회가 부적합하다고 판단한 안건을 민회로 내려 보내면 불법으로 추궁하게 된다. 참고로, 민회에서는 의회의 예비심사를 통과한 것만 토의하는 것은 아니고, 사안에 따라 민중이 민회에 서 직접 토의될 안건을 제안할 수가 있다.

자격심사 (*dokimasia*)

아르콘을 비롯한 아테나이의 모든 공직자는 임기가 시작하기 전에 500인 의회 혹은 재판소의 자격심사를 거친다. 이 자격심사는 공적·사적 삶의 과정 전체 를 조명하는 것으로, 도시에 대한 기여나 개인적 삶의 과정이 평가 대상이다. 삶의 이력을 모두 들추어 보므로 심사 대상의 성격, 행동 등을 이해할 수 있다.

재산교환소송 (*antidosis*)

국가로부터 재정 부담을 할당받은 사람이 자신보다 더 부유하다고 생각되는 사람을 고발해 자신의 부담을 전가시키려 할 때 발생하는 소송이다. 이때 양 측의 분쟁이 조정되지 않고 재판관이 판정하기 어려운 경우, 고발된 자가 그 대로 부담을 떠안든지, 아니면 서로 상대편의 것이 많다고 주장하는 재산을 맞바꾼 다음 부담을 떠안게 된다는 뜻에서 '재산교환소송'으로 불린다.

제안 (*proklesis*)

제안이란 분쟁 쌍방 중에서 한 편이 다른 편에 대해 하는 것으로서 상대의 예속머슴을 증인으로 심문에 붙이자든가, 맹세를 하자든가 하는 것 등이다. 이 제안을 거절하면, 거절하는 쪽의 진실성이 의심받을 위험에 처하기도 한다.

주요민회 (*kyria ekklesia*)

매달(1년에 10번의 프리타네이아 행정회기) 열리는 4번의 민회 가운데 제일 먼저 열리는 민회를 지칭한다. 이 민회에서 가장 중요한 주제들이 논의될 수 있도록 그 내용에 따른 순서가 이미 정해져 있었다.

티메톤 (*timeton*)

'책정'한다는 뜻으로 재판관들이 책정하여 부과하는 벌금.

프로볼레 (*probole*)

1) 민회에 제기하는 'probole(예비심의)' 절차를 뜻하는 것으로 해석한다. 일단 문제를 민회에 제기하지만, 민회에서 승소판결이 나도 재판소에 회부할 것인가의 여부는 본인이 알아서 결정하는 것이고, 재판에 붙이지 않을 수도 있으므로 '예비심의'라고 한다.

2) 명백한 부정에 대한 고발로서, 은밀한 부정(phasis)에 대한 고발과 대조되는 것으로도 전한다. 다음을 참조하라. 《캠브리지 수사 사전》(*Lexicon Rhetoricum Cantabrigiense*)(*s. v. probole*); 최자영, 《고대 그리스 법제사》, 아카넷, 2007, 567쪽.

프리타네이스 (*prytaneis*)

아테나이 10개 부족으로 구성된 500인 의회의 10분의 1의 인원, 즉 각 부족 출신 50명의 의원들이다. 1년 10달 동안 이 각 부족 출신 의원들이 1년의 10분의 1의 기간(약 36일)마다 번갈아가면서 대표행정부(프리타니스)를 구성하는데, 그 행정부를 맡은 당번 의원들로, 의회, 민회에서 회의를 주관하는 등 도시의 사무를 주관한다.

11인

형벌의 집행, 감옥의 감독, 일부 재판 관련 사무를 맡기 위해 아테나이의 10개 부족(클레이스테네스 부족 개편 이후 아테나이에는 총 10개 부족이 있었다)에서 1명씩 추첨되는 10명에 서기 1명을 더해 '11인'이라 했다. 이들이 맡은 재판 관련 사무로는 주인이 불분명한 재산을 조사하여 공공재산으로 편입하여 목록을 작성하는 것(*apographe*), 체포 구인(*apagoge*, 혹은 특정한 범죄의 현장범의 경우에는 *prosagoge*) 등이 있었다.

30인 참주정

기원전 404~403년에 걸쳐 아테나이에 들어섰던 과두적 참주정체. 펠로폰네소스전쟁 말기, 아테나이 폴리스의 민주정이 해체되고 스파르타의 영향을 받는 30인 참주정이 수립되었다. 이때 30인의 주요 인물로는 크리티아스 테라메네스 등이 있었다. 이 과정에서 민주정을 지지하던 사람들은 30인에 의해 추방되었고, 30인 체제에 동조 혹은 묵인의 태도를 보인 이들은 아테나이 도심에 남아 있었다. 30인이 크리티아스의 과격파와 테라메네스의 온건파로 분열되고, 테라메네스가 그 온건 노선으로 인하여 처형된 후에는 급격하게 공포정치화했다. 한편 추방된 이들 중 민주정을 회복하려는 이들이 트라시불로스를 선봉으로 하여 아테나이 북쪽의 요새 필레에 집결했다가 아테나이의 외항 페이라이에우스로 내려가 그곳을 장악하고 참주파와 서로 대립했다. 마침내 페이라이에우스 사람들이 아테나이 도심에 있던 사람들과 서로 적대하지 않고 보복하지 않겠다는 화해의 협약을 맺은 후 아테나이로 진군해 참주파를 몰아내면서 아테나이 민주정이 회복되었다.

400인 과두정

기원전 411~410년에 걸쳐 아테나이에 들어섰던 과두정체. 기원전 413년 시켈리아에서 아테나이가 시라쿠사이-스파르타 연합 세력에게 패배한 다음, 아테나이에서는 정치체제 변혁의 토양이 마련되었고, 마침내 기원전 411년 400인 과정이 수립되었다. 프리니코스와 페이산드로스가 과두정부의 중심이 되었다. 과두정체는 기존의 민회를 무력화하고 그 대신 5천 명으로 참정권자의 수를 축소하려 했다. 그러나 그것은 오래가지 못해 약 4달 후에 무너지고 다시 민주정체로 환원되었다.

500인 의회

아테나이의 10개 부족에서 각 부족당 50인씩으로 구성되는 의회(boule)이다. 기원전 6세기 말(508 B. C.) 참주정체가 축출되고 클레이스테네스 등 망명객이 아테나이로 귀환한 다음, 기존의 400인 의회를 해체하고 만든 것이다. 기존의 400인 의회는 혈연에 입각한 전통 4개 부족에서 각기 100명씩으로 구성되었으나, 새로운 500인 의회는 지연적 원리에 기초한 10개 부족 개편에 편승하여 각 부족당 50명씩으로 구성된다.

찾아보기 (용어)

찾아보기(인명·지명)

414

지은이 · 옮긴이 소개

지은이_ 데모스테네스 (Demosthenes, BC 384?~BC 322)

데모스테네스는 파이아니아 데모스(아테나이 동쪽 히메토스 산기슭)에서 태어났다. 그의 부친은 그와 같은 이름으로 부유한 자산가였고, 모친 클레오불레는 스키티아 계통이었다. 7살 무렵 부친이 타계하며 거액의 유산을 남겼으나, 성인이 되어 후견인들로부터 되돌려 받은 것은 그 10분의 1에 불과했다. 그는 부친의 재산을 되찾기 위해 변론인이 되기로 결심한 후, 유산상속 사건의 변론으로 유명한 이사이오스를 가정교사로들이고 유산으로 받은 돈을 투자하여 법률과 변론술을 익혔다. 데모스테네스는 변론가이자 기원전 4세기 중후반 아테나이에서 영향력이 큰 정치가로 성장했다. 그는 마케도니아에 대항해 페르시아와 제휴한 반면, 그의 경쟁자 이소크라테스는 마케도니아와 손잡고 페르시아에 저항했다. 기원전 388년 카이로네이아 전투에 패배한 아테나이는 마케도니아에 종속되었다. 알렉산드로스가 바빌로니아에서 사망한 직후인 기원전 322년, 그는 마케도니아에 맞서는 아테나이의 반란에 앞장섰고, 아테나이 서북쪽 라미아에서벌어진 마지막 전투에서 패배한 후 자살했다. 최고의 법정 변론인이자 명성 있는 정치가로서 이력을 가진 그의 변론문은 정치, 사회, 경제, 법률 등 기원전 4세기 아테나이사회를 거울같이 조명하는 데 손색이 없는 귀중한 고전이다. 데모스테네스의 변론문집은 변론문 총 61개, 서설 56개, 서신 5개, 그 외 산발적으로 전해 내려오는 단편, 주석등이 있다.

옮긴이_ 최자영 (崔滋英)

경북대 문리대 사학과를 졸업(1976)하고, 동 대학교에서 석사학위(1979)를 취득했으며 박사과정을 수료(1986)하였다. 그리스 국가장학생(1987~1991)으로 이와니나대인문대학 역사고고학과에서 "고대 아테네 아레오파고스 의회"로 역사고고학 박사학위(1991), 이와니나대 의학대학에서 의학 박사학위(2016)를 취득했다. 그리스 오나시스재단 방문학자(2002~2003), 부산외국어대 교수(2010~2017), 한국서양고대역사문화학회 학회장(2016~2017)을 역임했다. 현재 한국외국어대 겸임교수이자 ATINER (Athenian Institute for Education and Research)의 유럽 지중해학부 부장으로 재임하고 있다. 저서로 《고대 아테네 정치제도사》(1995), 《고대 그리스 법제사》(2007), 《시민과 정부 간 무기의 평등》(개정판, 2019) 등이 있다. 역서로는 아리스토텔레스의 〈아테네 정치제도〉 등을 번역한 《고대 그리스 정치사 사료》(공역, 2003), 기원전 4세기아테나이 변론가 이사이오스의 《변론》(2011), 크세노폰의 《헬레니카》(2012), 기원전5~4세기 아테나이 변론가 리시아스의 《리시아스 변론집》1, 2권(2021) 등이 있다.

리시아스 변론집 1, 2

리시아스 지음 | 최자영 옮김

고대 그리스 대표 변론가 리시아스의 빛나는 변론을
한국 최초로 만나다!

고대 그리스를 대표하는 변론가 중 한 명인 리시아스의 변론을 담은
국내 최초 완역본. 리시아스는 민주정을 지지했던
실천적 지식인이자 수사학의 대가로, 변론술의 정수를 보여 준다.
간결하고 정확한 문체를 구사하는 그의 변론은 고대 아테네인의
삶과 문화, 역사를 보여 준다는 점에서도 귀중한 자료다.
사적 분쟁에서 정치가의 변(辯)까지 다양한 변론들로 아테네의
법률 및 소송제도, 사회 인식, 전쟁 이후 격동했던 정치상황 등을
알 수 있다.

신국판·양장본 | 1권 336면·2권 328면 | 각 권 25,000원

www.nanam.net
031-955-4601
나남
nanam